WEISSE SCHULD

Thomas Harding

WEISSE SCHULD

Ein Sklavenaufstand und das Erbe der Sklaverei

Verlagshaus Jacoby & Stuart

Thomas Harding, geb. 1968, ist ein vielfach ausgezeichneter Bestsellerautor, dessen Bücher in mehr als 16 Sprachen übersetzt wurden. Sein Buch *Hanns und Rudolph* (dtv) wurde mit dem Jewish Quarter-Wingate Literary Prize for Non-Fiction ausgezeichnet, sein Buch *Sommerhaus am See* (dtv) war auf der Shortlist des Costa Biography Award. Als Journalist hat er u.a. für *The Guardian*, die *Washington Post* und die *Sunday Times* geschrieben, zudem arbeitet er als Radio- und Fernsehmoderator. Er ist Mitbegründer eines Fernsehsenders in Oxford und gab lange Jahre eine vielfach mit Preisen ausgezeichnete Zeitung in West Virginia heraus. Er ist Vorsitzender des Vereins Alexander-Haus e.V. (Potsdam) und lebt mit seiner Familie in Hampshire, England.

Ein verlagsneues Buch kostet in ganz Deutschland und Österreich jeweils dasselbe. Das liegt an der gesetzlichen Buchpreisbindung, die dafür sorgt, dass die kulturelle Vielfalt erhalten und für die Leser:innen bezahlbar bleibt. Also: Egal ob im Internet, in der Großbuchhandlung, beim lokalen Buchhändler, im Dorf oder in der Stadt – überall bekommen Sie Ihre verlagsneuen Bücher zum selben Preis.

Die englischsprachige Originalausgabe
erschien 2022 unter dem Titel
White Debt. The Demerara Uprising and Britain's Legacy of Slavery
bei Weidenfeld & Nicolson einem Imprint der Orion Publishing Group, London

Gesetzt aus der Minion

MIX
Papier | Fördert gute Waldnutzung
FSC
www.fsc.org
FSC® C014138

Dieses Buch ist auf Papier gedruckt, für das nur Holz aus nachhaltiger Forstwirtschaft verwendet wurde.

Klimaneutral
Druckprodukt
ClimatePartner.com/13916-1911-1001

All unsere klimaneutral gedruckten Novitäten und Nachdrucke finden Sie auf climatepartner.com unter Angabe der ID 13916-1911-1001. Hier erhalten Sie auch Einblick in die Windenergie- und sozialen Projekte, die wir mit Ihrer Hilfe unterstützen.

Für die deutsche Ausgabe:

Aus dem Englischen von Nicola T Stuart

Printed in the Czech Republic
ISBN 978-3-96428-173-9
www.jacobystuart.de

Für meine Agenten Sarah Chalfant und James Pullen und meine Lektoren Alan Samson und Jenny Lord, die mich bei diesem Projekt stets unterstützt haben

INHALT

TEIL 1

DIE ANKUNFT

TEIL 2

DER AUFSTAND

TEIL 3

DER PROZESS

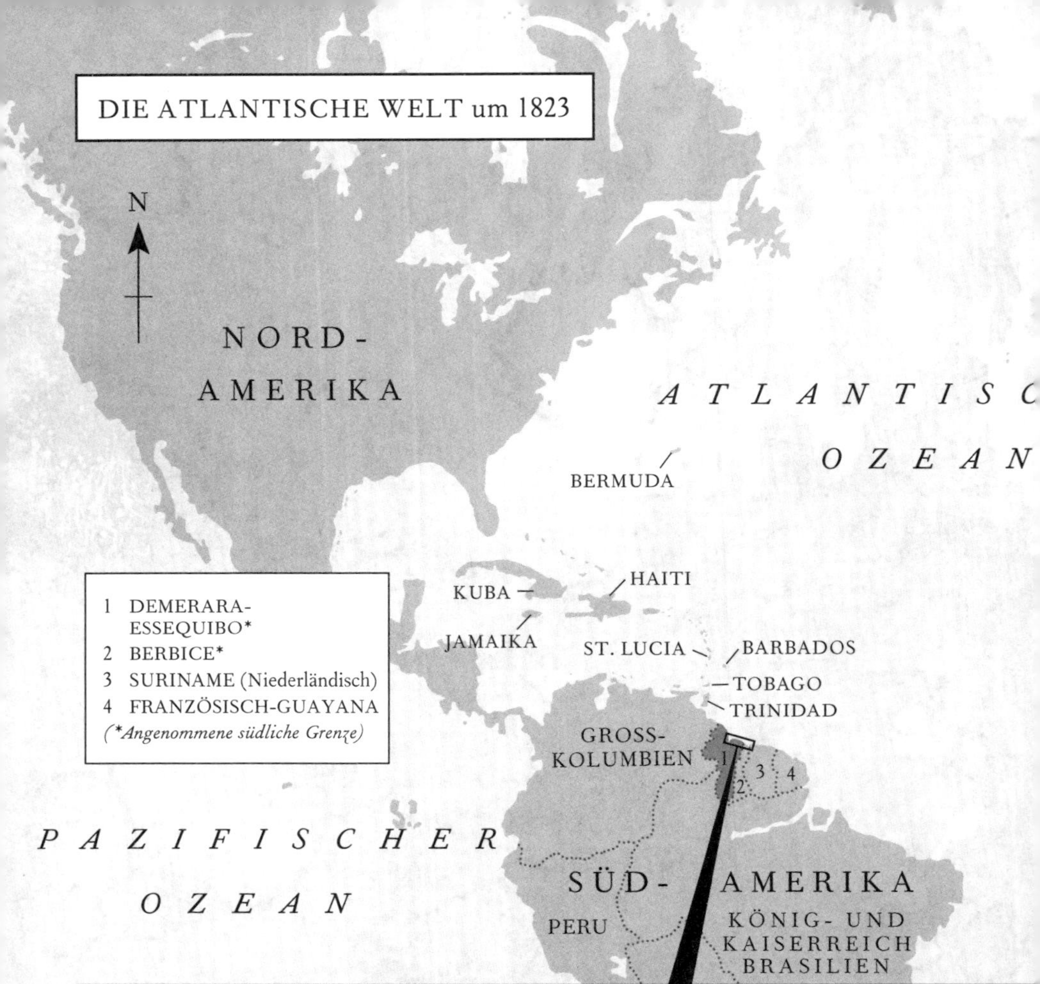
DIE ATLANTISCHE WELT um 1823
N
NORD-
AMERIKA
ATLANTISC
OZEAN
BERMUDA
KUBA
HAITI
JAMAIKA
ST. LUCIA
BARBADOS
TOBAGO
TRINIDAD
1 DEMERARA-ESSEQUIBO*
2 BERBICE*
3 SURINAME (Niederländisch)
4 FRANZÖSISCH-GUAYANA
(*Angenommene südliche Grenze)
GROSS-
KOLUMBIEN
1
2
3
4
PAZIFISCHER
OZEAN
SÜD-
AMERIKA
PERU
KÖNIG- UND
KAISERREICH
BRASILIEN

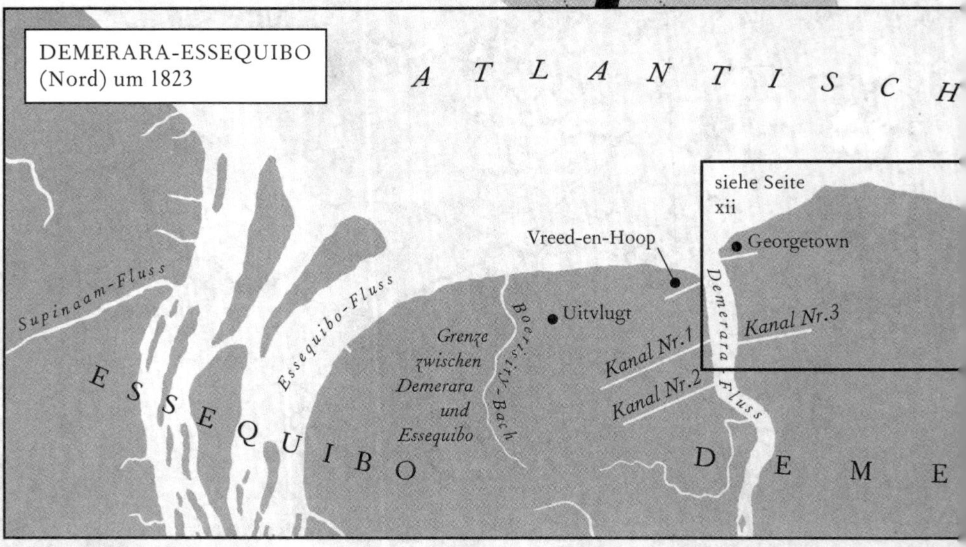
DEMERARA-ESSEQUIBO
(Nord) um 1823
ATLANTISCH
siehe Seite
xii
Georgetown
Vreed-en-Hoop
Supinaam-Fluss
Essequibo-Fluss
Boerasiriy-Bach
Uitvlugt
Grenze
zwischen
Demerara
und
Essequibo
Kanal Nr.1
Kanal Nr.2
Kanal Nr.3
Demerara-Fluss
ESSEQUIBO
DEME

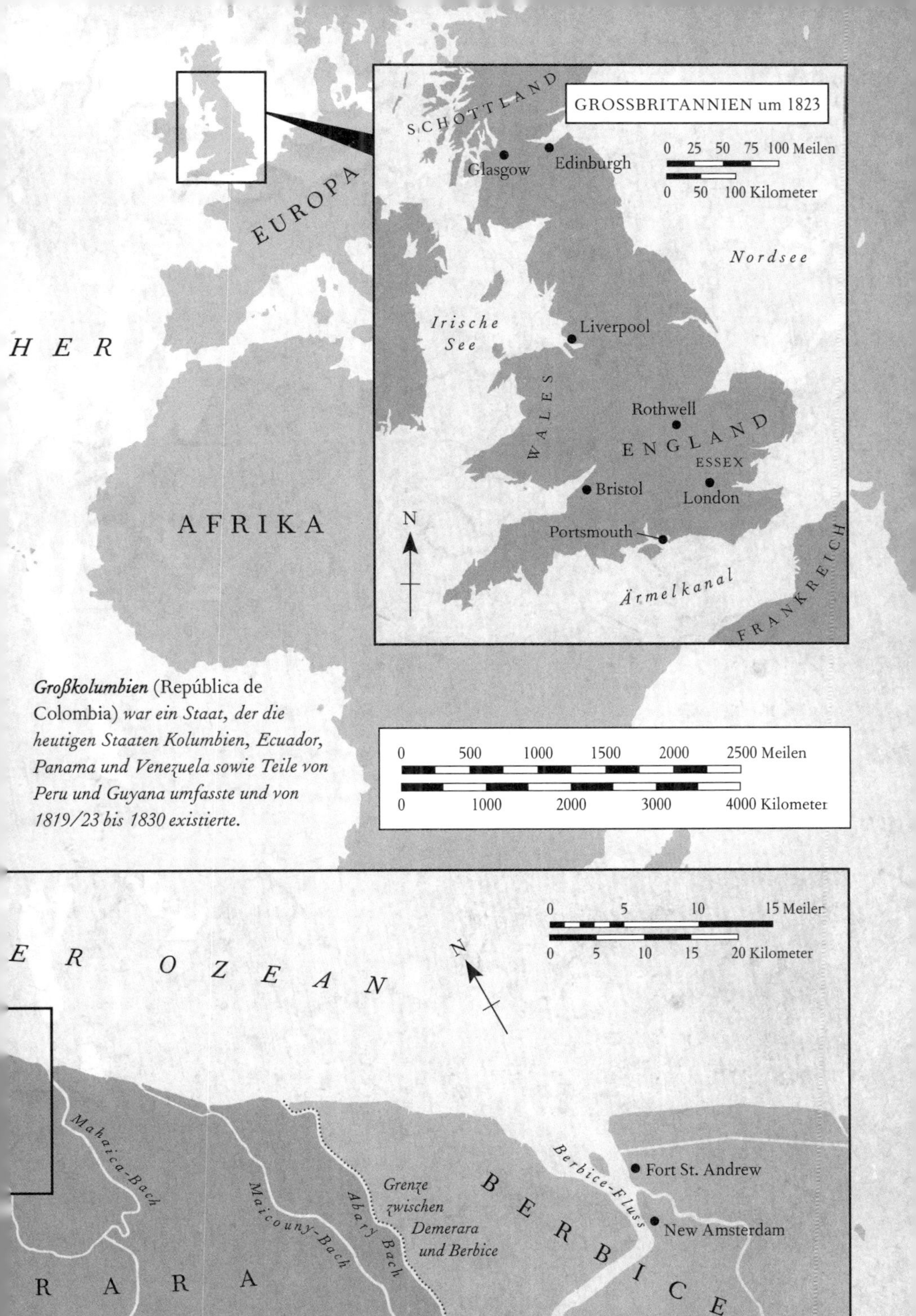

Großkolumbien (República de Colombia) *war ein Staat, der die heutigen Staaten Kolumbien, Ecuador, Panama und Venezuela sowie Teile von Peru und Guyana umfasste und von 1819/23 bis 1830 existierte.*

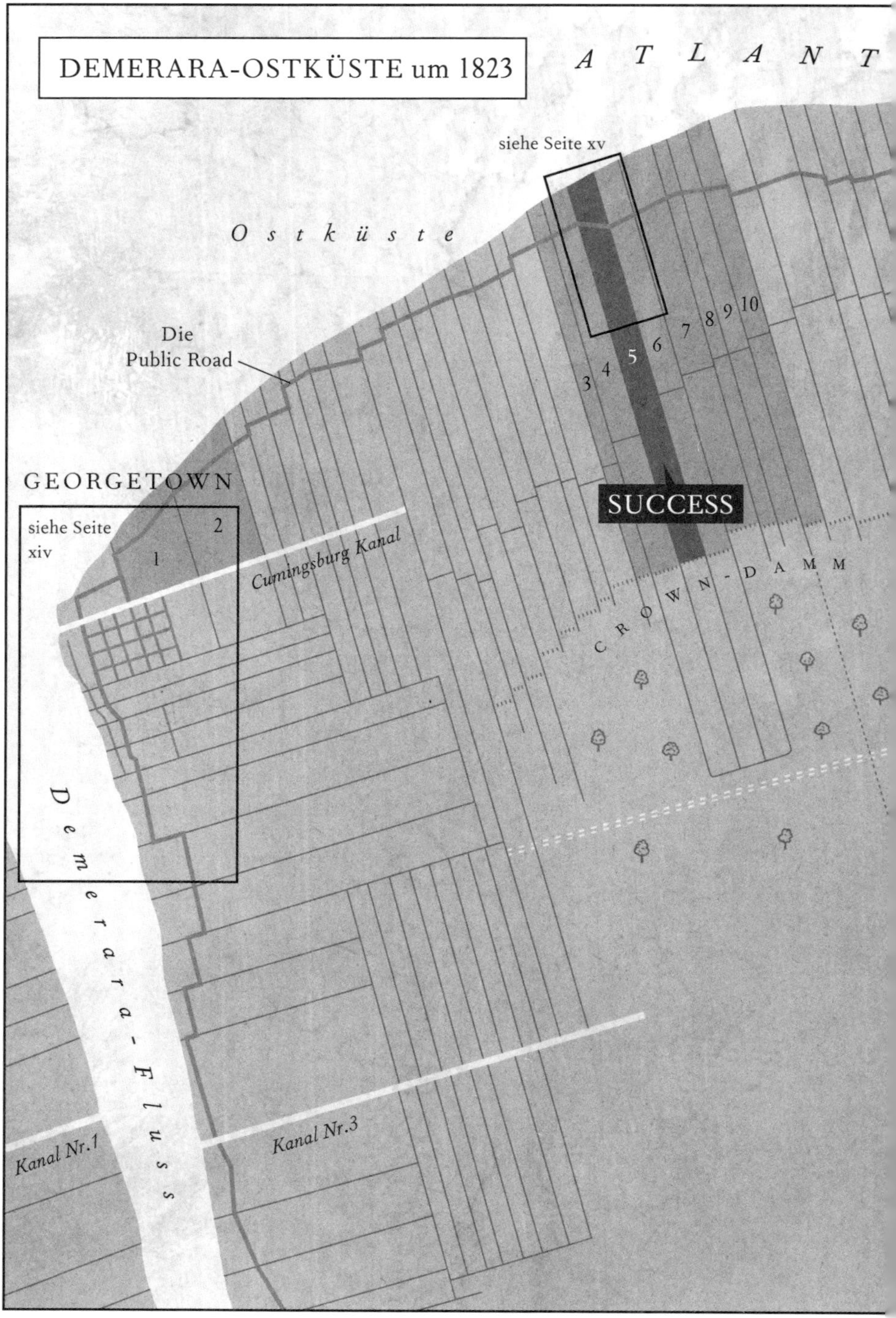
DEMERARA-OSTKÜSTE um 1823
A T L A N T
siehe Seite xv
O s t k ü s t e
Die Public Road
1 2 3 4 5 6 7 8 9 10
GEORGETOWN
siehe Seite xiv
SUCCESS
Cumingsburg Kanal
C R O W N - D A M M
D e m e r a r a - F l u s s
Kanal Nr.1
Kanal Nr.3

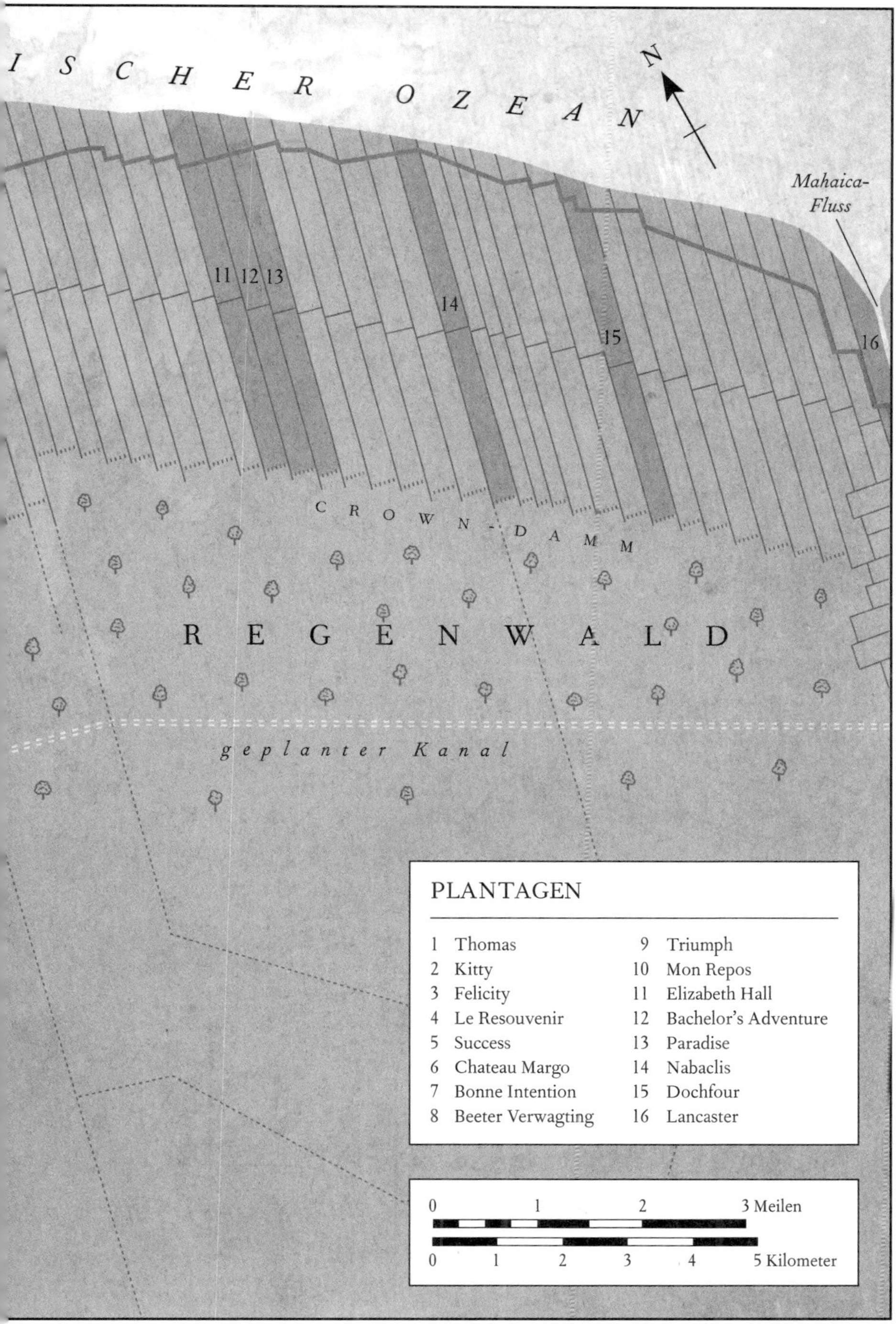
ISCHER OZEAN
N
Mahaica-Fluss
11 12 13
14
15
16
CROWN-DAMM
REGENWALD
geplanter Kanal
PLANTAGEN
1 Thomas
2 Kitty
3 Felicity
4 Le Resouvenir
5 Success
6 Chateau Margo
7 Bonne Intention
8 Beeter Verwagting
9 Triumph
10 Mon Repos
11 Elizabeth Hall
12 Bachelor's Adventure
13 Paradise
14 Nabaclis
15 Dochfour
16 Lancaster
0 1 2 3 Meilen
0 1 2 3 4 5 Kilometer

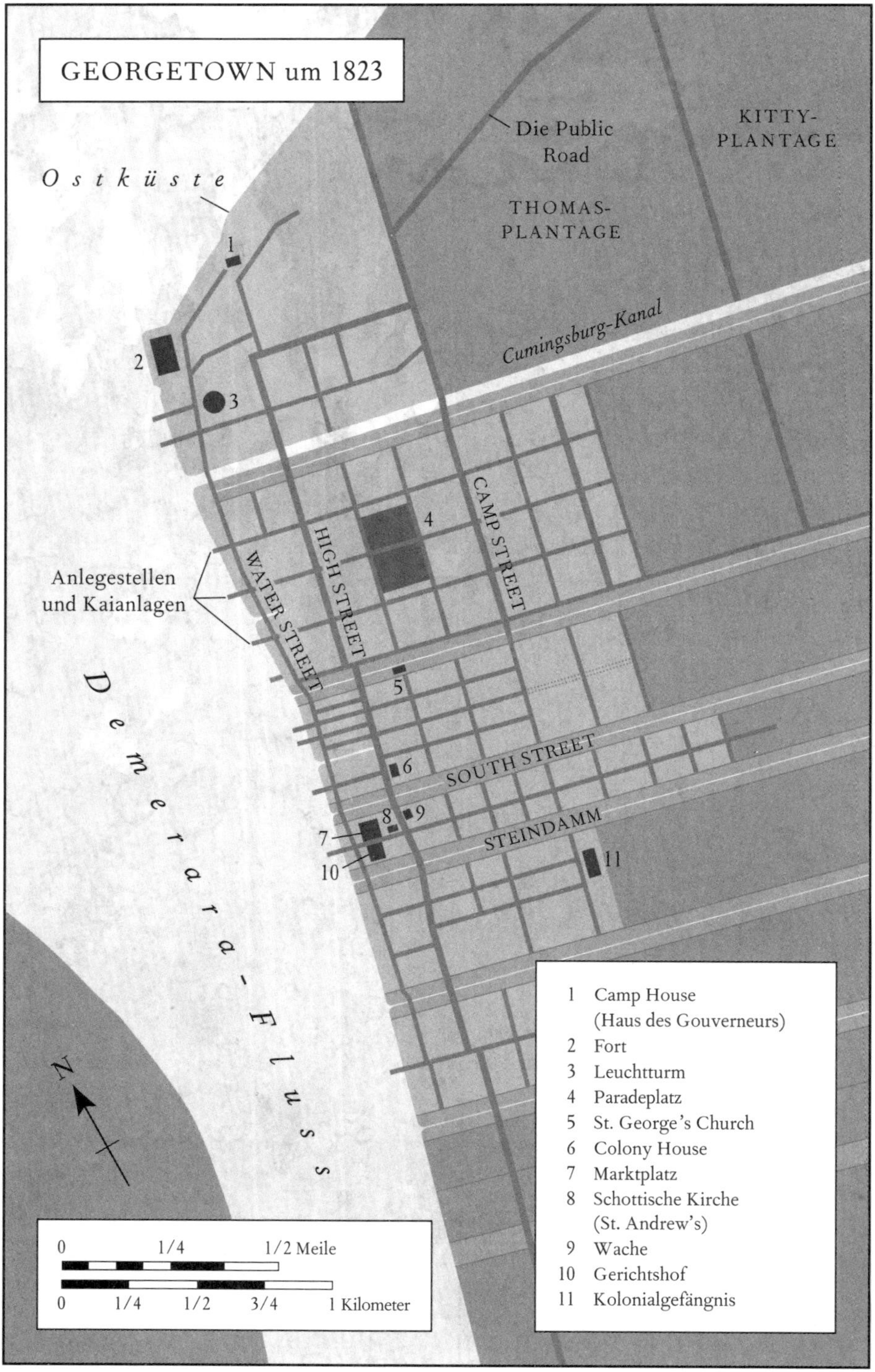
GEORGETOWN um 1823
Die Public Road
KITTY-PLANTAGE
THOMAS-PLANTAGE
Ostküste
Cumingsburg-Kanal
Anlegestellen und Kaianlagen
WATER STREET
HIGH STREET
CAMP STREET
SOUTH STREET
STEINDAMM
Demerara-Fluss
N
1 Camp House (Haus des Gouverneurs)
2 Fort
3 Leuchtturm
4 Paradeplatz
5 St. George's Church
6 Colony House
7 Marktplatz
8 Schottische Kirche (St. Andrew's)
9 Wache
10 Gerichtshof
11 Kolonialgefängnis
0 1/4 1/2 Meile
0 1/4 1/2 3/4 1 Kilometer

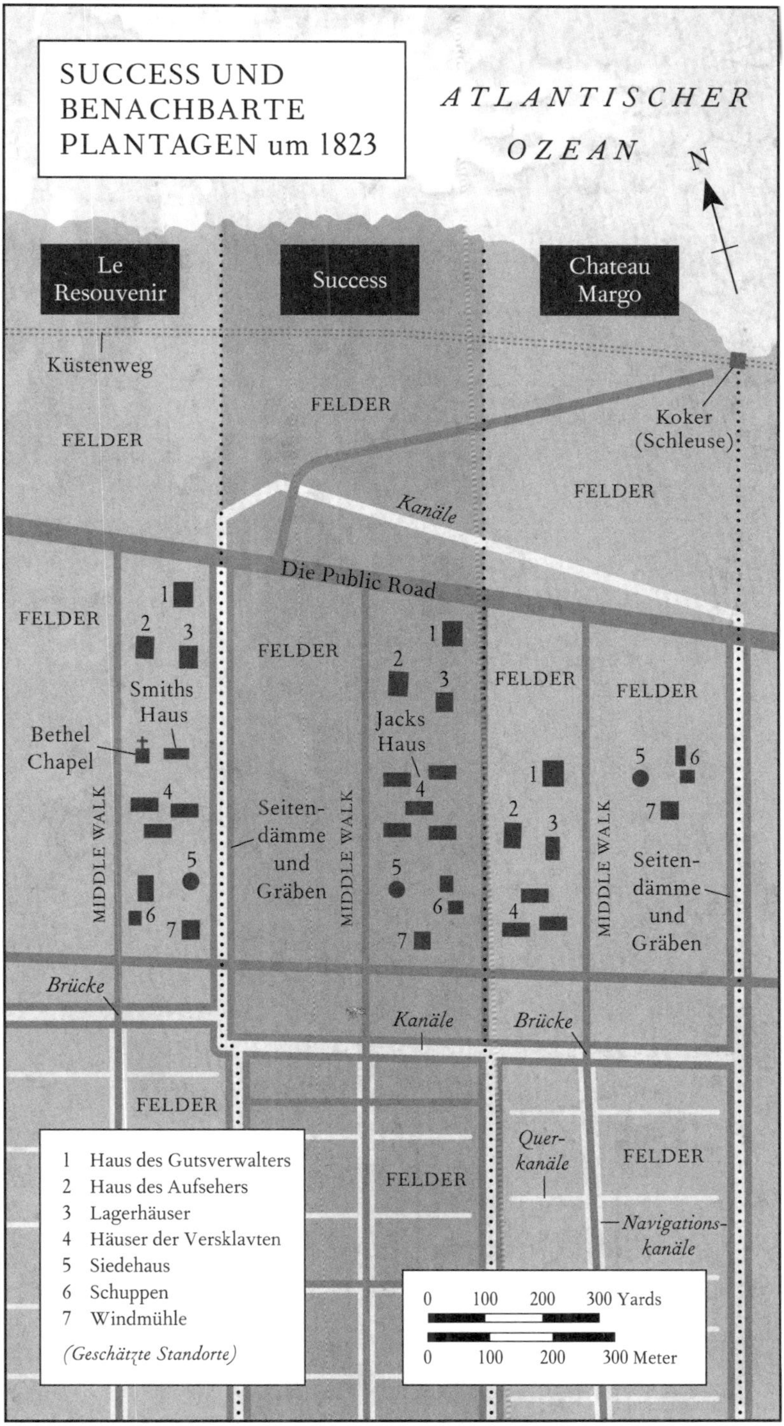
SUCCESS UND
BENACHBARTE
PLANTAGEN um 1823
ATLANTISCHER
OZEAN
N
Le
Resouvenir
Success
Chateau
Margo
Küstenweg
FELDER
FELDER
Koker
(Schleuse)
FELDER
Kanäle
Die Public Road
FELDER
FELDER
FELDER
FELDER
Smiths
Haus
Bethel
Chapel
Jacks
Haus
MIDDLE WALK
MIDDLE WALK
MIDDLE WALK
Seiten-
dämme
und
Gräben
Seiten-
dämme
und
Gräben
Brücke
Kanäle
Brücke
FELDER
FELDER
Quer-
kanäle
FELDER
Navigations-
kanäle
1 Haus des Gutsverwalters
2 Haus des Aufsehers
3 Lagerhäuser
4 Häuser der Versklavten
5 Siedehaus
6 Schuppen
7 Windmühle
(Geschätzte Standorte)
0 100 200 300 Yards
0 100 200 300 Meter

PERSONEN DER HANDLUNG

JACK GLADSTONE, Anführer der Rebellion, versklavt auf der Plantage Success

QUAMINA, Jacks Vater, versklavt auf der Plantage Success

JOHN SMITH, Missionar der Bethel Chapel, lebt auf der Plantage Le Resouvenir

JANE SMITH, verheiratet mit John Smith, lebt auf der Plantage Le Resouvenir

JOHN MURRAY, Gouverneur von Demerara

ELLEN MURRAY, verheiratet mit John Murray

JOHN STEWART, Gutsverwalter auf der Plantage Success

JOHN CHEVELEY, Ladenangestellter, Milizionär, arbeitet für die Brüder Pattinson

WILLIAM PATTINSON, Kaufmann, Bruder von John Pattinson

JOHN PATTINSON, Kaufmann, Bruder von William Pattinson

JOHN GLADSTONE, Kaufmann, Politiker, Gutsbesitzer, Sklavenhalter

ROBERT EDMONSTONE, Kaufmann, Sklavenhalter, Gerichtsdolmetscher

MICHAEL M'TURK, Besitzer der Plantage Felicity, Mitglied des Court of Policy, Hauptmann der Miliz

FREDERICK CORT, John Gladstones Anwalt in Demerara

JOHN HAMILTON, Gutsverwalter auf der Plantage Le Resouvenir

SUSANNAH, »Haushälterin« für John Stewart, Versklavte auf der Plantage Le Resouvenir

DANIEL, Sekretär des Gouverneurs John Murray, freier Mann

BRISTOL, Diakon an der Bethel Chapel, Versklavter auf der Plantage Chateau Margo

ANMERKUNG DES AUTORS

Während ich über diese Zeit der Sklaverei schreibe, habe ich versucht, Wörter zu verwenden, die so verständlich und so authentisch wie möglich sind und zugleich so wenig wie möglich als Beleidigung empfunden werden können. Daher habe ich das N-Wort (*negro*) durch »Sklave« ersetzt. Ich habe es nur dann beibehalten, wenn ich jemanden zitiert habe, zum Beispiel eine Zeitung, um die historische Authentizität zu wahren. Wörter in wörtlicher Rede habe ich, auch wenn sie dem zeitgenössischen Sprachgebrauch entsprachen, geändert; so wurde etwa »N-haus« zu »Sklavenhaus«. Im Allgemeinen habe ich dazu tendiert, »versklavte Männer und Frauen« zu schreiben, statt das Wort »Sklaven« zu verwenden (außer in Zitaten), denn Sklaverei war ein Zustand und keine Eigenschaft. Ich habe auch Zitate übersetzt, die in der lokalen Kreolsprache verfasst wurden, um denjenigen zu helfen, die mit der Landessprache nicht vertraut sind, und ich habe die Namen von Straßen, Städten und Plantagen aus dem Jahr 1823 verwendet, obwohl sich einige der Schreibweisen inzwischen geändert haben.

In Anlehnung an die Associated Press und andere Medien habe ich das Wort »Schwarz« im Zusammenhang mit Ethnien großgeschrieben, also Schwarze Männer, Schwarze Gemeinschaften und Schwarze Kultur. In Übereinstimmung mit dem Rat der National Association of Black Journalists (USA) habe ich auch Großbuchstaben verwendet, wenn ich Farbe zur Beschreibung einer Ethnie verwende, einschließlich Weiß und Braun. Eine Ausnahme von dieser Regel besteht, wenn ich aus historischen Quellen zitiere; in diesem Fall habe ich die Groß- oder Kleinschreibung beibehalten.

ANMERKUNG DER ÜBERSETZERIN

Das Glossar und die Checkliste zum Leitfaden für einen rassismuskritischen Sprachgebrauch des **A**nti**D**iskriminierungs**B**üros (ADB) Köln/Öffentlichkeit gegen Gewalt e.V., das mit freundlicher Unterstützung der Initiative Schwarze Menschen in Deutschland e.V. sowie Neue deutsche Medienmacher (NdM) zusammengestellt wurde, diente als Sprachgrundlage für die Übersetzung. Die Groß- und Kleinschreibung in Zusammenhang mit Ethnien (s. Anmerkung des Autors), das heißt Schwarz, Weiß oder Braun, wurde auch für die deutsche Übersetzung beibehalten. Ebenso wurde der englische Ausdruck *mixed-race* in der deutschen Übersetzung beibehalten, da es keinen adäquaten deutschen Ausdruck gibt.

Beim Lesen des Buches mag man sich die Frage stellen, wie der Autor manche Szenen so genau beschreiben kann. Das war möglich, weil wohl kaum ein Aufstand samt seiner Vor- und Nachgeschichte so gut dokumentiert ist wie der in Demerara. Dies liegt daran, dass John Smith akribisch Tagebuch geführt hat, sowohl was das öffentliche Leben und die Gottesdienste als auch, was sein Privatleben betrifft. Dieses Tagebuch ist komplett erhalten, und aus ihm zitiert Thomas Harding immer wieder und folgt mit seinen eigenen Worten Smiths Beschreibungen. Es liegt weiterhin daran, dass auch die Memoiren John Cheveleys vorliegen, ebenso wie die Protokolle der Gerichtsverhandlungen und des öffentlich über Zeitungen ausgetragenen Streits zwischen John Gladstone und James Cropper, nicht zuletzt auch die Protokolle der Unterhausdebatten zur Abschaffung der Sklaverei. Für detaillierte Informationen zu den Quellen und Dokumenten gibt es am Ende des Buches auf den Seiten 314–334 einen ausführlichen Anmerkungsapparat.

Welche Auswirkungen hat der Rassismus auf diejenigen, die ihn aufrechterhalten?

Toni Morrison

Abolitionist: Wird speziell und wahrscheinlich ursprünglich auf Personen angewandt, die sich für die Abschaffung der Negersklaverei einsetzen.

Concise Oxford English Dictionary, 1973

EINLEITUNG

Im Juni 2020 versammelten sich Hunderte von Demonstranten um die Statue von Edward Colston in Bristol, England. Die Statue war aus Bronze gefertigt und stand acht Fuß hoch auf einem weißen Portlandstein-Sockel. Colston war ein britischer Sklavenhändler. Er hatte zwölf Jahre lang im Vorstand der Royal African Company gesessen, die in dieser Zeit mehr als 84.000 Frauen, Männer und Kinder aus Westafrika nach Nordmerika und in die Karibik transportierte, von denen schätzungsweise 18.000 unterwegs starben. Die Demonstranten waren nicht der Meinung, dass dieser Mann geehrt werden sollte. Zwei Männer kletterten auf die Statue und banden ihr ein Seil um den Kopf; dann wurde die Figur unter großem Jubel und Applaus heruntergerissen. Die Menge schleppte die Statue dann durch die Straßen und warf sie in den Hafen von Bristol. In den nächsten Tagen waren die Medien voll mit Berichten über die Vernichtung der Colston-Statue. Sie löste in Großbritannien eine heftige Debatte über das Empire und die Sklaverei aus; über Geschichte und Erinnerung, über Verantwortung und Rechenschaftspflicht. Einige meinten, die Entfernung der Colston-Statue würde »Geschichte auslöschen«. Premierminister Boris Johnson war einer von ihnen. »Wir können jetzt nicht versuchen, unsere Vergangenheit umzuschreiben oder zu zensieren«, erklärte er. »Statuen lehren uns etwas über unsere Vergangenheit, mit all ihren Fehlern. Sie abzureißen, hieße, über unsere Geschichte zu lügen und die Bildung der kommenden Generationen einzuschränken.« Andere, wie der Historiker und Rundfunkmoderator David Olusoga, argumentierten ganz anders. »Die Entfernung der Statue von Edward Colston ist kein Angriff auf die Geschichte«, sagte er, »das *ist* Geschichte.«

Die Demonstration in Bristol war Teil einer weltweiten Protestwelle, die auf die Ermordung des unbewaffneten Schwarzen George Floyd durch die Polizei in Minneapolis, Minnesota, folgte. Überall auf der Welt gingen Menschen auf die Straße, riefen Slogans und trugen Schilder mit der Aufschrift *Black Lives Matter* und *No Justice, No Peace*. Auffallend war, dass nicht nur Schwarze und Braune, sondern auch Weiße daran teilnahmen. Viele hatten das Gefühl, dass wir uns mitten in einer tiefgreifenden historischen Abrechnung befinden.

Die Demontage der Colston-Statue und der weltweite Protest lösten etwas in mir aus. Den Drang, mehr über die Rolle Großbritanniens in der Sklaverei herauszufinden. Vor Kurzem hatte ich bei meinen Recherchen für das Buch *Legacy* entdeckt, dass die Familie meiner Mutter mit dem Sklavensystem Geld verdient hatte. Jahrhundertelang hatte sie Tabak von Plantagen verkauft, auf denen versklavte Menschen afrikanischer Abstammung arbeiteten. Sie waren selbst keine Sklavenhalter, aber wie Millionen andere – Bankiers, Versicherungsmakler, Zuckerhändler, Schiffsbauer, Baumwollfabrikanten – waren sie Teil verschiedener Wirtschaftszweige, die von der Sklaverei profitierten. Ich fühlte mich zunehmend unwohl angesichts der Entscheidungen, die meine Vorfahren getroffen hatten.

In den vergangenen acht Jahren hatte ich vollkommen andere Erfahrungen gemacht. Ich hatte in Deutschland gearbeitet, um das Haus an einem See zu restaurieren, das die Nazis der jüdischen Familie meines Vaters gestohlen hatten, die 1936 aus Berlin fliehen musste. Einige hatten in England Zuflucht gefunden, andere wurden während des Holocaust getötet. Ich hatte dafür von der deutschen Regierung Geld als symbolische Entschädigung erhalten. Es war nicht nur ein offizielles Schuldeingeständnis, es war etwas Materielles. Es war ein Teil des Versöhnungsprozesses. Wenn ich also bereit war, mich als Opfer mit der Familie meines Vaters zu identifizieren, um von der deutschen Regierung Wiedergutmachung zu erhalten, dann musste ich auch die Rolle Großbritanniens in der Sklaverei besser verstehen.

Als Kind war mir beigebracht worden, dass Großbritannien die erste Nation war, die die Sklaverei abschaffte, dass der Politiker William Wilberforce die Initiative dazu ergriffen hatte, dass wir die »Guten« waren, die großen Emanzipatoren. Ich begann, Artikel und Bücher zur Sklaverei zu lesen, und war schockiert, wie wenig ich wusste. Dass es britische Kapitäne waren, die britische Schiffe mit britischen Seeleuten kommandierten, die rund 2,8 Millionen gefangene Afrikaner in die britische Karibik transportierten. Es waren britische Familien, die Plantagen in der Karibik besaßen, die von britischen Managern und Aufsehern betrieben wurden und auf denen Hunderttausende von versklavten Männern, Frauen und Kindern arbeiten und sterben mussten. Es waren britische Unternehmen, die die von den versklavten Menschen angebaute Baumwolle, den Tabak, den Zucker und andere Erzeugnisse zu den Verbrauchern nach Großbritannien transportierten.

Wie war es möglich, dass ich das alles nicht wusste? Es war wie eine nationale Amnesie. Wenn Weiße Briten über Sklaverei sprachen, was selten der Fall war, ging es meiner Erfahrung nach um die Plantagen in den Südstaaten der USA. Die Welt, die in Filmen wie *Vom Winde verweht*, *12 Years a Slave* oder *Django Unchained* dargestellt wurde. Und wir schimpften darüber, wie böse sie waren, diese amerikanischen Sklavenhalter, diese amerikanischen Plantagenbesitzer. Was die Karibik betrifft, so wurde sie als »dort drüben« behandelt, als etwas, wofür wir nicht verantwortlich waren. Obwohl wir im nächsten Atemzug stolz über das britische Empire sprachen und all das, was wir erreicht hatten.

Als ich den Leuten erzählte, dass ich mich mit der Geschichte der britischen Sklaverei beschäftigte, reagierten einige negativ. Manche fragten, warum ich mich auf Ereignisse konzentriere, die zweihundert Jahre zurückliegen. Andere waren direkter. »Sie sind eine Weiße Person«, sagten sie. »Inwiefern ist das Ihre Geschichte, die Sie erzählen wollen?« Ich dachte lange darüber nach und fragte mich, ob sie recht hatten. Aber je mehr ich mich mit dem Thema beschäftigte, desto klarer wurde mir, dass die Rolle Großbritanniens in der Sklaverei nicht nur die Geschichte der Schwarzen ist, sondern auch die Geschichte der Weißen – unser aller Geschichte. Mehr noch, als Mitglied einer Familie, die von der Sklaverei profitiert hat, fühlte ich mich zusätzlich verpflichtet, diese Zeit zu erforschen.

Ich wollte ein Beispiel finden, das uns vor Augen führt, wie die britische Sklaverei in einem Mikrokosmos aussah. Ein Ereignis, das die Komplexität der britischen Sklavenhaltergesellschaft und die damit verbundene Zwiespältigkeit bis ins kleinste Detail aufzeigen würde. Eine Reihe von Personen, die unterschiedliche Sichtweisen widerspiegeln. Eine Kolonie in der Karibik war der naheliegende Ort, das Herz der britischen Plantagenherrschaft, ein Ort, der die Handelsbeziehungen mit dem Mutterland beleuchten konnte. Vorzugsweise ein Ort, an dem ich untersuchen konnte, ob die Abschaffung der Sklaverei nicht nur von Menschenfreunden in Großbritannien, sondern auch – durch Informationsbeschaffung, Organisation, Proteste und Rebellion – von den versklavten Menschen selbst herbeigeführt worden war.

Und so erfuhr ich von dem Aufstand, der 1823 in Demerara ausbrach. Ich hatte noch nie von Demerara gehört, nur von Demerara-Zucker, dem Rohrzucker, den ich manchmal in meinen Tee löffelte. Doch schon bald lernte ich, dass Demerara zu Beginn des neunzehnten Jahrhunderts eine britische Kolonie war, die oberhalb von Brasilien in Südamerika lag. Heute heißt das Land Guyana. In den National Archives in London und im Internet fand ich enorme Mengen von Primärquellenmaterial über den Aufstand von 1823. Das Wichtigste und Außergewöhnlichste war, dass die

Aufzeichnungen die Stimmen versklavter Frauen und Männer enthielten, die der Geschichte Ton und Struktur verliehen. Mich hatte es gepackt.

Um diese Geschichte zu erzählen, habe ich mich auf Archivdokumente gestützt, darunter Gerichtsaussagen, gerichtliche Beschwerden, Tagebücher, Memoiren, Fotos und Briefe. Viele dieser Dokumente wurden während der Prozesse und Ermittlungen gesammelt, die kurz nach den in diesem Buch beschriebenen Vorfällen stattfanden. Um herauszufinden, wie sich das britische Erbe der Sklaverei heute auf die Gesellschaft auswirkt, habe ich außerdem mit Wissenschaftlern, Forschern, Schriftstellern, Aktivisten und den Nachkommen von Versklavten und Sklavenhaltern gesprochen. Alle Zitate in diesem Buch stammen wortwörtlich aus Quellen wie Briefen, Tagebüchern, Zeitungsartikeln, Gerichtsaussagen und meinen eigenen Interviews.

Eine kurze Anmerkung zum Titel dieses Buches. Ich hoffe, Sie werden mir, wenn Sie die letzten Kapitel des Buches gelesen haben, zustimmen, dass beträchtlicher Schaden angerichtet wurde, ja dass tatsächlich eine Schuld besteht. Die Frage, die daraus resultiert, lautet: Wer hat diesen Schaden verursacht, und wer sollte die Kosten der Wiedergutmachung tragen? Lange Zeit bin ich um diese Frage herumgeschlichen, und als ich die Antwort gefunden hatte, machte sie mich ein wenig nervös. Ich bin jemand, der bis vor Kurzem auf dem Volkszählungsformular nicht »Weiß« eingetragen hat, weil ich mich dabei unwohl fühlte. Ich wollte dieses Label nicht. Es ging die Regierung nichts an. Aber dann, nachdem ich zwei Jahre lang über die Rolle Großbritanniens in der Sklaverei recherchiert hatte – die auf der Klassifizierung und Brutalisierung von Menschen aufgrund ihrer Hautfarbe beruhte –, und nach der Ermordung von George Floyd wurde mir klar, dass ich den Hauptverantwortlichen einen Namen geben muss: Weiße Menschen.

Schließlich war die große Mehrheit derjenigen, die die gefangenen Afrikaner in die Karibik transportierten, Weiß. Ebenso war die große Mehrheit derjenigen, die diese versklavten Männer, Frauen und Kinder ›kauften‹ und sie auf den entsetzlichen Zucker-, Baumwoll- und Kaffeeplantagen arbeiten ließen, Weiß. Das Gleiche gilt für die Reeder und Seeleute, Bankiers und Versicherungsangestellten, Händler, Hafenarbeiter, Ladenbesitzer und zahllose andere, darunter auch meine Familie, die mit dem Transport, der Verarbeitung und dem Verkauf der Waren in Großbritannien beschäftigt waren. Was die allgemeine Bevölkerung anbelangt, die von dem enormen Reichtum profitierte, der durch die Sklaverei nach Großbritannien floss, so war auch hier die überwiegende Mehrheit Weiß.

Natürlich gab es auch einige Schwarze und einige mit Vorfahren unterschiedlicher ethnischer Herkunft, die dabei halfen, die von den Briten dann versklavten afrikanischen Männer und Frauen einzufangen. In der Tat haben die Präsidenten von Benin und Ghana die Schuld ihrer Vorfahren am Sklavenhandel anerkannt und sich dafür entschuldigt. Es gab auch einige Schwarze Seeleute und Seeleute mit Vorfahren unterschiedlicher ethnischer Herkunft, Händler, Plantagenbesitzer und sogar Sklavenhalter. Aber das waren im Vergleich zu der systematischen Brutalität der von den Weißen überwachten karibischen Sklavengesellschaften nur sehr wenige.

Aus meinen Gesprächen mit Menschen, die von den Versklavten abstammen, geht klar hervor, dass das Erbe der Sklaverei im heutigen Großbritannien noch sehr lebendig ist. Das zeigt sich an den höheren Verhaftungsraten Schwarzer Briten, an den Unterschieden bei den wirtschaftlichen Chancen und der Gesundheitsfürsorge sowie dem weitverbreiteten Rassismus. Natürlich haben auch andere Gruppen in Großbritannien mit sozialen und wirtschaftlichen Problemen zu kämpfen, darunter die Mitglieder der Weißen Arbeiterklasse, aber das schließt nicht aus, dass die Menschen afrikanischer und karibischer Abstammung mit besonderen Herausforderungen konfrontiert sind.

Wenngleich Großbritannien heute eine weitaus vielfältigere Gesellschaft ist als in den 1820er und 1830er Jahren, kann man doch mit Fug und Recht behaupten, dass die Weiße Bevölkerung eine zusätzliche Verantwortung trägt, wenn es um das Erbe der Sklaverei geht. In einem Artikel mit dem Titel *White Debt* für die *New York Times* im Jahr 2015 wies die Schriftstellerin Eula Biss darauf hin, dass das deutsche Wort für *debt*, also Verpflichtung im Sinne von Schulden, dasselbe Wort wie Schuld ist. Nicht »Schuld« im Sinne einer emotionalen Belastung oder einer mitleidigen Selbstbetrachtung, sondern »Schuld« im Sinne eines anerkannten Fehlverhaltens, einer Verpflichtung zur Wiedergutmachung, einer Schuld, von Schulden.

Das ist die Weiße Schuld. Eine kulturelle Schuld, das Eingeständnis und die Entschuldigung für den Horror der britischen Sklaverei. Eine finanzielle Schuld, die die wirtschaftlichen Verluste ausgleicht, die die versklavten Männer, Frauen und Kinder und die Generationen ihrer Nachkommen erlitten haben. Und eine Schuld der Dankbarkeit gegenüber den Freiheitskämpfern, die durch Tapferkeit, Mut und Organisation die Freiheit nicht nur für sich selbst, sondern für alle, für die gesamte Menschheit, einschließlich der Weißen, erkämpft haben. Um es klar zu sagen, ich sage nicht, dass die Weißen allein Schuld tragen, ich sage, dass die Weißen eine zusätzliche oder besondere Verantwortung haben. Genauso wie die Behauptung, dass Black Lives Matter nicht bedeutet, dass das Leben aller anderen nicht wichtig ist, sondern dass dem Leben der Schwarzen besondere Aufmerksamkeit gewidmet werden muss, da sie unverhältnismäßig stark unter Ungleichheit und Missbrauch leiden.

Dies ist also die Geschichte der alltäglichen industrialisierten Grausamkeiten und schädigenden Hinterlassenschaften, die noch immer das Leben der Nachkommen der versklavten Afrikaner verheeren, obwohl die Sklaverei vor fast zweihundert Jahren endete. Es ist die Geschichte einer Gruppe von Menschen, die fast ausschließlich Weiß ist, die von diesem System der Sklaverei profitiert hat und den dadurch entstandenen Reichtum, und zwar den sowohl wirtschaftlichen als auch kulturellen Reichtum, auch heute noch genießt. Es ist die Geschichte von Mut, von einer kleinen Gruppe von Menschen, die, außer Sichtweite des Imperiums, die Freiheit nicht nur für sich selbst, sondern für die gesamte Menschheit erlangten. Und es ist ein Versuch, eine Antwort auf die Frage zu finden, welche Auswirkungen die historische Verwicklung Großbritanniens in die Sklaverei hat und was wir, wenn das überhaupt möglich ist, gegen diese Auswirkungen tun können.

PROLOG

Das Auktionshaus befand sich an der Hauptstraße in Georgetown, der Hauptstadt von Demerara. Es war ein riesiges zweistöckiges Gebäude aus Stein, das von den Holländern gebaut worden war, als sie die Kolonie noch verwalteten. Heute war Auktionstag, und um den Eingang versammelte sich eine große Menge Schwarzer, Weißer Menschen sowie Menschen mit Vorfahren unterschiedlicher ethnischer Herkunft. Einige waren Kunden auf dem Weg nach drinnen. Andere waren Hausierer und Straßenverkäufer, die versuchten, in dem Trubel ein paar Gulden zu verdienen. Wieder andere hatten an diesem milden tropischen Frühlingsmorgen nichts anderes zu tun, als auf einer Mauer zu sitzen und neugierig zu beobachten, was vor sich ging.

Es war leicht, den Auktionsort zu finden; man musste nur dem Lärm folgen. Eine gewaltige Kakofonie aus Auktionatorrufen, Geboten und lautem Jubel für die höchsten Bieter. Wenn man ganz genau hinhörte, konnte man auch Schreie der Angst und des Leids hören, aber die gingen im Tohuwabohu unter. Durch die beiden großen Holztüren und einen schattigen Gang gelangte man in einen weitläufigen Innenhof mit Käufern und Verkäufern, ihren Agenten und Anwälten. Denn dies war eine Versteigerung versklavter Menschen, bei der Männer, Frauen und Kinder verkauft und gekauft wurden, bei der Geld im Gegenzug für menschliches ›Eigentum‹ von einer Hand in die andere wanderte.

Auf einem Podest stand ein Mann mit Schwarzer Haut, fast nackt bis auf ein Tuch um die Lenden. Ein halbes Dutzend Weißer Männer untersuchten seinen Oberkörper und seine Gliedmaßen. Ein paar Schritte zurück, in einem Halbkreis standen weitere fünfzig Männer mit rosa Gesichtern. Einige trugen Leinenanzüge, andere Baumwollhosen und -jacken. Die meisten trugen Panamahüte oder andere Strohhüte, um ihre empfindlichen Köpfe vor der brennenden Sonne zu schützen. Um die Atmosphäre zu entspannen, wurden Schinkensandwiches sowie Gläser mit Rum oder Sangaree, einem starken Schnaps aus Branntwein und Muskatnuss, herumgereicht.

Auf der einen Seite der Plattform stand der Auktionator mit dem Hammer in der Hand. »Kapitaler Sklave, meine Herren, namens Joe, guter Zimmermann, Alter achtundzwanzig«, rief er. »Oh, da brauchen Sie gar nicht hinzusehen, hat die Peitsche nicht oft gespürt. Wer bietet?« Der Auktionator schaute den Versklavten an: »Geh umher und zeig dich.« Nachdem mehrfach Hände erhoben worden waren, wurde Joe für 600 Gulden ›gekauft‹.

Eine Frau und ihre drei Kinder waren die nächsten. »Hier ist ein guter Posten, meine Herren. Eine großartige Wäscherin, Polly«, rief der Auktionator in die Menge. »Steh auf, Mädchen, und zeig deine Beine, lass die Leute sehen, woraus du gemacht bist.« Die Menge lachte, und der Auktionator fuhr fort. »Drei tüchtige Jungs, meine Herren, müssen alle zusammen verkauft werden, sechs, acht und zehn, werden jeden Tag größer und besser, werden sich mit der Zeit zu kapitalen Burschen auswachsen. Blickt pfiffig, ihr jungen Strolche. Du, Sam, gib auf dich acht. Wenn du mürrisch guckst, gibt's Hiebe. Kommen Sie, meine Herren, wir haben keine Zeit, was bietet ihr? Haut sie weg, es warten noch viele andere.« Dieser ›Posten‹ wurde für 1.000 Gulden verkauft.

Für die versklavten Frauen und Männer war der Verkauf auf der Auktion brutal, schrecklich, demütigend und herzzerreißend. Er bedeutete lebenslange Knechtschaft, unerbittliche Jahre, in denen sie Arbeit verrichten mussten und noch für die allerkleinsten Vergehen bestraft werden würden. Für die Sklavenhalter und für die Menschen, die die Sklavenhalter unterstützten, bedeutete er Profit, Luxus und Macht. Mit anderen Worten: Business as usual.

TEIL 1

DIE ANKUNFT

Wenn man Menschen zu Sklaven macht, raubt man ihnen die Hälfte ihrer Tugendhaftigkeit … und vor allem: gibt es keine Gefahren, die durch diese Behandlung entstehen? Habt ihr nicht stündlich Angst vor einem Aufstand?

Olaudah Equiano

Der einzige Ort, an dem die Neger nicht revoltiert haben, ist auf den Buchseiten der kapitalistischen Historiker.

C. L. R. James

KAPITEL 1

Jack, Januar 1817

Die britische Kolonie Demerara lag im Osten von Großkolumbien (heute vor allem Kolumbien und Venezuela) und im Norden des Kaiserreichs Brasilien. Da Demerara in der Nähe des Äquators lag, gab es zwei Regenzeiten – Ende November bis Ende Januar und Anfang Mai bis Mitte Juli –, den Rest des Jahres war es meist trocken. Im sechzehnten Jahrhundert von den Europäern ›entdeckt‹, übte Demerara lange Zeit eine große Anziehungskraft auf Abenteurer aus, die ihre wirtschaftliche Lage zügig verbessern wollten. So glaubte etwa der britische Entdecker Sir Walter Raleigh, dass die mythische Stadt El Dorado an einem See irgendwo im Inneren der Kolonie versteckt lag.

Demerara war bis in die 1780er Jahre eine von holländischen Siedlern bewirtschaftete Kolonie gewesen, bis die Briten als Kolonialherren das Kommando übernahmen. Die Kontrolle wechselte während der nächsten zwei Jahrzehnte mehrmals zwischen London und Amsterdam hin und her, bis die Angelegenheit 1814 endgültig geklärt war und die Kolonie Demerara-Essequibo, wie sie mit vollem Namen heißt, dauerhaft unter britische Verwaltung kam. Das niederländische Erbe blieb jedoch bestehen. Demerara benutzte weiterhin die niederländische Währung, den Gulden, und das Rechtssystem basierte auf dem niederländischen Recht.

Die Fläche Demeraras war ungefähr so groß wie Großbritannien, aber nur 1 Prozent der Bevölkerung britisch. In der Kolonie lebten etwa 89.000 Menschen, darunter etwa 2.500 Weiße Siedler, die gleiche Anzahl freier Schwarzer Männer und Frauen, dazu 7.000 Ureinwohner und 77.000 versklavte Menschen. Damit übertraf die Anzahl der Versklavten die der Kolonialbürger um einen Faktor von dreißig zu eins.

Im Jahrhundert zuvor hatten Baumwolle und Kaffee zu den wichtigsten Gütern gehört, doch seit 1800 war Zucker der am schnellsten wachsende Wirtschaftszweig in Demerara. Obgleich die Bevölkerung der Insel im Vergleich zu den anderen britischen Kolonien winzig war, produzierte sie ein Sechstel des britischen Karibikzuckers. In der Tat war das so produktiv, dass der Preis für versklavte Menschen hier höher war als in jeder anderen britischen Kolonie. Dies hatte zur Folge, dass Männer, Frauen und Kinder regelmäßig von Plantagen in Barbados, Jamaika und anderen westindischen Inseln nach Demerara gebracht wurden, um dort auf Sklavenauktionen verkauft zu werden. Denn obwohl das britische Parlament 1807 ein Gesetz verabschiedet hatte, das den atlantischen Sklavenhandel verbot, war der Transport von Versklavten zwischen britischen Kolonien noch immer erlaubt.

Die Success-Zuckerplantage befand sich sieben Meilen östlich von Georgetown. Sie war eine von 65 Plantagen, die von der Atlantikküste herabhingen wie Lametta an einer Schnur. Jede der Plantagen war vierhundert Yards breit und zwischen zwei und drei Meilen lang. Im Jahrhundert davor hatten die holländischen Kolonisatoren dieses Feuchtgebiet durch den Bau eines Netzes von Entwässerungsgräben und Dämmen urbar gemacht. Success war im Besitz eines abwesenden Grundbesitzers, der in England lebte, und beherbergte einen Gutsverwalter, eine Handvoll Aufseher, eine kleine Anzahl freier Schwarzer Männer und Frauen und 230 versklavte Menschen.

Laut dem akribisch geführten Sklavenregister der Kolonie von 1817 umfasste die versklavte Bevölkerung in Success 102 Männer, 70 Frauen und 58 Kinder. Ein solches Ungleichgewicht zwischen den Geschlechtern war typisch für Demerara, wo die Gutsbesitzer lieber Männer als Frauen ›kauften‹. Drei Viertel der versklavten Erwachsenen arbeiteten auf den Feldern. Andere arbeiteten als Hausangestellte, Zimmerleute, Böttcher, Krankenschwestern und Bootsführer. Die meisten Kinder im Alter zwischen sieben und 13 Jahren waren ebenfalls als Beschäftigte aufgeführt. Sie arbeiteten als »Jobber«, das heißt, sie verrichteten Gelegenheitsarbeiten auf dem Gut. Das Register verzeichnete auch, dass mehr als 80 Prozent der über 16-Jährigen in Afrika geboren waren. Das bedeutete, dass die große Mehrheit der versklavten Erwachsenen, die auf Success lebten, sich an das Leben in ihren Heimatländern, als sie noch frei waren, erinnern konnten.

Einer der Versklavten auf Success war Jack Gladstone. Seine Mutter war kurz nach seiner Geburt gestorben. Da sie versklavt gewesen war, als Jack geboren wurde, war nach dem Kolonialrecht auch er versklavt. Im Frühjahr 1817 war Jack 22 Jahre alt und arbeitete als Küfer auf der Plantage. Er verbrachte seine Tage mit dem Herstellen und Füllen von Fässern, die für den Transport des Zuckers nach Liverpool, Bristol und London bestimmt waren. Er war 1,80 Meter groß, charismatisch und galt allgemein als gut aussehend. Er lebte mit seinem Vater Quamina, seiner Großmutter Tonisen und Quaminas neuer Frau Peggy (einer freien Frau) in einem der Sklavenhäuser des Anwesens.

Schon in jungen Jahren hatte Jack von Tonisen erfahren, wie sie auf Demerara gelandet waren. Als junge Frau war Tonisen aus ihrem Dorf in Westafrika entführt und per Schiff in die Kolonie gebracht worden. Wenige Tage nach der Landung in Georgetown wurde sie auf der gefürchteten Vendue-Sklavenauktion verkauft. Als ihr Sohn Quamina geboren wurde, konnten die beiden zusammenbleiben. Nicht alle Familien hatten so viel Glück. Als Quamina zehn Jahre alt wurde, hatte man ihn dazu eingeteilt, als Hausboy im Haus des Gutsverwalters zu arbeiten. Während der nächsten neun Jahren waren ihm unterschiedliche Aufgaben zugewiesen worden, darunter das Kellnern bei Tisch, bei dem er viele Gespräche zwischen den Herren belauschte. Manchmal musste er für sie auch junge versklavte Frauen holen, die ihnen als Sexsklavinnen dienen mussten. Später wurde er in den Schreinereischuppen versetzt, wo er die Fertigkeiten des Tischlerhandwerks, wie Drechseln und Möbelbau, erlernte.

Das war vor mehr als zwanzig Jahren gewesen. Jetzt war Tonisen in ihren Sechzigern und gebrechlich. Sie war nicht mehr in der Lage zu arbeiten und verbrachte die meiste Zeit des Tages zu Hause. Peggy, obwohl sie frei war, erledigte Aufgaben auf der Plantage, womit sie etwas Geld verdienen konnte. Quamina war jetzt Mitte vierzig und Oberschreiner auf Success. Er hatte Jack beigebracht, wie man Fässer und Tonnen herstellt und das Holz in Form biegt, bevor es aushärtet.

Wie alle anderen war auch Jacks Familie auf die Rationen angewiesen, die ihnen von den Aufsehern wöchentlich zugewiesen wurden. Diese variierten je nach Jahreszeit und dem Angebot der Läden und Märkte in Georgetown, aber eine typische Versorgung bestand aus fünfzig Gramm Salz, einem halben Fass Gerste, einer Handvoll Tabak und einem Bündel Kochbananen. Zur Ergänzung ihrer Mahlzeiten pflegte Peggy ein kleines Gemüsebeet. Um die Weihnachtszeit erhielten sie zusätzliche Dinge. Dabei handelte es sich hauptsächlich um Kleidung, deren Menge vom Alter und Geschlecht des Empfängers abhing. Jack und sein Vater bekamen zum Beispiel vier Meter Osnaburg (ein grobgewobener Jutestoff), einen neuen Hut oder eine Decke.

Am nördlichen Ende der Plantage, in Küstennähe, befand sich das Haus von John Stewart, dem Gutsverwalter. Es war ein zweigeschossiges Haus mit bemalten hölzernen Fensterläden, einem Nebengebäude sowie einem kleinen, hübschen Garten. Darauf folgten die Häuser der Aufseher und verschiedene Gebäude, darunter das Lagerhaus, in dem Vorräte und Waffen aufbewahrt wurden. Weiter unten auf dem Anwesen, in größerer Entfernung von der Küste, standen ein halbes Dutzend Sklavenhäuser; in jedem schliefen fünf oder mehr Familien. Diese etwa dreißig Meter langen und sechs Meter breiten Hütten waren aus gebrannten Lehmziegeln gebaut, mit Schilfgras gedeckt und hatten gestampfte Erde als Fußböden. Es gab weder Fenster noch Möbel. Vor dem Eingang eines jeden waren die Feuergruben, in denen die Mahlzeiten zubereitet wurden. Ein paar Schritte entfernt, hinter einem groben Zaun, befanden sich die Latrinen.

Als Nächstes, weiter südlich, kam die Windmühle. Hier wurde das Zuckerrohr zerkleinert und der Saft in das Siedehaus nebenan geleitet. Dort wurde der Sirup geklärt, kristallisiert und in die Fässer gefüllt, die Jack jede Woche auslieferte. Jenseits der Farmgebäude und der Sklavenhäuser lagen viele Hektar Zuckerrohrfelder, die sich von der Küste wegzogen. Dieses Land war von einer Reihe von Kanälen durchströmt. Auf diesen Kanälen fuhren Stocherkähne mit flachem Boden, die dazu dienten, das geschnittene Zuckerrohr zur Windmühle zu transportieren. Entlang der Ränder der Felder verliefen tiefe Gräben, die das Wasser von den Feldern zum Ozean ableiteten. Noch weiter entfernt lag das Hinterland, in das Jack nur selten ging. Das war der äußerste Rand der Plantage, markiert durch den Crown-Damm, einen 1,80 Meter hohen Erddeich, jenseits dessen der Sumpf und daran anschließend der Regenwald lagen.

Die Regeln auf dem Anwesen waren so einfach wie klar. Tu, was man dir sagt, und gib keine Widerworte. Erscheine pünktlich zur Arbeit, und arbeite hart. Triff dich vor Sonnenaufgang oder nach Sonnenuntergang nicht mit anderen. Verlasse das Anwesen nicht ohne Erlaubnis. Die Nichteinhaltung dieser Regeln wurde mit harten Strafen geahndet. Bei geringfügigen Verstößen wurden die Verurteilten an den Pranger gestellt, ihre Knöchel wurden zwischen zwei Holzbretter geklemmt, und sie erhielten einen Tag oder länger kein Essen und Trinken. Bei größeren Vergehen wurden sie ausgepeitscht. Einige der Aufseher und Fahrer benutzten die Buschpeitsche oder Carracarra, ein kurzes Lederinstrument, das manchmal doppelt verwendet wurde, um die Kraft des Schlags zu erhöhen. Andere benutzten das geteerte Seil, ein mit öligem Teer eingeschmiertes Tau. Einige wenige benutzten die Karrenpeitsche, das schlimmste Instrument. Sie diente dazu, die Pferde anzuspornen, und schnitt beim Aufprall die Haut auf. Nach dem Gesetz der Kolonie war es dem Aufseher oder Fahrer nicht erlaubt, mehr als 39 Peitschenhiebe zu verabreichen, und ein Arzt sollte dabei auf Abruf stehen. In der Praxis wurden diese Richtlinien nur selten befolgt.

Nach Jacks Erfahrung war die Liste der Vergehen, die zu solchen Schlägen führen konnten, lang. Am typischsten war das, was als »schlechte Arbeit« bekannt war. Das konnte sein, dass nicht genug Zuckerrohr geerntet oder ein Feld nicht vollständig gejätet wurde. Die nächsthäufigsten Übertretungen waren Ungehorsam und Frechheit. Dazu gehörten das Auslachen der Aufseher und das Singen von Liedern, die für Unruhe sorgten. Zu den anderen Vergehen, die häufig bestraft wurden, gehörten Streit, Arbeitsverweigerung und Fernbleiben von der Arbeit, selbst wenn es durch Erschöpfung infolge von Verletzungen, Krankheit, Schwangerschaft verursacht war. Die von den Vorgesetzten als »Diebstahl« bezeichneten Verstöße waren die nächsthäufigsten. Ein Mann wurde beispielsweise ausgepeitscht, weil er eine Handvoll alter verbogener Eisennägel behalten hatte, von denen er dachte, dass sie sonst weggeworfen werden würden. Andere Vergehen, die zu brutalen Schlägen führten, waren Ehebruch, Beherbergung von Ausreißern, Unachtsamkeit im Umgang mit einem Feuer, schlechte Behandlung von Ehefrauen und Trunkenheit.

Das Leben auf Success war brutal hart. Es ist daher nicht verwunderlich, dass es einen fruchtbaren Boden für diejenigen bildete, die sich eine Welt ohne Entbehrungen vorstellten: die Missionare.

Acht Jahre zuvor, als Jack 14 Jahre alt war, war ein Mann namens John Wray auf Le Resouvenir, dem Landgut unmittelbar westlich von Success, angekommen. Es gehörte Hermanus Post, einem Niederländer, der der Meinung war, dass versklavte Männer und Frauen Zugang zu religiöser Unterweisung haben sollten. Wenige Tage nach seiner Ankunft besuchte Wray Success und verkündete, dass er von der Londoner Missionsgesellschaft (London Missionary Society) gekommen sei, um das Wort des Herrn zu predigen.

In den nächsten Monaten sahen Jack und seine Familie, wie auf Le Resouvenir ein neues Gebäude errichtet wurde, das nur wenige Hundert Meter entfernt und von Success aus deutlich sichtbar war. Es war aus Holz gebaut, hatte ein Kreuz auf dem Dach und war groß genug, um mehr als sechshundert Menschen Platz zu bieten. Wray nannte die Kirche Bethel Chapel. Daneben wurden ein kleines Wohnhaus und ein Garten für den Missionar gebaut, beides auf Kosten des Gutsbesitzers.

Nach der Fertigstellung der Bethel Chapel wurde Jack Zeuge, wie sein Vater eine Art Wandlung durchmachte. Aus zeitgenössischen Quellen – Tagebüchern, Urkunden, Listen, Briefen – wissen wir, dass Quamina einer der Ersten war, die dort getauft wurden. Er lernte auch lesen, und als sein Vertrauen wuchs, übernahm er immer mehr Aufgaben in der Kirche und wurde schließlich zum Diakon des Missionars. Auf Anregung seines Vaters lernte auch Jack lesen und unterrichtete bald die anderen Kinder in biblischen Geschichten.

Jeden Sonntag kamen Jack und Quamina um 10 Uhr morgens in die Kirche, um am Morgengebet teilzunehmen. Um 14 Uhr wurde ein weiterer Gottesdienst abgehalten, der sogenannte *noon*, der besser besucht und deshalb lauter war. Wenn auch die meisten Gottesdienstbesucher aus Le Resouvenir, Success und den angrenzenden Ländereien stammten, kamen manche auch von weiter her und legten viele Kilometer zu Fuß zurück. Die meisten von ihnen waren Versklavte, aber nicht alle. Eine, die regelmäßig einen Platz in der Kirche einnahm, hieß Mary Chisholm. Sie war eine freie Schwarze Frau, die als Bäckerin auf Success arbeitete und fünf Sklaven ›besaß‹. Eine Handvoll lokale Plantagenbesitzer, Gutsverwalter und Aufseher besuchten ebenfalls die Kirche, aber sie kamen, wenn überhaupt, eher zu den späteren Gottesdiensten. Während des Abendmahls teilten Quamina und die anderen Diakone den Wein und das Brot aus, und wenn Wray deutlich machte, dass es zu laut wurde, forderten sie alle auf, leiser zu sein.

Zusätzlich zu ihren Aufgaben in der Kirche hatten Jack und Quamina Wray geholfen, sich an seine neue Umgebung zu gewöhnen. Sie brachten ihm einige der lokalen Wörter bei. *Matty* bedeutete zum Beispiel Freund, *sopie* war ein Schnapsglas, und *buckra* bezeichnete einen Weißen Boss, egal, ob Frau oder Mann. Sie lieferten ihm Informationen über die örtlichen Plantagenbesitzer und über die versklavten Menschen, die in der Nähe lebten: wem man trauen konnte, wer möglicherweise an der Taufe interessiert war. Und sie ermutigten jeden, die Gottesdienste zu besuchen.

In seinen Predigten hatte sich Wray oft gegen die Behandlung der Versklavten auf den Zuckerplantagen ausgesprochen. Er bat auch Quamina und die anderen Diakone, biblische Geschichten vorzulesen, die die Situation der Gemeinde widerspiegelten. Eine davon war Exodus, Kapitel 14, in der erzählt wird, wie die Israeliten als Sklaven in Ägypten leiden mussten und wie Moses sie ermutigte, zu fliehen, um der Knechtschaft zu entkommen. »Mose aber sagte zum Volk: Fürchtet euch nicht! Bleibt stehen und schaut zu, wie der Herr euch heute rettet. Wie ihr die Ägypter heute seht, so seht ihr sie niemals wieder.« Und mit Gottes Hilfe, so hieß es, teilte Mose das Rote Meer und schloss die Soldaten des Pharaos ein, und die Israeliten fanden trockenes Land und die Freiheit. Nach den Berichten von Wray, die nach England zurückgeschickt wurden, waren die Menschen, die solche Lesungen hörten, sehr beeindruckt.

Als die Kolonialherren erfuhren, was in der Bethel Chapel vor sich ging, wurden viele zornig. Sie fanden es nicht gut, dass der Missionar das Volk ermutigte, sich ein Leben ohne Knechtschaft vorzustellen. »Es ist gefährlich, Sklaven zu Christen zu machen«, verkündete die *Demerara Royal Gazette*, eine der wichtigsten Zeitungen in Georgetown. »Wird der Neger nicht denken, dass er durch die Taufe ebenso glaubwürdig ein Christ ist wie seine christlichen weißen Brüder?«

Nach solchen Angriffen legte Wray noch einmal nach. »Es gibt weder Wahrheit noch Barmherzigkeit, noch Gotteserkenntnis im Lande«, dröhnte er von der Kanzel und zitierte aus Hosea, Kapitel 4. »Darum wird die Erde dürre stehen, und alle ihre Bewohner werden dahinwelken.« Diese Provokation blieb nicht unbemerkt. Im Juni 1813 wurde John Wray auf massiven Druck des Gouverneurs gezwungen, nach Berbice, der britischen Kolonie sechzig Meilen östlich, umzuziehen, und die Türen von Bethel Chapel wurden verschlossen.

Nach Wrays Abreise ging das Leben auf dem Gut für Jack eine Weile unverändert weiter, doch dann geschahen drei Dinge: Erstens wurde er zum Oberküfer ernannt, was ihm die zusätzliche Verantwortung eintrug, die anderen Küfer anzuleiten. Das bedeutete auch, dass er nun ohne Begleitung oder Aufsicht nach Georgetown reiste, um die Fässer an die Reedereien zu liefern. Manchmal lud er sie auf eine Schaluppe oder einen Schoner, die am Hafen festgemacht waren, und kehrte dann direkt zum Gut zurück. Bei anderen Gelegenheiten und genügend Zeit traf er sich mit Freunden und Bekannten, die sich am Ufer und auf dem Marktplatz aufhielten, um die neuesten Nachrichten und den neuesten Klatsch aus der Kolonie und darüber hinaus zu erfahren.

Die zweite Veränderung trat im Juni 1817 ein, als Jacks Großmutter Tonisen krank wurde. Sie hatte schon seit einiger Zeit starke Schmerzen im Unterleib gehabt, die sich nun verschlimmerten.

Ihr Bauch war unnatürlich geschwollen und empfindlich bei Berührung. Jack verließ seinen Posten ohne Erlaubnis – was riskant war – und eilte zu einer nahe gelegenen Plantage, um einen Arzt aufzusuchen. Er bat ihn, so bald wie möglich zu kommen. Als der Arzt in der Hütte der Familie ankam, untersuchte er die ältere Patientin und entfernte durch ein Verfahren, das als »Klopfen« bekannt war, überschüssige Flüssigkeit aus dem Unterleib, aber es nützte nichts. Kurze Zeit später tat Tonisen ihren letzten Atemzug, betreut von Jack und seinem Vater.

Der Tod war für Jack nichts Neues, aber den Tod seiner Großmutter mitzuerleben, muss schwer gewesen sein. Sein Vater war in Demerara geboren worden, und so war Tonisen Jacks einzige Verbindung gewesen zu dem Land, aus dem seine Familie ursprünglich stammte, die einzige Person, die ihm Geschichten aus dem alten Land erzählen konnte. Mit ihrem Tod brach seine Verbindung zu Afrika faktisch ab.

Die dritte Veränderung fand in der benachbarten Siedlung Le Resouvenir statt. Die Kirche wurde schon seit Jahren nicht besucht, aber endlich hatte die Missionsgesellschaft einen Ersatzprediger ausgesandt. Hoffentlich würde er das Leben in Success verbessern. Der Name des Missionars war John Smith.

Ich bin mit dem Wissen um die Schrecken der Sklaverei in den USA aufgewachsen. Aber ich hatte keine Ahnung, dass Briten und britische Unternehmen Sklavenplantagen in der Karibik betrieben oder wie schrecklich diese Orte waren. Ehrlich gesagt, schäme ich mich für meine Unwissenheit.

Jetzt, fast zweihundert Jahre später, frage ich mich, was das Erbe dieser Sklaverei ist. Wie wirkt sie sich auf die Menschen in der heutigen Gesellschaft aus?

Um eine Antwort auf diese Frage zu finden, nehme ich Kontakt zu Kehinde Andrews auf. Er ist Professor für Black Studies an der Birmingham City University und afrikanisch-karibischer Abstammung. Er erklärt mir, dass sich in der Karibik seit der Zeit der Sklaverei wenig verändert habe. Er zählt die Probleme auf: Armut, Masseninhaftierung, Gewalt, mangelnde soziale Mobilität. »Weiße Vorherrschaft und wirtschaftliche Ungleichheit gibt es noch immer«, erläutert er.

Nach unserem Gespräch sehe ich mir einige Statistiken an. Schwarze Menschen in England und Wales werden mindestens fünfmal häufiger angehalten und durchsucht, dreimal häufiger verhaftet und fünfmal häufiger inhaftiert als Weiße. Schwarze Haushalte leben doppelt so häufig in Armut wie Weiße Haushalte. Der Mittelwert des Vermögens von Haushalten mit einem Schwarzen Afrikaner als Familienoberhaupt (34.000 £) beträgt nur etwa ein Zehntel des Vermögens Weißer britischer Haushalte (314.000 £). Schwarzkaribische und Schwarzafrikanische Haushalte sind weitaus seltener Eigentümer ihrer Häuser (40 Prozent bzw. 20 Prozent) als Weiße britische Haushalte (68 Prozent). Die Jugendarbeitslosigkeit (von 16- bis 24-Jährigen) ist bei Schwarzen Briten zweieinhalb Mal höher als bei den Weißen. Und Schwarze Frauen in England sterben viermal häufiger während der Geburt als Weiße Frauen.

Ich führe ein Gespräch mit David Lammy (MP), dem Schattenjustizminister der Labour Party, und frage ihn nach dem Erbe der Sklaverei. Seine Familie stammt aus Berbice, Guyana. »Das Erbe der

Sklaverei ist real«, sagt er mir. »Man kann nicht Millionen von Menschen aus ihrer Heimat reißen, sie von ihrer Kultur, Religion und Sprache trennen und erwarten, dass das keine tiefen Narben hinterlässt. Wir sehen das in allen Gemeinschaften, in den USA, auf den Westindischen Inseln und hier in Großbritannien.« Er macht eine Pause, bevor er fortfährt. »Nur wenn die europäischen Länder, die das getan haben, ihre Rolle anerkennen und wir einen Prozess der Wahrheit, Versöhnung und Wiedergutmachung initiieren, werden wir vorankommen können.«

Als Nächstes habe ich ein Gespräch mit dem Schriftsteller und ehemaligen Botschafter von Guyana, David Dabydeen, der seit mehr als fünf Jahrzehnten in Großbritannien lebt. »Die Sklaverei ist immer noch ins Gedächtnis der karibischen Völker eingebrannt«, sagt er, »die Sklavenforts, die Ruinen der Zuckermühlen und die von Schwarzen mit Muskelkraft und Schaufel gegrabenen Entwässerungskanäle sind sichtbare Erinnerungen an diese dunkle Vergangenheit. Zugleich kann die bloße Erinnerung ein Hindernis für den Fortschritt sein.« Dabydeen fügt dann hinzu: »Im heutigen Großbritannien wird die Sklaverei erst jetzt wieder in Erinnerung gerufen. Aufgrund von Black Lives Matter erkennen wir jetzt an, dass die Einnahmen aus der Sklaverei in Großbritannien zu großem Reichtum geführt haben, der immer noch existiert.«

Jeder, mit dem ich spreche, macht eines deutlich: Es gibt eine direkte Verbindung zwischen der historischen Sklaverei und den Problemen, unter denen die Gesellschaft heute leidet.

KAPITEL 2

John Smith, Februar 1817

John Smith wurde am 27. Juni 1790 in der Ponder Street in Rothwell geboren, einer kleinen Marktstadt in Northamptonshire, England. Als er ein kleiner Junge war, starb sein Vater im Kampf gegen Napoleons Truppen in Ägypten. John wuchs in Armut und ohne formale Bildung bei seiner trauernden Mutter auf. Sie gehörten der Independant Church an, und dort lernte er in der Sonntagsschule lesen. Mit 14 Jahren zog er nach Clerkenwell im Zentrum Londons und wurde Bäckerlehrling, wo er die nächsten fünf Jahre blieb. Mit 19 war er ein ausgewachsener Mann, schlank, mit einem rothaarigen spitzen Haaransatz, der sogenannten Witwenspitze, einem kantigen Kiefer und mitfühlenden blauen Augen. Der Lauf seines Lebens änderte sich, als er die Silver Street Chapel besuchte und die leidenschaftliche Predigt eines Pfarrers über den Wert des Dienstes an der Gemeinde und in der Mission hörte. John Smith war so inspiriert, dass er sofort in die Missionsgesellschaft eintrat.

Die Missionsgesellschaft war 1795 gegründet worden und unterstützte Evangelisierungen auf der ganzen Welt. In den 1810er Jahren unterhielt sie schon Missionsstationen auf vier Kontinenten, mit 312 Missionsstationen (oder Untermissionen) allein in Indien. Es gab auch Missionsstationen in Südafrika, Russland, Singapur, China und Malaya. Und über die Karibik verteilt existierten 41 Missionen. Das »einzige Ziel« der Missionsgesellschaft laut ihrem Gründungsdokument war es, »die Erkenntnis Christi unter den Heiden und anderen unerleuchteten Völkern – das herrliche Evangelium des gesegneten Gottes« zu verbreiten. Ihre Mitglieder waren Kongregationalisten, Methodisten, Baptisten und Angehörige anderer protestantischer Konfessionen. John Smith bewarb sich für den Auslandsdienst der Gesellschaft und wurde angenommen. Doch bevor er nach Übersee geschickt wurde, musste er die Gosport Academy an der Südküste Englands besuchen.

Die Akademie hatte die Aufgabe, Novizen der Missionsgesellschaft auszubilden. Sie war nach einer Reihe gescheiterter Missionen in Südafrika und Afrika und im Südpazifik gegründet worden. Entweder waren die Missionare nicht in der Lage gewesen, eine dauerhafte Gemeinde zu gründen, oder sie fanden den Posten zu beschwerlich und kehrten in Ungnade nach Hause zurück. Laut dem Bericht der Gesellschaft über die Ausbildung von Missionaren waren die Ziele der Akademie die »Vermittlung von Wissen« und die »Stärkung der guten Gesinnung«. Einer der wichtigsten Kurse hieß »Missionarische Instruktionen«, in denen die angehenden Kleriker etwas über die Geschichte der Organisation und die Missionsstrategie lernten. Dazu gehörte auch die klare Ermahnung, sich nicht in die lokale Politik einzumischen. »Einige der Gentlemen, denen die Ländereien gehören, die Herren der Sklaven, stehen der Instruktion ihrer Sklaven unfreundlich gegenüber«, wurde John gewarnt. »Du darfst weder in der Öffentlichkeit noch privat ein Wort verlieren, das die Sklaven unzufrieden mit ihren Herren oder mit ihrer Stellung machen könnte.«

Normalerweise dauerte der Lehrgang drei Jahre, aber aus Demerara war die Nachricht gekommen, dass dringend ein neuer Missionar gesucht wurde, nachdem der bisherige Vertreter, John Wray, versetzt worden war. So wurde der 26-jährige John Smith am 12. Dezember 1816 in Somers Town, London, ordiniert. Doch bevor er abreiste, galt es noch eine Aufgabe zu erledigen – die Heirat. Es handelte sich um eine Art arrangierte Verbindung, die in aller Eile von der Missionsgesellschaft organisiert worden war, da sie einen verheirateten Mann als Sinnbild christlicher Werte betrachtete. John hatte Jane Godden, eine ruhige, gottesfürchtige Frau, erst wenige Wochen zuvor kennengelernt. Beide hatten bisher nie außerhalb von England gelebt. Ein paar Tage später stachen John Smith und seine frisch angetraute Frau mit der *William Neilson* in See.

Unter den Habseligkeiten von John Smith, die in seiner Kabine unter Deck aufbewahrt wurden, befand sich ein Brief von George Burder, dem Sekretär der Missionarsgesellschaft, der die folgende Ermahnung enthielt: »Das Heilige Evangelium, das Sie predigen werden, wird die Sklaven, die es empfangen, zu besonders fleißigen, treuen, geduldigen und nützlichen Dienern erziehen; es wird strenge Disziplin unnötig werden lassen und sie zu den wertvollsten Sklaven auf den Ländereien machen, und so werden Sie sich selbst und Ihren Dienst empfehlen, sogar jenen Gentlemen gegenüber, die der religiösen Unterweisung der Neger abgeneigt sind.« Offensichtlich hatte der Sekretär es für nötig befunden, die in der Akademie erteilte Lektion zu wiederholen. Seine Anweisungen waren klar: Das Ziel der Mission bestand darin, das Sklavensystem in Demerara aufrecht- und die Pflanzer bei Laune zu halten. John Smith sollte keinen Ärger verursachen.

Acht Wochen nach dem Auslaufen aus Portsmouth näherte sich die *William Neilson* Demerara. Anders als das ruhige, türkisfarbene Wasser der Karibischen Inseln war das Meer hier dunkelgrau und unruhig. Draußen an Deck sahen John und Jane zum ersten Mal die südamerikanische Küste. Sie war gesäumt von schwarzen Mangroven und Fingerhutbäumen und bevölkert von Schwärmen von Scharlachibissen, weißen Reihern und Orangeschnabelkormoranen. Je näher sie kamen, desto lebhafter wurde der Verkehr: Handelsschiffe und Pakete auf dem Weg nach London und Liverpool; Schoner auf dem Weg Richtung Norden nach Barbados, Jamaika und anderen britischen Kolonien; Schaluppen und Briggs, die westwärts nach Essequibo oder ostwärts nach Niederländisch-Guayana zogen.

Nachdem die *William Neilson* eine Weile an der Küste entlanggefahren war, drehte sie scharf nach links ab, verließ den Atlantischen Ozean und fuhr in den Demerara-Fluss. Der Fluss, den die Niederländer »Demerary« nannten, war an dieser Stelle anderthalb Kilometer breit, sein Wasser braun-orange und brackig. Auf der rechten Seite, am Westufer, war das Ufer mit üppiger grüner Vegetation bewachsen, während das Ostufer weiter entwickelt war. Sie kamen an einem Fort vorbei, das mit 18 großen Eisenkanonen ausgestattet war, die Richtung Ozean zeigten, und mit einem Leuchtturm, der vor den Sandbänken warnte, auf denen Schiffe auf Grund laufen konnten. Außerdem gab es eine Signalstation, einen niedrigen Bau mit einem weiten Blick auf den Ozean, von dem aus die Signalkommunikation mit der benachbarten britischen Kolonie Berbice vor sich ging.

Nun erreichten sie die Ausläufer der eigentlichen Stadt Georgetown, gekennzeichnet durch ein langes Band weißer hölzerner Anlegestellen, der sogenannten Stellings. An einem dieser Kais machte die Brigg schließlich fest. Es gab eine gewisse Wartezeit, während die Zollformalitäten erledigt wurden und der Kapitän immer gereizter wurde, dann folgte eine Inspektion durch einen Amtsarzt. Schließlich wurden sie abgefertigt, und John, Jane und die anderen Passagiere durften das Schiff verlassen.

Als sie an Land und auf die breiten Holzplanken der Stelling traten, schlug ihnen sofort ein intensiver Geruch nach Pferdeurin aus dem Sägemehl entgegen, das lange von der Sonne erhitzt worden war. Ein paar Schritte weiter wurden sie von Händlern und Hausierern umringt, die ihre Waren anpreisen wollten: Seifenstücke, Baumwoll- und Ledergürtel, Bündel von Kochbananen, Ananas, Sapodilla und Mangos. Die Waren, die ihnen entgegengehalten wurden, waren vielfältig und verlockend, aber es war nicht der richtige Moment, um etwas zu kaufen.

Die Smiths waren müde und desorientiert und mussten erst einmal ankommen, bevor sie sich mit dem lokalen Handel befassen konnten. Andere boten an, Transport und Unterkunft für sie zu organisieren. Aber auch das war für sie nicht von Interesse. Nachdem sie nach dem Weg gefragt hatten, verließen sie die Docks, um ihre Unterkunft zu suchen. Auf dem Weg nahm das Paar die Umgebung in sich auf. Die weiß gestrichenen Holzhäuser waren von geringer Größe, mit Schindeln gedeckt, keines hatte mehr als ein Stockwerk, und die Fenster waren nicht verglast, sondern mit Fensterläden versehen. Aufgrund der Überschwemmungsgefahr wurden die Gebäude in Flussnähe auf Holz- und Ziegelpfeilern errichtet; die unteren Stockwerke dienten als Läden oder Lagerräume, die von der Straße aus zugänglich waren.

Die Straße oder der Damm, wie die Einheimischen sagten, war breit und staubig, gesäumt von orange blühenden Korallenbäumen, die willkommenen Schatten spendeten. In der Mitte verlief ein Kanal, auf dem rosafarbene, weiße und gelbe Seerosen schwammen. Je weiter sie sich von den kleinen Ladenhäusern entfernten, desto mehr verwandelten sich die Häuser in richtige Wohnhäuser, die von kleinen, gepflegten Gärten umschlossen waren, in denen rosa blühende Oleandersträucher, süß duftende Kanonenkugelbäume und großblättrige Kochbananenbäume wuchsen. Gelegentlich überspannte eine Holzbrücke den Kanal, die es den Bewohnern ermöglichte, auf die andere Seite zu gelangen.

Da sich Demerara in der Nähe des Äquators befand, war es extrem heiß. In Gosport war es jetzt wahrscheinlich knapp über oder vielleicht sogar unter dem Gefrierpunkt. Hier waren es weit über 30 Grad Celsius. Das Stechen der gleißenden Sonne wurde durch die Brise vom Meer kaum gekühlt. Doch die schwüle Hitze schien die Einheimischen nicht abzuschrecken, die in Scharen unterwegs waren. Es handelte sich hauptsächlich um Schwarze Fußgänger. Die Kleidung vieler wäre in London, Paris oder New York nicht aufgefallen: die Männer trugen Baumwollhemden, Jacken, Hosen und Schuhe, die Frauen Baumwollröcke und -blusen, ihr Haar war mit bunt gemusterten Tüchern zusammengehalten. Es handelte sich entweder um freie Männer und Frauen oder um versklavte Menschen, die als Hausangestellte arbeiteten. Andere trugen gröbere Kleidung, die eher für die Felder geeignet war, während eine dritte, kleinere Gruppe kaum bekleidet war und nur einen Lendenschurz trug.

Es gab auch Kolonialbürger, die ihren Geschäften nachgingen. Einige waren teurer gekleidet und wurden bequem mit Pferd und Wagen transportiert. Aber nicht alle. Eine große Anzahl ging zu Fuß, gekleidet in Arbeitskleidung. Das waren Ladenbesitzer, Gastwirte, Hafenarbeiter und dergleichen. Und bei denen, die sie passierten, hörten die Smiths ein breites Spektrum an Sprachen. Sie erkannten Niederländisch, Französisch, Spanisch und Englisch. Aber es gab noch eine andere Sprache, ein lokales Kreol, das sehr schnell gesprochen wurde und für sie schwer zu verstehen war.

Als sie ihre Unterkunft erreichten, waren sie schweißgebadet und durstig. Ihr Gastgeber – ein Freund eines Freundes, der ihnen von der Missionsgesellschaft vermittelt worden war – empfing sie drinnen, wo es zu ihrer großen Erleichterung viel kühler war. Man bot ihnen ein Glas Wasser an, das herrlich erfrischend war. Es war Regenwasser, das in einer hölzernen Zisterne gesammelt und durch einen Stein gefiltert wurde. Dann, nachdem sie ein paar Höflichkeiten ausgetauscht hatten, wurden sie auf ihr Zimmer geführt, wo sie auf dem Bett zusammensanken. Sie waren angekommen.

*

Zwei Tage später gelang es John, ein Treffen mit dem Gouverneur, John Murray, zu arrangieren. Als Vertreter Seiner Majestät König Georg IV. hatte Murray nahezu absolute Macht in Demerara. Nicht nur trieb er die lokalen Steuern ein, ernannte die Richter an den Gerichten und befehligte die britischen Streitkräfte in der Kolonie, er war auch für die Lizenzvergaben zuständig. Wenn John Smith irgendwo in Demerara eine Mission leiten wollte, brauchte er zunächst die Zustimmung des Gouverneurs.

John Murray gehörte unzweifelhaft zum britischen Establishment. Geboren am 4. Juni 1777 als ältester Sohn eines Brigadegenerals, der auch Kolonialverwalter war, hatte sich Murray im Alter von 16 Jahren zur Armee gemeldet. Er diente zunächst im 58. Regiment und dann, während der napoleonischen Kriege, im 96. Regiment, wo er zum Oberstleutnant aufstieg. Er heiratete Elizabeth Hume, eine drei Jahre jüngere Engländerin, die ihm zwei Kinder gebar. Dann, um 1805, wurde er nach Neufundland versetzt, um die Brigade in St. John's zu führen. Einem seiner Nachfahren zufolge »verguckte« Murray sich dort in ein 14-jähriges neufundländisches Mädchen namens Ellen Butler O'Connor, die er schwängerte und mit der er in die Karibik »floh«. Was aus Elizabeth und den beiden Kindern geworden ist, ist unklar. Kurz nach seiner Ankunft in der Karibik wurde Murray zum Colonel befördert und diente als Adjutant des Generals bei verschiedenen Feldzügen, darunter bei der Eroberung der Insel Guadalupe. Im Jahr 1813 wurde er zum Gouverneur von Demerara-Essequibo ernannt und in den Rang eines Generalmajors erhoben. Während seiner langen Karriere hatte Murray bewiesen, dass er ein Mann war, der es verstand, aufzusteigen, der keine Angst hatte, sich einer Gefahr zu stellen, und der in der Lage war, schnelle Entscheidungen zu treffen, die seinen Interessen dienten und anderen schaden konnten.

Zum Zeitpunkt der Ankunft von John Smith in der Kolonie war John Murray bereits seit vier Jahren im Amt, und in dieser Zeit hatten die Niederlande die Kolonie offiziell an Großbritannien abgetreten. Er war jetzt vierzig Jahre alt, Vater von zwei weiteren Kindern (insgesamt hatten er und Ellen 16 Kinder), und zusätzlich zu seinen öffentlichen Aufgaben war er Eigentümer von drei Zuckerplantagen, einer in Demerara und zwei in Berbice. Dazu gehörte der ›Besitz‹ von über 540 versklavten Frauen und Männern. Daher war die Behandlung der versklavten Menschen in der Kolonie für den Gouverneur sowohl beruflich als auch persönlich wichtig.

John Smith traf sich mit Gouverneur Murray in einem Vorraum der Empfangshalle des Committee House, eines scheunenartigen Holzgebäudes mit Blick auf den Demerara River und gegenüber einem großen Marktplatz, der von einer Schottischen Kirche beherrscht wurde. In seinem Tagebuch erinnert sich der Missionar, dass er auf die Frage des Gouverneurs, was er in der Kolonie zu erreichen hoffe, erklärte, er wolle die versklavten Menschen unterrichten, »indem er ihnen das Lesen beibringt« und »auf einfache Weise das Evangelium predigt«. Murray nahm dies nicht gut auf. »Wenn Sie jemals einem Neger das Lesen beibringen und ich erfahre davon«, schrie er, »werde ich Sie sofort aus der Kolonie verbannen.« Trotz dieses frostigen Empfangs gelang es John einige Tage später, eine zweite Audienz beim Gouverneur zu bekommen, bei der er ihn seiner besonnenen Absichten versicherte. Daraufhin erhielt er die Erlaubnis, die Mission zu leiten.

John und Jane verbrachten die nächsten Tage damit, sich auf das Leben auf der Plantage vorzubereiten. Zunächst erwarben sie eine Kutsche und zwei Pferde, die für die Fortbewegung auf dem schlammigen Gelände notwendig waren. Dann machten sie sich daran, in Geschäften rund um Georgetown genug Proviant zu zusammenzutragen, um sich einige Wochen lang versorgen zu können. Bei einem Lieferanten holten sie etwa ein Fass Mehl, ein paar Kisten Seife und ein Fässchen Butter, bei einem anderen ein Fass Wein und eine Kiste voller Trockenfrüchte, Salz und Kerzen. Bei einem dritten sicherten sie sich einen Sack Nägel, ein paar Schinken und mehrere Käselaibe.

Endlich waren sie bereit. Am 6. März 1817, kurz nach dem Mittagessen und fast zwei Wochen nach ihrer Ankunft in Demerara, brachen sie zu ihrer neuen Heimat auf. Die Route führte sie ostwärts aus Georgetown heraus und entlang der Küste, mit Blick auf Mangrovenbäume und die Brandung. Sie befanden sich nun auf der sogenannten öffentlichen Straße, die aus Muscheln und Kieselsteinen vom Strand gebaut worden war, die hart wie Granit waren.

Nach etwa 15 Minuten passierten sie einen staubigen Weg, der von der Küste wegführte. Es handelte sich um den Eingang zum Thomas-Anwesen, der ersten Zuckerplantage an der Küste. 15 Minuten weiter entlang der öffentlichen Straße befand sich die nächste Plantage, Kitty. Dann kam Blygezight, gefolgt von Bel Air, Sophia und Leliendaal. Anhand der Namen konnten die Smiths die Nationalität des aktuellen Besitzers erraten. Alle paar Hundert Meter überquerten sie einen Bewässerungsgraben oder -kanal, und anhand des Zustands der Brücken, die diese Wasserwege überspannten, konnten sie auch auf den Wohlstand des Besitzers schließen. Einige waren in gutem Zustand, erst kürzlich weiß gestrichen – vermutlich um die Sichtbarkeit in der Nacht zu verbessern –, während andere ungepflegt aussahen, von Staub und Schmutz geschwärzt, und gefährlich wackelten, wenn die Räder ihrer Kutsche darüberrumpelten.

Auf ihrem Weg überholten sie Gruppen von Versklavten, die sich auf dem Weg zur Arbeit befanden. Sie ›gehörten‹ einem Pflanzer, der sie gerade für einen bestimmten Auftrag für eine bestimmte Arbeit oder ein Projekt ›vermietete‹. Sie trugen Papiere bei sich, da das Verlassen einer Plantage ohne schriftliche Erlaubnis verboten war. Gelegentlicher Verkehr kam aus der anderen Richtung: Männer zu Pferd auf dem Weg in die Stadt; Fuhrwerke, die Fässer mit Zucker und Melasse zu den Docks brachten; einige freie Schwarze Männer, die zu Fuß unterwegs waren, um einen Botengang oder anderes zu erledigen, sowie diverse Hausiererinnen, die ihre Waren an die Plantagen entlang der ganzen Küste verkauften.

Gegen 17:30 Uhr erreichten John und Jane die zwanzigste Plantage, Le Resouvenir, etwa sieben Meilen von Georgetown entfernt. Der Weg zum Anwesen war von hohen Palmetto-Bäumen gesäumt. In ihren Wipfeln wuchsen grüne Bälle, die wie große Kohlköpfe aussahen. Aus reiner Höflichkeit machten sie am Haus des Gutsverwalters halt, Adrianus Van der Haas, der sie kühl begrüßte. Offenbar war Van der Haas ebenso wie der Gouverneur nicht davon angetan, versklavten Männern und Frauen Religionsunterricht zu erteilen. Nach wenigen Augenblicken wies er John und Jane Smith auf ein Gebäude hin, das ein paar Hundert Meter weiter unten am Weg stand. Es war das Ziel ihrer Reise: die Bethel Chapel. »Dies ist unser Platz«, schrieb John später an diesem Tag in sein Tagebuch. »Der Ort ist seit mehr als zwölf Monaten verlassen. Alles wirkt sehr düster, aber wir hofften, dass Gott uns in unserer neuen Station glücklich machen würde.«

Am nächsten Tag, einem Freitag, wurde John von einer Glocke geweckt. Draußen wurde es gerade hell, und von seiner Haustür aus konnte er die Kirche ein paar Schritte entfernt stehen sehen. Er freute sich darauf, das Gebäude zu erkunden, um zu sehen, was er vom vorherigen Verwalter geerbt hatte, aber erst einmal wollte er sich mit der Geografie seines neuen Zuhauses vertraut machen. Nachdem er seinen Mantel und seine Schuhe angezogen hatte, schloss er die Tür hinter sich und machte sich auf den Weg. Innerhalb weniger Minuten erreichte er ein riesiges Feld, auf dem gerade eine Gruppe von Versklavten, Männer und Frauen, zur Arbeit eintraf. Inzwischen war es kurz nach 6 Uhr morgens und bereits heiß. Das Feld rauchte noch vom Vorabend, als dort ein Schwelbrand entfacht worden war, um unerwünschte Vegetation abzubrennen, damit das Zuckerrohr leichter zugänglich war. In der Luft war von dem Feuer ein süßer Melasseduft hängen geblieben.

Mit dem Hieb einer gebogenen Klinge, der sogenannten Billhook, hackten die Arbeiter die verkohlten Stöcke ab, schnitten die

Spitzen und Blätter ab und legten die abgeschnittenen Stängel auf die Haufen am Ende jeder Reihe. Auf der einen Seite kauerten die Fahrer, ebenfalls afrikanischer Abstammung, aber mit Peitschen in der Hand, die die Arbeiter ständig mit Rufen wie »Vorwärts!« und »Schneller!« dazu drängten, härter zu arbeiten. Es war das erste Mal, dass John versklavte Menschen bei der Arbeit sah.

Er stellte fest, dass die Frauen und Männer zwischen 16 Jahren und Mitte zwanzig und extrem fit waren. Dies war, wie er später erfahren würde, die sogenannte »First Gang«. Nach einem Jahrzehnt Feldarbeit, wenn sie Ende zwanzig waren, würden sie in die »Second Gang« versetzt werden, deren Aufgaben etwas weniger beschwerlich waren. Wenn sie das Glück hatten, das vierzigste Lebensjahr zu erreichen, wurden sie in die »Third Gang« versetzt, die sich um die Kinder kümmerte, die Tiere hütete und Unkraut jätete. Einige Frauen trugen Babys auf dem Rücken. Niemand hielt auch nur für einen Moment an, nicht einmal für einen Schluck Wasser.

Als er seinen Weg fortsetzte, traf John auf vier versklavte Männer, die auf dem Weg zu den Feldern waren. Er stellte sich vor und erklärte, dass er beabsichtigte, an diesem Abend zu predigen. Einer der Männer, den er ansprach, hieß Gringo. In seinem Tagebuch hielt John die Aufregung des Mannes fest. »Wir sind sehr froh, euch zu sehen, Master«, sagte Gringo. »Sehr froh.« Die Männer versprachen, in die Kirche zu kommen und die Nachricht zu verbreiten.

John verbrachte den Rest des Tages damit, die Kirche zu putzen, die Fenster zu öffnen, um zu lüften, und tote Blätter und Spinnweben zu entfernen. Er legte die Gebetbücher aus, polierte die Kerzenständer und stellte neue Kerzen auf. Gegen 19 Uhr kam ein Mann herein und machte sich, ohne dass er gefragt werden musste, daran, die Kerzen anzuzünden. Als John fragte, wer er sei, erklärte er, sein Name sei Peter und er sei Küster gewesen, als der vorherige Missionar die Gemeinde geleitet hatte. Dann, als er wahrnahm, wie spät es war, entschuldigte er sich und läutete zum

Gottesdienst. Einige Minuten später trafen die ersten Leute ein. Sie kamen in kleinen Gruppen zu zweit und zu dritt, Männer, Frauen und Kinder. Um 19:30 Uhr, als es Zeit war, die Türen zu schließen, war der Saal zu gut zwei Dritteln gefüllt. John war erstaunt. Vor ihm auf den schmalen Holzbänken saßen in aller Stille mehr als vierhundert Menschen.

Er war sich nicht sicher, wohin er schauen sollte, und versuchte, seine zitternden Hände zu verbergen. Dies würde das erste Mal sein, dass er ohne Unterstützung eines anderen Pfarrers einen Gottesdienst halten würde. Zum Glück konnte er auf seine Ausbildung zurückgreifen. John würde die Reihenfolge des Abendgebets einhalten, wie er es in Gosport gelernt hatte: eine kurze Begrüßung, gefolgt vom Sündenbekenntnis der ganzen Gemeinde, danach ein laut gesungener Psalm (er hatte einen vollen Bariton) und das Vaterunser. Für die Lesung hatte er einen Abschnitt aus dem Römerbrief gewählt, der das Martyrium Jesu preist. »Darin aber zeigt Gott seine Liebe zu uns«, verkündete er von der Kanzel. »Da wir Sünder waren, ist Christus für uns gestorben.«

Im Laufe des Gottesdienstes gewann er an Zuversicht. Und da seine Nervosität nachließ, konnte er sich auf das konzentrieren, was stattfand. Es gab viel zu bedenken. Wie vertraut waren sie mit der Lehre? Und wie viele konnten überhaupt lesen? Obwohl einige ein Gebetbuch in den Händen hielten, schienen nur wenige dem Verlauf des Gottesdienstes zu folgen. »Vielleicht sind sie einfach aus Neugierde gekommen«, notierte er später in seinem Tagebuch, »aber ich bete, dass das gesprochene Wort ihren Seelen zum Segen gereichen möge.«

In den nächsten Wochen und Monaten verbrachte John die meiste Zeit in Le Resouvenir, um die Menschen auf dem Anwesen kennenzulernen. Ab und an konnten er und Jane nach Georgetown fahren, um Vorräte aufzufüllen, den Arzt aufzusuchen und sich über die neuesten Nachrichten zu informieren. Es war schwer für die beiden, sich an die Umgebung zu gewöhnen. Vieles war neu für sie: das Essen und das Wetter. Das Leben auf dem Gut. Die Kultur der Kolonialherren. Und die Behandlung der versklavten Menschen durch die Pflanzer – das stellte für sie das größte Problem dar.

Am frühen Montagmorgen, dem 10. August 1818, saß der Missionar an seinem Schreibtisch und schrieb in sein Tagebuch. Die Sonne würde bald aufgehen; er konnte durch das Fenster seines Büros einen Hauch von Rosa am Himmel erkennen. Es war ein Moment der Ruhe nach den Ereignissen des Vortages. Es war hektisch gewesen. Erst die Bibelstunden mit den Kindern, dann ein Gottesdienst für mehr als zweihundert Menschen, gefolgt von einem Treffen mit den Diakonen. Nach dem Mittagessen ein weiterer Gottesdienst mit mehr als zehn Taufen, dann ein Besuch bei einem kranken Gemeindemitglied. John Smith war erschöpft.

Im Zimmer nebenan hörte er, wie seine Frau das Frühstück vorbereitete. Mit einer Hand drückte er die Seiten des Tagebuchs nach unten und schrieb von dem Gewitter am Vorabend, welches das Haus zum Beben gebracht hatte und die Gläser in der Küche klappern ließ. Er verglich es gerade mit Gottes »feurigen Pfeilen«, als er von einem heftigen, sich wiederholenden eindringlichen Geräusch unterbrochen wurde. Er wusste genau, was es war: das Geräusch von Leder, das auf menschliche Haut trifft. Ein Plantagenbesitzer oder einer seiner Gehilfen peitschte einen versklavten Mann oder eine versklavte Frau aus. In dem Jahr, seit er in der Kolonie angekommen war, hatte sich der Missionar mit diesem entsetzlichen Geräusch vertraut machen müssen. So vertraut, dass er das Bild in seinem Kopf heraufbeschwören konnte: ein Weißer Mann, der die Peitsche schwingt. Ein Schwarzer Mensch, der an einem Baum, einem Wagen oder einem Zaunpfahl lehnt und geschlagen wird – wieder und wieder und wieder.

Die Feder des Missionars hing in der Luft, während er jeden Schlag zählte. Fünf, sechs, sieben, acht ... Die Bestrafung ging mit furchtbarer Regelmäßigkeit weiter, alle drei Sekunden ein weiterer Schlag, ein weiterer Schmerzensschrei. Zwanzig ... dreißig ... Wie lange konnte das noch so weitergehen? Mehr als fünf Minuten waren vergangen, und es ging immer noch weiter. Und dann endlich, Gott sei Dank, Stille.

»Hast du die Schläge gezählt?«, rief Jane aus dem Nebenzimmer.

»Ja«, antwortete er.

»Was meinst du, wie viele es waren?«, fragte sie.

Er sei auf 141 gekommen, rief er ihr zu.

Sie war auf fast dieselbe Anzahl gekommen. »Ich hab 140 gezählt«, rief sie entsetzt. Diese ganze Episode wurde von John in seinem Tagebuch festgehalten.

Der Missionar verabscheute die Sklaverei. Sie ekelte ihn an. Er war wütend auf Van der Haas, der das Gut mit solcher Grausamkeit führte. Er sehnte den Tag herbei, an dem die Sklavenhalter mit dem Glauben an das Christentum vertraut gemacht würden und die versklavten Männer und Frauen ihr Geburtsrecht – die Freiheit – würden genießen können. Er kannte ein paar Sklavenhalter, die die Versklavten so behandelten, als hätten sie dieselben Gefühle, aber leider waren sie nur die Ausnahme, die die Regel bestätigte. Er führte seine Feder zurück auf das Papier. »Ah! Die Männer, die den Sabbatabend bei Flasche & Glas verbringen, sich mit Karten & Backgammon ablenken, werden in den Stunden ihres Schlafes von schrecklichen Träumen & Vorahnungen heimgesucht«, schrieb er und fügte hinzu: »Dann stehen sie auf, um ihre Bosheit & Macht willkürlich an den Unschuldigen auszulassen.«

Er legte die Feder nieder und klappte das Tagebuch zu. Es gab eine Menge zu tun an diesem Tag. Er musste mit dem Plantagenbesitzer über den Plan sprechen, eine neue Kirche zu bauen, um seine wachsende Gemeinde unterzubringen. Er musste an die

Missionsgesellschaft in London schreiben, um sie über die Fortschritte zu informieren. Er musste in die Stadt reiten, um Proviant zu holen. Und wenn er zurückkehrte, würde er das Abendgebet sprechen. Und wenn es so lief wie die letzten paar Tage, würde es viele Taufen geben, mindestens zehn, vielleicht sogar zwanzig. Er fand jede einzelne dieser Taufen sehr bewegend. Den Wunsch, sich der Gemeinde anzuschließen, das Bedürfnis nach einer höheren Macht, der Hunger nach Erlösung von irdischen Leiden. Er betete, dass seine Bemühungen zu einer Veränderung beitragen würden.

In seinem Tagebuch notierte er später: »Ich konnte nicht umhin zu denken, dass die Zeit nicht mehr weit entfernt ist, in der der Herr durch ein Zeichen kundtut, dass er den Schrei der Unterdrückten erhört hat.«

Nachdem ich mit mehreren Personen gesprochen habe, die von den Versklavten erzählt haben, möchte ich nun mit den Nachfahren von Sklavenhaltern sprechen. Was bedeutet das Erbe der Sklaverei für sie?

Über eine Genealogie-Website stoße ich auf Graham Van Cooten, der jetzt in Perth, Australien, lebt. Er ist der Urenkel von Hendrick Van Cooten, der eine Plantage auf Demerara in der Nähe von Success besaß. Und er ›besaß‹ zweihundert Versklavte. Graham erzählt mir, dass sein Vorfahre »einen ziemlich guten Job gemacht« habe. Ja, er hatte Menschen ge- und verkauft, aber er unterstützte auch die Missionsgesellschaft, die sich für die Abschaffung der Sklaverei einsetzte. »Ich habe viel darüber nachgedacht, wie die Menschen in historischen Zeiten gehandelt haben«, sagte er weiter. »Es ist sehr schwierig zu wissen, wie ich agiert hätte, wenn ich selbst dabei gewesen wäre. Es scheint sehr schwierig zu sein, sich nicht von der Kultur einer Zeit instrumentalisieren zu lassen.« Als ich ihn nach dem Erbe der Sklaverei frage, erzählt er schnell, dass der von Van Cooten angehäufte Reichtum längst verschwunden sei. »Wir können die Uhr nicht zurückdrehen«, erklärt er. »Es wäre fast unmöglich, die in der Geschichte verloren gegangene Situation wiederherzustellen.« Aber, fügt er dann hinzu, die Nachkommen sollten »die Fakten herausfinden und sicherstellen, dass wir aus unseren Fehlern lernen und eine bessere Welt erschaffen«.

Ich unterhalte mich bei einer Tasse Tee mit meinem Freund Dylan. Als ich ihm erzähle, dass ich die Geschichte der britischen Sklaverei recherchiere, berichtet er, dass sein Urururgroßvater mit dem Kauf und Verkauf von Zucker aus Jamaika ein Vermögen gemacht hat. Ich frage ihn, wie er über dieses Erbe denkt, was es heute bedeutet, und er reagiert abwehrend. »Das hat mit mir doch nichts zu tun«, sagt er. »Das Geld war schon weg, als ich geboren wurde.« Aber was ist mit den Vorteilen, die an ihn weitergegeben wurden?, frage ich. Was ist mit der Anerkennung der Vergangenheit? Er sieht das nicht als sein

Problem an. Ich bin ein wenig erschrocken, wie schnell er wütend wird. Ich will nicht, dass dies unsere Freundschaft beeinträchtigt, also wechsle ich das Thema.

Als Nächstes spreche ich mit der Urururenkelin von Gouverneur John Murray (sie möchte anonym bleiben). »Bis vor Kurzem hatte ich keine Ahnung, dass John Murray Versklavte besaß«, erzählt sie. »Als ich es herausfand, war ich entsetzt. Zuerst wollte ich es nicht wissen. Aber man kann nicht ändern, was in der Vergangenheit geschehen ist.« Dann fügt sie hinzu. »Jetzt, wo ich es weiß, bin ich mir nicht sicher, was ich damit anfangen soll.«

Ich spreche auch mit Tom De Wolf, dessen Vorfahren Hunderte von versklavten Männern und Frauen in den USA ›besaßen‹. Tom ist Ko-Leiter von Coming to the Table, einer Organisation, die Nachkommen von Sklavenhaltern und Versklavten zusammenbringt. Er erzählt mir, dass viele Leute zu ihm kommen und sagen: »Ich bin froh, dass ich nicht Sie bin.« Darauf antwortet er: »Hat Ihre Familie keine Baumwolle getragen, keinen Tabak geraucht und keinen Zucker in den Kaffee getan?« Ist er der Meinung, dass durch eine zu starke Konzentration auf diejenigen, die eine klare Verbindung zur Sklaverei haben, andere aus dem Schneider sind? »Ja«, antwortet er. »Ob Ihre Familie aus Deutschland, Großbritannien, Brasilien oder Nordamerika stammt: Jeder, der nicht aus Afrika stammt, hat von der Sklaverei profitiert.« Dann fügt er noch hinzu: »Die Menschen in Europa haben die Sklaverei und den Rassismus geschaffen, also ist es ihre Aufgabe, ihn rückgängig zu machen.«

KAPITEL 3

Cheveley, August 1821

Am Samstag, dem 18. August 1821, ging John Castelfranc Cheveley von Bord der *Sir John Cameron* und betrat die Straßen von Georgetown, Demerara. Er war 26 Jahre alt und hatte den Atlantik überquert, um Arbeit zu finden. So einfach war das. In England war die Arbeitslosigkeit groß, und er suchte verzweifelt nach einer Möglichkeit, seinen Lebensunterhalt zu verdienen. Er hatte keine nennenswerten Angehörigen, keine Frau oder Kinder. Alles, was er brauchte, waren ein fester Job und ein ruhiger Ort, den er sein Zuhause nennen konnte.

Er stand jetzt vor der Kingston Stelling, einer Werft im nordwestlichen Teil des Städtchens. Nachdem er sich nach dem Weg zu seiner Unterkunft erkundigt und veranlasst hatte, dass sein Gepäck dorthin geliefert wurde, machte sich Cheveley auf den Weg. Er war ein eher unscheinbarer Mann mit einem großen Kopf, einem vorspringenden Kiefer und dickem braunem Haar, das ordentlich gescheitelt war. Er war kleiner als die meisten Männer und hatte ausgeprägte O-Beine; er war kein Mann, der die Aufmerksamkeit auf sich zog. Er zog es vor, in der Menge zu verschwinden.

Er ging die Water Street entlang, die parallel zum Flussufer durch das geschäftige Viertel verlief, vorbei an den Lagerarbeitern und Markthändlern, die sich auf den Tag vorbereiteten. Die Strecke war völlig eben, und die Straßen waren gitterförmig angelegt, was die Orientierung leicht machte. Gelegentlich musste er auf einer Holzbrücke einen Kanal überqueren oder warten, bis ein Pferdefuhrwerk den Weg passierte, aber er hatte es nicht eilig und genoss es, sich nach den vielen Wochen auf dem Schiff wieder an Land zu bewegen.

Nach zwanzig Minuten erreichte er ein schäbiges zweistöckiges Holzgebäude mit der Parzellennummer 34. In der Ferne konnte er das Fort sehen, das die Einfahrt zum Demerara-Fluss bewachte, und zu seiner Rechten entdeckte er ein paar Hundert Meter entfernt ein großes weißes Gebäude mit hölzernen Wänden, das auf den Ozean blickte, das sogenannte Camp House, in dem der Gouverneur wohnte.

Cheveley klopfte an die Tür von Nummer 34. Wenige Augenblicke später öffnete sie sich, und zum ersten Mal sah er seinen neuen Chef, William Pattinson, einen kleinen, rundlichen Mann mit zurückweichendem Haaransatz, der aussah, als habe er nach einer durchzechten Nacht in seinen Kleidern geschlafen. Sie standen sich in der Diele gegenüber, von der ein Salon und ein Esszimmer abgingen. Im ersten Stock war eine Kammer, erklärte sein Gastgeber, und zwei weitere im zweiten Stock, wo Cheveley schlafen würde. Nach einem kurzen Gespräch über seine sechswöchige Reise informierte Pattinson Cheveley, dass er, Cheveley, den Gemischtwarenladen leiten würde, der sich im Untergeschoss befand. Und dann, ohne Rücksicht auf die Erschöpfung des Neuankömmlings oder dessen Bedürfnis, die neue Umgebung kennenzulernen, führte er ihn sogleich die Treppe hinunter.

Der Gemischtwarenladen nahm das gesamte Untergeschoss ein; an seiner Front befanden sich zwei große Türen, die zur Straße hin geöffnet waren. An den Regalen hingen eiserne Töpfe, Backformen, Teekessel und andere Küchenutensilien. In einer Ecke stapelten sich Stoffbahnen – Osnaburg, irisches Leinen, Bauernkaro und Kattun. In einer anderen Ecke lagen Stapel von Zuckersieben, Kupferkellen und Zinnwaagen. Eine Reihe von Entermessern und Seidenschirmen standen neben Bündeln von Hacken, Schaufeln, Spaten und anderen Feldwerkzeugen. Eimer waren gefüllt mit Hämmern, Sägen und allerlei anderen nützlichen Utensilien für die Ausstattung eines Landguts, daneben lagerten Kisten mit Talgkerzen, Schießpulver und Indigoblau nebst Krügen mit Copal, um Lacke und Farben herzustellen. Es war ein organisiertes Chaos, beengt, schlecht beleuchtet und deprimierend.

Als sie nach oben zurückkehrten, erklärte Pattinson, dass Cheveley im Gegenzug für seine Arbeit Unterkunft, Essen sowie eine begrenzte Bezahlung erhalten würde, die für seine persönlichen Bedürfnisse ausreichen würde. Dieses erste Treffen war nicht besonders herzlich verlaufen. In der Tat, so erinnerte sich Cheveley später in seiner Autobiografie, empfing ihn sein neuer Chef mit der Haltung eines Mannes, »der etwas Besseres erwartet hatte«.

Als Kind hatte Cheveley ein nahezu idyllisches Leben gehabt. Er war das zweitälteste von acht Kindern, und seine Eltern, Richard und Mary, liebten ihn inniglich. Er wuchs in dem kleinen, friedlichen Dorf Messing in Essex auf, wo sein Vater, ein freundlicher, liebevoller Mann, der ständig in Eile war, ein kleines Landgut betrieb, das er von einem freundlichen Vermieter gepachtet hatte.

Seine Mutter, eine liebenswerte, gutmütige und ruhige Frau, war Hausfrau. Sie waren nicht reich, aber es fehlte ihnen an wenig. Sie hatten diverse Helfer, darunter eine Amme, eine Köchin, ein Hausmädchen, einen Hausknecht, eine Putzfrau und einen Pflüger. Alles in allem waren mehr als zehn Personen auf dem Hof beschäftigt. Johns Liebling war Old Lazell, der Gärtner, der einmal in der Woche vorbeikam und ihm Geschichten aus seiner Armeezeit während des Kriegs gegen das revolutionäre Frankreich erzählte.

Cheveley war Autodidakt, er hatte nie eine Schule besucht. Doch half er seinen jüngeren Geschwistern beim Lesen- und Schreibenlernen sowie beim Erlernen des Lateinischen und des Rechnens. An den Nachmittagen spielten er und sein älterer Bruder George gerne an dem Bach, der hinter ihrem Haus floss. Dort bauten sie kleine Steindämme und fingen Stichlinge. Wenn das Wetter schlecht war, verbrachte er seine Zeit mit Lesen. Eines seiner Lieblingsbücher war Daniel Defoes *Robinson Crusoe*. Ein anderes war *Die Natur kennen*, das Bilder von den Tätigkeiten im Lauf der Jahreszeiten enthielt. Seine Mutter hielt ihn dazu an, die Natur zu lieben. Störe niemals ein Vogelnest, sagte sie ihm, denn das ist grausam.

Seine Kindheit war nicht ohne Schwierigkeiten verlaufen. Wegen seines Stotterns wurde er von Horatio Cocks, dem Sohn des Bezirksrichters, schikaniert, und wenn er gegen die Hausregeln verstieß, bekam er von der Köchin Schläge. Cheveley war ein sensibler Junge, der viele Ängste hatte. Er fürchtete sich vor dem Schornsteinfeger, der mit seinem Rußbeutel durch den Schornstein kam, um ungezogene Jungen wegzusperren. Er fürchtete sich vor dem Hahn, der wie ein dämonisches Weib auf dem Hof herumschrie. Das Schlimmste aber war ein Gefühl, das er im Halbschlaf erlebte. »Mich überkam ein Gefühl von Weite von Ferne und doch von entsetzlicher, unermesslicher Nähe, von etwas, das stetig und ruhig immer näherkam«, erinnerte er sich später. Das geschah so oft, dass er einen Namen dafür hatte: »das Hart-Weiche«.

Cheveleys Kindheitsidyll endete 1815, als er 19 Jahre alt war. Zwei Dinge waren geschehen. Zum einen war der Bedarf der Armee an Getreide gesunken, nachdem Großbritannien Napoleon in der Schlacht von Waterloo besiegt hatte, was zu einem drastischen Preisverfall führte. Zum anderen begann er zu ahnen, dass etwas nicht stimmte, als sein Vater anfing, den Briefträger, noch bevor er das Haus erreichte, abzufangen. Im Dorf kamen Gerüchte auf, dass Rechnungen nicht bezahlt wurden. Seine Eltern sahen zunehmend besorgt aus. Und eines Tages blickte sein Vater auf ihr Weizenfeld und sah, dass es von gelbem Mehltau bedeckt war. Die Ernte war verdorben. Er sagte zu seinem Sohn: »Das wird mich umbringen.«

Ihr Leben wurde schnell auf den Kopf gestellt. Innerhalb weniger Wochen war die Familie gezwungen, den Pachtvertrag zu kündigen, den Hof zu verlassen und in das Haus eines Freundes zu ziehen. Den älteren Kindern wurde gesagt, sie müssten Arbeit außerhalb des Hauses finden. Für John Cheveley und seinen Bruder George bedeutete das, eine Stelle auf einem Handelsschiff zu finden. John Cheveleys erste Arbeit führte ihn nach Indien. Innerhalb eines Jahres war er zurück, aber schon bald sagte sein Vater, sie könnten es sich nicht leisten, ihn zu versorgen. Diesmal suchte er einen längerfristigen Auftrag.

Durch einen Freund der Familie kam er in Kontakt mit Reverend Thomas Driffield, der in Prescot im Norden Englands lebte und von dem es hieß, dass er gute Kontakte zu den Liverpooler Baumwoll- und Zuckerhändlern habe. So war es dann auch. Über Driffield erfuhr Cheveley von einer freien Stelle in einem Gemischtwarenladen in Georgetown, Demerara. Das Geschäft war im Besitz von zwei Brüdern, John und William Pattinson. Cheveley reiste nach Norden, um John Pattinson in Liverpool zu treffen. Die Stelle war auf drei Jahre angelegt und sollte sofort angetreten werden, wurde ihm mitgeteilt. »Ich habe nicht gezögert«, erinnerte er sich später. »Ich sah es als meine Pflicht an, zu gehen.« Obwohl er sich nicht wünschte, seine Familie zu verlassen, fühlte er »eine tröstliche und glückliche Gewissheit, dass die Hand des Herrn am Werk war«.

Wie sich herausstellte, war Driffield auch mit John Gladstone »aufs Freundschaftlichste« verbunden. Er war der Chef von Gladstone, Grant & Wilson und »der führende Liverpooler Kaufmann mit der reichsten Familie Liverpools«. Gladstone wünschte Cheveley nicht nur viel Glück für seine Heldentaten in Demerara, sondern gab ihm auch ein Empfehlungsschreiben mit. Dieser Brief würde für den Eintritt in die koloniale Gesellschaft sehr wertvoll sein, wurde ihm gesagt, eine Gesellschaft, in der es für Neuankömmlinge oft schwer war, Fuß zu fassen.

So kam es, dass Cheveley sich Anfang Juni 1821 mit seiner Seekiste und seinem Bettzeug an Bord der *Sir John Cameron* begab. Als sie die Docks von Liverpool verließen, dachte er an seine Familie, was ihn »rührselig und unglücklich« werden ließ. Der 26-jährige brach in Tränen aus. Er würde England vermissen, und er fürchtete um seine Zukunft. Er spürte, dass er »in die Welt geworfen« worden war.

Draußen war es noch dunkel, als Cheveley an seinem ersten Morgen in Georgetown von einem lauten Knall geweckt wurde. Er blickte auf seine Uhr und sah, dass es genau 5:30 Uhr war. Er hatte nicht gut geschlafen, war von Stechmücken wachgehalten worden. Er hatte über diese winzigen Biester, die 3–4 Millimeter lang waren und auf den Beinen feine weiße Streifen hatten, gelesen, die *Aedes aegypti*, vor allem über die Weibchen, die für das Blutsaugen verantwortlich waren. Und er wusste, dass sie das gefürchtete Gelbfieber übertragen. Um sich gegen die Plagegeister zu wappnen, war er in den frühen Morgenstunden aufgestanden und hatte seine Kleidung wieder angelegt – Hose, Hemd, Socken und sogar die Stiefel. Das war zwar schweißtreibend, aber zumindest boten die Sachen einen gewissen Schutz gegen die winzigen Angreifer.

Als er die Treppe hinunterstieg und versuchte, sich nicht zu kratzen, fand er seinen Arbeitgeber bereits vor und fragte ihn nach dem lauten Knall. Das war THE GUNFIRE, wurde ihm mitgeteilt, und es war hier üblich, sich auf den Knall zu verlassen, um das Tagwerk pünktlich zu beginnen. Das Signal für das Ende des Tages kam mit dem zweiten Kanonenschlag um 6 Uhr abends. Bei Toast und Marmelade erklärte Pattinson, dass eine von Cheveleys ersten Aufgaben darin bestehen würde, sich bei der kolonialen Miliz zu melden. Angesichts seiner Anstellung als Verkäufer in einem Gemischtwarenladen sollte er sich bei dem Schützenkorps einschreiben, das für Kaufleute und ihr Personal bestimmt war. Der Dienst war obligatorisch und beinhaltete wöchentliche Exerzierübungen auf dem Paradeplatz der Stadt, die jeden Sonntag um 15 Uhr begannen. Wer sich nicht innerhalb von drei Monaten nach seiner Ankunft in der Kolonie meldete, wurde mit einer Strafe belegt. Ein Wiederholungsfall konnte zu Freiheitsentzug führen. Niemand in England hatte ihm erzählt, dass er in der Miliz würde dienen müssen.

Nach dem Frühstück wurde Cheveley angewiesen, das Wochengeld an die Leute zu verteilen, die im Haus arbeiteten. Pattinson nannte sie »Dienstboten«; in Wahrheit waren sie versklavt. Cheveleys Chef führte ihn zur Hintertür und zeigte auf eine große Hütte auf der anderen Seite des kleinen Hofes, dann reichte er ihm eine kleine Elfenbeinpfeife. Damit, sagte er, könne er jederzeit seine Ankunft ankündigen. Cheveley ging nach draußen und begrüßte die kleine Gruppe, die sich bereits versammelt hatte. Er würde die Pfeife nicht benutzen. Sie waren zu fünft: Sam und Loveless, die elf und 14 Jahre alt waren, Peter, der Koch, Corwallis, der die Pferde versorgte, und eine Wäscherin, deren Namen er nicht verstanden hatte. Anstelle von Lohn gab er ihnen gepökelten Fisch und Bündel von grünen Kochbananen, die sie zu einem klebrigen Brei namens *Fufu* verarbeiten würden.

Zurück im Haus verkündete Pattinson, dass es Zeit für die Kirche sei. Es war ein langer Marsch durch die morgendliche Hitze zum anderen Ende der Stadt. Als sie sich näherten, schlossen sie sich einer Masse gut gekleideter Leute in Mänteln, Fräcken und feinen Hüten an. Die meisten kamen zu Fuß, einige mit der Kutsche. St. George war eine schlichte Holzkirche mit einem kleinen Kirchturm. In der Kirche saßen unten die Kolonialbürger und ihre Familien, während sich die Männer und Frauen afrikanischer Herkunft und solche mit Vorfahren unterschiedlicher ethnischer Herkunft oben auf die enge Empore zwängten. Cheveley bezeichnete diese Aufteilung später als »heuchlerisch«, da viele der Weißen Männer unten mit den Schwarzen Frauen lebten und schliefen, die sich nun oben auf der Empore drängten.

Am Nachmittag nahm Pattinson Cheveley mit zum Paradeplatz, der nicht weit vom Flussufer entfernt lag, damit er sich das Exerzieren ansah. Dort beobachtete er, wie die 21st Fusiliers in der brütenden Hitze des frühen Nachmittags auf dem staubigen Gelände auf und ab marschierten. Pattinson erinnerte den Neuankömmling daran, dass er sich bald bei der Miliz melden müsse. Unbeeindruckt von dem Pomp und dem müßigen Geschwätz der anderen Beobachter – die monatealte Nachrichten aus England austauschten und spekulierten, welche Schiffe wohl als nächste ankämen, wie das Wetter in den nächsten Tagen, besonders am Sonntag, sein würde –, entschuldigte sich Cheveley und kehrte nach Hause zurück.

Am Abend aßen die beiden Männer mit einem von Pattinsons Geschäftsfreunden und ein paar Schiffskapitänen. Es war ein reichhaltiges, rüpelhaftes Gelage, mit Champagner, gefolgt von reichlich Rotwein und Madeira. Ihre Gesichter wurden von Walrat-Kerzen beleuchtet, die auf dem Tisch und in den Fensterbänken standen. Anschließend tranken die Männer Brandy und rauchten Zigarren. Am Ende des Abends hatte Cheveley genug. Er wollte sich in sein heißes, enges Zimmer zurückziehen, um seine Bibel zu lesen, um mit Gott zu sprechen. Aber das sollte nicht sein. Die guten Sitten zwangen ihn, bei diesen Angebern zu bleiben, sich ihre »Narreteien und Unflätigkeiten« anzuhören. Er sehnte sich nach seiner Heimat in Essex, aber er wusste, dass er jetzt, da er hier war, das Beste aus seiner Lage machen musste.

Am nächsten Morgen, einem Montag, machte sich Cheveley, geplagt von Kopfschmerzen, auf den Weg nach unten in den Laden und traf zum ersten Mal seine Mitarbeiter. Da war ein junger Mann namens Sutton, der bei der Lagerhaltung und der Auslieferung helfen sollte, der aber, wie Cheveley bald feststellen sollte, mehr ab- als anwesend war. Es gab einen freien Mann namens John Harris, der eigentlich für kirchliche Aufgaben zuständig war, aber mit der Buchhaltung so sehr in Verzug geraten war, dass seine gesamte Zeit damit ausgefüllt war, frühere Fehler auszugleichen. Und was seinen Chef, Mr. Pattinson, anging, so war der die meiste

Zeit mit »Mahnungen« beschäftigt; so nannte er das Aufsuchen von Kunden und das Erzwingen der Bezahlung überfälliger Rechnungen. So war der Laden ganz und gar Cheveley überlassen.

Es war ein geschäftiger Morgen. Im Hafen lagen zwei Boote, um die er sich kümmern musste. Die *Sir John Cameron* musste entladen werden, und die *Ann* hatte eine Liste mit dringend benötigtem Proviant geschickt. Cheveley machte sich an die Arbeit. Er beantwortete die Anfragen, die im Laden eingingen, so gut er konnte, und machte sich dann in den ruhigeren Momenten mit dem Inventar vertraut.

Später, als sein Tagwerk vollbracht war, machte er sich auf den Weg, um seinen Einführungsbrief zu überreichen. Wieder war es ein langer heißer Weg, die Main Street hinauf, rechts in die Robb Street und zurück über die Water Street in die Stadt. Schließlich kam er zu dem Haus, das er suchte. Neben der Eingangstür befand sich ein Messingschild mit der Aufschrift *Messrs McDonald, Edmonstone & Co*. Mit der Hilfe von mehr als einhundert versklavten Männern und Frauen schlug diese Firma Holz im Landesinneren von Demerara und verkaufte das fertige Bauholz an Anwesen in der ganzen Kolonie.

Im Inneren traf Cheveley den Miteigentümer des Unternehmens, Robert Edmonstone, einen 29-jährigen Schotten, den er später als »gentlemanlike« beschrieb. Der Holzhändler hieß den Neuankömmling förmlich in der Kolonie willkommen. Aber er bot ihm keine Tasse Tee an. Auch wurden keine Tipps gegeben, wie man sich so weit weg von zu Hause am besten zurechtfindet. Edmonstone schien völlig desinteressiert an diesem jüngsten Neuzugang in den unteren Rängen der kolonialen Gesellschaft. Er war nur ein weiterer kürzlich angekommener Ladenangestellter. Zum Abschluss des Treffens sagte er mit so wenig Enthusiasmus wie möglich, dass er hoffe, seinen Besucher »gelegentlich zu sehen, wenn er hier vorbeikäme«.

Ohne weitere Worte zu verlieren, übergab Cheveley den Umschlag und verabschiedete sich. Dies war der Brief, den er in Liverpool von eben dem Herrn erhalten hatte, der Robert Edmonstone Hypotheken und andere Unterstützung gewährte und der größte Besitzer von Zuckerplantagen in Demerara war: einem gewissen Mr. John Gladstone.

Ich unterhalte mich mit einem meiner älteren Cousins – nennen wir ihn Peter –, der typisch für viele der Weißen Briten ist, mit denen ich spreche.

Er sagt mir, dass es ihm »sehr schwerfällt«, zu akzeptieren, dass er irgendeine Verantwortung für das zu tragen habe, was vor zweihundert Jahren geschehen ist.

»Ich sehe nicht ein, warum ich für das bezahlen soll, was mein Urgroßvater getan hat«, sagt er. »Es gibt viele Familien, die mit der Sklaverei Geld verdient haben«, fährt er fort. »Außerdem waren sie sich damals nicht bewusst, dass es falsch war. Wir sollten die Werte von heute nicht auf die Zeit vor zweihundert Jahren übertragen.«

Als ich darauf hinweise, dass die Sklaverei eines der meistdiskutierten Themen des neunzehnten Jahrhunderts war, und dass die Tatsache, dass andere, nicht wir selbst schuld waren, das Ganze nicht besser macht, geht Peter zum nächsten Argument über.

»Wir sollten uns auf die heutigen Probleme konzentrieren«, sagt er mir. »Sklaverei steht nicht ganz oben auf meiner Sorgenliste.«

»Was ist mit der Armut«, fragt er, »oder mit dem Klimawandel oder der Ungleichheit der Geschlechter?«

Ich antworte ihm, dass die Konzentration auf ein Problem die anderen nicht ausschließt.

Das Gespräch endet mit Peters Worten: »Einigen wir uns darauf, dass wir uns nicht einig sind.«

Das Gespräch hinterlässt bei mir ein ungutes Gefühl. Unsicherheit. Es kommt mir anmaßend vor, über die Rolle Großbritanniens bei der Sklaverei vor zweihundert Jahren zu sprechen, wenn ich nicht einmal die Geschichte meiner eigenen Familie klären kann.

Wie steht es also mit jüngeren Beispielen von Rassismus in meiner Familie?

In den 1920er Jahren betrieb meine Familie das Trocadero im Zentrum Londons. Jede Woche trat dort ein Kabarett auf, dabei waren auch berühmte Künstler. Dazu gehörte eine Tanztruppe, die sich als

Schwarze verkleidete. Das sogenannte Blackfacing in der Unterhaltungsbranche geht auf die Minstrel-Shows der 1830er Jahren in den USA zurück, bei denen Weiße Darsteller ihre Haut mit Schuhcreme oder gebranntem Kork bestrichen, um Versklavte auf den Plantagen zu mimen. Nach Angaben des Smithsonian's National Museum of African American History and Culture (NMAAHC) stellten die ersten Minstrel-Shows die Schwarzen als »faul, dumm und abergläubisch« dar, als »hypersexuell und anfällig für Diebstahl und Feigheit«. Das Blackfacing ruft die Erinnerung an die rassistische und schmerzhafte Geschichte ins Bewusstsein.

Hier ein weiteres Beispiel. Neben dem Tabakhandel betrieb die Familie meiner Mutter auch die Catering-Firma J. Lyons. Sie investierte stark ins Marketing. Eine ihrer Plakatkampagnen für Kakao verwendete rassistische Karikaturen von Afrikanern.

Und dann ist da noch dies: Mein Großvater Sam Salmon war ein Freund des rechtskonservativen Politikers Enoch Powell. Im April 1968 hielt Powell seine berüchtigte »Ströme-von-Blut«-Rede, in der er die Deportation der Schwarzen aus Großbritannien forderte. In den bitteren Nachwehen dieser Rede tourte Powell durch das Land, um Unterstützung zu gewinnen. Auf einer öffentlichen Versammlung sagte er, »einige meiner Freunde sind Juden«, womit er vermutlich andeuten wollte, dass er nicht rassistisch sein könne, weil er ja jüdische Freunde habe. An diesem Punkt erhob sich mein Großvater – eine Geste der Solidarität mit Powell.

Während ich über all dies schreibe, fühle ich mich zutiefst unwohl. Ja, ich schäme mich.

KAPITEL 4

Gladstone, März 1823

Obwohl er die Kolonie nie besucht hatte, besaß John Gladstone auf Demerara sieben Plantagen, darunter Wales, Waller's Delight, Covenden, Hampton Court, Vreedenhoop und Vreedestein. Die siebte wurde Success genannt. Die Erträge aus diesen Ländereien waren so hoch, dass Gladstone es sich mit Mitte fünfzig leisten konnte, in einem prachtvollen Haus zu leben, sensationell extravagante Partys für seine Freunde zu veranstalten und seine Söhne auf die seiner Meinung nach beste Schule des Empire zu schicken – Eton College.

Die Familie Gladstone lebte in Seaforth House, einem großen Herrenhaus auf einem über hundert Hektar großen Grundstück an der Küste nördlich von Liverpool. Durch die weiten Fenster des Wohnzimmers konnte John Gladstone die Schiffe beobachten, die aus dem Mersey Richtung Karibik segelten. Die Küste war nur einen kurzen Spaziergang entfernt, und hier ritten er und seine Kinder am Sandstrand aus. Neben den Zierbeeten mit farbenfrohen Blumen beherbergte der weitläufige Garten Stachelbeeren, Trauben, Kirschen und Erdbeeren. Trotz des häufigen Regens und gelegentlicher Stürme war es ein herrlicher Ort zum Leben. Nichtsdestoweniger war Seaforth bei all seiner Schönheit nicht das Anwesen, nach dem sich Gladstone sehnte. Er und seine Frau stammten beide aus Schottland und wünschten sich eine glorreiche Rückkehr in ihr Heimatland. So hatten sie ihr Haus dann auch zu Ehren des Clanchefs seiner Frau, Lord Seaforth, benannt. Gladstones Ziel war es, ein großes Anwesen nördlich der Grenze zu erwerben. Um dies zu erreichen, würde er aber ein noch größeres Vermögen anhäufen müssen.

Im Frühjahr 1823 war er jedoch tief besorgt, dass er nicht in der Lage sein würde, seinen Traum zu verwirklichen. Von seinen Freunden im Unterhaus hatte er erfahren, dass eine beträchtliche Anzahl von Politikern eine Gesetzgebung durchsetzen wollte, die den Arbeitspraktiken, die seit Langem auf den Zuckerplantagen in der Karibik herrschten, ein Ende setzen sollte. Diese Unruhestifter nannten es die »Verbesserung der Lage der Sklaven«. Gladstone sah darin eine Einmischung in die wirtschaftliche Freiheit. Er glaubte, dass die Verabschiedung des Gesetzes den ersten Schritt zur vollständigen Abschaffung und somit das Ende der Sklaverei bedeuten würde. Und wenn dies geschah, würde es sich dramatisch auf die Art und Weise auswirken, wie Zuckerplantagen betrieben werden könnten, was mit ziemlicher Sicherheit zu deutlich niedrigeren Profiten führen würde. Was ihn am meisten beunruhigte, war die Tatsache, dass sie vielleicht genug Stimmen hatten, um das Gesetz in der nächsten Sitzungsperiode des Parlaments zu verabschieden.

Gladstone waren jedoch nicht gänzlich die Hände gebunden. Er war ein ungeheuer mächtiger Mann mit Verbindungen in die höchsten Ebenen der Gesellschaft, der seine Interessen und die seiner Familie zu schützen gedachte. Doch zuerst musste er das Problem in den Griff bekommen.

John Gladstone hatte viele Auszeichnungen vorzuweisen.

Er wurde 1764 als Sohn von Thomas und Nelly Gladstones in Leith, Schottland, geboren, er war der älteste Sohn von 16 Kindern. Er stammte aus einer bürgerlichen Familie mit wenig Ersparnissen auf der Bank und ohne große Vorfahren. Im Jahr 1787 änderte er seinen Namen von Gladstones zu Gladstone, da er in den Ohren derer, mit denen er Geschäfte machte, besser klang. Im Alter von 25 Jahren hatte er mit dem Import von Getreide und Tabak nach Großbritannien bereits ein Vermögen gemacht. In seinen Dreißigern baute er auf diesem Vermögen auf – durch vielversprechende Investitionen in Liverpooler Immobilien, Schiffsversicherungen und Schiffseigentum. Das war dann auch sein erster großer Erfolg: als einer der aufstrebenden britischen Unternehmer.

Nachdem er ein beträchtliches Vermögen angehäuft hatte, engagierte sich Gladstone in der Gesellschaft. Er leitete die Wahlkampagnen für verschiedene Politiker und gewann selbst die Wahl als Tory-Abgeordneter in Lancaster und dann in Woodstock in Oxfordshire. Er finanzierte und organisierte den Bau von Kirchen und Schulen, wie dem Trinity College in Glenalmond. Später wurde er Direktor der Royal Bank of Scotland und finanzierte Eisenbahnen, Kanäle und andere Infrastrukturprojekte. Für all diese Verdienste und mehr wurde er von Premierminister Sir Robert Peel im Namen von Königin Victoria mit dem Titel eines Baronet belohnt. Das war sein zweiter großer Erfolg: als Mann des Gemeinwohls.

Laut seinem Eintrag im *Oxford Dictionary of National Biography* war Gladstone »sehr groß, kräftig gebaut, mit großen Füßen und Händen«. Er wurde auch als »anspruchsvoller und bitterer« Mann beschrieben. Seine erste Frau, Jane, starb kinderlos. Seine zweite Frau, Anne, gebar sechs Kinder, von denen das fünfte William Ewart Gladstone war. Nach seinem Tod wird dieser John Gladstones dritten Anspruch auf Ruhm sichern: als Vater des viermaligen Premierministers.

Weniger bekannt ist, dass John Gladstone auch einer von Großbritanniens größten Sklavenhaltern war. Seine ersten Investitionen in der Karibik tätigte er im Jahr 1803, als er die Belmont-Plantage auf Demerara erwarb. Später, im Jahr 1812, erwarb er eine halbe Beteiligung an der Success-Plantage, zu der damals 160 versklavte Menschen gehörten. Vier Jahre später zahlte er seinen Partner aus und wurde alleiniger Eigentümer von Success. Zwar war er ein nicht-anwesender Plantagenbesitzer, nichtsdestoweniger aber sehr stark an der täglichen Verwaltung der Betriebe beteiligt. Mithilfe seiner Verwalter, Agenten und Aufseher stellte er die Ländereien vom Kaffeeanbau auf Zuckerproduktion um und machte sie damit zunehmend profitabler. Laut den Aufzeichnungen der Gutsverwalter war die Zahl der versklavten Frauen, Männer und Kinder, die in seinem Namen auf all seinen Plantagen arbeiteten, auf mehr als 2.000 angestiegen. Einige derjenigen, die auf seinem kolonialen Anwesen geboren wurden, wurden nach der Person benannt, die sie als Eigentum ›besaß‹.

Daher wurde Quaminas Sohn, der auf der Success-Plantage geboren worden war, »Jack Gladstone« genannt.

*

Anfang 1823 schrieb John Gladstone, besorgt über die Antisklaverei-Gesetzgebung im Parlament, an Frederick Cort, seinen Agenten in Georgetown. Cort, der Sohn eines bekannten, aber bankrotten Eisenhüttenmeisters aus Hampshire, lebte in Demerara und verwaltete die Geschäfte einer ausgewählten Gruppe von Grundbesitzern. In seinem Brief fragte Gladstone Cort nach den Bedingungen der versklavten Menschen, die auf seinen Plantagen arbeiteten. Er würde diese Informationen nutzen, um gegen Falschaussagen, die im Parlament oder in der Presse verbreitet wurden, anzugehen. Sechs Wochen später kam per Frachtschiff die Antwort. Cort erklärte, dass es nur selten notwendig sei, die Versklavten zu bestrafen, und dass sie im Allgemeinen glücklich und zufrieden seien. Er fügte hinzu, dass man sich so gut um sie kümmere, dass sie sich für den Kirchgang herausputzen könnten, wobei die Männer Nankinghosen trügen und die Frauen sich in Musselinröcken zeigten, die mit blauen Seidentüchern verziert seien.

Gladstone hörte auch vom Verwalter seiner Plantage Vreedenhoop am Westufer des Demerara-Flusses, auf der 35 Versklavte lebten und arbeiteten. Dieser Mann hatte zuvor andere Kaffee-

und Zuckerplantagen auf Demerara beaufsichtigt und galt als erfahrener und zuverlässiger Aufseher. In seinem Brief an Gladstone schrieb er, er sei besorgt, dass die Missionare in der Kolonie das Leben der Plantagenbesitzer erschwerten. Die Versklavten würden »durch die zweideutigen Predigten und religiösen Zitate aufgehetzt, die aus verschiedenen Büchern ausgewählt und in einer Sprache erklärt werden, die darauf abzielt, bei ihnen den Eindruck zu erwecken, dass es ihnen besser gehen sollte«, und »ihre Master seien ihre Feinde, weil sie ihnen vermeintliche Rechte vorenthielten«.

Alles in allem seien die beiden Berichte beruhigend, meinte Gladstone. Wenn Cort richtiglag und die Arbeiter auf seiner Plantage gut behandelt wurden, dann brauchte er sich keine Sorgen zu machen, dass sie für den Einfluss der Missionare empfänglich wären. Dennoch machte er sich Sorgen über den Einfluss, den diese Kirchenmänner auf die Kolonie haben könnten. Er musste mit seinen Verbündeten im Foreign Office sprechen, um sie zum Wohle der anderen Plantagenbesitzer und zum Wohle seiner eigenen Investitionen zu zügeln. Vielleicht gab es eine Möglichkeit, die Zeit zu begrenzen, die die versklavten Menschen bei den Kirchenversammlungen verbringen durften? Es ging nicht darum, die religiöse Unterweisung einzuschränken, sagte er sich; es ging um die Verhinderung politischer Einmischung und die Beeinträchtigung des legitimen Geschäfts.

Wenn es um die Frage geht, ob wir in Großbritannien Zeit und Energie darauf verwenden sollten, unsere Rolle in der Sklaverei zu untersuchen, habe ich viele Leute Folgendes sagen hören: »Wenn wir anfangen, in der Geschichte zurückzugehen, wo sollen wir dann die Grenze ziehen?« Ein passendes Beispiel für diese Art der Argumentation ist eine Kolumne von Rod Liddle, die in der Times *veröffentlicht wurde:*

> *Sollten wir nicht eine Datenbank all derer erstellen, die sich an der Verfolgung und Ermordung von Katholiken unter Elisabeth I. beteiligt haben? … Oder eine Liste von Familien, die von denjenigen abstammen, die an der Vertreibung von 3.000 Juden aus England im Jahr 1290 mitgewirkt haben … Sollten wir nicht die entfernten Verwandten von Gesetzgebern auflisten, die das Wahlrecht für Frauen bis 1928 verhindert haben und das für Männer der Arbeiterklasse noch ein Jahrzehnt zuvor? Beachten Sie auch die Hinrichtungen wegen Homosexualität bis ins frühe 19. Jahrhundert: Wo ist die Liste mit den Namen der Henker und Richter und die Masse der einfachen Leute, die diese, äh, strenge Bestrafung guthießen?*

Manche nennen diese Form der Argumentation »Whataboutismus«. Der Gedanke dahinter ist, dass wir, auch wenn ein bestimmtes Verbrechen einen echten Schaden verursacht hat, es – angesichts der Fülle anderer Verbrechen – nicht zur Kenntnis zu nehmen brauchen. Das ist natürlich Unsinn, denn wenn das zuträfe, könnte kein Justizsystem funktionieren.

Dann bräuchte man auch nicht zur Kenntnis zu nehmen, dass Großbritannien etwa 2,8 Millionen gefangene Afrikaner in die Karibik transportiert hat, was den vorzeitigen Tod Hunderttausender von Männern, Frauen und Kindern zur Folge hatte, eine Größenordnung, die um ein Vielfaches größer ist als die anderen Verbrechen, die von den Whataboutists erwähnt werden.

KAPITEL 5

Jack, April 1823

Jack hatte noch nie ernsthafte Schwierigkeiten gehabt. Er hatte immer getan, was man ihm gesagt hatte, fiel niemals auf und stellte den Gutsverwalter, die Aufseher und Fahrer stets zufrieden. Eines Tages jedoch, er ging gerade seiner Arbeit im Küfereischuppen nach, trat John Stewart, der Gutsverwalter der Success-Siedlung, zu ihm und begann, ihn zu beschimpfen. Er beschuldigte Jack, Sex mit Gracy gehabt zu haben, einer Versklavten, die in seinem Haus arbeitete, und sagte, sie sei jetzt »verdorben«. Sie würde jetzt »kaum noch etwas« für ihn tun, deshalb müsse er sie nun zur Feldarbeit einteilen, obwohl sie an solche Arbeiten nicht gewöhnt sei. Stewart tadelte Jack wegen der »Unangemessenheit ihrer Beziehung« und sagte, dass er ihm eine Lektion erteilen müsse.

Ohne dass er eine Chance hatte, sich zu verteidigen, wurde Jack auf den Hof vor die Sklavenhäuser geführt, dorthin, wo sich die Vorräte befanden. Gracy war bereits dort, gefesselt, mit niedergeschlagenen Augen und resigniert. Stewart drückte Jack auf den Boden. Wenn er sich wehrte, wusste Jack, würde die Strafe noch schlimmer ausfallen: mindestens 30 Peitschenhiebe, eine Zeit in Ketten und vielleicht sogar ein Aufenthalt im Gefängnis der Kolonie. Also fügte er sich. Seine Hand- und Fußgelenke wurden in den Stock gelegt. Er stand am Pranger. Als Stewart ihn fragte, ob er seine Lektion gelernt habe, antwortete Jack, dass er das habe. Er würde sein Vergehen nicht wiederholen. Gracy sagte dasselbe. Und damit wäre die Angelegenheit hoffentlich erledigt gewesen. Aber das war sie nicht.

Ein paar Wochen später rief Stewart Quamina zu sich. Der Manager berichtete, er habe einen Brief von Lachlan Cumming, dem

Besitzer von Chateau Margo, dem Landgut unmittelbar östlich von Success, erhalten, der sich darüber beschwerte, dass Jack mit mindestens zwei Frauen auf seiner Plantage »kohabitiert« habe, was viele Störungen und Kummer verursacht habe. Wenn Stewart Reue von Quamina erwartet hatte, sollte er enttäuscht werden. Stattdessen verteidigte Jacks Vater seinen Sohn und verhielt sich ihm gegenüber nach Stewarts Ansicht »voreilig«. Stewarts Reaktion darauf war, auch Quamina – der es noch weniger als sein Sohn gewohnt war, bestraft zu werden – an den Pranger zu stellen.

Als er das nächste Mal die Kirche besuchte, fand sich Jack öffentlich gedemütigt. Auf einer der Holzbänke sitzend hörte er zu, wie John Smith ihn für sein »abscheuliches« Verhalten verurteilte. Anscheinend hatte Stewart einen langen Brief an den Missionar geschickt, in dem er seine Beschwerden im Einzelnen dargelegt hatte. Offensichtlich billigte der Pfarrer keinen außerehelichen Geschlechtsverkehr, geschweige denn Ehebruch. Das alles behagte Jack nicht: für seine privaten Handlungen verurteilt zu werden, an den Pranger gestellt zu werden, dass Gracy und sein Vater in ähnlicher Weise bestraft wurden, dass hinter seinem Rücken über ihn geschrieben wurde, dass er öffentlich vom Pfarrer gerügt wurde. Warum durften diese Europäer ihm sagen, wie er sich zu verhalten habe? Er hatte die Nase voll von den täglichen Demütigungen. Die ständige Erinnerung, dass er über sein Leben nicht selbst bestimmen konnte. Er hatte es satt, versklavt zu sein.

Nach dem Gesetz, das in der Kolonie Demerara galt und das die Briten von ihren holländischen Vorgängern übernommen hatten, konnte sich eine versklavte Person beim sogenannten Fiscal über Misshandlungen beschweren. Demerara und die benachbarte Kolonie Berbice waren die einzigen britischen Kolonien, die eine solche Stelle besaßen. Der Fiscal wurde vom Gouverneur ernannt, erhielt ein beträchtliches Gehalt und war halb Staatsanwalt, halb Richter.

In Demerara war der Fiscal ein gewisser Victor Amadius Heyliger, ein 53-jähriger Mann holländischer Abstammung, der in der Kolonie geboren war und den Ruf hatte, schnell und brutal zu urteilen. Heyliger verfügte über einen großen Ermessensspielraum beim Sammeln von Beweisen und konnte sowohl Versklavte als auch Kolonialbürger zwingen, vor ihm auszusagen und sein Urteil anzuerkennen.

Das Problem war, wie Jack nur zu gut wusste, dass nur wenigen oder keinen Beschwerden stattgegeben wurde. Sicher, die sadistischsten Aufseher wurden angewiesen, ihre Gewalt zu zügeln. Da war zum Beispiel der Fall des Verwalters, der einen versklavten Mann in einen Sarg legte und den Deckel zunagelte, obwohl der Mann nicht tot war. Der Fiscal hatte dem Verwalter mitgeteilt, dass eine solche Behandlung unangemessen sei, und ihn dann ohne Bestrafung gehen lassen. In einem anderen Fall hatte ein Aufseher die Versklavten auf seinem Landgut zu Tode hungern lassen, und der Fiscal hatte ihn daraufhin lediglich aufgefordert, für angemessene Nahrung zu sorgen. Auch hier wurde keine Strafe verhängt. In einem dritten Fall hatte ein Eigentümer wiederholt Mädchen im Teenageralter auf seiner Plantage vergewaltigt, was zum Tod von mindestens einem der Mädchen geführt hatte. Dieser Mann wurde lediglich aufgefordert, sich fortan zurückzuhalten; auch hier gab es keine weiteren Konsequenzen.

Die Wahrheit war, dass diejenigen, die Success führten, ermutigt wurden, Gewalt anzuwenden, um die Kontrolle zu behalten und die Zuckerproduktion zu maximieren. In der Tat galt Demerara als eine der gewalttätigsten Kolonien in der britischen Karibik. Warum das so war? Nun, die Kolonie war erst vor Kurzem in das Britische Empire aufgenommen worden und wurde daher im Gegensatz zu Orten, die schon länger unter britischer Herrschaft standen, wie Jamaika oder Bermuda, von den Kolonialherren als »zivilisierungsbedürftig« angesehen. Dieser angenommene Bedarf an Gewalt wurde noch durch die Tatsache verstärkt, dass die Weiße Bevölkerung der Schwarzen zahlenmäßig weit unterlegen war. Infolgedessen glaubten die Kolonialisten zu extremen Kontrollmaßnahmen greifen zu müssen, um ihre Interessen zu verteidigen. Da außerdem fast die Hälfte der versklavten Menschen der Kolonie noch in Afrika geboren worden war – wie etwa Jacks Großmutter –, konnten sie sich noch an das Leben als freie Männer und Frauen erinnern, sodass die Aufseher glaubten, sie müssten noch mehr Gewalt anwenden, um sie zu kontrollieren. Und schließlich wurde die Grausamkeit der Plantagenbesitzer auch noch durch ihre Gier verstärkt. Denn auf Demerara und der angrenzenden Kolonie Berbice wurde mehr Zucker produziert als irgendwo sonst in der Karibik. Das trieb die Profite in die Höhe und zog Personen an, die aus Großbritannien kamen und ohne Rücksicht auf die menschlichen Kosten ein schnelles Vermögen machen wollten.

Daher gehörten auf der Success-Plantage Gewalt und Missbrauch zum Alltag. Und Jack hatte es satt. Er wollte, dass es aufhörte, und hatte vor, etwas dagegen zu unternehmen. Ihm standen verschiedene Möglichkeiten offen. Er konnte darum bitten, an ein anderes Anwesen verkauft zu werden, aber es gab keine Garantie, dass sich dadurch die Umstände verbessern würden; außerdem war es kaum möglich, den Verwalter davon zu überzeugen, diese Transaktion durchzuführen. Er könnte sich weigern zu arbeiten, aber das würde unweigerlich zu einer Bestrafung führen. Entweder würde er in den Stock gelegt oder in das Kolonialgefängnis in Georgetown geworfen. Er könnte versuchen, von der Plantage zu fliehen, Richtung Süden, weg von der Küste, ins bewaldete Landesinnere, wo er, wenn er Glück hätte, ein Lager ehemaliger Versklavter finden würde, die als »Maroons« bekannt waren.

Die Flucht brachte allerdings verschiedene Probleme mit sich. Erstens: Er kannte das Land südlich der Plantagen nicht und könnte sich leicht verirren und verhungern. Zweitens: Er wusste, was mit Ausreißern geschah. In den lokalen Zeitungen würden Aufrufe für seine Gefangennahme erscheinen. Er würde von Männern gejagt werden, mithilfe von Bluthunden und vielleicht auch Einheimischen, die erfahrene Fährtenleser waren. Wenn er gefasst würde, würde er schwer bestraft werden, einschließlich einer langen Auspeitschung mit der Neunschwänzigen Katze als Exempel für andere. Drittens, und das war vielleicht das Wichtigste, würde eine Flucht denen, die er zurückließ – seinem Vater, seinen Freunden und den anderen, die so schon genug unter den täglichen Mühen des Lebens auf der Plantage litten –, ganz gewiss nicht guttun.

Es gab noch eine andere, dramatischere Möglichkeit. Sie bot mehr Chancen, barg aber auch weitaus mehr Risiken: Revolte. Er war nicht der Erste, der einen solchen Plan in Betracht zog.

Obwohl nur wenige von ihnen lesen und schreiben konnten, verfolgten die versklavten Menschen auf Demerara das politische Geschehen in der Region aufmerksam. Sie schnappten Informationen auf, von Hilfsarbeitern, Deckarbeitern und Lagerarbeitern, die sich in den Docks tummelten. Sie tauschten Neuigkeiten aus, während sie die Waren ihrer Verwalter und Aufseher an den Marktständen und in den Lagern abholten. Sie tauschten Klatsch und Gerüchte in den Küchen und Siedehäusern aus. Flüsternd gaben sie die neuesten Nachrichten weiter, während sie Zuckerrohr schlugen oder ihre Wäsche im Fluss wuschen. Am aufregendsten waren die Nachrichten über eine Rebellion.

Der vielleicht berühmteste Sklavenaufstand der Neuzeit war der Aufstand, der auf der Insel Santo Domingo stattfand. Dort war es der versklavten Bevölkerung im Jahr 1804, nach mehr als einem Jahrzehnt des Aufstands, gelungen, die französischen Behörden zu überwältigen, einen britischen Invasionsversuch zurückzuschlagen und einen neuen Staat namens Haiti zu gründen. Die längste Zeit wurde der Aufstand vom ehemaligen Versklavten Toussaint

Louverture angeführt, bis er von den Franzosen gefangen genommen wurde. Es handelte sich um den ersten erfolgreichen Sklavenaufstand, erfolgreicher noch als der Spartakusaufstand gegen die Römische Republik im Jahr 73 v. Chr. Die Nachricht von der Sklavenrevolution auf Haiti hatte sich in Demerara schnell verbreitet.

Eine der wichtigsten Quellen für regionale und weltweite Nachrichten waren die Zeitungen, die per Schiff nach Georgetown geliefert wurden. Die Zeitungen waren oft Wochen alt, aber die darin enthaltenen Geschichten fanden weite Verbreitung. Ein typischer Artikel, der viel gelesen wurde, war der vom 28. Januar 1804 in *The Times*. Auf der Titelseite stand ein Leitartikel, der vor den möglichen Auswirkungen der haitianischen Revolution auf die nahe gelegenen britischen Kolonien warnte. »Wir für unseren Teil waren durchweg der Meinung, dass ein Schwarzes Reich auf dieser Insel weniger zu fürchten sei als die französische Vorherrschaft«, hieß es in der Zeitung und weiter: »Die einzige Befürchtung, die bleibt, ist, dass der neue Staat mächtig genug wird, um seine Nachbarn zu verärgern, und ein ermutigendes Beispiel für die Neger in unseren Plantagen darstellt.«

Jack war acht Jahre alt, als Haiti seine Unabhängigkeit erklärte. Damals war er noch zu jung, um mehr als die einfachsten Details zu verstehen, aber als er älter wurde, verstand er das Geschehene vollständig. Wie die versklavten Menschen ihre Fesseln abgeworfen und die Kontrolle über ihre Plantagen übernommen hatten. Wie sie zwei der modernsten Militärmächte der Welt, Frankreich und Großbritannien, geschlagen hatten. Wie viel Mut und Geduld es gekostet hatte. Er wusste auch, dass die Kolonialisten Angst vor Sklavenaufständen hatten. Besonders, da mehr als 5.000 von ihnen ermordet wurden, nachdem Haiti die Unabhängigkeit erklärt hatte. Dies ging als »The Horrors of St. Domingo« in die Geschichte ein.

Als er ins Teenageralter kam, hörte Jack von anderen Aufständen. Im Januar 1811 marschierten zum Beispiel etwa einhundert versklavte Männer von den Zuckerplantagen an der »deutschen Küste« in Louisiana in Richtung der Stadt New Orleans. Mehr als vierzig von ihnen wurden im Kampf getötet; etwa die gleiche Anzahl wurde eingefangen, vor Gericht gestellt und bald darauf hingerichtet. Dann, fünf Jahre später, im April 1816, führte ein afrikanischstämmiger Mann namens Bussa einen Aufstand von mehr als vierhundert Menschen gegen die Sklavenhalter in der britischen Kolonie Barbados an. Bussa starb im Kampf, und der Aufstand wurde niedergeschlagen, aber die Nachricht von der Rebellion verbreitete sich in der Karibik schnell.

Jack und alle anderen, die sich informierten, zogen aus diesen Aufständen eine Reihe wichtiger Lehren: Dass der Sturz der Sklaverei möglich war. Dass er sorgfältige Planung und Koordination erforderte. Dass physische Gewalt höchstwahrscheinlich notwendig war. Und dass eine solche Aktion nicht ohne Risiko war.

Bei meinen Nachforschungen ist mir schnell klar geworden, dass es nur sehr wenige zeitgenössische Bilder der versklavten Menschen in Demerara gibt. Ich kann keine Porträts von Jack Gladstone oder einem der anderen versklavten Abolitionisten finden. Die einzigen Bilder, die ich gesehen habe, sind entweder romantische Darstellungen der Zuckerplantagen oder allgemein gehaltene Skizzen des Aufstands.

Es existiert jedoch eine Vielzahl von Gemälden und Fotografien von John Gladstone. Allein in der Scottish National Portrait Gallery gibt es 17 Bilder des Sklavenhalters und Politikers und weitere sieben in der National Portrait Gallery in London; dabei handelt es sich um Ölgemälde, Miniaturen, Büsten und Fotografien.

In anderen Archiven habe ich Bilder von den vier anderen Johns gefunden: John Smith, John Cheveley, John Murray und John Wray. Und natürlich gibt es auch viele Gemälde von Sir Walter Raleigh, dem ersten Europäer, der Guayana ›entdeckte‹, sowie von König Georg IV., dem Herrscher der Kolonie. Aber keine Bilder von Jack Gladstone. Wie wirkt sich diese Bildlücke aus? Zumindest für mich ist die visuelle Darstellung einer Person wichtig, sie hilft mir, die Person besser zu verstehen. Es fällt mir leichter, mich auf ihre Geschichte einzulassen. Mir ihr Leben, die Herausforderungen, vor denen sie stand, ihre Situation vorzustellen. Eine Beziehung herzustellen.

Es gibt mehrere zeitgenössische Porträts von Schwarzen Abolitionisten-Führern. Wir haben Porträts von Toussaint Louverture, dem Anführer der Revolution in Haiti, und von Harriet Tubman, der Organisatorin der Underground Railroad in den USA. Der amerikanische Antisklaverei-Aktivist Frederick Douglass war einer der meist fotografierten Männer des neunzehnten Jahrhunderts. Und der Maler Thomas Gainsborough hat den britischen Abolitionisten Ignatius Sancho in kräftigen Ölfarben gemalt.

Ich sehe drei Möglichkeiten. Erstens: Zeige die Demerara-Bilder, die verfügbar sind. Dies ist historisch gesehen der typische Ansatz. Das daraus resultierende Problem ist natürlich, dass dies unweigerlich Sym-

pathie für die Abgebildeten erzeugt: nämlich die Weißen. Zweitens: Nimm überhaupt keine Bilder ins Buch auf. Dies würde für gleiche Bedingungen sorgen, aber meiner Meinung nach wäre dies eine verpasste Gelegenheit. Die dritte Möglichkeit ist, ein neues Kunstwerk in Auftrag zu geben. Ist dies überhaupt möglich? Nach einigen kurzen Recherchen finde ich heraus, dass andere es bereits getan haben.

In der New York Public Library gibt es zum Beispiel eine Bleistift- und Tuschezeichnung von Nat Turner, der im Jahr 1833 in Southampton County in Virginia einen Aufstand der versklavten Bevölkerung anführte. Dieses Bild wurde fast ein Jahrhundert später von dem afroamerikanischen Künstler Lorenzo Harris erstellt. In ähnlicher Weise schuf fast zweihundert Jahre nach der von Denmark Vesey angeführten Rebellion in Charleston, South Carolina, der afroamerikanische Künstler Ed Dwight eine zwei Meter hohe Bronzeskulptur des Abolitionisten, die heute im Hampton Park der Stadt steht. Der Schlüssel scheint mir zu sein, dass der Künstler mit der Geschichte vertraut ist und das Bildnis sich so weit wie möglich auf historische Angaben stützen kann.

Ich wende mich an Juanita Cox, die gemeinsam mit ihrem Mann Rod Westmaas eine Diaspora-Organisation in London namens Guyana Speaks ins Leben gerufen hat. Sie findet die Idee der Auftragvergabe gut, ja bezeichnet sie sogar als »enorm wichtig«. Sie schreibt, dass »Kunstwerke die Macht haben, die Geschichte zu korrigieren, indem sie Menschen zeigen, die zu Unrecht an den Rand gedrängt und gesichtslos gemacht worden sind«. Einige Tage später veröffentlicht sie in den sozialen Medien einen Aufruf zur Einreichung von Kunstwerken und teilt mit, welche physischen Informationen wir zu Jack Gladstone haben. Kurz darauf bringt Juanita mich in Kontakt mit Errol Brewster, einem Künstler aus Guyana, der in Florida lebt. Er sagt, er sei daran interessiert, ein Bild von Jack Gladstone auf der Grundlage der verfügbaren Archivalien anzufertigen. Er will sich sofort an die Arbeit machen.

Einige Wochen später kommt die Illustration in meinem Posteingang an. Sie ist atemberaubend. Zum ersten Mal sehe ich ihn. Stark, charismatisch, gut aussehend, intensiv. Und damit vertieft sich meine Verbindung zu Jack und seinen Mitstreitern.

An diesem Nachmittag schaue ich mir die anderen Bilder an, die ich gesammelt habe, und mir fällt auf, dass alle Männer zeigen. Es gibt keine Porträts von Herrinnen. Keine Bilder von versklavten Frauen. Kein Bild von Jane Smith. Ich kontaktiere Juanita erneut, und wir besprechen, wie wir weitere Porträts in Auftrag geben könnten.

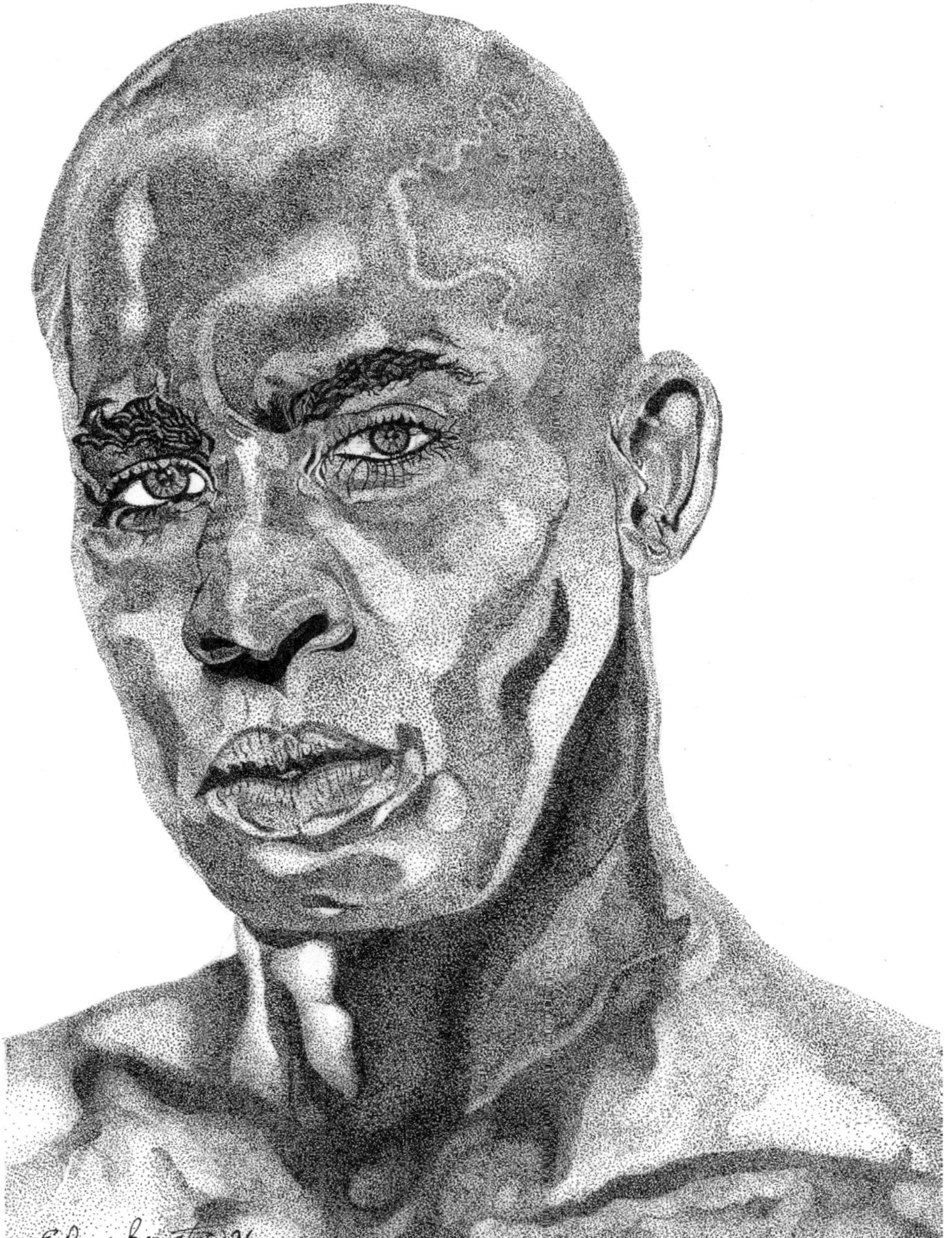

Jack Gladstone (dargestellt von Errol Ross Brewster, 2021)

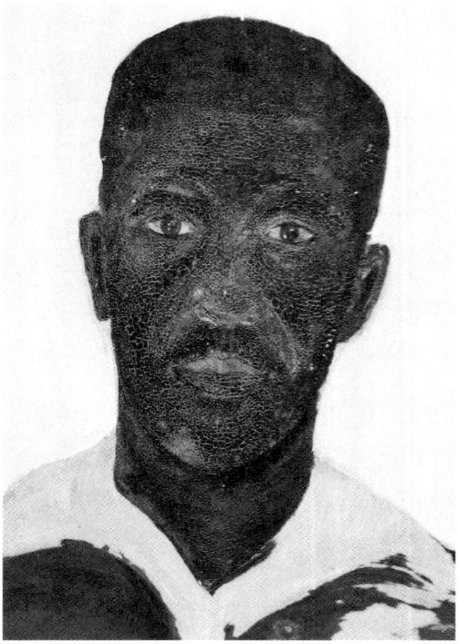

Quamina, ca. 1950 (dargestellt von einem unbekannten Künstler)

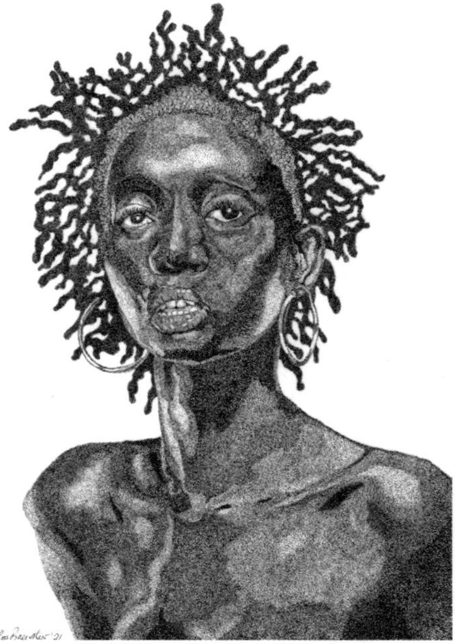

Amba (dargestellt von Errol Ross Brewster, 2021)

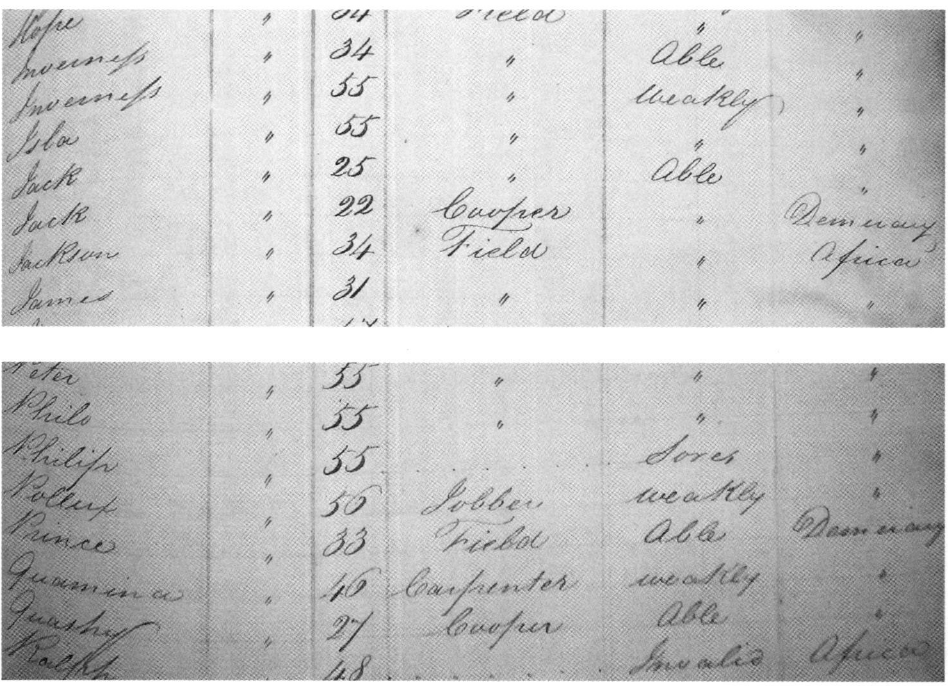

Hope	"	[illegible]	Field	"	"
Inverness	"	34	"	Able	"
Inverness	"	55	"	weakly	"
Isla	"	55	"	"	"
Jack	"	25	"	Able	"
Jack	"	22	Cooper	"	Demerary
Jackson	"	34	Field	"	Africa
James	"	31	"	"	"
Peter	"	55	"	"	"
Philo	"	55	"	"	"
Philip	"	55		Sores	"
Pollux	"	56	Jobber	weakly	"
Prince	"	33	Field	Able	Demerary
Quamina	"	46	Carpenter	weakly	"
Quashy	"	27	Cooper	Able	"
Ralph	"	48		Invalid	Africa

Versklavtenregister der Success-Plantage, August 1817, mit den Namen von Jack und Quamina

Oben links Jane Smith (dargestellt von Barrington Braithwaite, 2021)

Oben rechts Reverend John Smith, um 1820

Links Reverend John Wray von R. Sears, um 1832

Unten Plantage Le Resouvenir, Künstler unbekannt, um 1810; *(v. l. n. r.)* John Hamiltons Haus, Aufseherhaus, Bethel Chapel, Missionshaus

John Murray, ca. 1830

Ellen Murray, ca. 1860

John Cheveley, ca. 1840

John Gladstone, um 1840

FOR SALE, to an approved Purchaser—a Family of excellent

FIELD NEGROES,

viz. the mother, 36 years of age, her daughter 18, her son 15, and child 9, years old. Terms, 6, 12, and 18 months. Apply to

JAMES WATT,
Exchange Coffee House.

Verkaufsanzeige für »Field Negroes« in der
Demerara & Essequibo Royal Gazette, Dezember 1820

RUNAWAY about nine weeks past, from the Subscriber, the negro girl, Princess, a creole of this colony, she is a tall yellow skin girl about 20 years of age, full breast, and thick lips, well known about town and country. Also the negro woman Phœbe, who has also absconded some time back; she is a tall black skin woman of the Chamba nation, likewise well known in town and country. A reward of One Joe is offered for the apprehension of either of the above slaves, and lodging them in the colony jail, or delivering them to their owner in Kingston. All persons are forbid harbouring either of the above mentioned slaves, and masters of vessels from taking them off the colony, or captains of boats crossing them over the Ferries, as the law will be put in force against all so offending.

January 6. MARGO CUMING.

Bekanntmachung über Entlaufene, *Demerara & Essequibo Royal Gazette*, 6. Januar 1820

Musterung der Miliz in Georgetown, von Joshua Bryant, 1824, vorne Wache, im Hintergrund Colony House

Massaker bei Bachelor's Adventure, von Joshua Bryant, 1824

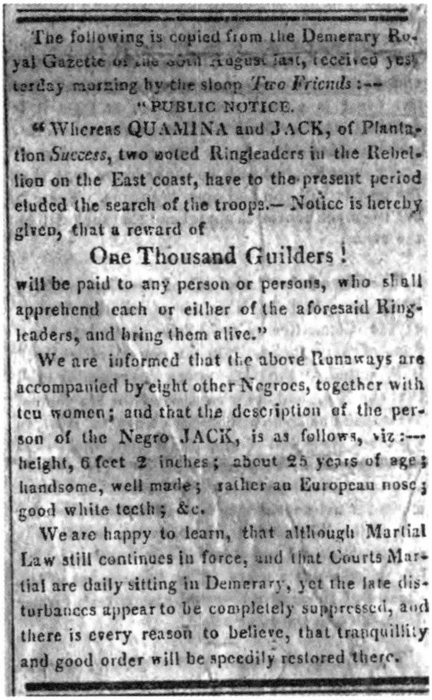

The following is copied from the Demerary Royal Gazette of the 30th August last, received yesterday morning by the sloop *Two Friends*:—

"PUBLIC NOTICE.

"Whereas QUAMINA and JACK, of Plantation *Success*, two noted Ringleaders in the Rebellion on the East coast, have to the present period eluded the search of the troops.— Notice is hereby given, that a reward of

One Thousand Guilders!

will be paid to any person or persons, who shall apprehend each or either of the aforesaid Ringleaders, and bring them alive."

We are informed that the above Runaways are accompanied by eight other Negroes, together with ten women; and that the description of the person of the Negro JACK, is as follows, viz:— height, 6 feet 2 inches; about 25 years of age; handsome, well made; rather an European nose; good white teeth; &c.

We are happy to learn, that although Martial Law still continues in force, and that Courts Martial are daily sitting in Demerary, yet the late disturbances appear to be completely suppressed, and there is every reason to believe, that tranquillity and good order will be speedily restored there.

Suchanzeige für Jack Gladstone und Quamina, *Berbice Royal Gazette*, 3. September 1823

Quamina hängt am Galgen, von Joshua Bryant, 1824

Exekution versklavter Abolitionisten am Paradeplatz, von Joshua Bryant, 1824

Denkmal für den Aufstand von 1823 Georgetown, Guyana, von Ivor Thom, 2012

KAPITEL 6

John Smith, Mai 1823

Im Frühjahr 1823 lebten John und Jane Smith bereits seit sechs Jahren in Demerara. Die Gemeinde der Bethel Chapel war auf mehr als 1.000 Menschen angewachsen, und die Bänke waren sonntags regelmäßig mit vierhundert Frauen, Männern und Kindern besetzt. Eine starke Leitungsgruppe war aufgebaut worden, darunter mehrere Diakone, die bei den Gottesdiensten halfen. Inzwischen hatte John auch erfolgreich Spenden gesammelt und an die Missionsgesellschaft in London weitergeleitet. In einem Jahr betrug der Betrag hundert Pfund, eine nicht unbeträchtliche Summe. John war zufrieden mit den Fortschritten. »Der Herr war mir & meiner lieben Partnerin als Individuen gleichermaßen gnädig«, schrieb er in sein Tagebuch. »In Gesprächen mit vielen Mitgliedern [der Gemeinde] empfand ich Freude und bin dankbar, dass ich unter ihnen einen Geist der Liebe & des Eifers feststellen kann.«

Was Jane betrifft, so waren ihre Erfahrungen in Demerara in diesen sechs Jahren gemischt. Auf der positiven Seite stand die Missionsarbeit. Jane war verantwortlich für die religiöse Unterweisung der Frauen und Mädchen, die die Bethel Chapel besuchten. Jeden Sonntag lehrte sie biblische Geschichten, Gebete und Lieder, um 11 Uhr für die Kinder und um 12 Uhr mittags für die Erwachsenen. Eine derjenigen, denen Jane nahestand, war Mary Chisholm, eine freie Frau, die auf Success lebte. Wenn John abwesend war, hielt Jane die Predigt in der Hauptgemeinde. Außerdem hatte sie verschiedene Verwaltungsaufgaben übernommen, darunter die Beantragung von Lizenzen beim Gouverneursamt sowie der Einkauf von Vorräten in Georgetown.

Andererseits hatte Jane mehr als ihr Mann damit zu kämpfen, sich an die Bedingungen auf Demerara anzupassen. Das heiße Klima, das fremde Essen, die ungewohnten Insekten, das starke Fieber. In diesen ersten Jahren hatte sich Janes Gesundheitszustand verschlechtert. Tatsächlich schrieb John vierzehnmal in seinem Tagebuch von Krankheiten seiner Frau. »Mrs. S. sehr krank & niedergeschlagen«, lautet ein Eintrag. »Mrs. S. krank im Bett«, heißt es in einem anderen. »Der Arzt hat Mrs. S. besucht«, heißt es in einem dritten Eintrag. An einer Stelle schrieb er, »der Gesundheitszustand meiner Frau hatte sich seit 18 oder 20 Monaten verschlechtert, sodass sie kaum noch in der Lage war, sich aufrecht zu halten und fast die Hälfte der Zeit im Bett lag«. Im Mai 1823 hatte sich Janes Gesundheitszustand jedoch gebessert. Dank der Hilfe eines örtlichen Arztes, schrieb John, gehe es »ihr jetzt so gut, wie sie es in einem so heißen Land erwarten kann«.

In jenen frühen Jahren hatten sowohl John als auch Jane Heimweh verspürt. Demerara war schließlich der erste Ort, an dem sie außerhalb von England lebten. Um in Verbindung zu bleiben, führten sie einen regelmäßigen Briefwechsel mit den Daheimgebliebenen. Dazu gehörten Janes Mutter – zu der Jane eine sehr enge Bindung hatte –, Johns Mutter sowie die Leiter der London Missionary Society (die Gesellschaft hatte ihrem Namen 1818 den Namen London hinzugefügt). Es dauerte mehr als einen Monat, bis ein Brief den Weg nach England zurückgelegt hatte, und einen weiteren Monat für die Antwort. John erinnerte sich, dass von den Menschen, die sie liebten, zu hören, selbst wenn der Inhalt neutral war, manchmal »einen unglücklichen Eindruck auf das Gemüt« hinterließ. Zu anderen Zeiten, wenn die Nachrichten schlecht waren, konnten die Auswirkungen verheerend sein. Dies war der Fall, als Jane vom Tod ihrer Mutter erfuhr. »Es war ein schwerer Schlag für Mrs. S., deren Liebe zu ihrer Mutter für mich immer über alle vernünftigen Grenzen hinauszugehen schien«, schrieb John. »Es scheint, dass sie in einer wahrhaft christlichen Verfassung starb und all ihre Hoffnungen auf das Sühneopfer Christi setzte. Gepriesen sei Gott für einen solchen Tod in unserer Familie.«

John war nicht der einzige Vertreter der London Missionary Society in Demerara. Es gab auch Richard Elliot, der die Ebenezer Chapel leitete und mit seiner Frau Elizabeth auf der anderen Seite des Demerara-Flusses lebte. Die Beziehung zwischen den beiden Paaren war jedoch nicht unproblematisch. John fand, dass sein Kollege seinen Gemeindemitgliedern nicht genügend Aufmerksamkeit schenkte. Aber das war nicht das einzige Problem. »Letzten Montag waren ich und Mrs. S. zu Besuch bei Mr. und Mrs. Elliot an der Westküste«, schrieb er in sein Tagebuch. »Die häufigen heftigen Streitereien zwischen Mr. und Mrs. E. haben mich sehr verärgert und hätten mich fast dazu gebracht, jeden Kontakt mit ihnen abzubrechen. Sie sind ein unglückliches Paar. Mrs. E. scheint die Hauptschuld zu tragen. Sie macht alle um sie herum unglücklich und ist ein Skandal für die Religion.« Einmal beklagte sich Elizabeth Elliot, dass Jane sie nicht mit dem nötigen Respekt behandele. »Mrs. Elliots Leidenschaft ist wie der Ausbruch eines brennenden Berges«, fuhr John fort. »Sie muss ihren Lauf nehmen, und wehe dem, der sich der Lava ihrer Zunge in den Weg stellt.« Trotz solcher Bedenken arbeitete er weiter mit seinem Kollegen zusammen. Sie hielten gegenseitig Gottesdienste in ihren Kirchen ab und trafen sich weiterhin. So weit weg von der Heimat war der Trost ihrer gemeinsamen Mission stärker als die persönliche Animosität.

Eine bessere Nachricht für John war, dass Van der Haas, der Plantagenverwalter von Le Resouvenir, entlassen worden war. »Dieser Umstand löste bei den Negern keine geringe Freude aus«, schrieb John in sein Tagebuch; Van der Haas sei »wegen seiner Grausamkeit« gegenüber den versklavten Männern und Frauen entlassen worden. An seiner Stelle setzte der Besitzer John Hamilton ein, der sogleich mehr Mitgefühl für die Arbeiter auf der Plantage zeigte. So bat Hamilton, als Jan Swartz nach seiner Flucht zurückgebracht wurde, John, den Mann zurechtzuweisen, anstatt die Peitsche zu benutzen. Auch als Alec Hill Kaffee stahl, bat der Manager den Missionar, ihn zu ermahnen. »Ich habe sie ermahnt, ihr Verhalten zu überdenken und die Barmherzigkeit Gottes zu suchen«, erinnert sich John. »Sie sagten, sie würden es tun. Möge Gott sie dazu befähigen.« Wie er in seinem Tagebuch vermerkte, waren er und Jane so angetan von dem neuen Verwalter, dass sie ihn oft zum Essen einluden.

Nachdem die Mitglieder der Bethel Chapel begannen, sich bei John Smith wohlzufühlen, vertrauten sie sich ihm immer häufiger an. Im Großen und Ganzen empfand der Pfarrer eine tiefe Sympathie für die versklavten Menschen. Er wollte sie unterstützen, so gut er konnte, aber er war sich auch seiner prekären Rolle als Missionar bewusst. Schließlich wäre seine Stellung gefährdet, wenn er sich politisch engagierte, und seine Hauptaufgabe, sich um die Seelen seiner Gemeindemitglieder zu kümmern, wäre infrage gestellt. »Ich wünschte, die Neger würden mir nichts über ihre Probleme erzählen, die sich aus der strengen Haltung der Verwalter ergeben«, schrieb er einmal in sein Tagebuch, »denn es ist nicht meine Sache, mich in solche Angelegenheiten einzumischen, und es zwingt mich nur dazu, solches Verhalten mit scheinbarer Gleichgültigkeit zu behandeln und mich denen gegenüber, die davon berichten, kühl zu verhalten.« Er fügte hinzu: »Ich beobachte bei den Sklaven einen Geist des ewigen Murrens und der Unzufriedenheit, und es würde mich nicht wundern, wenn es zu einer offenen Rebellion kommen würde. Ich hoffe jedoch, dass es nicht dazu kommen wird.«

Seit seiner Ankunft in der Kolonie hatte John Smith Success, das benachbarte Anwesen im Osten, aufmerksam beobachtet. Im Gegensatz zu den relativ freundlichen Verhältnissen auf Le Resouvenir, wo nun die Überredungskunst öfter zum Einsatz kam als die Peitsche, wurde die Plantage nebenan mit äußerster Brutalität geführt. John hatte mit einem der Aufseher, die auf Success arbeiteten, gemeinsam gegessen. »Er beklagt sich über Mr. Stewarts Verhalten gegenüber den Negern«, schrieb er in sein Tagebuch. »Er sagt, dass er [Stewart] ihnen oft 100 Peitschenhiebe verpasst. Dass die Neger übermäßig hart arbeiten müssen und nur wenig zu essen bekommen.« Er notierte, dass seit seiner Ankunft in Demerara von insgesamt 330 versklavten Menschen, die auf Success lebten, mehr als 27 gestorben waren. Die wichtigste Erklärung für die hohe Sterblichkeitsrate war, dass Stewart und seine Aufseher die Männer und Frauen Tag und Nacht zwangen, auf den Zuckerrohrfeldern und im Siedehaus zu arbeiten. Der Grund dafür war laut John Smith, »die Befehle der Eigentümer zu erfüllen«. Der Missionar wusste, dass der Mann, dem Success gehörte, der britische Politiker John Gladstone war.

Viele der Gutsbesitzer erregten John Smiths Sorge. Am meisten missfiel ihm Dr. Michael M'Turk. M'Turk besaß die benachbarte Plantage Felicity, wo über zweihundert Versklavte lebten. Männer und Frauen, die auf den Feldern arbeiteten, sowie etwa ein Dutzend sogenannte Haussklaven. M'Turk war der Ortsvorsteher, der sogenannte Burgher Captain; als solcher war er für den Bezirk zuständig, ähnlich wie ein Magistrat. Sein Anwesen diente auch als regionaler Militärposten und beherbergte ein kleines Arsenal mit Gewehren und Munition. Vor allem aber saß er im Court of Policy, der lokalen Regierung Demeraras, was ihm Zugang zum Gouverneur und zu den neuesten Informationen verschaffte. Der Court of Policy war bis 1928 ein gesetzgebendes Organ erst in Niederländisch- und dann Britisch-Guayana, das sich seit 1812 als Combined Court of Policy aus dem Polizeirat und sechs gewählten Finanzvertretern zusammensetzte, deren Aufgabe es war, die Finanzen zu verwalten.

Ursprünglich stammte M'Turk aus New Cumnock in Schottland und war Absolvent der School of Medicine an der Universität von Glasgow, aber seit 1811 lebte er auf Demerara und war nun Mitte dreißig. Er misstraute den Missionaren und fürchtete ihre Wirkung auf die versklavte Bevölkerung.

In einem seiner Tagebucheinträge erzählte John Smith von folgendem Vorfall mit M'Turk. Der Missionar war auf dem Rückweg von Georgetown, als er einen Jungen namens Sancho bemerkte, der sich am Heck seines Wagens festhielt. Er wusste, dass Sancho auf Dr. M'Turks Anwesen arbeitete. Auf die Frage des Pfarrers, warum er Sancho in letzter Zeit nicht in der Kirche gesehen habe, antwortete der Junge, dass sein Herr ihn nicht gehen lasse und dass ein anderer Versklavter von M'Turk, der in die Kirche gegangen sei, dafür schwer ausgepeitscht worden sei. Als John vorschlug, dass Sancho vielleicht jemanden auf seinem Landgut finden könnte, der ihn das Christentum lehren könnte, sagte der Junge: »Der Doktor will nicht, dass wir von Gott wissen. Einmal hörte er mich sagen ›Gott weiß es‹, und er sagte: ›Oh, du kennst Gott, wie?‹ Und er ließ mich die Seife essen, mit der er sich wusch, und gab einem anderen Jungen Pferdesporen und zwang ihn, sie mich spüren zu lassen, weil ich von Gott wusste.«

An Heiligabend spitzte sich die Situation mit M'Turk zu. Der Pfarrer stieß auf mehrere Gemeindemitglieder, die vor der Kirche auf ihn warteten. Sie sagten, ihre Aufseher hätten ihnen gesagt, sie dürften nicht mehr in die Kirche kommen. Die Anweisung sei direkt vom Fiscal gekommen. »Bleibt ruhig«, sagte John. »Ich glaube nicht, dass das ein Befehl des Fiscals war.« Er sagte, er würde versuchen, herauszufinden, was geschehen war. Dann ging er hinüber zu Hamilton, der ihm erzählte, dass der Befehl in Wirklichkeit von ihrem Nachbarn M'Turk kam. Offenbar hatte der erklärt, dass es auf dem Anwesen »latent« Pocken geben könnte. Am ärgerlichsten war, dass der einzige Ort, zu dem der Zugang beschränkt war, die

Bethel Chapel war. John wusste von keinem Fall der gefürchteten Krankheit in der Gegend, geschweige denn in der Kirche, und betrachtete es als das, was es war: eine absichtliche Lüge.

John war noch in Hamiltons Haus, als der intervenierende Nachbar hoch zu Ross eintraf. Immer noch verärgert über das, was er gerade herausgefunden hatte, sagte der Pfarrer zu M'Turk, dass er sich »sehr unkorrekt« verhalte, »keine Befugnis« für das habe, was er tue, und dass er, der Missionar, die Erlaubnis des Bischofs habe, zu predigen, wann und zu wem er wollte. Als M'Turk eine Abschrift dieser Erlaubnis verlangte, machte John einen Rückzieher und sagte, er werde seinen Einfluss nutzen, um »die Neger der Nachbarschaft in die Kirche zu bringen und zu ihnen zu predigen, trotz aller Autorität, die Sie besitzen«. Als er hinzufügte, dass er beabsichtige, seinen Gemeindemitgliedern religiöse Unterweisung zu erteilen, grinste M'Turk. Von da an wurde es noch unangenehmer. M'Turk sagte, John würde es »äußerst leidtun«, wenn er, M'Turk, »gezwungen wäre, sich anderer Mittel zu bedienen, um dies zu verhindern«. Erneut sagte der Missionar, dass er darauf beharren würde. Nun sagte M'Turk, er werde »alle solche Zusammenkünfte verhindern«. Und ritt von dannen. Später würde er behaupten, der Missionar habe ihn mit Worten »angegriffen«, und zwar, wie er sagte, auf eine »ziemlich gewalttätige Art«.

Am nächsten Morgen, dem Weihnachtstag, blieben die Kirchenbänke leer. In einem Tagebucheintrag hielt John fest: »Ich war den ganzen Tag über verzweifelt, dass die Menschen daran gehindert wurden, zum Haus Gottes zu kommen.« Er gab M'Turk die Schuld daran und nannte dessen Verhalten »nicht nachvollziehbar«. An anderer Stelle schrieb er über M'Turk: »Es ist erstaunlich, welch bösartige Feindschaft dieser Mann gegen die Sache der Religion hegt. Wenn ein solcher Ortsvorsteher nicht eine Schande und ein Fluch für das Gemeinwesen ist, mit dem er verbunden ist, dann irre ich mich gewaltig.«

Auch nach der Aufhebung des Verbots wegen der Pocken stellte John einen dramatischen Rückgang der Gottesdienstbesucher fest. Quamina und die anderen Diakone erzählten ihm, dass mehrere örtliche Gutsverwalter den Gottesdienstbesuch am Sonntag verboten hatten; bei Missachtung ihrer Anordnungen würden die Kirchgänger entweder ausgepeitscht oder den ganzen Tag in den Stock gelegt. Entschlossen, herauszufinden, was da vor sich ging, ritt John zu den nahe gelegenen Plantagen und fragte die Aufseher, warum seine Kirchenbänke leer waren. Sie waren nur zu gern bereit, das zu erklären. Einer meinte mit einem gerissenen Grinsen im Gesicht, dass das Siedehaus sonntags gereinigt werden müsse. Dafür seien mehrere Männer für vier bis fünf Stunden vonnöten. Ein anderer Aufseher sagte, wenn am Samstag Zucker gekocht werde, müsse dieser am nächsten Tag in Fässer gefüllt werden. Ein dritter erklärte, dass der Sonntag der Tag sei, an dem die Sklaven ihre wöchentliche Zuwendung erhielten, was oft einen etwa zwölf Kilometer langen Gang zum Markt erfordere, um Kochbananen und andere Lebensmittel zu besorgen. John wusste, dass all diese Erklärungen falsch waren; die Abläufe auf den Zuckerplantagen hatten sich nicht plötzlich geändert. Offenbar hatten die örtlichen Gutsverwalter kollektiv die Entscheidung getroffen, seine Mission einzuschränken. In den nächsten Tagen erzählte er jedem, der zuhören wollte, dass Dutzende von versklavten Menschen daran gehindert worden seien, seine Kirche zu besuchen, und dass dies gegen das Kolonialgesetz verstoße, das ihnen einen Ruhetag pro Woche zugestand. Es dauerte nicht lange, bis der Fiscal, Victor Amadius Heyliger, von den Aussagen des Missionars hörte. Er verlangte von Smith Beweise gegen jeden einzelnen Plantagenbesitzer, der die Versklavten sonntags arbeiten ließ. John lehnte die Forderung ab. »Die herrschenden Männer hier sind aufgebracht, dass eine bekannte Tatsache so öffentlich gemacht wird«, schrieb er in sein Tagebuch. »Es ist eine seltsame Sache, von mir zu verlangen, zu beweisen, was niemand in der Kolonie leugnet.« Während er »zukünftigen Missbrauch des Sabbats« zu verhindern suchte, wollte er aber auch nicht als Unruhestifter gelten und wie sein Vorgänger versetzt werden.

Zusätzlich zu der abnehmenden Zahl der Gottesdienstbesucher bemerkte John etwas, das er allmählich als Spionagetätigkeit ansah. Bei einer Reihe von Gelegenheiten sah er unbekannte Weiße, die vor dem Gottesdienst in der Nähe der Kirche herumlungerten oder während der Andacht durch die Fenster spähten. Einige hatten sogar die Frechheit, sich, meist ganz hinten, in die Kirchenbänke zu setzen und zu beobachten, was von wem gesagt wurde. Als John Quamina fragte, was diese Leute vorhatten, wurde ihm gesagt, dass sie befürchteten, der Missionar würde die Sklaven verderben. Während eines Abendgottesdienstes, in dem er aus dem Epheserbrief predigte, beobachtete John einen Weißen Bürger der Kolonie, der in einem abgelegenen Teil der Kirche saß. »Ich nehme an, dass er eine Art Spion war, der dachte, da keine anderen Weißen anwesend waren (ein Umstand, der selten vorkommt), einen Ausdruck zu erhaschen, den er nutzen könnte, um meine Wahrhaftigkeit in Frage zu stellen«, notierte er in seinem Tagebuch. »Aber – Gott sei gelobt – ich bin von einem edleren Motiv beseelt, als das zu lehren, was man hier ›die Prinzipien der Revolte‹ nennt. Ich wünsche und bete und hoffe und arbeite, um die Seelen der Neger für den Himmel zu erziehen. Diejenigen Menschen, die Missionare als gefährliche Personen ansehen, sind in der Regel selbst von üblen Prinzipien beeinflusst, und so messen sie uns mit ihren eigenen Maßstäben.«

John war entschlossen, seine Widersacher zu überdauern. Er würde sich unauffällig verhalten und sich um die Bedürfnisse seiner Gemeindemitglieder kümmern. Zum Leidwesen des Pfarrers sollten sich die Angriffe auf seine Mission jedoch bald ausweiten.

Obwohl Demerara nur 5.000 Kolonialbürger, freie Männer und Frauen hatte, gab es zwei Zeitungen. Die *Demerara Royal Gazette* war das offizielle Organ der britischen Kolonie, ein vierseitiges Periodikum, das dreimal wöchentlich erschien, dienstags, donnerstags und samstagsabends. Es war eher zurückhaltend und enthielt offizielle Verlautbarungen sowie Nachrichten aus Europa. Die andere Zeitung war der *Guiana Chronicle* mit ebenfalls vier Seiten Umfang, der Montag, Mittwoch und Freitag gedruckt wurde; er gehörte Alexander Stevenson, einem Plantagenbesitzer und Sklavenhalter. Beide Zeitungen waren abhängig von den Einnahmen durch Anzeigen, und diese kamen von Auktionshäusern (die Versklavte an Sklavenhändler ›verkauften‹), Reedern (die typischerweise auch Plantagen besaßen) und Händlern (die Waren an die Plantagen verkauften). Die beiden Zeitungen waren also durchweg Befürworter der Sklaverei. Dieser Ansatz wurde von Gouverneur Murray unterstützt, der behauptete, dass er nach niederländischem Recht nicht in der Lage sei, die Presse einzuschränken. Natürlich besaß auch er Plantagen, auf denen versklavte Menschen arbeiteten.

Bis Anfang 1823 fand die Feindseligkeit der Kolonialbürger gegenüber John Smith in diversen Artikeln Ausdruck, die in diesen beiden Zeitungen erschienen. In einer Ausgabe warf die *Demerara Royal Gazette* dem Missionar vor, seine Gemeindemitglieder »Brüder« zu nennen, denn dies stelle die Sklaven auf die gleiche Stufe wie die Weißen, was nicht akzeptabel sei. Als Nächstes beschuldigte die *Gazette* ihn, er zwinge seine Gmeindemitglieder, am Gottesdienst teilzunehmen, obwohl sie die Pocken hatten. Das war selbstverständlich nicht wahr. Dann schoss sich der *Guiana Chronicle* auf ihn ein. Er nannte John »gerissen«, »bösartig« und »kapriziös« und fügte gleich noch einen Angriff auf Missionare im Allgemeinen hinzu:

> Der Einfluss, den sie auf den Geist der Neger haben, ist weit verzweigter, als man sich vorstellt oder glauben mag. Es ist nicht mehr angemessen zu sagen, das sei ohne Bedeutung. Im normalen Sinne des Wortes ist es das auch, aber durch ihre Berufung haben sie in dieser Kolonie einen Grad an Bedeutung erlangt, der anders nicht zu erreichen gewesen wäre. Sie sollten jetzt strenger denn je überwacht werden, und wir verpflichten uns, mit ihnen angemessen umzugehen, wann immer uns verlässliche Informationen über unmoralisches oder illegales Abweichen vom Pfad ihrer Pflicht zugetragen werden.

Als der *Guiana Chronicle* einen Artikel veröffentlichte, in dem es hieß, der Pfarrer verlange eine »Steuer« von seinen Mitgliedern, sah er sich gezwungen zu antworten. »Herr Redakteur, es wird Ihnen nicht entgangen sein, dass die fleißige Zunge der Verleumdung das Verhalten eines Mannes oft in ein so ungünstiges Licht rückt, dass sein Schweigen als Schuldbewusstsein gedeutet werden kann«, schrieb er. »Dass es Menschen gibt, die niederträchtig genug sind, die übelsten Verleumdungen zu erfinden und zu verbreiten, um eine bösartige Neigung zu befriedigen, und dass andere schwach genug sind, sie zu glauben, wie unglaublich oder absurd sie auch sein mögen, sind Tatsachen, die fast jeder aus eigener Erfahrung bestätigen kann.« Er erklärte, dass die Berichte »grob unwahr« seien und dass das einzige Geld, das er erhalten habe, freiwillige Beiträge seien, die er nach London zurückgeschickt hätte, »wie jeder sehen wird, der sich die Mühe macht, in den Jahresberichten nachzulesen«.

Am 23. Mai 1823 erhielt John Smith erneut Besuch von Michael M'Turk. Diesmal hatte sein Nachbar einen Brief von Gouverneur Murray dabei, den er dem Missionar mit großer Freude überreichte. Bei ihrem ersten Treffen hatte der Gouverneur gesagt, dass er gegen die Bildung von Sklaven sei. Jetzt, sechs Jahre später, ging Murray, vielleicht in Anbetracht der versklavten Frauen und Männer, die er persönlich ›besaß‹, und möglicherweise auch auf Druck von M'Turk, noch weiter. In seinem Schreiben wies er an, dass alle Sklaven von nun an jedes Mal, bevor sie in die Kirche gingen, eine schriftliche Genehmigung von ihrem Gutsverwalter oder Aufseher einholen müssten. John war, ebenso wie seine Frau Jane, schockiert über diese Einschränkung der Religionsfreiheit seiner Gemeindemitglieder. Später schrieb Jane: »Für viele der Pflanzer war dies ein willkommener Segen, für ihre Sklaven jedoch eine große Qual und ein großes Hindernis für ihre Unterweisung.«

John hegte insgeheim die Hoffnung, dass sich die Dinge in der Kolonie bald ändern würden. Bislang gab es jedoch keine Anzeichen für Reformen – und auch keine Anzeichen für einen Aufruhr.

Wenn wir unsere Geschichte der Sklaverei erforschen wollen, muss der erste Schritt gewiss sein, sicherzustellen, dass die Fakten stimmen. Dass die Geschichte stimmt. Geschichte ist jedoch nicht immer eindeutig.

Betrachten wir zum Beispiel John Smith.

Diejenigen, die über den Missionar schreiben, halten ihn für einen guten Mann und Märtyrer. Im Jahr 1848 hat beispielsweise Edwin Angel Wallbridge ein Buch mit dem Titel The Demerara Martyr *geschrieben. Im Jahr 1923 schrieb David Chamberlin das Buch* Smith of Demerara: Martyr-Teacher of the Slaves. *Im Jahr 1976 erschien dann Cecil Northcotts Buch über Smith,* Slavery's Martyr.

In Georgetown wurde in seinem Namen eine Kirche gebaut, die Smith Memorial Congregational. Anders als die traditionelle Ost-West-Ausrichtung ist dieses Gebäude in Erinnerung an Smiths Widerstand gegen die Sklaverei nord-südlich ausgerichtet. Am Eingang des Gebäudes steht ein 1,80 Meter hoher Block aus Sandstein, auf dem die folgenden Worte eingraviert sind: Rev. John Smith: Er setzte sich dafür ein, dass Negersklaven lesen lernen, und verteidigte sie gegen die Brutalität der Weißen, deren Hass er damit auf sich zog.

Aber aus meinen Recherchen weiß ich, dass das Vermächtnis von John Smith komplizierter ist.

Eine genaue Lektüre seiner Tagebucheinträge offenbart auch seine rassistischen Vorurteile. In einer Passage beschreibt er zum Beispiel einige fast nackte Frauen, die ihre Kleidung in einem Graben waschen: »Sie ähneln den Orang-Utans.« An anderer Stelle schreibt er: »Ich glaube, es gibt nur wenige Neger, die es für eine Sünde halten, einen Weißen zu berauben.«

Fairerweise muss man sagen, dass die große Mehrheit seiner Einträge Sympathie für die versklavten Frauen und Männer bekundet, die er kannte, und seinem starken Wunsch, das System der Sklaverei zu beenden, Ausdruck verleiht. Aber das bedeutet nicht, dass wir über seinen Rassismus hinwegsehen sollten.

In der Tat war es zu dieser Zeit nicht ungewöhnlich, dass auch die Gegner der Sklaverei rassistische Einstellungen hatten. Wie Ibram X. Kendi in seinem bahnbrechenden Buch Stamped From the Beginning *feststellt, »vertraten die meisten führenden Intellektuellen der Aufklärung sowohl rassistische Ansichten als auch abolitionistisches Gedankengut«. Als Beispiel nennt Kendi Thomas Jefferson, der sich öffentlich gegen die Sklaverei aussprach und den berühmten Satz aus der Unabhängigkeitserklärung »Alle Menschen sind gleich geschaffen« verfasst hat, während er gleichzeitig mehr als sechshundert versklavte Menschen ›besaß‹ und über die intellektuelle Minderwertigkeit der Schwarzen schrieb. Um diese Art von Widerspruch zu beschreiben, bezeichnet Kendi Jefferson als »den berühmtesten Antisklaverei-Antiabolitionisten«.*

Hier ist ein weiterer Tagebucheintrag, der eine unschöne Seite von John Smith zeigt. Am 15. April 1821 erzählte ihm eines seiner weiblichen Gemeindemitglieder, dass sie vom Gutsverwalter sexuell missbraucht worden war. Smith reagierte, indem er dem Opfer die Schuld gab. Er kritisierte die Frau, weil sie »keine Beschwerde geführt« habe und »danach im Haus geblieben« sei. Er fügte hinzu, wenn sie »ihrer bestialischen Verbindung« mit dem Mann nicht abschwöre, würde er sie aus seiner Kirche ausschließen.

Nach heutigen Maßstäben würde man John Smith wohl als »nicht fehlerlos« bezeichnen. Sicherlich war er vielschichtiger, als viele ihn dargestellt haben, die seine Geschichte aufgeschrieben haben. Zu Lebzeiten galt er jedoch als liberal, ja sogar als radikal.

KAPITEL 7

Cheveley, Mai 1823

Im Frühjahr 1823 hatte John Cheveley genug von Demerara, denn die Leitung des Gemischtwarenladens machte ihm keinen Spaß. Es störte ihn, dass der Laden schlecht lief. Er verabscheute seinen Chef. Und er war mit der Art und Weise, wie die Kolonie geführt wurde, nicht einverstanden. Aber vor allem vermisste er seine Familie in England.

Als er John Pattinson in Liverpool kennengelernt hatte, war er von dessen Geschäftssinn und gesundem Menschenverstand beeindruckt gewesen und hatte gehofft, dass dessen Bruder William Cheveley in Demerara auch so wäre. Leider war das in keinster Weise der Fall. Zunächst hatte Cheveley keine Ahnung, was in dem Unternehmen vor sich ging. Er nahm die Waren, die John aus England schickte, entgegen und verkaufte sie in Georgetown. Mit William Pattinson und seinen Bemühungen, Waren zurück nach England zu schicken, hatte er wenig zu tun. Nach und nach wurde er jedoch durch sorgfältige Prüfung der Geschäftsbücher auf William Pattinsons »verrückte Ideen« und manchen »Unsinn« aufmerksam.

Eine der verrückten Ideen, die Cheveley aufdeckte, war der Kauf eines Schiffes, das zwischen Demerara und Martinique verkehrte. Der Plan war, Kiefernbretter und andere Hölzer an die französische Kolonie zu verkaufen und Liköre und Weine zurückzubringen, ohne die auf beiden Seiten fälligen hohen Zölle zu bezahlen. Im Grunde handelte es sich um eine illegale Schmuggelaktion. Das Problem bestand nicht nur darin, nicht erwischt zu werden, sondern auch darin, die Waren zu verkaufen, was Pattinson oft nicht gelang. Wie Cheveley sich erinnerte, wurde die Bemühung statt mit dem erhofften Gewinn mit »Misstrauen, Schikane, schlechten Gefühlen und angedrohten Rechtsstreitigkeiten« belohnt.

Ein weiteres von Cheveley aufgedecktes Vorhaben betraf eine große Ladung von Holz, die aus New Brunswick gekommen war. William Pattinson kaufte die gesamte Ladung mit der Absicht, sie schnell gewinnbringend weiterzuverkaufen. Er verkaufte sie dann an einen gewissen George Rainey, nicht weil dieser einen guten Preis bot, sondern weil er zu einem der bekannten Handelshäuser der Kolonie gehörte. Für Pattinson war Prestige wichtiger als Gewinn. Die Entscheidung führte zu einem großen Verlust für das Unternehmen. Diese und viele andere Erfahrungen ließen Cheveley erkennen, dass sein Chef ein schlechter Geschäftsmann war, und erinnerten ihn an die finanziellen Schwierigkeiten seines Vaters, die der Grund für seine Reise nach Demerara gewesen waren.

Der Gemischtwarenladen war nicht der einzige Grund für Cheveleys Verzweiflung. Er hatte nun zwei Jahre lang beobachtet, wie die Dinge in Demerara liefen, und verabscheute die allgemeine Haltung der Kolonialbürger gegenüber Menschen afrikanischer Abstammung. Von Leuten wie seinem eigenen Boss, der die Versklavten, die in seinem Haus arbeiteten, mit Geringschätzung behandelte, oder Robert Edmonstone, dem Holzhändler, der sich sehr kultiviert gab, aber mehr als hundert versklavte Männer und Frauen ›besaß‹. Cheveley schrieb, dass er sich seit seiner Ankunft in Demerara »der Vorurteile der Weißen in Westindien gegenüber jedem Hauch von Negerblut, sei er auch noch so unbemerkbar oder weit hergeholt, sehr bewusst« geworden sei, »die gut ausgebildete, angesehene Männer Schmach und Verachtung aussetzten«.

Sein bester Freund in Demerara war der 36-jährige Ben Hopkinson, dessen Familie Bachelor's Adventure und Cove, zwei Baumwollplantagen an der Ostküste, besaß. Nach Abschluss seines Studiums an der Universität von Cambridge plante Hopkinson, drei Jahre in der Kolonie zu bleiben. Sein Ziel war es, die Erträge durch den Einsatz neuester wissenschaftlicher Techniken zu steigern und die Behandlung der versklavten Männer und Frauen auf seinen Ländereien zu verbessern. Er wollte die Peitsche abschaffen und hoffte, die Produktivität durch Ausbildung und Respekt zu fördern. Doch trotz all seiner gut gemeinten Pläne sollte er nie in die Weiße Gesellschaft aufgenommen werden. Denn während sein Vater aus Hertfordshire stammte, war seine Mutter, Johanna, eine Frau aus Tobago mit Vorfahren unterschiedlicher ethnischer Herkunft, und Hopkinson hatte ein »irgendwie dunkles« Aussehen.

Insbesondere William Pattinsons Haltung gegenüber allen nicht ganz Weißen stieß Cheveley ab. Eines Tages kam ein freier Mann in den Laden und begann, sich umzusehen. Er hob scheinbar wahllos Gegenstände auf und legte sie dann wieder zurück, wobei er viel Lärm machte. Pattinson wies Cheveley an, ihn »rauszuschmeißen«, was dieser auch versuchte, aber der Mann wehrte sich. »Schlagen Sie ihn nieder«, rief ein Passant. Ein anderer sagte: »Brich dem Gauner das Genick!« In diesem Moment stürmte Pattinson mit einer Metallstange heraus und schlug dem Mann auf den Kopf. Der Mann rannte blutüberströmt und wutentbrannt die Straße hinunter. Später erfuhr Cheveley, dass er dem King's Black Regiment angehörte. Pattinson hatte Glück, nicht von der Miliz bestraft zu werden.

Cheveley missbilligte auch, dass junge britische Männer sich, wie er es nannte, eine »westindische Ehefrau« zulegten. Oft hatten diese Männer bereits Ehefrauen und Kinder in England. Cheveley zufolge war diese Untreue »ihrem moralischen Charakter abträglich und bürdete ihnen zugleich große Familien auf, die sie, wenn sie sie nicht missachteten, als eine schwere Belastung für ihren Lebensunterhalt und ihr Gewissen empfanden«. Oft kauften die Kolonialbürger diese Frauen auf Auktionen, und die übernahmen dann, wie ein englischer Schriftsteller schrieb, »alle Pflichten einer Ehefrau mit Ausnahme des Vorsitzes bei Tisch«. Wenn sie Kinder hatten, wurden diese manchmal freigelassen (also aus der Sklaverei entlassen), in der Regel aber nicht. Einige wenige Kinder wurden zur Ausbildung nach England geschickt; die meisten blieben jedoch in der Kolonie und wurden von ihren europäischen Vätern kaum oder gar nicht anerkannt.

Der Letzte, der diesen Weg einschlug, war Cheveleys Boss William Pattinson, der mit einer jungen Frau namens Susan Morris zusammenlebte. Für Cheveley hatte diese Beziehung scheinbar einen Vorteil: Pattinson hatte sein Schlafzimmer im ersten Stock geräumt, und Cheveley zog in Pattinsons Wohnung ein, was er zunächst als Verbesserung ansah. Wenn er allerdings geglaubt hatte, dass er nun besser schlafen würde, hatte er sich geirrt. In der ersten Nacht, er war gerade eingeschlafen, hörte er das Geräusch von Trippeln auf der Treppe. Das Geräusch kam näher und näher. Dann war das Getrippel von Pelztierfüßchen überall um ihn herum zu hören. Er schaute hinunter und sah ein Meer von Ratten. Wären sie am Boden geblieben, hätte er wahrscheinlich keine Probleme gehabt. Aber das taten sie nicht. Stattdessen begannen die »Rüpel«, wie er sie nannte, »ihre nächtlichen Raubzüge«. Sie kletterten am Bettpfosten und an der Matratze hoch und zu seinem Entsetzen auch über das Moskitonetz hinweg, um dann, eine nach der anderen, wieder zurück auf den Boden zu hüpfen. Er sprang aus dem Bett, schnappte sich seinen Entersäbel und begann, die Nager anzugreifen, wo immer er sie erwischte. Er kletterte zurück ins Bett, aber nach ein paar Minuten waren sie wieder da. Da an Schlaf so nicht zu denken war, kehrte er in sein ehemaliges Schlafzimmer auf dem Dachboden zurück.

Alles in allem war es eine schreckliche Zeit. Cheveley hatte einen Dreijahresvertrag unterschrieben. In den verbleibenden zwölf Monaten zählte er die Tage, bis er nach Hause zurückkehren konnte.

Im Mai 1823 erhielt Cheveley einen Brief von John Pattinson aus England. Er sei schon seit Langem besorgt über die Art und Weise, wie sein Bruder die Geschäfte auf Demerara führe, und hoffe, dass Cheveley etwas Strenge und gesunden Menschenverstand in das Unternehmen einbringen könne. Würde er sich ihnen als Partner anschließen? Die neue Firma sollte *Pattinson, Cheveley & Co.* heißen.

Cheveley war unsicher. Wenn er der Partnerschaft zustimmte, würde er nicht wie geplant in zwölf Monaten nach Hause zurückkehren können, und, schlimmer noch, übernähme er nicht ein Unternehmen, das gerade von seinen Verpflichtungen erdrückt wurde? John Pattinson war jedoch ein gerissener Geschäftsmann, der Cheveleys Zögern vorhergesehen hatte und ihm ein Angebot machte, das er nicht ablehnen konnte. Wenn er einwilligte, Partner zu werden, würden sie seinen Bruder George zum Kapitän eines ihrer Schiffe machen. Und wenn es zusätzlich hilfreich wäre, könnte auch Cheveleys jüngerer Bruder Henry als Erster Offizier angeheuert werden. Das war kluge Berechnung gewesen, denn wenn Cheveley einen Schwachpunkt hatte, dann war es seine Familie. »Wie habe ich mich gefühlt?«, schrieb er später. »Alles andere als erfreut.« Er mochte Demerara nicht, sein Klima, seine Menschen, seine Gesellschaft, aber trotz all seiner Bedenken unterschrieb er den Vertrag.

Obwohl er nun als Geschäftspartner neue Aufgaben hatte, konnte sich Cheveley dem Ruf des Militärs nicht länger entziehen. Es ist nicht klar, wie er sich den Behörden so lange hatte entziehen können. Immerhin waren seit seiner Ankunft in der Kolonie schon mehr als zwei Jahre vergangen. Nachdem er nun jedoch einen Befehl direkt vom Generaladjutanten erhalten hatte, leistete er widerwillig Folge. Am folgenden Sonntagnachmittag traf er auf dem Paradeplatz ein und meldete sich zum Dienst. An der Miliz gefiel ihm nichts. Er fand die Uniform eng und unbequem, das Gewehr fremd und schwer. Er wusste nicht, wie man im Gleichschritt marschiert, und wollte es auch nicht lernen. Doch er hatte keine Wahl.

Er war gar nicht gut beim Drill, und seine Kameraden beschwerten sich, dass er ihnen auf die Fersen trat. Am Ende der Übung rief ihn der Unteroffizier zu sich und sagte ihm, dass er mehr üben müsse. Er solle sich jeden Morgen als Erstes in der Redaktion des *Guiana Chronicle* melden, wo er, der Unteroffiier, arbeitete. Es war dasselbe Blatt, das gegen John Smith und seine Bemühungen, den versklavten Menschen die Religion näherzubringen, wetterte. Und dasselbe Blatt, in dem häufig Hetzreden gegen William Wilberforce und andere Antisklaverei-Aktivisten in England veröffentlicht wurden.

So kam es, dass Cheveley vor den Büros des konservativsten Medienunternehmens der Kolonie die Grundlagen der militärischen Ausbildung erlernte: wie man Befehle befolgt, wie man marschiert, wie man ein Gewehr bedient. Er betete nur, dass er diese Fertigkeiten nie würde anwenden müssen. Dass es nie zum aktiven Einsatz kommen würde.

Bei meinen Recherchen habe ich mich immer wieder gefragt: Warum weiß ich nichts über diese Geschichte? Ich denke, einer der Gründe ist der, dass die Geschichte so geschildert wurde, dass sie die Machthaber begünstigte.

Nehmen wir die Geschichte von Demerara.

Als John und Jane Smith auf Demerara ankamen, gab es nur eine Handvoll Bücher, die über die Kolonie geschrieben worden waren. Eines der wenigen, die ihnen zur Verfügung gestanden haben könnten, war Henry Bolingbrokes A Voyage to the Demerary *aus dem Jahr 1807. Über die versklavten Menschen schrieb Bolingbroke: »Die Überführung dieser Unglücklichen von Afrika nach Amerika ist ein echter Dienst an ihnen«, und: »Ihre Behandlung wird durch ihre Entfernung [aus Afrika] verbessert.« Er fügte hinzu, dass diese Menschen durch ihre Verbringung nach Demerara »menschlicher und aufgeklärter geworden sind und ihr Geist eine neue Formung erfahren hat«. Wie sich herausstellte, war Bolingbroke nicht unvoreingenommen, denn er war sechs Jahre lang für die Sklavenauktionen in der Kolonie verantwortlich.*

Hier ist ein weiteres Beispiel dafür, wie eine verzerrte Geschichtsschreibung akzeptiert wird. 1888 schrieb James Rodway Die Geschichte von Britisch-Guayana. *In diesem Buch bezeichnete Rodway die versklavten Menschen als »Arbeitstiere« und nannte sie »Halbwilde« und »Kinder«, die unter der Obhut der Pflanzer standen, die für sie wie »Väter« gewesen seien. Nichtsdestoweniger bezeichnete die* New York Times *Rodway noch im Jahr 2000 als »herausragenden Chronisten der Geschichte Georgetowns«.*

Und nun zum Demerara-Aufstand.

Das erste Buch, das über diese Geschichte geschrieben wurde, stammt von Joshua Bryant, einem englischen Künstler, der von 1809 bis 1830 auf Demerara lebte. Es trug den Titel Account of an Insurrection of the Negro Slaves in the Colony of Demerara *(Bericht über einen Aufstand der N-Sklaven in der Kolonie Demerara) und wurde 1824 veröffentlicht. Mehr als ein Jahrhundert lang galt dieses Buch als der maßgebliche Bericht über den Aufstand, und viele zitierten aus dem Text und druckten die Abbildungen nach. Gleichwohl unterstützte Bryant das britische Sklavereisystem, machte Smith für den Aufstand verantwortlich und pries die Leistungen der Miliz.*

Bei näherem Hinsehen wurde mir zumindest einer der Gründe für diese tendenziöse Haltug klar. Wie zu jener Zeit üblich, warb Bryant vor der Veröffentlichung für sein Buch, um die Kosten zu decken. Auf der Rückseite des Buches ist eine Liste derjenigen abgedruckt, die für Exemplare bezahlt haben, darunter John Murray, der Gouverneur, John Croal und Oberstleutnant Leahy, die die Aufstandsbekämpfung leiteten, Michael M'Turk, der Ortsvorsteher, sowie verschiedene andere Plantagenbesitzer und Mitglieder der Miliz.

Das soll nicht heißen, dass keine anderen Bücher über den Aufstand geschrieben worden wären. Es gibt viele. Mehrere wurden von Missionsgruppen veröffentlicht und handelten von John Smith. Doch keiner der Berichte stellte die versklavten Männer und Frauen in den Mittelpunkt der Erzählung.

Das jüngste Werk wurde von der brasilianischen Wissenschaftlerin Emilia Viotti da Costa verfasst und trägt den Titel Crowns of Glory, Tears of Blood. The Demerara Slave Rebellion of 1823 (Coroas de glória, lágrimas de sangue). *Einige halten dies für die neue definitive Darstellung. Aber auch sie stellt John Smith in den Mittelpunkt der Erzählung und räumt der Sichtweise der Versklavten nur wenig Raum ein. So wird Quamina erst auf Seite 104 und Jack auf Seite 172 erwähnt, während John Smith bis zum Ende der Einleitung schon viermal vorkommt.*

Ein Teil des Problems für jeden, der versucht, eine vollständigere Geschichte zu schreiben, ist die Unausgewogenheit der Aufzeichnungen. John Smith hat ein Tagebuch geschrieben, Cheveley hat seine Memoiren hinterlassen, und über Gladstone und seine Familie sind verschiedene Biografien geschrieben worden. Einige wenige Berichte über die britische Sklaverei wurden von Männern und Frauen verfasst, die von den Briten versklavt wurden – insbesondere Olaudah Equiano, der auf Barbados versklavt wurde und 1879 seine Memoiren veröffentlichte, und Mary Prince, die auf den Bermudas geboren wurde und 1831 ein Buch über ihr Leben schrieb –, aber es gibt keinen Bericht aus Demerara in den 1820er Jahren.

Doch die Situation ist nicht ganz hoffnungslos. Im Gegensatz zu vielen anderen Geschichten über die Sklaverei haben wir Quellen für Jack und seine Gefährten. In der Regel handelt es sich dabei um mündliche Aussagen, die von Kolonialbürgern niedergeschrieben wurden und nach Ansicht von Historikern als authentisch gelten können. Das ist hilfreich, auch wenn sie mit einer gewissen Skepsis betrachtet werden sollten.

All dies bringt mich dazu, darüber nachzudenken, wie sich mein Weißsein auf die Art und Weise auswirkt, wie ich das Quellenmaterial interpretiere. Wie sich mein Aufwachsen in Großbritannien auf die Art und Weise auswirkt, wie ich die Geschichte dieser Zeit lese. Das, was manche meine »Verortung« nennen. Meine Familie hat nicht unter Versklavung gelitten. Wir haben die Intensität des Leidens der Schwarzen nicht mitbekommen. Ich werde erneut daran erinnert, wie viel ich noch zu lernen habe. Dass ich vorsichtig sein muss, dass ich diese Geschichte mit all ihren Nuancen und Komplikationen mit Feingefühl behandeln muss.

KAPITEL 8

Gladstone, Mai 1823

Am 15. Mai saß John Gladstone auf einer der grünen Lederbänke im hinteren Teil des Unterhauses. Obwohl er seit sechs Jahren Parlamentsabgeordneter für Woodstock war, wollte er seinen Namen aus den Zeitungen heraushalten. Deshalb war er nur selten anwesend, aber das heutige Thema war für ihn von großem persönlichem und geschäftlichem Interesse, sodass er sich die Mühe gemacht hatte, aus Liverpool anzureisen.

Vor ihm stand der 37-jährige Thomas Fowell Buxton, Sozialreformer, Quäker und gelegentlicher Bierbrauer. Gladstone fühlte sich diesem Mann wenig verbunden. Ganz oben auf der Liste der Gründe für seine Abneigung stand dessen Obsession, der Sklaverei ein Ende zu bereiten. Seit das Parlament 1807 den atlantischen Sklavenhandel verboten hatte, war der Trommelwirbel für die vollständige Abschaffung lauter geworden. So war der Transport von Versklavten von Afrika nach Amerika nun illegal, doch der ›Kauf‹ und ›Verkauf‹ von Menschen in den britischen Kolonien blieben weiterhin legal. Wenn eine versklavte Frau auf Jamaika, Barbados oder Demerara ein Kind zur Welt brachte, war es nach wie vor das ›Eigentum‹ des Sklavenhalters, und obwohl es Vorschriften gab, die die Bestrafung von Versklavten einschränkten, war es einem Sklavenhalter und seinem Verwalter oder Aufseher erlaubt, versklavte Männer und Frauen zu peitschen, zu schlagen oder anderweitig körperlich zu misshandeln, ohne strafrechtliche Konsequenzen befürchten zu müssen.

Heute besaß Buxton die Kühnheit, eine Resolution vor diesen ehrwürdigen Ort zu bringen, in der er den Zustand der Sklaverei als »den Grundsätzen der britischen Verfassung und der christlichen Religion zuwiderlaufend« verurteilte und ihre schrittweise Abschaffung »in allen britischen Kolonien« forderte. Zunächst heuchelte er Mitleid mit den Besitzern karibischer Plantagen wie Gladstone. »Ich betrachte sie als außerordentlich unglücklich«, verkündete er und nannte die Sklaverei »den schlimmsten, vielleicht sogar den einzigen kapitalen Schandfleck der britischen Politik«. Um seine Argumentation zu untermauern, legte Buxton dem Parlament eine Petition vor, die von Tausenden von Menschen unterzeichnet worden war und die Abschaffung der Sklaverei forderte.

Der Einsatz von Petitionen zur Herbeiführung von Veränderungen hatte in der Antisklaverei-Bewegung eine lange Tradition. Bereits 1788, wenige Monate nach der Gründung der Society for Effecting the Abolition of the Slave Trade (Gesellschaft zur Abschaffung des Sklavenhandels), machten die Aktivisten ausgiebig Gebrauch von dieser Taktik. Redner wie William Wilberforce, Olaudah Equiano und Thomas Clarkson hielten in Kirchen und Rathäusern Reden, an deren Ende die Zuhörer aufgefordert wurden, eine Petition zur Abschaffung der Sklaverei zu unterzeichnen. Es wurden Stadt- und Regionalausschüsse eingerichtet, um weitere Namen und Adressen zu sammeln. Allein in der Kampagne von 1792 wurden mehr als 390.000 Unterschriften gesammelt. Nach der Abschaffung des britischen Sklavenhandels im Jahr 1807 und mit Ausnahme eines kurzfristigen Versuchs, die Franzosen 1814 zur Nachahmung zu bewegen, war die Petitionskampagne jedoch erlahmt.

Wie viele seiner Kollegen war Gladstone strikt dagegen, über die Emanzipation zu sprechen, insbesondere in einem öffentlichen Raum wie dem Unterhaus. Erstens würde jede Diskussion über die Befreiung der Versklavten, selbst wenn sie zu nichts führte, deren Hoffnungen wecken und die Chancen für einen Aufstand in der Karibik unweigerlich erhöhen. Zweitens hatte noch niemand einen Vorschlag gemacht, wie die Plantagen ohne Sklavenarbeit betrieben werden könnten. Die braven Bewohner von England, Schottland, Wales und darüber hinaus waren süchtig nach Zucker, Kakao, Baumwolle, Tabak und Kaffee. Wer sollte diese Güter produzieren, wenn die Sklaven sich emanzipieren würden? Drittens, und das war für ihn das Wichtigste, waren die versklavten Männer und Frauen ein Wirtschaftsgut. Der Kauf der Plantagen in Demerara, deren Wert hauptsächlich in den Versklavten bestand, hatte enorm viel Geld gekostet. Wenn Abolition im Parlament verabschiedet würde, wären Gladstone und seinesgleichen über Nacht bankrott. Das musste unter allen Umständen verhindert werden.

Auf Buxtons Rede folgten andere, darunter eine von William Wilberforce, dem Grandseigneur der Abolitionisten-Bewegung, der die Resolution natürlich unterstützte, aber auch viele, die dagegen waren. Typisch für Letztere war der Geschäftsmann und Sklavenhalter Alexander Baring, der erklärte, dass »die physischen Leiden des Negers viel zu hoch angesetzt worden sind« und dass »der Zustand der Sklaven in vielerlei Hinsicht zweifellos besser ist als der der meisten europäischen Bauern. Sie sind gut gekleidet, gut genährt und werden, wie ich glaube, im Allgemeinen mit Gerechtigkeit und Freundlichkeit behandelt.« Er fügte etwas apokalyptisch hinzu, wenn die Schwarze Bevölkerung ihre Freiheit erlange, »müssen wir unserem kolonialen System Adieu sagen. Die Kolonien wären für Großbritannien nicht mehr von Wert.«

Niemand glaubte wirklich, dass Buxtons Resolution an diesem Tag verabschiedet werden würde. Sie war zu voreilig, zu unverschämt abolitionistisch, zu unsensibel gegenüber den Befindlichkeiten der Sklavenhalter. Der Mann wollte offensichtlich seine Anhänger, die Sklavereigegner, beeindrucken, die am nächsten Tag in den Zeitungen über das Verfahren lesen würden. Doch nichtsdestoweniger herrschte im Parlament allgemein die Meinung, dass etwas getan werden müsse, um die offensichtlichsten Missstände in der Karibik zu beseitigen.

Während der Debatte wandte sich ein Kabinettsmitglied in einer ruhigen Ecke, weit entfernt von etwaigen Lauschern, an Buxton und erklärte, dass die Regierung einen Änderungsantrag unterstützen würde, in dem die »allmähliche Verbesserung der Lage der Sklaven in den Kolonien Seiner Majestät« gefordert würde, wenn er seine Resolution zurückzöge. Als Teil dieses eilig ausgehandelten Kompromisses erklärte sich das Kabinettsmitglied bereit, unverzüglich an alle Kolonien zu schreiben und sie auf die zunehmenden Bedenken des Parlaments bezüglich der Sklaverei hinzuweisen. Der Deal war geschlossen. So kam es, dass Lord Bathurst, der Kolonialsekretär, am 28. Mai 1823 zum Entsetzen von Gladstone und seinen Verbündeten per Schiff eine Depesche nach Demerara schickte.

Als Bathursts Schreiben Anfang Juli in Georgetown eintraf, wurde es direkt zu Gouverneur John Murray gebracht, der dessen Bedeutung sofort erkannte. Einige Tage später berief er den Court of Policy, den lokalen Regierungsrat, ein und verlas das Schreiben. Anwesend waren Victor Amadius Heyliger, Michael M'Turk und Charles Wray, der oberste Richter von Demerara. Als sie den Inhalt des Briefes hörten, waren sie schockiert. Die erste Seite war eine Kopie der Resolution, die im Unterhaus verabschiedet worden war, und enthielt folgende Aussage: »Dieses Haus blickt hoffnungsvoll auf eine schrittweise Verbesserung des Zustands der Sklavenbevölkerung, um sie auf die Teilnahme an den bürgerlichen Rechten und Privilegien vorzubereiten, die auch andere Klassen der Untertanen Seiner Majestät in Anspruch nehmen.« Für die Anwesenden klang dies so, als ob die Politiker in Großbritannien die Emanzipation der versklavten Bevölkerung des Empire vorwegnahmen.

Anschließend las Murray Bathursts eigene Worte vor. Der Kolonialsekretär informierte sie über den »Befehl« des Königs, unverzüglich bestimmte Beschlüsse zu fassen, die die Arbeitsbedingungen der Versklavten verbessern würden. Die neuen Gesetze sollten insbesondere das Auspeitschen versklavter Frauen verbieten, das Antreiben der Versklavten durch den Klang der Peitsche beenden und die Sonntagsarbeit abschaffen. Bathurst ließ dem Gouverneur jedoch einen gewissen Spielraum. Er sagte, dass die Verbote als vom Court of Policy und nicht aus London kommend angesehen werden sollten und er es daher dem Gemeinderat überlassen wolle, wie und wann er die Politik umsetze, sie solle aber so schnell wie möglich in Kraft treten.

Da John Murray sich bewusst war, dass diese Änderungen enorme Auswirkungen auf Demerara haben würden, vertagte er die Diskussion auf eine spätere Sitzung. Am 21. Juli trat der Court of Policy wieder zusammen, doch der Gouverneur vertagte die Debatte erneut mit der Begründung, über dieses wichtige Thema solle der gesamte Rat beraten, was zu diesem Zeitpunkt nicht möglich war, da der Fiscal auf Geschäftsreise war.

Doch wenn der Gouverneur gedacht hatte, er könnte die Nachricht aus London begraben und hoffen, dass sie einfach verschwand, hatte er sich getäuscht. Denn trotz des vertraulichen und äußerst heiklen Charakters des Briefs zirkulierte der Inhalt bald unter den Mitarbeitern der Regierung. Einer derjenigen, die von der Sendung aus London augenblicklich erfahren hatten, war ein freier Schwarzer Mann namens Daniel.

Ich mache einen Spaziergang mit einer Freundin, Joan. Ich erzähle ihr, dass ich mich mit der Verwicklung Großbritanniens in die Sklaverei befasse. Sie fragt, ob ich versuche, mich schuldig zu fühlen. Mich schämen will.

Das scheint mir nicht richtig zu sein und macht mich ein wenig ärgerlich. Das Bedürfnis, etwas über diese Geschichte zu erfahren, wird nicht von dem Bedürfnis angetrieben, Reue zu empfinden, sage ich ihr (vielleicht ein wenig selbstgerecht), sondern von dem Wunsch, die Wahrheit zu finden. Dem Bedürfnis, anzuerkennen, was geschehen ist. Wenn wir nicht verstehen, was bisher geschehen ist, ist es schwer, sich auf etwas in der Zukunft zu einigen.

Ich spreche mit meiner Freundin Yasmeen Akhtar, der Mitbegründerin von TrustLab, einem Beratungsunternehmen, das Unternehmensschulungen zu Vielfalt und Integration anbietet. Wir sprechen über die negativen Reaktionen einiger meiner Freunde, wenn ich ihnen erzähle, dass ich mich mit dem Erbe der britischen Sklaverei befasse.

Sie schlägt mir vor, White Fragility (Wir müssen über Rassismus sprechen: Was es bedeutet in unserer Gesellschaft weiß zu sein) *von Robin DiAngelo zu lesen. Das tue ich, und ich finde es sehr hilfreich. Das Buch erklärt, wie manche Menschen, die sich als Weiße identifizieren, in die Defensive geraten können, wenn sie in Bezug auf Rassismus infrage gestellt werden, und zwar so sehr, dass People of Colour Angst vor ihrer Reaktion haben und daher aufhören, sie herauszufordern.*

Und ich frage mich als Weißer, wie sich meine eigene Abwehrhaltung nach meinem Verständnis auswirkt. Auf das Erbe der Sklaverei in meiner Familie. Auf Großbritanniens Erbe der Sklaverei. Auf die heutige Ungerechtigkeit und auf die Gleichberechtigung von People of Colour.

»Die Ablehnung eines inneren Konflikts kann uns vom Handeln abhalten«, sagt Yasmeen. »Solange man etwas nicht wirklich bedau-

ert, ist man nicht bereit, sich zu verändern. Das kann sich schwierig anfühlen. Das kann sich unangenehm anfühlen. Aber es ist die Mühe wert.«

Um mehr darüber zu erfahren, wie andere Menschen mit schwierigen familiären Vermächtnissen umgehen, beschließe ich, mit einem Nachkommen eines Nazi-Kriegsverbrechers zu sprechen.

Um es klar zu sagen: Ich glaube nicht, dass es eine Gleichwertigkeit gibt zwischen dem, was versklavte Menschen durch Großbritannien erleiden mussten, und dem, was Juden in Nazi-Deutschland ertragen mussten. Es handelt sich um zwei ganz und gar unterschiedliche historische Tragödien, und es wäre ein Fehler, Ähnlichkeiten oder Unterschiede herauszuarbeiten oder gar beurteilen zu wollen, welches Verbrechen das größere ist.

Aber ich habe das Gefühl, dass man daraus einige Lehren ziehen kann.

In den letzten Jahren habe ich Deutschland häufig besucht. Und wenn Deutsche erfahren, dass meine jüdischen Großeltern in den 1930er Jahren zur Ausreise gezwungen waren, gibt es oft einen Moment, in dem sie diese Information verdauen müssen, eine Pause, gefolgt von einem Ausdruck des Bedauerns und dann einer Entschuldigung. Das hat sich immer angemessen angefühlt; niemals rührselig, überheblich oder selbstgefällig. Ich habe das Gefühl der Solidarität stets zu schätzen gewusst. Es hätte mich beunruhigt, wenn sie die Verbrechen der Vergangenheit nicht anerkannt hätten; ich hätte mich nicht wahrgenommen gefühlt.

Ich komme in Kontakt mit der deutschen Autorin und Journalistin Alexandra Senfft. Sie erzählt mir, dass ihr Großvater Hanns Ludin war, der Nazi, der die Deportation von mehr als 70.000 Juden aus der Slowakei in die Todeslager überwachte. Als sie von dieser Geschichte erfuhr, erzählt sie, empfand sie »eine tiefe Traurigkeit, Trauer und Wut«. Aber ihre Familie war extrem abgeneigt, über die Nazi-Vergangenheit ihres Großvaters zu sprechen. Mit der Zeit wur-

de ihr klar, dass sie sich wie eine Komplizin fühlte, wenn sie nicht darüber sprach. »Eine Komplizin der ursprünglichen Verbrechen?«, frage ich. »Nein«, antwortet sie, »eine Komplizin des Schweigens, der Vertuschung. Ich bin nicht verantwortlich für das, was mein Großvater getan hat, aber ich bin verantwortlich dafür, dass ich mich dem gestellt habe, dass ich den Mut gefunden habe, mich mit diesen beängstigenden Angelegenheiten zu befassen.«

»Aber warum sollte man darüber in der Öffentlichkeit sprechen«, frage ich, »warum sollte man es nicht innerhalb der Familie belassen?«

»Es ist wichtig, an die Öffentlichkeit zu gehen, um das Schweigen zu brechen, um andere zu ermutigen, sich zu äußern und so die Gesellschaft zu verändern«, sagte sie und fügt hinzu: »Es ist ein politischer Akt, kein persönlicher.«

Später an diesem Tag spreche ich mit einer meiner Cousinen und erzähle ihr, dass ich das Erbe der Sklaverei in unserer Familie erforsche. Sie sagt, ich solle sehr vorsichtig sein. Im Laufe der Jahre hätten sich einige Leute auf den jüdischen Sklavenbesitz konzentriert, um Antisemitismus zu schüren. Ich verstehe diese Befürchtung voll und ganz, vor allem angesichts der Zunahme des Antisemitismus in den letzten Jahren.

Ich suche im Internet und finde schnell heraus, dass das Thema der jüdischen Verbindungen zur Sklaverei ausgiebig untersucht wurde und dass Historiker keine Beweise dafür gefunden haben, dass Juden mehr als andere für die Sklaverei verantwortlich waren.

Es ist möglich, auch wenn ich zugeben muss, dass es schwierig ist, zwei Dinge gleichzeitig zu bewältigen: Meine Familie wurde verfolgt, weil sie jüdisch ist, und meine jüdische Familie hat von der Sklaverei profitiert.

KAPITEL 9

Jack, Juli 1823

Am Sonntag, dem 27. Juli, fuhr Jack in die Stadt, um mit seinem Freund Daniel zu sprechen, der als Untersekretär für den Gouverneur arbeitete. Er würde den Morgengottesdienst in der Bethel Chapel verpassen, aber das war in Ordnung. Er ging nicht immer hin, und was ihn betraf, so war diese Reise wichtiger. Schon seit Wochen hörte er Gerüchte, dass die großen Männer in London eine Entscheidung getroffen hätten, die ihr ganzes Leben dramatisch verändern würde. Allein die Möglichkeit, dass es stimmen könnte, war überwältigend.

Er kannte Daniel, seit sie Jungs gewesen waren. Sie waren das, was er »Kirchenbrüder« nannte, obwohl Daniel jetzt eine Methodistenkirche in Georgetown besuchte, wo er lebte und arbeitete. Ein paar Jahre zuvor war Daniel »manumittiert« worden – so hieß das rechtliche Verfahren, mit dem ein Versklavter seine Freiheit erlangte, also aus der Sklaverei entlassen wurde. Höchstwahrscheinlich war dies nach dem Tod seines früheren Besitzers geschehen. Manumission war in Demerara ein seltenes Ereignis, in der Karibik kam es dort sogar am seltensten vor. Im Jahr 1820 wurden beispielsweise nur zwei von 10.000 Versklavten in Demerara freigelassen. In Jamaika war die Rate fünfmal, auf den Bahamas zwanzigmal und in Trinidad dreißigmal höher. Die Manumission war in Demerara auch deshalb unüblich, weil die Zuckerwirtschaft der Kolonie zu einer der produktivsten in der Karibik geworden war, was den Preis der Versklavten in die Höhe trieb, sodass die Plantagenbesitzer zunehmend zögerten, ihre hoch geschätzten Vermögenswerte, also die Versklavten, aufzugeben. Das machte Daniels Freilassung noch ungewöhnlicher.

Jack und Daniel sagten später vor Gericht aus, dass Jack gegen 9 Uhr morgens im Camp House, der Residenz des Gouverneurs, einem der größten Gebäude Georgetowns, ankam. Er fand Daniel in einem kleinen Zimmer im Obergeschoss bei der Arbeit vor. Obwohl Daniel sich selbst als gläubigen Christen betrachtete, musste er oft am Sabbat arbeiten. Sein Vorgesetzter gab ihm mehr Arbeit, als er in einer normalen Arbeitswoche erledigen konnte, doch wenn er die Arbeit nicht in der vorgesehenen Zeit erledigte, riskierte er seinen Job, was er keinesfalls wollte. Es war eine gute Stelle, gut bezahlt und sicher, und das Beste war, dass er seinen Vorgesetzten noch nie mit einer Peitsche gesehen hatte.

Nachdem sie sich begrüßt hatten, fragte Jack Daniel, was es Neues gebe. Er wusste, dass sein Freund die Gewohnheit hatte, die Zeitungen zu lesen, die aus London und New York geschickt wurden, und manchmal, wenn er sicher war, dass niemand zusah, auch die offizielle Korrespondenz, die auf dem Schreibtisch des Gouverneurs lag. Daniel fragte Jack, worauf er hinauswolle. »Ich komme in einer ganz bestimmten Angelegenheit zu dir«, erklärte Jack. Er habe gehört, dass alle versklavten Menschen befreit werden sollten, und wolle wissen, ob das stimme.

Daniel bekam sofort Angst. Das Gebäude war voller Menschen, und wenn jemand sie so reden hörte, würde er nicht nur seine Arbeit verlieren, sondern auch schwer verprügelt werden. Anstatt direkt zu antworten, sprach er in Geheimsprache. Er erinnerte sich daran, dass das dritte Kapitel des zweiten Buches Timotheus die Worte enthielt »die immer auf neue Lehren aus sind und nie zur Erkenntnis der Wahrheit kommen können«. Was er nicht zu sagen brauchte, weil er wusste, dass Jack in der Bibel genauso bewandert war wie er selbst, war, dass Timotheus sieben Verse weiter erklärte: »Du aber bleibe bei dem, was du gelernt hast und was dir anvertraut ist; du weißt ja, von wem du gelernt hast.« Jack verstand dies so, dass die Gerüchte, die er gehört hatte, wahr waren. In seiner

Antwort an Daniel war er ebenso vorsichtig und erzählte, dass sie am Sonntag zuvor in der Kirche den Text aus Römer, Kapitel 8, gelesen hatten: »Wir wissen aber, dass denen, die Gott lieben, alle Dinge zum Besten dienen.« Das war ein Aufruf zum gemeinsamen Handeln.

Daniels Aussage war die endgültige Bestätigung, die Jack gesucht hatte. Er hatte bereits gehört, dass ein Aufseher der Plantage New Orange Nassau gesagt hatte, dass sie befreit werden sollten, dass alle großen Männer in London dem zugestimmt hatten, nicht aber die Kolonialisten in Demerara. Noch überzeugender war, dass Jack eine Woche vor seinem Treffen mit Daniel mit Susannah gesprochen hatte, der versklavten Frau, die als Haushälterin für John Hamilton in Le Resouvenir arbeitete. Laut Susannah hatte Hamilton gesagt, auch er habe gehört, dass die Versklavten ihre Freiheit erhalten würden. Seine Erklärung war jedoch mit einem Vorbehalt versehen: Die Freiheit würde nicht von allein kommen. Sie könne nur errungen werden, wenn die Versklavten »sich mit Gewalt dafür einsetzten«, und es bedürfe eines »positiven Versprechens« des Gouverneurs. Jack hatte Susannah gefragt, was Hamilton mit Gewalt meinte; meinte er, zu den Waffen zu greifen? Sie sagte, nein, nicht zu den Waffen greifen, aber man solle die Waffen der Plantagenbesitzer beschlagnahmen und dann alle Buckras in die Stadt treiben. Hamilton hatte noch etwas hinzugefügt. Ihm war egal, wie, er bat nur darum, dass man ihn im Falle eines Aufstandes ausreichend vorwarnen solle, damit er seine Angelegenheiten regeln könne.

Das war vor sieben Tagen gewesen. Jetzt, mit Daniels verschlüsselter, aber eindeutiger Zusicherung, war Jack sicher, dass eine Direktive aus London eingetroffen war, die den versklavten Menschen auf Demerara die Freiheit gab. Die Frage war nur, ob die Weiße Elite der Kolonie die Anweisung befolgen würde oder ob man sie mit Gewalt dazu bringen müsste, die notwendigen Schritte zur Abschaffung der Sklaverei zu unternehmen. Bevor er sich verabschiedete, erzählte Daniel seinem Freund, dass er gehört habe, dass auf Barbados mehrere Menschen bei einem Sklavenaufstand ihr Leben verloren hatten. Ich sagte ihm, er solle sich vorsehen, erinnerte Daniel sich später.

Zu Hause besprach Jack seinen Plan mit seinem Vater Quamina. Während dieser einst zur Zurückhaltung gemahnt hatte, weil er die harte Hand der Sklavenhalter fürchtete, unterstützte er nun die Strategie seines Sohnes, denn er hatte seine Meinung über die Kolonialisten kürzlich geändert. Vor einigen Monaten hatte ihn der Gutsverwalter Stewart zur Arbeit ans Meer geschickt, obwohl seine Frau Peggy schwer erkrankt war. Das bedeutete, dass Quamina Peggy von 6 Uhr morgens bis 7 Uhr abends nicht sehen konnte. Er hatte wiederholt darum gebeten, seine Arbeit näher an sein Zuhause verlegen zu dürfen, aber seine Anfragen wurden abgelehnt. Infolgedessen war er nicht anwesend, als Peggys Tod eintrat. Die beiden waren fast zwanzig Jahre lang zusammen gewesen. Seine Trauer wurde nicht nur durch die Tatsache verschlimmert, dass er nicht bei ihr sein durfte, als sie starb, sondern auch durch die bittere Erinnerung daran, dass sein Tagesablauf vom Plantagenmanager diktiert wurde. Er war nun 52 Jahre alt und nach einer langen Zeit der Knechtschaft bereit, das System herauszufordern.

Sobald die Entscheidung gefallen war, diskutierten Vater und Sohn, wie sie vorgehen sollten. Sie waren sich einig, dass der Schlüssel zum Erfolg eines Aufstands in seiner sorgfältigen Planung und Organisation liegen würde.

In den nächsten Wochen begann Jack mit den Vorbereitungen. Er hatte durch seinen Freund Daniel die Bestätigung, dass aus London Befehle zur Befreiung der Versklavten ergangen waren und dass der Gouverneur sich weigerte, diese Anweisungen auszuführen. Durch sorgfältige Erkundigungen bei den freien Kolonialbürgern, mit denen er in Kontakt kam – Geschäftsleuten, Ladenbesitzern und Hafenarbeitern –, erfuhr er, dass sie auf einen Aufstand nicht vorbereitet waren. In Georgetown gab es keine ungewöhnlichen militärischen Aktivitäten. Die Reservisten waren nicht zu den Milizen einberufen worden. Keine Verstärkung befand sich auf dem Weg in die Kolonie. Seiner Meinung nach war Demerara verwundbar und reif für eine Revolte.

Als Nächstes stellte sich die Frage der Taktik. Wie sollten sie den Gouverneur dazu bringen, die Anweisungen aus London umzusetzen? Sollten sie in Georgetown einmarschieren und eine Versammlung verlangen? In der Hauptstadt wären sie verwundbar; besser wäre es, auf dem Lande zu bleiben, dessen Terrain ihnen vertrauter war. Sollten sie ein Anwesen besetzen und Geiseln nehmen? Es wäre schwierig, auf diese Weise eine große Truppe aufzubauen; klüger wäre es, im Freien zu bleiben. Und was war mit Gewalt? Viele der versklavten Männer und Frauen würden Rache an den Buckras üben wollen. Jack hatte dafür volles Verständnis, und es wäre schwierig, sie aufzuhalten. Doch er erinnerte sich daran, was Daniel über Barbados gesagt hatte. Wie dieser Aufstand zu einer drakonischen Reaktion der Kolonialisten geführt hatte. Quamina war derselben Meinung. Es wäre besser, Gewalt gegen die Pflanzer so weit wie möglich zu vermeiden.

Die beste Taktik wäre stattdessen ein dezentraler Aufstand einer überwältigenden Zahl von Menschen. Dies wäre ein guter Weg, um den Hauptvorteil der Weißen Kolonialbürger zu konterkarieren: nämlich eine kleine, gut ausgebildete und gut ausgerüstete militärische Streitmacht zu haben. Ein Aufstand könnte nur funktionieren, wenn sie eine große Zahl von Frauen und Männern auf ihrer Seite hätten. Der Trick bestand darin, den Aufstand in der gesamten Kolonie zur selben Zeit zu beginnen. Dann wäre er schwer zu unterdrücken. Wenn er an mehreren Orten gleichzeitig stattfand, an welchen Brennpunkten würde der Gouverneur dann seine Miliz einsetzen? Außerdem mussten sie die Musketen, Pistolen und Entersäbel der Plantagenbesitzer beschlagnahmen, bevor sie gegen sie selbst eingesetzt werden konnten.

Und da war noch eine Sache: Sie mussten die Ortsvorsteher ausschalten, insbesondere den gefürchteten Michael M'Turk, der sofort versuchen würde, ihre Pläne zu durchkreuzen. Was den Zeitpunkt des Beginns anbelangte, so hielt Jack es für das Beste, am Ende eines Tages loszulegen, wenn die Arbeiter sich auf den Heimweg machten und noch in Gruppen unterwegs waren. Am besten wäre vielleicht ein Montag. Sie wären weniger müde, nachdem sie am Sabbat einen ganzen Tag geruht hatten, und viele wären am Vortag in der Kirche gewesen, sodass sie die Möglichkeit gehabt hätten, letzte Informationen auszutauschen. Der Start am Abend würde ihnen auch mehr Zeit geben, ihre Position in der Nacht zu festigen, bevor sich die Nachricht in Georgetown herumsprach.

Das Wichtigste aber war die Rekrutierung. Um möglichst viele Menschen zu erreichen, brauchte Jack einen Kader hoch motivierter Männer und Frauen mit großer Überzeugungskraft, die von einem Anwesen zum nächsten reisten, um Mitkämpfer zu rekrutieren. Glücklicherweise war er durch seine Arbeit als Oberküfer viel an der Ostküste herumgekommen und hatte sich einen großen Freundeskreis aufgebaut. In ähnlicher Weise hatte Quamina durch seine Tätigkeit als Diakon der Bethel Chapel, deren Gemeinde inzwischen mehr als 2.000 Menschen zählte, eine umfangreiche Liste von Kontakten aufgebaut. Ein so weitreichendes soziales Netzwerk war unter Versklavten selten, da nur wenige zwischen den Plantagen reisen durften.

Daher konnte sich Jack daranmachen, eine Kommandostruktur aufzubauen. Mit sich selbst als Anführer und seinem Vater als Unterstützer stellte er ein kleines Team von »Lieutenants« zusammen, deren Aufgabe es war, die Botschaft zu verbreiten und zu rekrutieren: Goodluck, der früher mit Jack zusammengewohnt hatte, und Peter, der am Tag der Ankunft des Pfarrers die Glocke geläutet hatte. Des Weiteren überzeugte Jack Telemachus, Joseph und Timney von Bachelor's Adventure sowie Paris von Good Hope, Sandy von Nonpareil, Seaton von Van Cooten's Estate, Attilla von Plaisance sowie Bristol und Manuel von Chateau Margo.

In den nächsten Tagen und Wochen schwärmten diese Lieutenants über die ganze Kolonie aus und suchten vertrauenswürdige Freunde und Familienmitglieder auf zahlreichen anderen Anwesen auf. Etwa auf den Plantagen von Essequibo und an den Ufern des Demerara-Flusses. Und im äußersten Osten am Mahaica-Fluss, wie in Georgetown. Sie waren vorsichtig, wo sie ihre Gespräche führten, denn wenn man sie beim Aufwiegeln erwischte, würde das nicht nur ihrer Sache schaden, sondern auch schreckliche Strafen nach sich ziehen. In leisen Gesprächen auf dem Feld, hinter einem Sklavenhaus oder auf der Straße, immer außer Hörweite der Fahrer und Aufseher, sondierten die Lieutenants, ob die Zuhörer unzufrieden waren und bereit wären, sich an einem Aufstand zu beteiligen. Wenn Bedenken geäußert wurden, wie: warum nicht warten, bis der Gouverneur die Anweisungen aus London umsetzt?; war das nicht zu gefährlich?; wer war noch daran beteiligt?, gaben sie ruhige Antworten, die Zuversicht und Dringlichkeit vermittelten. Und immer wurde die Anweisung gegeben, die Pläne geheim zu halten. Denn wenn der Aufstand erfolgreich sein sollte, musste er überraschend kommen.

Da sich bereits herumgesprochen hatte, dass der Gouverneur sich weigerte, ihnen die Freiheit zu gewähren; da die Angst vor der nahenden Ernte und dem damit einhergehenden, unvermeidlichen verstärkten Einsatz der Peitsche groß war, erwies es sich als erstaunlich einfach, Unterstützung für den Aufstand zu gewinnen. Während die Rekrutierungskampagne weiterlief, wurden Berichte über die Zahlen derer, die mitmachen wollten, an Jack in Success weitergeleitet. Es hatten sich erst fünf, dann hundert, dann dreihundert, dann noch mehr gemeldet. Wenn sie sich noch ein wenig geduldeten, könnten sie eine noch größere Zahl Freiwilliger rekrutieren, aber wenn sie zu lange warteten, könnte es zu Ermüdung, Apathie und einem Verlust an Dynamik kommen. Jack wusste, dass die Zeit drängte. Sie müssten schon bald ein Datum für den Beginn des Aufstands festlegen.

Welches Wort beschreibt Jack und seine Mitstreiter am besten: Protestler, Demonstranten, Revolutionäre, Rebellen, Aufrührer, Aufständische? Diese Begriffe sind schwierig und haben je nach Kontext und Standpunkt unterschiedliche Bedeutungen.

»Protestler« und »Demonstranten« werden dem radikalen Charakter des Geschehens nicht gerecht.

»Revolutionäre« klingt übertrieben für das, was in Demerara geschah, und passt eher zu denen, die an der Haiti-Revolution teilnahmen, weil sie zum Umsturz der bestehenden Ordnung führte, aber nicht zu Jack und seinen Mitstreitern.

Wenn ich die historischen Aufzeichnungen zu Rate ziehe, sehe ich, dass Gouverneur John Murray und die anderen Kolonialisten typischerweise das Wort »Rebellen« benutzten, um die versklavten Männer und Frauen zu bezeichnen, die im Sommer 1823 begannen, sich für ihre Freiheit zu organisieren, aber ich kann keine Beispiele dafür finden, dass Jack dieses Wort benutzte.

Je mehr ich darüber nachdenke, desto mehr fühlt sich das Wort »Rebell« für mich nicht richtig an. Es hat einen negativen Beigeschmack. Es klingt nach jemandem, der »nicht zu uns« gehört, der nach außen hin ungehorsam gegenüber einem Herrscher ist, der das Recht auf seiner Seite hat. Ein solcher Begriff erscheint unangemessen, nicht hilfreich.

Zwar hat der Begriff Rebell inzwischen auch einige positive Assoziationen, etwa die »Rebellenallianz« in *Star Wars* oder James Dean im Film *Rebel Without A Cause (Denn sie wissen nicht, was sie tun)*, aber seine Bedeutung ist bestenfalls zweideutig.

Und die Begriffe »Aufrührer« oder »Aufständischer« erscheinen mir ebenso wie der Begriff »Rebell« als abwertend, abfällig. Welchen Begriff soll ich also verwenden?

Dr. James Dawkins, der an der Universität von Nottingham die Geschichte der Sklaverei erforscht, macht mir zwei Vorschläge. Der erste lautet »Freiheitskämpfer«. Offenbar hat sich dieser Begriff unter

Akademikern in der Karibik durchgesetzt. Mir gefällt diese Formulierung, da sie sich auf das Ziel konzentriert: Freiheit. Aber für mich als jemand, der im zwanzigsten Jahrhundert in Großbritannien aufgewachsen ist, hat »Freiheitskämpfer« auch etwas eher Militaristisches, das mich an Fidel Castro und seine Genossen in Kuba oder an die Mudschahedin in Afghanistan oder an den Vietcong in Vietnam erinnert.

Wirklich erstaunt hat mich allerdings Dawkins zweiter Vorschlag. Er schlägt nämlich vor, dass ich Jack und seine Mitstreiter als »Abolitionisten« bezeichnen könnte. Ich habe Abolitionisten immer nur mit Politikern und Aktivisten in Großbritannien, den USA und anderen sklavenhaltenden Ländern in Verbindung gebracht.

Ich ziehe mein Oxford English Dictionary *(von 1973) aus dem Regal, schlage »abolitionist« nach und finde folgende Definition: »Wird speziell und wahrscheinlich ursprünglich auf Personen angewandt, die sich für die Abschaffung der Negersklaverei einsetzen.« Als ich den Begriff »Abolition« nachschlage, steht da: »Der Akt der Abschaffung oder Beendigung; die Tatsache, dass etwas abgeschafft oder beseitigt wird; Annullierung, Zerstörung oder Vernichtung.« Es ist klar, dass Jack und seine Mitstreiter der Sklaverei auf Demerara ein Ende setzen wollten.*

Ich führe ein Gedankenexperiment durch und vergleiche die folgenden Sätze: Britische Miliz erschoss zweihundert Rebellen *und* Britische Miliz erschoss zweihundert Abolitionisten. *Der Unterschied ist verblüffend. Der zweite Satz ist mir weitaus sympathischer als der erste. Ich gebe zu, dass ich dies aus der Perspektive eines Weißen Mannes schreibe, der in Großbritannien aufgewachsen ist, aber ich bin erstaunt über die dramatischen Unterschiede in meinen Antworten. Um es ganz offen zu sagen: Während ich vor den Rebellen ein wenig Angst habe, möchte ich, dass die Abolitionisten erfolgreich sind.*

Ich zögere einen Moment, weil ich die Antisklaverei-Aktivisten in Großbritannien nicht mit den versklavten Männern und Frauen in Demerara gleichsetzen möchte. Ich möchte auf keinen Fall die Geschichte durcheinanderbringen. Immerhin gab es offensichtliche Unterschiede. Und zwar nicht nur den, dass die eine Gruppe frei war und die andere nicht.

Aber es gab auch viele Gemeinsamkeiten. Beide wollten die Sklaverei abschaffen. Beide strebten politische Veränderungen an, um dies zu erreichen. Und beide wussten voneinander. Es gibt auch Beispiele ehemals Versklavter, die weithin als »Abolitionisten« angesehen wurden, darunter Frederick Douglass, Olaudah Equiano und Mary Prince.

Ich habe mein Manuskript durchgesehen und mehr als fünfzig Stellen mit dem Begriff »Rebellen« gefunden. Ich ersetze ihn jeweils durch »versklavte Abolitionisten« oder einfach »Abolitionisten«. Dies scheint mir eine wichtige Änderung zu sein.

KAPITEL 10

John Smith, August 1823

Es war früher Sonntagmorgen, der 10. August 1823, und John Smith war in der Kirche, um den ersten Gottesdienst des Tages vorzubereiten. Er hielt einen Moment inne, außer Atem und verschwitzt. Das geschah damals immer öfter. Einfache Aufgaben wie das Erklimmen der Treppe zum Glockenturm oder das Auslegen der Gebetbücher auf den Kirchenbänken waren für ihn zur Herausforderung geworden, denn seit einiger Zeit fühlte er sich nicht mehr wohl. Er wurde von Keuchen geplagt und von schmerzhaften, anstrengenden Hustenanfällen gequält. Eine Stelle in seiner Brust schmerzte ständig, und wenn er in den Spiegel blickte, sah er, dass seine Augen perlmuttartig aussahen.

Aufgrund seiner vielen Beschwerden hatte Jane ihn schließlich überreden können, einen Arzt in Georgetown aufzusuchen, doch der hatte nur gesagt, er habe eine Lungenerkrankung. Es handele sich mit ziemlicher Sicherheit um die Schwindsucht, sagte er und empfahl John, feuchtes Wetter zu meiden, was angesichts der Tatsache, dass es auf Demerara sogar zwei Regenzeiten gab, kaum hilfreich war. Er und Jane hatten über eine Ruhepause nachgedacht, vielleicht eine Reise zurück nach England, um ihre Familien zu besuchen, aber solche Pläne wurden aufgeschoben, bis sich die Lage beruhigt hatte, hoffentlich noch in diesem Jahr. Jetzt brauchte er einen Moment Ruhe. Er setzte sich in eine Kirchenbank. Da sah er, wie Jack und Quamina die Kirche betraten.

Nach der üblichen Begrüßung sagte Jack, sie hätten eine dringende Angelegenheit zu besprechen. Viele ihrer Freunde und Familienangehörigen sprächen über einen Brief aus London, in dem den versklavten Menschen die Freiheit geschenkt wurde; wusste der Pfarrer etwas darüber? John sagte, dass auch er von dem Brief gehört habe, mahnte sie aber zur Geduld. Er meinte, es würde etwas Gutes dabei herauskommen, aber sie müssten zwei oder drei Wochen abwarten, wie sich alles entwickelte. Er dachte, der Gouverneur würde wahrscheinlich bald etwas ankündigen, höchstwahrscheinlich in Georgetown.

Am nächsten Morgen, einem Montag, erhielt der Missionar Besuch von Stewart, dem Verwalter von Success, und Frederick Cort, dem Agenten von Gladstone. Cort erklärte, er wolle sich erkundigen, was der Pfarrer bezüglich des »Gemütszustands der Neger in Bezug auf das Gerücht, dass sie freigelassen werden sollen« wisse. John sagte, er sei sich bewusst, dass ein solches Gerücht im Umlauf sei, wisse aber nichts über den Gemütszustand derjenigen, die auf den Plantagen arbeiteten.

Durch seine Kontakte in Georgetown wusste Cort, dass der Court of Policy am Donnerstag der Vorwoche endgültig beschlossen hatte, die Anweisungen von Lord Bathurst umzusetzen, einschließlich des Verbots der Auspeitschung versklavter Frauen. Tatsächlich hatte sein Boss, John Gladstone, zusammen mit mehr als 15 anderen Plantagenbesitzern von Demerara dem Gouverneur geschrieben und die Umsetzung dieser Änderungen angeregt in der Hoffnung, dadurch die Verabschiedung seiner Meinung nach extremerer abolitionistischer Maßnahmen zu verzögern. Der Gouverneur hatte es jedoch bisher versäumt, diese Änderungen der Öffentlichkeit bekannt zu geben. Cort teilte John Smith mit, dass die Kolonialregierung »sehr unvorsichtig handelte, indem sie den Sklaven, deren Gemüt naturgemäß sehr aufgewühlt sein musste, die notwendigen Informationen vorenthielt«. Der Missionar stimmte dem zu. Nachdem seine Besucher gegangen waren, schrieb er Folgendes in sein Tagebuch: »Die Grausamkeiten der Negersklaverei können meiner Meinung nach niemals gemildert werden. Das System muss abgeschafft werden.«

Eine Woche später, am Sonntag, dem 17. August, gegen 16 Uhr schloss John die Tür der Kirche und ging die wenigen Schritte zu seinem Haus. Der Nachmittagsgottesdienst war gerade zu Ende, und er freute sich, daheim sein zu können. Er hatte starke Schmerzen, eine Seite pochte fürchterlich. Er hatte Jane gesagt, dass er am nächsten Morgen noch einmal zum Arzt gehen und die Kutsche nehmen würde, da er nicht reiten wollte. Drinnen fand er seine Frau im Gespräch mit Bristol, einem seiner Diakone. Sie sprachen darüber, dass sie sich um ein kleines Mädchen kümmern wollten. Als John mitbekam, dass das Mädchen die Masern hatte, wandte er ein, dass sich auch andere anstecken könnten und dass sie nur bei ihnen bleiben könne, wenn sie wieder gesund sei. In diesem Moment sah er, wie Quamina und Seaton von Van Cootens Plantage sowie einige andere den Raum betraten. Das war nicht ungewöhnlich, denn die Smiths sahen das Kommen und Gehen von Leuten im Haus gelassen. »Wie geht es Ihnen, Master, wie geht es Ihnen, Missus?«, begrüßte Quamina sie freundlich.

John ging, um ein Glas Wein zu holen, und als er zurückkam, schnappte er auf, das Quamina und die anderen über »neue Gesetze« und »Verwalter« sprachen. Das veranlasste ihn dazu, sie zurechtzuweisen, dass sie von solchen Dingen nicht sprechen sollten. Quamina erwiderte: »Ach Sir, wir haben doch nur gesagt, dass es gut wäre, wenn unsere Verwalter in die Stadt geschickt würden, um das neue Gesetz zu holen.« Das verärgerte den Pfarrer noch mehr. Er sagte, sie seien dumm, so etwas zu sagen, und sollten nicht mit ihren Verwaltern darüber sprechen; sie seien schließlich keine Politiker, sondern sollten, wie er zuvor geraten hatte, geduldig abwarten, was der Gouverneur entschied. Quamina sagte daraufhin: »Nun gut, Sir, wir werden nichts weiter dazu sagen, denn wir würden es bedauern, den König und das Volk zu Hause zu verärgern.«

John beobachtete, wie Quamina und seine Begleiter den schmalen Pfad, der Middle Walk genannt wurde, entlanggingen. Er bemerkte, dass sie sich auf eine Versammlung von Schwarzen Männern und Frauen zubewegten, die etwa hundert Meter entfernt stattfand. In der Mitte der Gruppe stand eine unverwechselbare Gestalt, der hochgewachsene, charismatische Mann, der den Kindern in der Kirche manchmal Bibelgeschichten vorlas: Jack Gladstone.

Als Quamina und die anderen dort ankamen, fanden sie die Gruppe in einer hitzigen Diskussion vor. Um Jack hatte sich ein enger Kreis führender Personen versammelt, darunter Goodluck, Peter, Telemachus, Paris, Sandy, Seaton, Manuel, Taddy, Smart, Donderdag und Primo. Jack erklärte gerade, dass sie Gewalt anwenden müssten, um die Ländereien zu übernehmen, aber dass sie versuchen sollten, die Plantagenverwalter und -besitzer nicht zu verletzen.

Laut Primos späterer Aussage war dies der Zeitpunkt, an dem Quamina sagte, dass sein Sohn zu voreilig sei.

»Warte, bis dieser Monat vorbei ist«, schlug er vor und mahnte zu Geduld.

»Du bist ein alter Mann«, entgegnete Jack, sichtlich verärgert. »Das, was den Leuten zugesprochen wurde, willst du sie nicht haben lassen.« Jetzt schaltete sich Sandy ein. Jacks Plan mache ihn nervös, sagte er. Einige versklavte Menschen hätten das Gleiche auf Barbados versucht, und es sei grandios gescheitert. Viele Menschen seien getötet worden, viele andere hätten schreckliche Peitschenhiebe erhalten.

Er schlug eine andere Vorgehensweise vor: »Jeder Mann sollte auf seiner Plantage die Werkzeuge niederlegen«, sagte er, »und wenn der Fahrer sieht, dass niemand zur Arbeit geht, wird er dem Verwalter sagen, er solle uns in die Stadt gehen lassen und um einen Ruhetag zusätzlich zum Sonntag bitten.« Aber die anderen ließen sich von diesem Argument nicht überzeugen. Einige schüttelten den Kopf, andere murmelten, dass das nicht funktionieren würde. Schließlich sagte Paris: »Wenn wir unsere Werkzeuge niederlegen, was wird dann aus uns? Sie werden die Männer und Frauen wie Dummköpfe abschießen.« Als Lösung schlug er vor, die Weißen in den Stock zu legen und ihnen die Waffen abzunehmen. Alle stimmten zu.

Aber es gab noch eine letzte Frage zu klären: Wann? Sollten sie jetzt loslegen oder warten, bis sie mehr Leute zusammenhatten? Wieder gab es eine hitzige Diskussion. Wenn sie mehr Zeit hätten, würde der Gouverneur vielleicht seine Meinung ändern. Und wenn nicht, könnten sie noch mehr Leute für ihr Projekt gewinnen. Aber Jack sagte nein, es gebe keinen Grund mehr, zu warten. Es waren mehr als sechs Wochen vergangen, seit der Brief aus London, in dem ihnen die Freiheit versprochen wurde, eingetroffen war. Ohne ein wenig Druck würde der Gouverneur die Reformen bestimmt nicht durchführen. Er wies sie an, so viele Menschen wie möglich für ihre Sache zu mobilisieren. In der Nacht würde Peter nach Essequibo zurückkehren und die Leute dort wissen lassen, dass sie bereit waren. Taddy würde in die Stadt gehen und dort so viele Leute wie möglich mobilisieren. Goodluck würde alle Plantagen zwischen hier und Georgetown informieren. Jemand anderes würde die Ländereien im Westen, bis zum Mahaica-Fluss, alarmieren. Jack war gerade dabei, die letzten Aufträge zu verteilen, als er einen Aufseher auf einem Pferd herankommen sah. Er machte eine kleine Geste, und die versklavten Abolitionisten zerstreuten sich schnell.

»Nun, seid ihr bereit?«, fragte Goodluck, als sie davongingen. Jack sagte, er sei bereit. Dann fügte er noch hinzu: »Glaubst du, dass wir unser ganzes Leben lang so leben und uns von Menschen das Fell abziehen lassen sollen, obwohl wir wissen, dass es etwas Gutes für uns gibt und wir es uns nicht holen?« Goodluck antwortete: »Nein, bevor ich mir das Fell abziehen lasse, sterbe ich lieber.« Jack nickte zustimmend. Sie hatten keine andere Wahl, als zu handeln.

Der Aufstand sollte am nächsten Tag um 17 Uhr beginnen.

TEIL 2

DER AUFSTAND

You may write me down in history
With your bitter, twisted lies
You may trod me in the very dirt
But still, like dust, I'll rise.

Maya Angelou

Sie ist eine Küste von Guiana, ganz Gold und Fülle.

Falstaff in: William Shakespeare, *Die lustigen Weiber von Windsor*

KAPITEL 11

Jack, August 1823

Am Montag, dem 18. August, kurz nach 16 Uhr waren Jack und sein Vater in der Küferei von Success und arbeiteten an einigen Fässern, die für die nächste Lieferung fertiggestellt werden mussten. Bis jetzt war alles nach Plan verlaufen. Menschen von mehr als zwanzig Plantagen hatten sich bereiterklärt, sich der Aktion anzuschließen. Auch das Wetter spielte mit; im August konnte es zwar manchmal stark regnen, aber es sah gut aus. Vor allem aber schienen ihre Pläne nicht durchgesickert zu sein.

Deshalb waren beide überrascht, als Stewart, der Gutsverwalter, und sein stämmiger Aufseher Murchieson durch die Schuppentür hereinspazierten. Stewart packte Quamina grob, während Murchieson Jacks Hände mit einem Seil auf dem Rücken fesselte. Dann befahl Stewart Murchieson, Jack zu Michael M'Turk zu bringen. Quamina wurde im Schuppen zurückgelassen; offensichtlich machten sie sich keine Sorgen, dass der alte Mann Ärger machen könnte, denn von Success bis zu M'Turks Haus war es nicht weit. Ein kurzer Spaziergang zum Rande des Anwesens, durch Le Resouvenir, vorbei am Haus des Missionars und der Kirche, und dann nach Felicity. Murchieson zerrte an dem Seil, als er den Weg wies, obwohl das nicht nötig war. Jack wusste genau, wohin es gehen würde. Als er sich von Success entfernte, fragte er sich gewiss, wie der Verwalter von ihren Plänen erfahren hatte.

Nach einigen Minuten kamen sie an zwei Männern und einer Frau vorbei, die am Kanal entlangliefen und einen mit Stöcken beladenen Kahn zogen. Als Jack sie erkannte, lächelte er seinem Entführer zu und sagte höflich, dass er es vorziehen würde, »nicht weiterzugehen«. Einer der Bootsführer trat auf sie zu, zog ein Messer und wollte ihn losschneiden, doch Murchieson versuchte, ihn aufzuhalten. In dem darauffolgenden Kampf brachte der Bootsmann Murchieson einen Schnitt in die Schulter bei. Mit blutgetränktem Hemd rannte Murchieson davon und sprang in den Kanal. Der Bootsmann lief ihm hinterher. »Nein«, rief Jack, »lass ihn laufen!« Als Murchieson auf der anderen Seite des Kanals aus dem Wasser kletterte und in Richtung Success zurücklief, sah der Bootsmann Jack an, der sich der Bedeutung dessen bewusst war, was soeben geschehen war. Er hatte einen ihrer Bosse verletzt. Die Strafe würde mit Sicherheit hart ausfallen. Jack eilte nach Hause zurück.

Dort übernahm er schnell die Kontrolle. Er ging zu der Glocke, die in der Nähe der Sklavenhäuser hing, und läutete sie laut. Das war das Zeichen, dass der Aufstand begonnen hatte; schnell hatten sich vierzig Männer und Frauen um ihn versammelt. Da die Sonne schon bald untergehen würde, sagte Jack, sie müssten schnell handeln und zunächst den Gutsverwalter und seinen Aufseher finden. Die Suche wurde von Richard, Bethney und Jessamine geleitet, die auf Success lebten und die Plantage gut kannten. Es dauerte nicht lange, bis sie die Gesuchten fanden.

Murchieson hatte sich in einem Schuppen des Anwesens versteckt. Er wurde schnell überwältigt und in den Stock gelegt. Stewart fanden sie vor seinem Haus stehend. Als sie sich ihm näherten, forderte er sie auf, ihr Tun zu unterlassen, und drohte ihnen schwere Strafen an, falls sie ihn nicht in Ruhe ließen. »Nein, nein«, rief Richard, »wir müssen Sie haben.« Dann packte er den Verwalter an den Beinen, während ein anderer ihn am Kragen seines Mantels festhielt. Sie zogen ihn die Treppe hinunter, weg vom Haus, und setzten ihn auf dem staubigen Hof vor der Krankenstube ab. Mit einem Stock in der Hand ging Richard auf ihn zu und wollte gerade zuschlagen, als Jack dazwischenging. Er hielt die Hände schützend über den Kopf des Gutsverwalters, um zu verhindern, dass der getroffen wurde, und sagte dann, nachdem er es für sicher hielt, zu Stewart, er solle sich in sein Haus zurückziehen. Die Leute würden weniger wütend sein, wenn er außer Sichtweite sei. Wäre Jack nicht gewesen, erinnerte sich der Verwalter später, hätte der »Mob« ihn umgebracht.

Während Stewart in seinem Haus eingesperrt und Murchieson in den Stock gelegt worden war, führte Jack Richard, Bethney und die anderen zum Lagerhaus der Plantage. Darin fanden sie einen Stapel Waffen: mehrere Musketen, einen kleinen Vorrat an Munition und einen Entersäbel, den Jack an sich nahm. Die versklavten Abolitionisten hatten ihr erstes Anwesen eingenommen.

Sie ließen eine Handvoll Leute zurück, um die Gefangenen zu bewachen, und machten sich auf den Weg in Richtung Osten zur benachbarten Plantage Chateau Margo. Während des Marsches hörten sie in der Ferne Trommelschläge, das hob ihre Stimmung. Es war ein Zeichen dafür, dass der Aufstand auch auf anderen Plantagen begonnen hatte. Nach der Beinahe-Katastrophe von Jacks Gefangennahme in der Küferei und der anschließenden Befreiung hatten sie wieder an Schwung gewonnen. Die Nachtluft war erfüllt mit der Aufregung kollektiver Aktion. Es war inzwischen dunkel geworden, doch der zunehmende Mond spendete genug Licht, um ihnen den Weg zu zeigen.

Wenige Minuten später erreichten sie Chateau Margo. Dort befahl Jack erneut, die Verwalter des Anwesens zusammenzutreiben und an den Pranger zu stellen. Es war überraschend einfach, die Bosse zu finden, denn es gab nur wenige Verstecke auf dem Anwesen. Die Lager waren voll, und der Trupp, inzwischen sechzig Mann stark, machte sich wieder auf den Weg. In östlicher Richtung, weg von Georgetown und der britischen Miliz, zogen die versklavten Abolitionisten weiter zu den nächsten drei Plantagen: La Bonne Intention, Beeter Verwagting und Triumph. Am Eingang jeder Plantage wurde der Trupp von Menschen empfangen, die bereit waren, sich dem Aufstand anzuschließen. Einige hatten bereits die Kontrolle über ihr

Anwesen erlangt. Andere baten um Unterstützung, und Jack schickte einige seiner Leute los, um die Plantagen zu sichern.

Als sie das nächste Anwesen, Mon Repos, erreichten, fielen drei Schüsse. Zu diesem Zeitpunkt versteckte sich Louie, ein versklavter Fahrer, der auf dem Gut arbeitete, unter dem Haus des Gutsverwalters. In seiner späteren Aussage erinnerte er sich, dass Jack durch die Schüsse alarmiert war. »Ihr dürft nicht mehr schießen«, befahl Jack, »ihr würdet Weiße verletzen, und das dürft ihr nicht.«

Um 1 Uhr nachts erreichten sie die Plantage namens Paradise. »Barson, wo ist Barson?«, rief einer von ihnen. Barson, der als Hausdiener arbeitete und am Vortag an der Besprechung auf dem Middle Walk teilgenommen hatte, trat zu ihnen und führte sie zum Hauptwohnhaus, wo er die Vordertür öffnete; die anderen kamen durch die Hintertür. Wieder brachen sie in das Lagerhaus ein und nahmen Gewehre, Pulver und verschiedene Säbel mit. Jemand drückte Barson ein doppelläufiges Gewehr in die Hand, und die ganze Gruppe zog weiter. Nur wenige blieben zurück, da man der Meinung war, dass sie stärker waren, wenn sie zusammenblieben. Auf dem Weg nach Osten entlang der Public Road wurde die Gruppe von einem Chor aus lauten Stimmen, Trommelschlägen und Glockengeläut begleitet.

Gegen 2 Uhr morgens erreichten sie Porter's Hope, die eine halbe Meile östlich von Paradise gelegene Zuckerplantage. Dort fanden sie den Verwalter des Anwesens, Samuel Shepherd, auf der Veranda vor. In der Hand eine auf sie gerichtete Schrotflinte mit hölzernem Schaft. Dieses Gewehr war zwar besser geeignet, um Enten zu schießen als sich gegen Eindringlinge zu verteidigen, konnte aber dennoch einen Menschen töten, wenn man es geschickt einsetzte.

Der Trupp bestand jetzt aus Hunderten von Menschen. Eine Handvoll hatten eigene Waffen, die meisten trugen jedoch Stöcke oder kurze Messer. Aus der Menge trat eine Frau mit einer Muskete auf der Schulter. Sie erklärte dem Verwalter, dass sie Amba heiße und von der nahe gelegenen Enterprise-Plantage stamme. Sie würden sein Anwesen übernehmen, erklärte sie. Zwei ihrer Mitstreiter näherten sich Shepherd und versuchten, ihm die Waffe abzunehmen. Zu ihrer Überraschung griff der Verwalter sie mit enormer Gewandtheit an und schlug beiden Männern mit dem Kolben seiner Waffe ins Gesicht. Sie stürzten zu Boden.

»Ihr lasst es zu, dass ein einziger Buckra-Mann so viele von euch niederschlägt«, spottete Amba über ihre Kameraden. »Nimm für mich Waffe, und erschieß ihn«, befahl sie einem. Andere traten hinzu, und diesmal gelang es ihnen, Mr. Shepherd festzusetzen. Sie töteten ihn nicht. Stattdessen legten sie ihn in den Stock der Plantage. Als das Anwesen gesichert war, setzte der Trupp seine Reise nach Osten fort.

*

Es war etwa 4 Uhr morgens, als sie in Nabaclis ankamen, einer Zuckerplantage, die zehn Meilen von Success entfernt an der Küste lag. Es war ein langer Tagesritt von der Hauptstadt, deren Kultur und Militär entfernt. Abgelegen. Die Abolitionisten kontrollierten inzwischen mehr als zwanzig Ländereien, obwohl schwer zu sagen war, was weiter östlich geschah. Sie waren schon mehr als zehn Stunden unterwegs, aber Jack hatte nicht die Absicht, das Tempo zu drosseln. Bald würde die Miliz bei ihnen sein. Dies war nicht die Zeit für einen Halt.

Als sie sich dem Haus des Verwalters näherten, sah Jack, wie ein Mann die Tür öffnete, eine Waffe auf sie richtete und schoss. Niemand wurde getroffen. Eine kleine Gruppe stürmte vor, packte den Mann und drängte ihn in Richtung der Stöcke. Über ihnen, im ersten Geschoss, wurden die Fensterläden aufgeschlagen, und im schwachen Mondlicht erschien eine Figur. »Seht die Lady am Fenster«, rief jemand, »schießt auf sie!« Die Frau stieß einen Schmerzensschrei aus und wich zurück, doch einige Sekunden später kehrte sie zum Fenster zurück. Wenn sie verletzt worden war, dann offensichtlich nicht lebensbedrohlich. Sie hob die Hände zum Zeichen der Unterwerfung und rief, dass sie ruhig bleiben sollten. Als Antwort wurde wieder auf sie geschossen. Jack rief, dass die Schießerei aufhören solle, und wies vier Männer aus dem Anwesen an, das Gebäude zu sichern. Sie hießen Calib, Sandy, Rodney und Joseph.

Calib ging voran, eine Pistole in der Hand. Sie betraten das Haus und wurden sofort von einem Mann beschossen, den sie als Tucker, den Aufseher des Anwesens, erkannten. Jemand schoss zurück, Tucker wurde getroffen und fiel zu Boden, keine Gefahr mehr. Nach kurzer Suche fanden sie niemand Weiteres im Erdgeschoss; daraufhin bewegten sie sich langsam nach oben, auf einen Angriff gefasst. Sie durchsuchten eine Reihe von Zimmern, die alle leer waren. Ein einziges Zimmer blieb übrig, dessen Tür verschlossen war. Sie brachen sie auf und fanden die Frau. Sie erkannten sie sofort. Es war Mary Walrand, die Frau des Plantagenbesitzers Francis Walrand. Sie war sichtlich überrascht, als sie die Waffe sah, und wirkte verängstigt. Sandy versuchte, sie zu beruhigen, und sagte, er kenne sie als gute Frau, die sich um die Kranken auf der Plantage kümmere, und sie müsse sich keine Sorgen machen. Jetzt, etwas gefasster, fragte sie, was sie wollten. Calib sagte, dass England ihnen die Freiheit gegeben habe und sie sich diese nun nehmen würden.

Mary drehte sich wieder zu Sandy. »Nun denn«, verlangte sie, »sag mir, was ihr mit Mr. Walrand gemacht habt.«

»Er ist nicht verletzt, Madam«, antwortete Sandy. »Er ist nur im Stock, gefesselt.«

Mary war sichtlich erleichtert, dass ihr Mann noch lebte, und erwiderte: »Dann muss ich auch dorthin.«

Calib sagte: »O nein, Sie müssen im Haus bewacht werden.« Er und Sandy verließen das Haus und ließen Rodney und Joseph zurück, um auf Mary aufzupassen.

Kurze Zeit später begann es draußen hell zu werden, und es zeigte sich, dass sich im Hof mehr als hundert Menschen tummelten. Einige schleppten Möbel aus dem Haus. Andere tranken Wein, da sie offensichtlich die Küche gefunden hatten. Joseph und Rodney hielten es für besser, alle Weißen an einem Ort zu haben. Sie begleiteten Mary aus dem Schlafzimmer und die Treppe hinunter. Auf dem Weg kamen sie an dem leblosen Körper von Tucker, dem Aufseher, vorbei. Rodney ermutigte Mary, weiterzugehen, aus dem Haus heraus, über den Hof zur Krankenstube. Dort fand sie ihren Mann Francis, der aus dem Stock befreit worden war. Er schien müde, aber unverletzt zu sein. Es war auch ein anderer Boss des Anwesens da, ein Mr. Forbes, der verletzt zu sein schien. Als sie den Raum betrat, erklärte Forbes: »Was für ein Anblick für Sie, Madam!« Sie bot an, seine Wunden zu versorgen, doch er antwortete: »Nein, lieber sterbe ich. Dies ist kein Land mehr, in dem ein armer Mann seinen Lebensunterhalt verdienen kann.« Dann fügte er hinzu: »Ich wünschte, Wilberforce wäre hier in diesem Raum, um mich zu sehen; dann wir können ihm für alles danken, was geschehen ist. Möge ihm das Gleiche von irgendeiner Hand angetan werden.«

Mary sah ihre Entführer an und fragte erneut, was sie zu erreichen versuchten.

»Wir wollen unsere Freiheit‹«, wiederholte Rodney und fügte hinzu, dass der »König sie angewiesen habe und die Besitzer sie ihnen nicht geben wollten«.

»Das ist nicht wahr«, protestierte sie und fragte: »Wer hat euch das erzählt?«

»Er hat es jeden Sonntag gepredigt«, antwortete Rodney. »Pfarrer Smith.«

Um mehr über Land, Leute, Landschaft und Geschichte zu erfahren, fliege ich nach Guyana.

Im Flugzeug lese ich ein wenig. Guyana erlangte seine Unabhängigkeit von Großbritannien im Jahr 1966. Heute hat das Land rund 750.000 Einwohner. Die größte ethnische Gruppe sind die Indo-Guyaner mit 40 Prozent. Sie stammen größtenteils von den Vertragsarbeitern ab, die nach der Abschaffung der Sklaverei aus Indien ins Land gebracht wurden. Die nächstgrößere Gruppe sind die Afro-Guyaner mit 30 Prozent. Diese stammen meist von den versklavten Menschen ab. Der Anteil der mixed-race-*Bevölkerung liegt bei 20 Prozent, der Anteil der Ureinwohner bei 10 Prozent und der Anteil der Chinesen und Weißen bei weniger als 1 Prozent.*

Als ich in Georgetown aus dem Flugzeug steige, werde ich von einer Wand aus Hitze empfangen. Draußen vor dem Flughafen stehen ein paar Männer mit Schildern, auf denen steht, auf wen sie warten. Meinen Namen kann ich nicht entdecken. Ich rufe Chris an, den Fahrer, der mir von Freunden in London empfohlen wurde. Eine Sekunde später sehe ich, wie sich ein Mann vor mir ein Telefon ans Ohr hält. Auf seiner Schulter hüpft ein großer, grüner Papagei. Wir lachen und begrüßen einander. »Das ist Peekaboo«, sagt er und zeigt auf seinen Papagei, dann geht er mit mir zu seinem Auto, einem ramponierten silbernen Toyota Camry.

Auf den Straßen herrscht reger Verkehr: Lastwagen, Busse, Taxis, Mopeds. Wir kommen an einem Kasino vorbei, einem Kindergarten, einem Haus, das früher einem Drogenboss gehörte (jetzt sitzt er im Gefängnis), an einem Friedhof, einem kleinen Kraftwerk, einer Kuh, die alleine am Straßenrand entlangläuft. Nach etwa dreißig Minuten sind wir in Georgetown: eine alte Pferderennbahn, eine Werbetafel für Magnum-Eis, das Oberste Gericht, der Marktplatz, verschiedene Hotels im Bau und ein Schild mit der Aufschrift »I love Guyana«, vor dem sich frisch Verheiratete fotografieren lassen.

Eine Stunde, nachdem wir den Flughafen verlassen haben, setzt Chris mich an der Herdmanston Lodge ab, die früher das Haus eines Gutsverwalters auf einer Zuckerplantage war und heute ein Hotel ist. Sie wird für die nächsten zwei Wochen mein Zuhause sein.

An meinem ersten ganzen Tag in Georgetown fährt mich Chris an die Küste. Zufälligerweise ist das auch der jährliche Gedenktag der Maafa, das bedeutet auf Suaheli »große Katastrophe« und erinnert an den atlantischen Sklavenhandel. Ich werde von Elsie Harry, einer jungen afro-guyanischen Aktivistin, eingeladen. Als wir ankommen, sitzen bereits dreißig Personen auf weißen Plastikstühlen in einem großen Zelt am Meer, und nach und nach füllt sich der Raum mit sechzig Personen. Ich bin die einzige Weiße Person.

Nach ein paar Minuten ergreift Schwester Penda das Mikrofon und begrüßt alle Anwesenden. Sie erklärt, dass die Veranstaltung von der African Cultural and Development Association organisiert wurde, um der mehr als 15 Millionen Männer, Frauen und Kinder zu gedenken, die dem transatlantischen Sklavenhandel zum Opfer fielen. Andere ergreifen das Wort und erzählen, wie sehr die Afro-Guyaner noch immer leiden. Guyana ist mit vielen Ressourcen gesegnet, einschließlich des kürzlich vor seiner Küste entdeckten Erdöls, und dennoch eines der ärmsten Länder Südamerikas. Es hat die höchste Selbstmordrate der Welt und eine hohe Rate häuslicher Gewalt gegen Frauen.

Nach den Reden bekommt jeder Anwesende, auch ich, eine einen Meter lange Helikonie mit leuchtend roten, orangefarbenen und gelben Blüten überreicht. Wir bilden eine Kette und gehen in trüber Stimmung zum Ufer. Dort stellen wir uns in einer Reihe am Ufer auf, während ein spiritueller Führer Wasser aus einer hölzernen Schale in den Sand gießt und mit hoher, eindringlicher Stimme an die Ahnen erinnert.

Während er diese Trankopfer bringt, schlagen drei junge Männer die Trommeln, die um ihren Hals hängen. Gerade als die Flut ihren höchsten Punkt erreicht, laufen wir in die Wellen und legen einer nach dem anderen unsere Blumen ins Wasser. Ich denke an die gefesselten Frauen, Männer und Kinder in den Bäuchen jener schrecklichen Schiffe, an den Schmerz und die Angst vor den Stunden und Tagen, die vor ihnen lagen: die Landung in Demerara, die Untersuchung und die Sklavenauktion, die brutale Arbeit auf den Ländereien, die hohe Sterblichkeitsrate, die Schläge.

Später, als ich durch die Stadt fahre, fällt mir auf, dass viele Straßen, wie die Croal Street, die Peter Rose Street und die Albouys Street, nach Sklavenhaltern benannt sind. An den Sklavenhalter Joseph Bourda erinnern der Name eines Stadtbezirks, eines Markts und eines Friedhofs. Viele Dörfer außerhalb der Stadt tragen noch immer die Namen, die ihnen gegeben wurden, als sie Zuckerplantagen waren.

Hier in Guyana ist das Erbe der Sklaverei sehr lebendig.

KAPITEL 12

John Smith, August 1823

John und Jane waren am Montagabend, dem 18. August, zu Hause und hörten gegen 18 Uhr ein Klopfen an der Tür. Es war Guildford, ein Versklavter von der Dochfour-Plantage, der ihnen zwei Briefe überreichte und sich dann auf die Treppe setzte, um auf Antwort zu warten.

John öffnete den ersten. Er war von Jack an Jackey Reed, ebenfalls von der Dochfour-Plantage. Die Schrift war sauber und die Sprache fließend; offensichtlich hatte ihn jemand für Jack geschrieben, denn so gut konnte er nicht schreiben. Die Nachricht war undeutlich, sie erwähnte eine »Vereinbarung«, aber nicht, worin sie bestand, und dass »es« auf der Thomas-Plantage beginnen würde. Aber womit wollten sie beginnen? Verwirrt öffnete John den zweiten Brief; dieser war von Jackey an ihn. Auch hier war der Inhalt vage. Der Schreiber sprach von »einigen Aktionen«, die an diesem Abend um 19 Uhr beginnen sollten. Wenn das stimmte, wäre das in einer Stunde.

John ging in sein Arbeitszimmer und schrieb eilig eine Antwort. Darin schrieb er, dass er keine Ahnung habe, wovon Jackey sprach, und dass er hoffe, dass sie nichts Unüberlegtes planten. »Überstürzte, gewaltsame oder konzertierte Maßnahmen stehen ganz im Gegensatz zu unserer Religion«, schrieb er, »und ich hoffe, dass du nichts damit zu tun haben wirst.« Er steckte den Brief in einen Umschlag, ging hinaus und reichte ihn Guildford, der davonlief.

Als die Sonne unterzugehen begann, schlug John Jane vor, einen Spaziergang zu machen. Die Briefe beunruhigten ihn. Gegen 18:30 Uhr waren sie in der Nähe des Meeresufers, als sie hinter sich laute Stimmen hörten und irgendwo auf der Plantage Schüsse fielen. Sie kehrten um. Als sie sich ihrem Haus näherten, sahen sie Hamilton in der Tür stehen, der ihnen verzweifelt zuwinkte.

Hamilton erklärte, was gerade passiert war. Er war in seinem Haus gewesen, als er die Glocke des Anwesens läuten hörte. Wenige Augenblicke später hatten sich Dutzende versklavter Männer und Frauen im Hof versammelt. Es wurde viel gejubelt, geschrien und viele Fäuste gereckt. Als er erkannte, dass sie in Gefahr waren, schlossen er und zwei seiner Aufseher, Mr. Gun und Mr. Parker, sich in einem Raum im Obergeschoss ein, jeder mit einer Muskete. Dann hörte er aus dem hinteren Teil des Gebäudes einen Mann schreien. Er blickte hinaus und sah Sondag und ein Dutzend andere vom Anwesen. Wenige Augenblicke später rannten die Männer die Treppe hinauf, schlugen gegen die Tür und forderten den Verwalter auf, sie zu öffnen. Auf Hamiltons Frage, was sie wollten, sagte Sondag, sie seien gekommen, um ihn in den Stock zu legen und ihm die Waffen abzunehmen. Wenige Sekunden später brachen sie die Tür auf und stürmten ins Zimmer. Einen Moment lang kam es zu einer Pattsituation – drei Bajonette zielten auf die kleine Gruppe –, aber die Weißen wurden schnell überwältigt und gezwungen, ihre Waffen abzugeben.

John Smith hatte das Bedürfnis, den Verwalter zu trösten. »Das ist das Einzige, was ihr tun konntet«, sagte er, »denn Widerstand gegen eine solche Übermacht wäre vergeblich gewesen und hätte sie dazu verleitet, euch zu töten.«

Derweil drängte eine Gruppe von Männern und Frauen mit den kürzlich beschlagnahmten Gewehren auf sie zu. Der Missionar versuchte, die Gruppe zu beruhigen, und sagte: »Habt ihr nicht schon genug getan? Ihr habt doch ihre Waffen bekommen, was wollt ihr jetzt noch?« Als sie ihn ignorierten, wiederholte er die Frage.

Einer der versklavten Abolitionisten ergriff das Wort. »Wir wollen die Waffen und unsere Rechte«, sagte er und hielt dem Missionar seinen Entersäbel vor die Nase. Als der Mann die Beunruhigung in Janes Augen sah, sagte er, dass er ihnen nichts tun würde – er wisse, wer sie seien –, und bat sie, keine Angst zu haben. Als Jane fragte, warum sie mehr Waffen bräuchten, schaute der Mann Hamilton an und sagte, dass sie sie bräuchten, um »die Verwalter davon abzuhalten, uns zu betrügen«.

Als sie erkannten, dass sie nichts tun konnten, traten John, Jane und Hamilton zurück und sahen zu, wie die Abolitionisten das Haus des Verwalters betraten, um nach Waffen zu suchen. Nach kurzer Zeit kehrten die Männer nach draußen zurück und trugen weitere Gewehre und Büchsen mit Schießpulver bei sich. Einige feuerten Schüsse in die Luft und schrien im Triumph. Zu diesem Zeitpunkt verkündete Sondag seinen Kameraden: »Wir werden jetzt gehen und uns Dr. M'Turk greifen.« Daraufhin marschierte der Trupp in Richtung Felicity Plantage. Nachdem er dem Missionar für seine Hilfe gedankt hatte, machte sich Hamilton auf den Weg, um seine Pferde in Sicherheit zu bringen. Es war auffällig, dass Hamilton und die Smiths im Gegensatz zu den anderen Kolonialbürgern frei herumlaufen durften. Vermutlich lag das daran, dass sie bei den versklavten Frauen und Männern ein besseres Ansehen genossen.

Es war plötzlich still. John und Jane überlegten schnell, welche Möglichkeiten sie hatten. Sie könnten ihren Wagen fertig machen und in die Stadt fahren, wo sie bei einem Freund unterkommen würden. Der Weg dorthin könnte jedoch gefährlich sein. Sie hatten keine Ahnung, wie weit die Unruhen bereits gediehen waren, und obwohl einige der versklavten Abolitionisten sie kannten, gab es viele, die sie nicht kannten. Eine zweite Möglichkeit wäre, sich in einem nahe gelegenen Haus bei einer anderen Familie einzunisten. Aber auch hier gab es Unwägbarkeiten: Würden sie dort willkommen sein? Außerdem wollten sie ihr Haus und ihre Kirche nicht ungeschützt zurücklassen. »Hier«, so erinnerte sich Jane später, »hatten die Neger keinen Grund, sich über uns zu beschweren oder mit uns zu streiten, ganz im Gegenteil. Warum hätten wir also in Panik weglaufen sollen?« Schließlich kamen sie überein, dass es am sichersten sei, in ihrem eigenen Haus zu bleiben, das Licht zu löschen und drinnen zu bleiben. Sie hatten genug zu essen, um eine Zeit lang durchzuhalten. Außerdem wohnte Elizabeth, ein Mädchen im Teenageralter, bei ihnen, die ihnen helfen konnte. Am nächsten Tag würden sie weitersehen.

Der Dienstag verlief ohne Zwischenfälle. Le Resouvenir war seltsam ruhig. Es gab wenig zu tun. Keine Gottesdienste zu veranstalten. Keine Predigt zu halten. Sie konnten nicht nach draußen gehen, aus Angst, Aufmerksamkeit zu erregen. Jane ging im Haus umher und versuchte, sich mit Hausarbeit zu beschäftigen. John verbrachte den Großteil des Tages in seinem Arbeitszimmer und ging seine Papiere durch. Irgendwann nahm er sein Tagebuch zur Hand und sah sich den letzten Eintrag an, den er am Vortag geschrieben hatte, bevor die ganze Aufregung begann. Er berichtete darin, wie er in die Stadt geritten war, um seinen Arzt aufzusuchen. Der Arzt hatte ihm Schröpfen empfohlen, um die Schmerzen auf der linken Seite zu lindern. Das Beste aber wäre eine Luftveränderung. »Da die Jahreszeit hier schon so weit fortgeschritten ist, empfiehlt sich eine Reise nach Bermuda«, schrieb John, »oder, wenn ich vier oder fünf Monate warten könnte, nach England, was vorzuziehen wäre.«

In den vergangenen vier Jahren, fast vom ersten Tag an, hatte John konsequent seine Zeit in Demerara protokolliert und die Einzelheiten seines öffentlichen Lebens, die Bibelverse, die in der Kirche vorgelesen wurden, und die Zahl der Gottesdienstbesucher festgehalten. Er hatte auch über eher persönliche Dinge geschrieben, etwa über die Menschen, die er und Jane besucht hatten. Über ihre gesundheitlichen Sorgen. Er hatte über die versklavten Männer und Frauen geschrieben und seine Ansichten darüber, wie sie in der Kolonie behandelt wurden. Und, ganz privat, seine Meinung über die Menschen, die er kennengelernt hatte: die Plantagenbesitzer, die Beamten, sogar den Gouverneur. Sein Tagebuch war mehr als eine Gedächtnisstütze oder eine Zusammenfassung der täglichen Aktivitäten. Es war ein vollständiger Bericht über seine Zeit in der Kolonie, der mehr als 60.000 Wörter umfasste. Angesichts der Tatsache, dass er nun Zeit hatte, ist es merkwürdig, dass er nicht über den Aufstand, die Einnahme von Le Resouvenir und die anderen dramatischen Ereignisse der letzten 24 Stunden schrieb. Vielleicht wollte er abwarten, wie sich die Dinge entwickelten.

Die Abgeschiedenheit von John und Jane wurde an diesem Tag nur einmal gestört, als ein Reiter aus Georgetown bei ihnen eintraf. Er hatte eine Tasche bei sich, der er ein Pamphlet entnahm. Er reichte es John und ritt dann ohne ein weiteres Wort davon. Bei dem Papier handelte es sich um eine Abschrift der Proklamation des Gouverneurs, die am selben Tag verkündet worden war. Offenbar hatte Murray über die gesamte Kolonie das Kriegsrecht verhängt.

Mittwoch, der 20. August, begann ähnlich wie der Tag zuvor: John und Jane blieben im Haus, abgeschottet von den Ereignissen in den umliegenden Ländereien und in Georgetown. Sie fragten sich, wie die Behörden reagierten. Wie groß war die Rebellion? Hatte sie sich über den Demerara-Fluss bis nach Essequibo ausgebreitet? Wie reagierte der Gouverneur? Würde die Miliz einberufen werden? Jane wollte herausfinden, was vor sich ging, und bat Elizabeth, Quamina zu suchen und zu ihnen zu bringen.

Einige Stunden später klopfte es an der Tür. Es war Quamina, der einen Stock trug, an dem ein Bündel hing, als wäre er auf dem Weg zu einem bestimmten Ziel. Sie begrüßten ihn, ließen ihn eintreten und schlossen die Tür hinter ihm. Sobald sie Platz genommen hatten, sagte John zu seinem Diakon, das Volk sei »töricht und böse und verrückt« gewesen, sich aufzulehnen, aber jetzt, da es begonnen habe, »musst du weitermachen«. Bei diesem Treffen, das nicht länger als drei Minuten dauerte, sagte Quamina nichts, auch nicht, als John ihn fragte, wo er gewesen sei und was er getan habe.

Nachdem Quamina gegangen war, fragte John Jane, wie der Diakon hergekommen sei, und sie erklärte, dass sie es veranlasst habe. In dem Augenblick sah sie, dass Elizabeth sie aus der Küche beobachtete und schon die ganze Zeit dort gestanden hatte. Sie hoffte, dass sie sich so leise unterhalten hatten, dass das Mädchen nicht hören konnte, was gesagt wurde, aber sie war sich nicht sicher. »Wenn ich herausfinde, dass du es jemandem erzählt hast«, sagte sie deshalb zu ihr, »wirst du ausgepeitscht werden.« Kaum hatte sie die Worte ausgesprochen, wurde ihr klar, was sie gesagt hatte. Sie war entsetzt. Aber da war es schon zu spät.

Auch am nächsten Morgen, Donnerstag, dem 21. August, dem vierten Tag des Aufstandes, blieben John und Jane Smith in ihrem Haus in Le Resouvenir. Der Missionar hatte noch immer nichts in sein Tagebuch geschrieben, sondern stattdessen Briefe verfasst. Der erste ging an James Mercer, einen Missionskollegen in Trinidad. Er wünschte seinem Freund alles Gute und informierte ihn über den Aufstand. »Wie das alles enden wird, weiß ich nicht«, schrieb er. »Ich fühle mich in Sicherheit, nicht, weil so viele Soldaten patrouillieren, sondern weil ich weiß, dass wir niemandem Unrecht getan haben.«

Als Nächstes schrieb er einen Brief an George Burder, den Sekretär der London Missionary Society in England. »Lieber Mr. Burder«, begann er, »die gesamte vereinigte Kolonie von Demerara und Essequibo steht jetzt unter Kriegsrecht. Zumindest an dieser Küste haben die Neger die Waffen mehrerer Plantagen beschlagnahmt.« Anschließend analysierte er, was zu dem Aufstand geführt hatte:

> Seit ich in der Kolonie bin, werden die Sklaven aufs Schlimmste unterdrückt. Im Allgemeinen wurde von ihnen ein höchst unangemessenes Arbeitspensum verlangt, nicht einmal hochschwangere Frauen waren davon ausgenommen. Wenn sie krank waren, wurden sie in der Regel vernachlässigt, schlecht behandelt oder halb ausgehungert. Ihre Bestrafungen waren häufig und schwerwiegend. Sie konnten sich selten Gerechtigkeit verschaffen, sodass viele schon lange nicht mehr danach suchten, selbst wenn sie notorisch Unrecht erlitten hatten.

Nachdem er erläutert hatte, dass die Kolonialisten sich weigerten, die neuen, aus London gesandten Verordnungen umzusetzen, wandte er sich dem Thema zu, wie die Gutsverwalter die versklavten Frauen und Männer am Besuch der Kirche gehindert hatten. »Aus diesem Grund«, so berichtet er, »haben viele eine fast ununterbrochene Reihe von Schmähungen und Verfolgungen erdulden müssen.«

Er wollte gerade zum nächsten Satz ansetzen, als er von draußen Stimmen hörte. Er ging nach unten, öffnete die Tür und wurde von einem Soldaten empfangen, der sich als Leutnant Thomas Nurse vom 1. Bataillon der Demerara-Miliz vorstellte. Nurse erklärte, dass die Berichte über aufständische Sklaven inzwischen so alarmierend seien, dass jeder Bürger der Kolonie, jeder freie Mann im wehrfähigen Alter, verpflichtet sei, der Miliz beizutreten. Er hatte von seinem vorgesetzten Offizier, Captain Michael M'Turk, den Befehl erhalten, dass John Smith sich sofort auf der Felicity-Plantage melden und einschreiben solle. Wenn er kein eigenes Gewehr besitze, werde man ihm eines zur Verfügung stellen, und er werde eine Position erhalten, die seinen Fähigkeiten und den Umständen entspreche. Mrs. Smith könne ihn nach Felicity begleiten oder, wenn sie es vorzog, nach Georgetown zurückkehren, wohin sie eine bewaffnete Eskorte begleiten werde, um ihre Sicherheit zu gewährleisten.

Wenn sie von dem plötzlichen Auftauchen des Leutnants an ihrer Haustür und seinem unmissverständlichen Befehl überrascht waren, zeigten die Smiths es nicht. Laut der späteren Aussage von Nurse erklärte John Smith, dass M'Turk keine Autorität über ihn habe, da er Priester sei und seine Arbeit als Missionar ihn vom Militärdienst befreie. Dann fügte er hinzu, dass er M'Turk zwar für sein freundliches Versprechen der Höflichkeit Jane gegenüber dankbar sei, sie es jedoch vorzögen, gemeinsam in ihrem Haus zu bleiben.

Frustriert von der Unnachgiebigkeit des Pfarrers fragte der Leutnant, ob er die Proklamation des Gouverneurs zum Kriegsrecht gesehen habe, die zwei Tage zuvor ausgesprochen worden war. Als John dies bejahte, bat Nurse ihn, sie zu holen. Er ging die Treppe hinauf und kam kurz darauf mit dem Dokument in der Hand zurück. Leutnant Nurse las daraufhin die wichtigsten Passagen der Erklärung vor:

> Ich habe es für richtig gehalten, diese meine Proklamation auszurufen, und erkläre hiermit im Namen unseres souveränen Herrn, König Georgs IV., die Vereinigte Kolonie Demerara und Essequibo ab dem Zeitpunkt der Herausgabe dieser Proklamation unter KRIEGSRECHT zu stellen. Und ich fordere hiermit alle treuen Untertanen Seiner Majestät in dieser Vereinigten Kolonie auf, sich entsprechend zu verhalten und nach besten Kräften bei der Wiederherstellung des Landfriedens und dem Schutz ihrer Mit-Untertanen mitzuwirken. Es ist ferner unser Wille und absoluter Befehl, dass … alle Personen, ohne Unterschied, die in der Lage sind, Waffen zu tragen, aufgefordert werden, sich unverzüglich bei einem Trupp oder einer Kompanie der George-Town-Brigade der Miliz einzuschreiben.

Zur nicht unerheblichen Überraschung des Soldaten ließ die Verlesung John jedoch völlig unberührt. Er sagte, die Bedeutung der Proklamation sei ihm so unklar gewesen, dass er, nachdem er sie zum ersten Mal gelesen hatte, gezwungen gewesen sei, den Begriff »Kriegsrecht« in der Enzyklopädie nachzuschlagen, und nicht klüger gewesen sei als zuvor. Um die Fassung zu wahren, fragte Nurse den Missionar, ob er ihm erlauben würde, das Wesen des Kriegsrechts zu erläutern, damit er es vielleicht verstehen würde. John antwortete kühl, er habe nichts dagegen, und so erklärte der Lieutenant den »positiven und absoluten Charakter des Gesetzes« und dass es die Pflicht des Missionars sei, die Befehle von Captain M'Turk oder eines anderen vom Oberbefehlshaber eingesetzten Offiziers zu befolgen, wobei er hinzufügte, dass die Bewohner der Kolonie »ohne Unterschied dazu aufgerufen worden seien, zu den Waffen zu greifen«. Schließlich warnte er vor den möglichen negativen Folgen einer Weigerung, dem Befehl M'Turks Folge zu leisten.

John zeigte sich jedoch weder von der Rechtsbelehrung noch von den Drohungen beeindruckt. »Ich bin anderer Meinung als Sie«, sagte er, »und ich habe nicht die Absicht, einer Truppe oder Kompanie beizutreten oder Milizdienst zu leisten.« Er fügte hinzu, dass er hingegen bereit sei, jeden Dienst zu leisten, der »friedlicher Natur« sei.

Leutnant Nurse war angewiesen worden, den Missionar nicht zu verhaften, falls er sich weigern sollte, sich zu melden. Stattdessen forderte er den Pfarrer auf, ihm zu zeigen, wo er seine Papiere und Manuskripte aufbewahrte, damit er sie für spätere Untersuchungen versiegeln konnte. Auf die Frage von John, wer diese außergewöhnliche Forderung gestellt habe, antwortete Nurse: »Das ist Captain M'Turks Befehl« und erkundigte sich, ob der Missionar Widerstand zu leisten gedenke.

»Nein«, sagte John ruhig. Er führte den Leutnant nach oben und zeigte auf die Schreibtischschublade, in der er seine Papiere aufbewahrte, darunter sein Tagebuch. Er sagte, er habe von einer fairen und unparteiischen Untersuchung nichts zu befürchten, aber einen der Briefe behalte er lieber für sich. Er stammte von seinem Freund John Wray, dem früheren Vorsteher der Bethel Chapel, der darin seiner Freude darüber Ausdruck verlieh, dass die Politiker in England sich bereit erklärt hatten, die Bedingungen der Sklaverei in Demerara zu verbessern. Leutnant Nurse bestand darauf, dass alle Papiere ausgehändigt werden müssten, was John widerwillig akzeptierte, woraufhin der Soldat den Schreibtisch mit einem Seil versiegelte und darauf hinwies, dass John ihn nicht anrühren dürfe.

Etwa eine Dreiviertelstunde später kehrte Leutnant Nurse mit Captain Alexander Simpson zurück, der ebenfalls Plantagenbesitzer war. Sie wurden von einer Kavallerieeinheit begleitet. Anders als sein Kollege war Simpson nicht in der Stimmung, über die Feinheiten des Kriegsrechts zu diskutieren. Er tadelte John Smith dafür, dass er es gewagt hatte, sich dem Befehl von Michael M'Turk zu widersetzen. Der Pfarrer sagte noch einmal ganz ruhig, dass er seines Wissens vom Militärdienst befreit sei. Das machte Simpson wütend. »Verdammt, Sir«, rief er und fuchtelte mit seinem Säbel vor dem Gesicht des Missionars herum. »Wenn Sie weiter Haarspaltereien betreiben, bekommen Sie gleich diesen Säbel zu spüren.«

Leutnant Nurse befahl nun mehreren Soldaten, das Haus zu betreten und die versiegelten Dokumente zu beschlagnahmen, darunter auch das Tagebuch des Missionars. Er wandte sich an John Smith und verkündete mit amtlicher Stimme, dass der Missionar aus dem Haus zu entfernen sei, obwohl er nicht unter formellem Arrest stehe, wie er hinzufügte. Als John dies hörte, begriff er, dass er keine andere Wahl hatte. »Wenn ich mich fügen muss«, sagte er, »werde ich es tun, wenn Sie es mir befehlen.« Er fluchte nicht und leistete auch keinen Widerstand. Zwei Soldaten ergriffen seine

Arme, führten ihn nach draußen und luden ihn auf einen Wagen. Jane konnte wählen, wohin sie gehen wollte. Sie sagte, sie wolle bei ihrem Mann bleiben, wohin auch immer sie ihn bringen würden. Die Smiths hatten keine Möglichkeit, sich umzuziehen oder die Tür abzuschließen. Sie wurden in westlicher Richtung nach Georgetown gebracht, wo sie bis zum Prozess festgehalten werden sollten.

Am Tag nach der Maafa-Gedenkfeier fährt mich Chris nach Success. Peekaboo, sein Papagei, sitzt auf seiner Schulter und knabbert von Zeit zu Zeit an seinem Ohr. »Es ist ein Boo, Boo«, singt Chris, »mein Baby, es liebt mich.«

Mit mir fährt Vishani Ragobeer, eine 21-jährige Journalistin, die sich bereit erklärt hat, mir bei meinen Recherchen zu helfen. Wir verlassen Georgetown und fahren die Straße entlang, die parallel zum Meer verläuft. In meiner Vorstellung ist diese Straße eine einspurige Piste mit einem Belag aus zerkleinerten Muscheln. Heute jedoch ist sie eine vierspurige Autobahn, die von Werbetafeln für Ben & Jerry's und Autoteilefirmen gesäumt ist.

Zehn Minuten nach der Stadtgrenze von Georgetown biegen wir an der Rubis-Tankstelle auf die Success-Plantage ab. Hier lebten Jack und Quamina. Was der sandige Middle Walk war, ist jetzt eine asphaltierte Straße. Das Anwesen ist jetzt ein Dorf. Wir fahren drei oder vier Blocks weiter. Zu unserer Linken ist ein mit Wasser gefüllter Graben, zu unserer Rechten steht eine Reihe einstöckiger Betonhäuser in leuchtenden Grün-, Lila- und Orangetönen. Wir parken das Auto und steigen aus. Ich will sehen, wie der Ort aufgebaut ist. Zu meiner Überraschung dauert es nur 15 Minuten, um von einer Seite von Success zur anderen zu gehen, von einem Seitendamm zum nächsten. Mir fällt wieder auf, wie schmal die Plantagen waren.

Am Rande von Success überqueren wir einen Entwässerungsgraben und gelangen nach Le Resouvenir. Hier lebte John Smith, hier stand die Bethel Chapel. Drei große Schweine schlafen im Schatten eines kleinen Metallschuppens, ihr Besitzer in einer Hängematte. Die rostige Metallhülle eines Kahns, der früher die Zuckerstangen durch die Plantage transportierte, ist halb im Kanal versunken, an dem wir entlanggehen. Nach weiteren 15 Minuten erreichen wir den Seitendamm, der das Ende von Le Resouvenir und den Anfang von Felicity, dem nächsten Anwesen, markiert. Es ist jetzt Mittag und brutal heiß. Unter diesen Bedingungen mussten die versklavten Menschen auf den Feldern arbeiten.

Vishani schlägt vor, eine Pause einzulegen, und lädt mich zum Mittagessen zu sich nach Hause ein. Sie wohnt in einem kleinen, kalkfarbenen Haus an der line-top, *der Hauptstraße, die durch das Dorf führt. Ihre Mutter sitzt auf der überdachten Veranda und reicht uns Chai-Tee und Teller mit gebratenen Garnelen sowie Cook-up, einer Mischung aus Reis und Hühnchen.*

Vishani erzählt, dass die versklavten Menschen nach der Abschaffung der Sklaverei Success verließen. Einige zogen nach Georgetown. Andere gingen weiter weg, um Arbeit zu finden. Einige schlossen sich zusammen und kauften Land – was als »The Village Movement« bekannt wurde. Heute wird Success fast ausschließlich von Menschen indischer Abstammung bewohnt, von denen die meisten zur Arbeit nach Georgetown pendeln. Als sie hier aufwuchs, sagt Vishani, habe ihr niemand etwas über den Aufstand von 1823 erzählt. Und sie bezweifelt, dass irgendjemand im Dorf davon gehört hat.

Nach dem Mittagessen schlägt sie vor, das Hinterland von Success aufzusuchen, wo sich früher die Zuckerfelder befanden. Wir parken vor einem schmalen Graben, neben dem ein paar gelangweilt aussehende Polizisten auf weißen Plastikstühlen lümmeln. Als wir aus dem Auto klettern, erklärt Vishani, eine große Anzahl von Hausbesetzern sei auf das Land gezogen, weil sie angeblich nirgendwo anders leben können. Seit Jahrzehnten, sagt sie, herrscht an der Küste Wohnungsnot. Die Nachfrage nach Wohnraum übertrifft das Angebot bei Weitem. Dies hat zu periodischen Hausbesetzungen und zu »Legalisierungen« geführt, dem Prozess der Umwandlung von besetztem Land in eine langfristige Siedlung, einschließlich der Bereitstellung von öffentlichem Wasser und Strom.

Sie beginnt gerade, mir mehr Details über die Hausbesetzer zu erzählen, als vier Männer und drei Frauen auf uns zukommen. »Woher kommt ihr?«, fragt ein dürrer Mann. »Wir sind Journalisten«, antwortet Vishani. Sofort fangen sie an zu reden und wollen uns ihre Geschichte erzählen. Sie leben schon seit ein paar Monaten dort. Es sind sehr viele, mindestens 1.000. Die Polizei hat mit roten Gummigeschossen auf sie geschossen, erzählen sie uns, und irgendwann hat die Regierung ein Loch in den Damm gegraben und sie so zu vertreiben versucht. Aber sie lassen sich nicht vertreiben.

Wir gehen tiefer ins Hinterland. Um uns herum sehen wir die provisorischen Hütten, die meist nur aus vier dünnen Pfählen bestehen und mit Planen oder Wellpappe gedeckt sind. Alle paar Schritte werden wir von jemandem angehalten, der uns seine Geschichte erzählen möchte. Unter einem Unterstand treffen wir auf Laretta. Sie erzählt uns, dass ihr Kampf mit dem ihrer Vorfahren verbunden sei, die als versklavte Männer und Frauen auf diesem Land, der Plantage Success, arbeiteten. Sie braucht eine Wohnung für sich und ihre fünf Kinder. Sie braucht einen Ort, den sie ihr Zuhause nennen kann. Sie sagt mir, dass sie success, *also Erfolg, haben will.*

KAPITEL 13

Cheveley, August 1823

John Cheveley lag in der Nacht zum Montag, dem 18. August, im Bett, als er das Signalhorn hörte. Er wusste sofort, dass es vom Schützenkorps kam und er zum Appell gerufen wurde. Unten auf der Straße hörte er, wie ihm jemand zurief, er solle sich beeilen, die Sklaven machten einen Aufstand, und er müsse sich der Miliz anschließen. »Eine nette Sache«, dachte er sich, »um diese Zeit aus dem Bett geholt zu werden und wer weiß wohin zu müssen mit der angenehmen Aussicht, von diesen Wilden die Kehle durchgeschnitten zu bekommen.«

Er kletterte aus dem Bett und eilte nach unten. Dort fand er William Pattinson noch im Bett vor, der erklärte, er erhole sich vom Fieber und könne sich daher nicht an der heldenhaften Verteidigung der Kolonie beteiligen. Cheveley hatte ebenfalls die Absicht, sich nicht zu melden, denn er sah sich schon mit einer Kugel im Kopf oder einem Messer an der Kehle. Doch dann befürchtete er, für einen Feigling gehalten zu werden, und kehrte in seine Kammer zurück, um sich anzuziehen. »Ich fuhr fort, meine Rüstung anzulegen«, erinnerte er sich später, »und murmelte und brummte vor mich hin, während mir verworrene, vage Gedanken durch den Kopf schossen, die bei solch plötzlichen Notfällen nicht unüblich sind.«

Es war noch dunkel, als er auf dem Exerzierplatz ankam, wo er einige Dutzend andere Männer vorfand, die bereit waren, sich dem Kampf anzuschließen. Unter ihnen befand sich auch der 34-jährige Hauptmann John Croal, der Besitzer zweier Ländereien an der Ostküste und der Mann, der sein Kommandant werden sollte. Als Cheveley sich umsah, erkannte er die Männer wieder, mit denen er exerzieren geübt hatte. Sie alle arbeiteten in den Geschäften oder Lagerhäusern der Stadt. Diejenigen, die, wie sein Freund Ben Hopkinson oder der Holzhändler Robert Edmonstone, ein Geschäft außerhalb von Georgetown hatten, mussten sich bereits gesammelt haben und mit ihren Einheiten aufgebrochen sein.

Nach einem kurzen Zählappell marschierten sie in Formation aus Georgetown heraus nach Osten zu den Zuckerplantagen. Niemand wusste, was vor sich ging. Zuvor hatte es in der Stadt Gerüchte gegeben, dass »an der Küste« etwas los sei, aber mehr auch nicht. Diejenigen, die Bescheid wussten, hielten die Dinge geheim, vielleicht aus Angst, dass Details Panik auslösen könnten.

Sie marschierten im Mondlicht die Straße entlang, die parallel zur Küste verlief, ohne zu wissen, wie weit es gehen würde oder worauf sie zusteuerten. Zu ihrer Linken hörten sie, wie die Wellen an den Strand schlugen. Zu ihrer Rechten verlief ein tiefer Graben, und dahinter lagen die Felder der Zuckerplantagen. Plötzlich befahl der Hauptmann, anzuhalten. Auf der Straße lag ein dunkler Haufen. Er leuchtete mit einer Lampe darauf und entdeckte den toten Körper eines Versklavten, der offenbar erschossen worden war. Ein Schauer durchfuhr die Männer und weckte ihre Sinne. »Haltet gut Ausschau«, flüsterte der Kommandant, »und schießt nicht ohne Befehl.« Sie gingen weiter, nun vorsichtiger, nach links und rechts schauend, in der Erwartung, jeden Moment angegriffen zu werden.

Vor ihnen lag der Eingang zu Vryheids Lust, der Plantage von Hendrick Van Cooten, dem holländischen Pflanzer. Ein paar Schritte weiter erreichten sie die Überreste einer kleinen Holzbrücke. In der Nähe stand ein versklavter Mann mit einer Muskete und einem Bajonett in der Hand. Der Anblick war für die Kolonie-Milizionäre schockierend, denn sie hatten noch nie einen Schwarzen mit einer Waffe gesehen, geschweige denn mit einer, die auf sie gerichtet war. Zwei der Milizionäre stürmten vor und packten ihn am Kragen, woraufhin er sofort beteuerte, er sei auf ihrer Seite. Er sagte, »Massa Buckra« – der große Boss – habe ihn geschickt, um sie zum Wohnhaus zu führen, und zeigte auf einige Bretter, die anstelle der zerstörten Brücke über den Graben gelegt worden waren. Mit dem Verdacht, in eine Falle gelockt worden zu sein, ging die Gruppe vorsichtig auf die Plantage zu und hielt Ausschau nach dem Hinterhalt, der jeden Moment über sie hereinbrechen konnte. Er kam nicht. 15 Minuten später erreichten sie das Haus von van Cooten. Nachdem sie Neuigkeiten ausgetauscht hatten, lud der Holländer Captain Croal und seine Männer ein, ihr Lager im Hof aufzuschlagen. Hier rasteten sie für die Nacht.

Am nächsten Morgen, Dienstag, dem 19. August, zogen die Milizionäre weiter nach Osten und kamen zunächst nach Brothers und dann nach Montrose, wo die versklavten Männer und Frauen sich entweder dem Aufstand an der Küste angeschlossen hatten oder untergetaucht waren, um auf die Rückkehr zur Normalität zu warten. Danach erreichten sie Felicity, wo sie sich mit Michael M'Turk trafen. Nachdem sie Informationen ausgetauscht hatten, folgten sie der Straße weiter nach Osten, bis sie Chateau Margo erreichten. Auch hier war es ruhig. Auf den Feldern waren keine Versklavten zu sehen, und auch in den Sklavenhäusern und den Stallungen war niemand zu finden. Als sie tiefer in das Anwesen vordrangen, gelangten sie zum Haupthaus, aus dem ein älterer Mann mit blutverschmiertem Gesicht kam. »Wir fanden den alten Besitzer, Lachlan Cummings, in grauenhafter Laune vor«, schrieb Cheveley später; die versklavten Abolitionisten hatten ihn »ziemlich grob« behandelt, und im Kampf um eine Muskete, die Cummings zu laden versuchte, war ihm die Nase gebrochen worden, was »ein ziemlich erbärmliches Bild« abgab.

Während Cummings in seinem Haus bleiben durfte, war der Gutsverwalter in den Stock gelegt worden, was die Zuschauer, insbesondere die versklavten Frauen, amüsiert hatte. Nach Angaben von Cummings gingen die Frauen nacheinander auf den gefesselten Verwalter zu und schlugen ihm ins Gesicht. Cheveley kam zu dem Schluss, dass dies »wahrscheinlich nicht mit sanfter Hand geschah, allerdings keine übertriebene Züchtigung darstellte, wenn man seinen Gebrauch der Peitsche bedachte, mit der er sie geschlagen hatte«. Nachdem Cheveley und seine Mitstreiter den Verwalter aus dem Stock befreit hatten, lud Cummings sie in sein Haus ein, damit sie sich vor der Sonne schützen konnten. Später scherzte Cheveley: »Er muss seine neu angekommenen Freunde wohl als lästiger empfunden haben als seine kürzlich fortgegangenen Feinde, denn der ganze Trupp war äußerst durstig und bediente sich ohne Skrupel an seinen Getränken.«

Am Nachmittag, als die Plantage gesichert war, machten sich Cheveley und die anderen Milizionäre wieder auf den Weg entlang der Straße. Nach einigen Minuten stießen sie auf eine kleine Gruppe von Versklavten, die um ein Feuer herumsaßen. Sie waren unbewaffnet und schienen ihr Abendessen zuzubereiten. »Schießt auf sie!«, schrie Croal ohne Vorwarnung. Als sich der Rauch verzogen hatte, befand sich niemand mehr bei den dampfenden Töpfen, und es war nicht klar, wie viele getroffen worden waren. Weiter hinten hörten sie Frauen und Kinder, die aus den Feldern heraus riefen und um Gnade flehten. In der Nähe von Cheveley rief jemand: »Sagt den Männern, sie sollen zurück an die Arbeit gehen, sonst schießen wir.«

Die Milizionäre zogen weiter. Mon Repos und Good Hope. Annandale und New Orange Nassau. Friendship, Vigilance und Elizabeth Hall. Es war harte, konzentrierte Arbeit, die Pflanzer aus ihrer Gefangenschaft zu befreien. Die Miliz sorgte dafür, dass die Ländereien frei von Abolitionisten waren, und sicherten die Gebäude. Ihr Vorankommen wurde auch noch dadurch verlangsamt, dass mehrere Holzbrücken zerstört worden waren. So waren sie gezwungen, Holz von nahe gelegenen Gebäuden zu holen und provisorische Übergänge zu bauen. Sie arbeiteten sich weiter von Ort zu Ort vor und räumten bis zum Dienstagabend ein Anwesen nach dem anderen.

Es war dunkel, als Cheveleys Kompanie das fünfundvierzigste Anwesen erreichte, eine desolat aussehende Baumwollplantage namens Bachelor's Adventure. Nach einem Marsch von mehr als 25 Kilometern waren sie erschöpft. Dort fanden sie in einer ungeschützten Ecke fünf Männer und drei Frauen, die in den Stock gelegt worden waren und die sie schnell befreiten. Nachdem ihnen berichtet worden war, was geschehen war, fragte Captain Croal, ob sie die Nacht hier verbringen könnten. Die Milizionäre bräuchten dringend etwas Ruhe. Einer der Gutsverwalter zeigte auf ein nahe gelegenes Sklavenhaus, in dem sie übernachten konnten. Cheveley und seine Kameraden stapften dankbar zu den schmutzigen Baracken hinüber. Zu müde, um sich um die Qualität der Unterkunft zu kümmern, schliefen sie schon bald ein.

*

Ein paar Stunden später wurde Cheveley von der Sonne geweckt. Es war jetzt Mittwoch, der 20. August. Angezogen und mit einem Gewehr in der Hand ging er nach draußen, um die Umgebung zu begutachten. Auf dem staubigen Hof vor dem Sklavenhaus lagen schnarchende Reservisten verstreut. Hinzu kam ein Trupp regulärer Soldaten – also Soldaten, die hauptberuflich in der britischen Armee dienten –, die in der Nacht aus Georgetown gekommen sein mussten. Es waren mindestens einhundert Mann. Cheveley ging weiter. Zu seiner Linken lag das kleine Haus des Buchhalters, zu seiner Rechten das Haus, in dem der Verwalter wohnte. Was ihn jedoch am meisten beschäftigte, war das, was vor ihm lag. Auf dem Baumwollfeld auf der anderen Seite der Straße sah er eine große Gruppe versklavter Männer und Frauen, mindestens hundert an der Zahl. Einige trugen Musketen, Entersäbel und Messer. Der Rest schwang eine Reihe selbst gebauter Waffen, die aus Schilfrohrstängeln gefertigt waren. Als das Licht stärker wurde, tauchten im Dunst weitere Freiheitskämpfer auf. Es waren 1.000. Dann 2.000. Die Menge wurde größer und größer, bis es vielleicht an die 4.000 Männer und Frauen waren.

Während er zusah, gesellten sich seine Kameraden zu Cheveley. Captain Croal wies sie an, sich schnell in zwei Reihen aufzustellen und auf den Kampf vorzubereiten. Selbst mit der über Nacht eingetroffenen Verstärkung waren es weniger als zweihundert Soldaten. Damit waren sie mit zwanzig zu eins unterlegen. Die vordere Reihe kniete sich hin und richtete ihre Gewehre auf das Baumwollfeld. Die hintere Reihe stand starr dahinter. Auf ein nicht hörbares Kommando hin bewegten sich die versklavten Abolitionisten massenhaft auf die Soldaten zu, schrien trotzig, bis sie schließlich, hundert Meter vor der Milizlinie, an der Straße zum Stehen kamen.

»Es war ein Moment schrecklicher Spannung«, schrieb Cheveley später, »jeder spürte, dass der Moment gekommen war, in dem sich entschied, wer die Herren sein würden.«

An meinem zehnten Tag in Guyana mache ich einen Ausflug zu einer der heutigen Zuckerplantagen. Wir fahren aus Georgetown heraus, über die lange Eisenbrücke, die den Demerara-Fluss überspannt, und hinüber zur West Bank, wie die Einheimischen sie nennen. Dort fahren wir durch mehrere Dörfer, darunter Vreendenhop, das einst John Gladstone gehörte.

1976 verstaatlichte die Kooperative Republik Guyana die Zuckerindustrie unter dem Dach der Guyana Sugar Corporation, kurz GuySuCo. Heute sind fünf Mega-Plantagen in Betrieb, die jeweils mehrere Hundert Mal größer sind als die ursprünglichen. Zucker ist noch immer für etwa 15 Prozent der jährlichen Einnahmen des Landes und für 35 Prozent der gesamten landwirtschaftlichen Produktion verantwortlich.

Nach einer Stunde erreichen wir Uitvlugt. Der indisch-guyanische Gutsverwalter telefoniert gerade, als wir sein Büro betreten. Er winkt uns zu, an einem großen Tisch Platz zu nehmen, der mit Karten, Papieren und einem großen Teller mit Sandwiches bedeckt ist. An einer Wand hängt eine Karte des Anwesens, die zeigt, welche Felder bewirtschaftet werden und welche brachliegen. Eine andere Wand ist mit Tafelfarbe bedeckt, auf der mit Kreide die Liste der Beschäftigten geschrieben steht: Feldarbeiter, Fabrikarbeiter, Lkw-Fahrer, Manager, insgesamt mehr als 1.200 Personen. Nach dem Telefonat erklärt der Manager, dass die Herstellung eines Pfunds Zucker etwa 31 Cent kostet, er das Pfund jedoch gerade für nur etwas mehr als 18 Cent verkaufen kann. Der größte Kostenfaktor ist die Arbeitskraft. Solche Verluste plagen die Branche schon seit Jahrzehnten. Er hofft, dass sich die Lage in den nächsten Jahren bessern wird.

Ein Rundgang durch die Fabrik folgt. Ein lautes, rauchgeschwängertes Gebäude mit Metallstegen, die hoch über riesigen Zahnrädern, Förderbändern und anderen gut geschmierten Maschinen hängen. Die Ausrüstung ist uralt. Die Kessel, die den Zuckersirup erhitzen, wurden in den 1940er Jahren installiert. Die Walzen und

Trockenpfannen sind nicht viel jünger. Der schwere Geruch warmer Melasse liegt in der Luft.

Danach steigen wir auf den Rücksitz eines Pickups und werden zu den Feldern gebracht. Der Himmel ist wolkenlos, es ist sehr heiß. Wir fahren über eine staubige Piste, vorbei an Feldern, die mit Zuckerrohrpflanzen verschiedener Sorten bewachsen sind, und halten nach zehn Minuten neben einer Gruppe, die schwer arbeitet. Es ist 13:30 Uhr. Vierzig Männer sind hier bei der Arbeit, alle indischer Abstammung. Agil, schlank, ungeheuer stark. Die meisten tragen Baseballmützen, lange Hemden, kurze Hosen, kniehohe Strümpfe und Arbeitsstiefel. Jeder hat eine kleine Machete in der Hand, und mit einer geschickten Bewegung hacken sie das Zuckerrohr ab, entfernen die Blätter und werfen die Halme auf einen Haufen.

Ich gehe um das Feld herum und frage die Männer nach ihrer Arbeit. »Wir fangen um 6 Uhr morgens an«, erzählt Vinan, »und wir hören auf, wenn wir fertig sind. Manchmal ist das um 2 Uhr nachmittags, sagt er, manchmal um 6 Uhr abends.«

Der nächste Mann stellt sich als Kevin vor. »Es ist harte Arbeit«, sagt er, »sehr hart und wenig Geld.« Er sagt, er könne vier Tonnen Zuckerrohr an einem Tag schneiden. Ich frage ihn, warum sie das Feld vor dem Schneiden abbrennen. »Um das Unkraut zu vernichten«, sagt er, womit er die Vegetation meint, die um das Rohr herum wächst. Das Rohr selbst bleibt unverbrannt, obwohl es verkohlt, und »dann die Schlangen, die vielen Schlangen«, fügt er hinzu. Die Schlange, die er am meisten fürchtet, ist die Labaria – »eine richtig gefährliche Schlange«, wie er sagt. Ihr Gift kann einen Menschen töten. Während wir reden, hört er nicht auf zu schneiden.

Ich gehe um einen Haufen Zuckerrohr herum und entdecke einen anderen Mann, der rhythmisch hackt. Seinen Namen habe ich nicht verstanden. Ich frage ihn, wie lange er diese Arbeit noch machen kann. Er sagt, dass er wahrscheinlich in seinen Vierzigern aufhören wird. Es ist einfach zu schwer, über dieses Alter hinaus weiterzu-

machen. Viele Männer bekommen durch das schwere Heben Rücken- und Nackenprobleme und durch die jahrelange Dehydrierung Nierenprobleme.

Zurück im Lastwagen erfahre ich, dass diese Erntemethode cut and load *genannt wird – die Rohre werden geschnitten und auf die Kanalkähne geladen. Bemerkenswerterweise wird das Zuckerrohr immer noch auf die gleiche Weise geerntet wie in den 1820er Jahren. Heute erhalten die Arbeitstrupps zwar eine kleine Entlohnung, aber die Arbeit ist noch immer brutal.*

KAPITEL 14

Jack, August 1823

Jack Gladstone stand etwa hundert Meter von John Cheveley entfernt. In der Hand hielt er den Entersäbel, den er aus dem Lagerhaus in Success hatte. Er studierte die Lage. Zu seiner Linken und Rechten erstreckte sich ein Meer versklavter Abolitionisten, nervös und unsicher, was als Nächstes passieren würde. Vor ihnen, auf der anderen Seite der Straße, standen zwei Reihen schwer bewaffneter britischer Soldaten.

Zu diesem Zeitpunkt, um 10 Uhr morgens am dritten Tag des Aufstands, hatten sich die Unruhen über dreißig Ländereien ausgebreitet, von Le Resouvenir im Westen bis Lancaster im Osten. Eine Handvoll Plantagen auf der anderen Seite des Demerara-Flusses hatten sich ebenfalls angeschlossen. Mindestens 12.000 Menschen nahmen an dem Aufstand teil, vielleicht sogar bis zu 15.000. Damit war es der größte Sklavenaufstand in einer britischen Kolonie. Vielleicht noch bemerkenswerter war, dass es, obwohl mehr als siebzig Aufseher, Gutsverwalter und Besitzer in den Stock gelegt worden waren, nur wenige gemeldete Todesopfer gab. Das war der sorgfältigen Planung und Strategie von Jack und den anderen Rädelsführern zu verdanken. Der Aufstand war bis jetzt in jeder Hinsicht ein voller Erfolg gewesen. Sie kontrollierten mehr als zwanzig Meilen der Küste. Die Moral war gestiegen, ebenso der Glaube an den Erfolg. Vielleicht konnten sie es wirklich schaffen. Sie konnten die Herren der Kolonie zwingen, das zu liefern, was ihnen London versprochen hatte, und dann auf ihre Ländereien zurückkehren. Aber sie hatten noch nicht gewonnen. Es war klar, dass der heutige Tag ein Wendepunkt sein würde.

Jack beobachtete, wie eine einsame Gestalt die britischen Reihen verließ und auf sie zuritt. Der Mann schien jung zu sein, vielleicht in seinen Dreißigern. In einer Hand trug er eine weiße Fahne. Als er näherkam, begannen Tausende von Abolitionisten zu johlen und zu pfeifen. Jack hob die Hand, gebot Ruhe und ging auf den Soldaten zu. Es würde Verhandlungen geben. Der Mann in Uniform stellte sich als Captain Croal vor und fragte Jack, was er wolle. Jack sagte, sie wüssten, dass der britische König die versklavten Frauen und Männer freilassen wolle. Sie wollten nur, dass der Gouverneur die Wünsche des Herrschers umsetzte. Croal sagte, sie seien getäuscht worden, es sei nicht die Absicht des Königs gewesen, dass sie frei sein sollten. Das muss Jack erstaunt haben. Er hatte die Wahrheit von seinem Freund Daniel und so vielen anderen gehört. Log ihm dieser Soldat einfach ins Gesicht? Er brauchte einen Moment, um sich zu beruhigen, dann entgegnete er, es sei nicht fair, dass sie ohne Pause arbeiten mussten. Zumindest wollten sie den Samstag frei haben, um für ihre Gärten zu sorgen, und den Sonntag, um zur Kirche zu gehen. Hinter ihm riefen andere, dass sie drei Tage frei haben wollten.

Croal richtete sich nun in seinem Sattel auf. Er blickte über Jack hinweg und wandte sich mit lauter Stimme an die Menge. Ihre Rebellion sei sinnlos, rief er ihnen zu; sie müssten ihre Waffen niederlegen. Hunderte von Männern und Frauen schrien zurück, dass sie den Kampf fortsetzen würden. Sie würden nach Georgetown marschieren und direkt mit dem Gouverneur sprechen. Croal versuchte es erneut, aber wieder wurde er niedergeschrien. Als er erkannte, dass es nichts mehr zu gewinnen gab, wendete er sein Pferd und trabte zu den Reihen der Kolonialstreitkräfte zurück.

Eine Stunde später ritt ein anderer Mann heran, um mit Jack zu sprechen. Diesmal war es Oberstleutnant John Thomas Leahy, der Oberbefehlshaber der britischen Streitkräfte. Jack überreichte Leahy ein Stück Papier. Es war von drei Gutsverwaltern an der

Küste unterzeichnet worden und bestätigte, dass sie von den Abolitionisten – insbesondere von Jack – gut behandelt worden waren. Im Gegenzug teilte Leahy Jack mit, dass Gouverneur Murray am Vortag das Kriegsrecht verhängt habe, und gab ihm eine Abschrift der Proklamation. Er erklärte, wenn die Abolitionisten versuchten, in die Stadt zu marschieren, auch wenn sie sich nur mit dem Gouverneur treffen wollten, würden sie verhaftet und höchstwahrscheinlich gehängt werden. Wenn sie verhandeln wollten, müssten sie es hier mit ihm tun.

»Fangt den großen Buckra«, rief ein schwer bewaffneter Mann, der ganz in der Nähe von Jack stand. »Fesselt ihn, fesselt ihn«, rief ein anderer. Noch ein anderer rief, dass sie ihn vielleicht als Geisel nehmen könnten. Nein, sagte Jack, sie müssten den Obersten in Ruhe lassen. Leahy sah ein, dass es keinen Sinn hatte, die Diskussion fortzusetzen, und sagte daher, dass er ihnen eine halbe Stunde Zeit gebe, sich zu ergeben, und wenn sie es nicht täten, sei er gezwungen, auf sie schießen zu lassen. Dann zog er sich zu seinen Männern zurück.

Zwischen den beiden Lagern herrschte eine angespannte Stille. Die Miliz hatte die Gewehre auf ihre Ziele auf der anderen Seite der Straße gerichtet. Die Abolitionisten hielten ihre Stellung. Dreißig Minuten kamen und gingen. Nichts geschah. Und dann gab Leahy den Befehl: »Rechts um! Marsch!« Die Reihe der Soldaten bewegte sich auf die Abolitionisten zu und blieb weniger als fünf Meter entfernt stehen. »Ihr Neger«, rief der Oberstleutnant, »ich frage euch noch einmal im Namen des Gouverneurs: Werdet ihr die Waffen niederlegen und an die Arbeit gehen?«

Die Leute um Jack herum schrien: »Nein!« und »Wir kämpfen für die Freiheit!«.

Der Oberstleutnant rief: »Feuer!«

Das Geräusch von Schießpulver, das in hundert Gewehren explodierte, erfüllte die Luft. Dutzende von Männern und Frauen brachen auf dem Baumwollfeld zusammen, schrien vor Schmerz und hielten sich ihre Wunden. Wer konnte, versuchte zu helfen, hielt die gefallenen Kameraden fest und versuchte, die Blutungen zu stoppen.

In der Zwischenzeit lud die vordere Reihe der Miliz nach, während die Männer dahinter nach vorne traten und feuerten. Weitere hundert Kugeln flogen durch die Luft. Eine Handvoll Freiheitskämpfer schossen zurück, aber sie hatten viel weniger Waffen und wenig oder gar keine Ausbildung. In weniger als 15 Minuten war es vorbei. Hunderte von Abolitionisten waren tot. Es war ein Blutbad. Diejenigen, die entkommen konnten, waren geflohen. Währenddessen lud die Miliz weiter und schoss, lud und schoss, lud und schoss.

Irgendwie war Jack unverletzt geblieben. Sein Entersäbel war in diesem Kampf nutzlos. Sobald er den Befehl zum Schießen hörte, hatte er sich umgedreht und war in die Baumwollfelder gerannt. Er lief nach Westen, sprang über einen Graben und durch die Plantage Elizabeth Hall. Dann überquerte er Enterprise, Nonpareil und Coldingen. Er rannte weiter und weiter. Er wusste: Wenn er sich aufgab, konnte es nur ein Ergebnis geben, Hinrichtung. Also lief er weiter in Richtung Georgetown und folgte dabei der Route, die sie in den vergangenen Tagen zurückgelegt hatten – Strathspey, Vigilance, Friendship, New Orange Nassau, La Reconnaissance. Doch dieses Mal umging er die Public Road und die britischen Soldaten und bahnte sich stattdessen seinen Weg durch die Felder, die sich an die Küste schmiegten.

Während sich die Morgenluft aufheizte, muss er sich Gedanken über die nächsten Schritte gemacht haben. Wie könnten sie auf dem Erreichten aufbauen? Die Tausende, die teilgenommen hatten, die Disziplin, die Kameradschaft, die Hoffnung. Und wie auf die überwältigende militärische Stärke der britischen Miliz reagieren? Angesichts der Tatsache, dass die versklavten Menschen der

Miliz dreißig zu eins überlegen waren, musste es doch einen Weg geben, sie zu besiegen.

Er musste seinen Vater, Quamina, finden. Um zu besprechen, was jetzt zu tun sei. Um den nächsten Angriffsplan auszuarbeiten. Um sich neu zu formieren. Doch dafür musste Jack nach Success zurückkehren.

Ich bin mir sehr bewusst, dass ich nicht der Erste bin, der sich mit dieser Historie beschäftigt hat. Ich verdanke den Forschern, die es vor mir getan haben, viel. Vor allem denen aus Guyana.

Ich habe von verschiedenen Leuten gehört, dass es nicht ungewöhnlich ist, dass europäische Forscher die Untersuchungen und Analysen nutzen, die von Menschen aus Westindien durchgeführt worden sind, ohne ihre Quellen zu nennen. Dies ist, heißt es, ein weiterer Aspekt des Erbes der Sklaverei.

Während meines Aufenthalts in Georgetown wende ich mich also an diverse Historiker, Politikwissenschaftler und Soziologen.

Als Erstes spreche ich mit Winston McGowan, einem herausragenden Historiker, der seit Jahrzehnten über den Demerara-Aufstand schreibt. In einem halbstündigen Gespräch teilt er großzügig seine Erkenntnisse mit mir. Winston erzählt mir, dass der Aufstand von 1823 ein entscheidender Moment in der Geschichte Guyanas war und großen Einfluss auf die Antisklaverei-Bewegung im Vereinigten Königreich hatte.

Dann führe ich ein Zoom-Gespräch mit Nigel Westmaas, der erklärt, wie die versklavten Männer und Frauen über informelle Netzwerke miteinander kommunizierten. Nigel ermutigt mich, zu begreifen, dass der Demerara-Aufstand auch im Kontext regionaler und globaler wirtschaftlicher Kräfte zu betrachten ist. Dass die steigenden Kosten der Zuckerproduktion und -vermarktung zu sinkenden Gewinnen führten und dies viele westindische Zuckerhändler dazu veranlasste, sich alternative Methoden des Geldverdienens zu suchen.

Ich nehme an einer Podiumsdiskussion mit David Hinds von der Arizona University und Dwayne Benjamin von der University of Guyana teil. Dwayne sagt, dass der Aufstand von 1823 kein »Erfolg« war, weil er nicht unmittelbar zur Emanzipation der versklavten Menschen führte. David entgegnet, wenn man die Erlangung der Freiheit als Prozess und nicht als Ziel betrachtet, kann man argu-

mentieren, dass das Jahr 1823 einen bedeutenden Einfluss auf die Abschaffung der Sklaverei hatte. Und daher ein »Erfolg« war.

Ich spreche auch mit Cecilia McAlmont, Historikerin an der Universität von Guyana. Wir sitzen auf umgestürzten Baumstümpfen vor ihrem Haus, umgeben von orange- und lilablühenden Sträuchern, und sprechen über den Aufstand von 1823. Cecilia kennt diese Zeit vielleicht besser als jeder andere, mit dem ich gesprochen habe. »Wir sind sehr schlecht darin, unseren jungen Leuten unsere Geschichte zu vermitteln«, sagt sie. »Sie müssen lernen, was sie ihren Vorfahren verdanken, welchen Beitrag die geleistet haben. Als Nachfahrin einiger dieser Menschen muss ich ihnen zugutehalten, dass nichts Schlimmeres passiert ist …«

Sie hält einen Moment inne und holt tief Luft, als sie sich wohl an die brutalen Bedingungen erinnert, die ihre versklavten Vorfahren ertragen mussten. Dann lobt sie deren »passiven Widerstand« und fügt hinzu: »Es hätte noch blutiger verlaufen können, als es war.«

KAPITEL 15

Cheveley, August 1823

»Gut gemacht, Schützen!«, lobte Oberstleutnant Leahy, als es vorbei war. Die Milizionäre standen nun entspannt entlang der Public Road, reinigten ihre Gewehre und tauschten Geschichten über das Geschehene aus. Die Schießerei hatte weniger als eine Viertelstunde gedauert.

Für Cheveley stand fest, dass »es gewiss keinen Grund gab, sich eines so leicht errungenen Sieges zu rühmen«. Am Ende hatte er nur einmal geschossen, weil sein Gewehr versagt hatte. Hauptmann Croal ritt heran, um herauszufinden, warum er nicht öfter geschossen hatte. Cheveley zeigte ihm sein Gewehr, und der Offizier schien zufrieden zu sein. Als sie von Bachelor's Adventure wegmarschierten, kamen sie an den Leichen von mehr als zweihundert Männern und Frauen vorbei. Kein einziger Soldat war verletzt worden mit Ausnahme eines Trompeters, der bewusstlos geworden war, weil er zu viel Rum getrunken hatte und von den Abolitionisten angegriffen wurde. »Sosehr ich die Sklaverei auch verabscheue«, erinnerte sich Cheveley später, »hielt ich es doch für gerechtfertigt, mein eigenes Leben und das anderer bei Gefahr zu verteidigen.«

In den nächsten Tagen marschierten Cheveley und seine Mitstreiter weiter nach Osten, weg von Georgetown; sie zogen von einer Plantage zur nächsten, um die letzten Reste des Aufstands auszumerzen. Ihnen hatten sich einige reguläre Soldaten angeschlossen, und alle standen unter dem Kommando von Oberstleutnant Leahy. Während sie die Küste entlangzogen, entdeckten sie Dutzende verwahrloste Sklavenhalter und ihre Angestellten, die auf Rettung warteten. Einige hatten sich in ihren Häusern verschanzt, andere versteckten sich in abgelegenen Schuppen oder Feldhütten. Einige wenige kauerten sogar in ihren Aborten. Es war eine langweilige, anstrengende Arbeit. Der Aufstand war vorbei, aber die Miliz spürte, dass man sie verfolgte da draußen im hohen Gras, gerade außerhalb der Reichweite ihrer Gewehre. Sie konnten sich nie ganz entspannen. Sie waren immer auf der Hut. Sie zogen weiter unter der brennenden Sonne, gequält von Müdigkeit und Durst.

Einmal sah Oberstleutnant Leahy einen Abolitionisten in einem Feld in der Nähe und befahl Cheveley, ihm zu folgen. Als er sich ihm näherte, gab Cheveley einen Schuss ab und verfehlte ihn. Als er den Abzug ein zweites Mal betätigte, geschah nichts. Offensichtlich stimmte etwas mit seiner Waffe nicht. Er hämmerte auf den Kolben ein, aber das änderte nichts. Nachdem klar war, dass der versklavte Mann verschwunden war, fragte Leahy Cheveley vor allen Anwesenden, ob er absichtlich nicht auf den Mann geschossen hatte. Cheveley beteuerte seine Unschuld, doch sein Kommandant schien ihm nicht zu glauben und ging davon. Die Einheit nahm ihren Marsch wieder auf. Nachdem er einen Moment gebraucht hatte, um sich zu sammeln, gesellte sich Cheveley schnell zu den anderen.

Sie zogen weiter. Ein Anwesen, dann das nächste. Beehive und dann Greenfield. Orange Nassau und dann Grove, gefolgt von Unity. Schließlich erreichten sie die Plantage Lancaster. Sie hatten 35 harte Kilometer von Georgetown aus hinter sich, es war das sechzigste Anwesen an der Nordküste, die letzte Plantage vor der Überquerung des Mahaica-Flusses. Hier entdeckten sie zwei verwundete Aufseher, von denen einer drei Schüsse dicht beim Handgelenk abbekommen hatte. Der Arzt der Milizeinheit, der ein kleiner Scherzbold war, verkündete, die einzige Lösung sei die Amputation und er mache sich nun auf die Suche nach einem geeigneten Schneidwerkzeug. Als er zurückkam, gab er seinen Streich zu und entfernte schnell die Geschosse aus dem Arm des Mannes. Alle lachten; es war ein echter Moment von Korpsgeist.

Cheveley war froh über diesen Moment der gemeinsamen Fröhlichkeit. In den letzten paar Stunden hatten seine Waffenbrüder ihn seltsam angeschaut. Wie einen Außenseiter. Er hatte gehört, dass sie ihn einen »Heiligen« nannten, sie sagten ihm das nicht direkt ins Gesicht, sondern leise hinter seinem Rücken. Er wusste, was das bedeutete. Sie dachten, er sei wie einer jener Missionare, die mit den Sklaven sympathisierten. Er würde sich unauffällig verhalten und versuchen, sich aus Schwierigkeiten herauszuhalten. Hoffentlich war dieser Feldzug bald zu Ende, und er könnte zu der Ruhe und dem Frieden des Gemischtwarenladens zurückkehren.

Sobald das Lancaster-Anwesen gesichert war, gab Leahy den Befehl zur Umkehr, und sie machten sich auf den langen Weg zurück nach Georgetown. Nachdem sie 16 Plantagen durchquert hatten, erreichten sie Cove. Die Plantage gehörte Cheveleys Freund Ben Hopkinson. Auf die Frage, ob noch Sklaven auf der Plantage seien, führte Hopkinson die Milizionäre zu einem der Gebäude des Anwesens. Dort fanden sie eine Handvoll Männer, die sich versteckt hielten, darunter Dablin, den Hauptfahrer. Oberstleutnant Leahy erklärte, dass er sofort ein Kriegsgericht einberufen werde und Dablin verhören wolle. Er hatte gerade damit begonnen, als er einen großen Mann, der weder Weiß noch Schwarz war, hinter dem Haus verschwinden sah. Wieder wählte er Cheveley aus, um den Ausreißer zu verfolgen.

Als Cheveley ihn eingeholt hatte, zitterte der Mann vor Angst. »Oh, Massa«, sagte er, »willst du mich töten? Ich bin unschuldig.«

Nachdem Cheveley erfahren hatte, dass der Mann Alick hieß, versuchte er ihn zu beruhigen: »Wenn du unschuldig bist, wird dir nichts passieren. Du sagst einfach nur die Wahrheit, das ist alles.« Widerwillig begleitete der Mann ihn zurück zum Haus.

Als sie sich dem Haus näherten, fanden sie Oberstleutnant Leahy und die anderen im Hof vor. Einer hielt Dablin fest, dessen Hände auf dem Rücken gefesselt waren. Die Verhandlung war offenbar zu

Ende. Sie hatte nur ein paar Minuten gedauert. »Bringt den Kerl hierher«, befahl Leahy und deutete auf Dablin. Es herrschte Stille, als der Gefangene nach vorne geschoben wurde. »Nun, du Halunke«, sagte Leahy, »was hast du zu deiner Verteidigung zu sagen?«

Dablin beteuerte energisch seine Unschuld und zeigte weder Schuldgefühle noch Angst. Cheveley erinnerte sich, dass er »vom Auftritt des Mannes sehr bewegt war«.

Jetzt trat Hopkinson vor und sagte: »Oberstleutnant Leahy, ich muss Sie bitten, für diesen Mann eintreten zu dürfen. Ich habe ihn immer für einen sehr treuen Diener gehalten; ich kann nicht glauben, dass er schuldig ist. Ich bitte Sie inständig, seinen Fall noch einmal zu überdenken.«

Dies verärgerte den Oberstleutnant. »Wer sind Sie, Mister? Kümmern Sie sich gefälligst um Ihre eigenen Angelegenheiten. Ich wurde geschickt, um diese Kerle zu bestrafen, und bei Gott, sie sollen ihre Strafe bekommen.« Dann blickte er zu zwei regulären Soldaten, die in der Nähe standen, und sagte: »Fesselt den Kerl.«

Die Soldaten brachten Dablin zu einer Kokospalme, die vor dem Haus stand, drückten ihn zu Boden und legten ihm ein Seil um den Körper und dann um den Baumstamm. Immer wieder beteuerte Dablin, dass er nichts Unrechtes getan habe. Hopkinson versuchte es erneut. »Oberstleutnant Leahy, ich stehe mit meinem Leben für die Unschuld dieses Mannes ein. Ich flehe Sie an, Sir, nicht übereilt zu handeln. Ich bitte Sie inständig, ihn zu verschonen, bis sein Fall gründlicher untersucht werden kann.«

Das gefiel dem Offizier wenig. »Ich sage Ihnen, wie es ist, Sir, es hat keinen Sinn, mit mir zu reden. Sie handeln aus persönlichem Interesse, und wenn Sie noch länger mit mir reden, werde ich Sie unter Arrest stellen und zum Gouverneur bringen lassen. Ich bin nicht hierhergekommen und habe nicht den ganzen Ärger auf mich genommen, um mich von Ihnen an der Nase herumführen zu lassen, weil Sie Angst haben, Ihre Neger zu verlieren. Lassen

Sie mich meine Pflicht tun, damit Sie alle noch jahrelang ruhig in Ihren Betten schlafen können, aber wenn Sie sich mir in den Weg stellen, wird Ihnen allen die Kehle durchgeschnitten, bevor Sie zwölf Monate älter geworden sind.« Leahy wandte sich nun an den Gefangenen. »Bete zu Gott, Daddy!«, sagte er. »Bete zu Gott.« Dann gab er einem der in der Nähe stehenden Soldaten den Befehl: »Erschieß ihn.« Der Soldat feuerte sein Gewehr ab. Dablin stöhnte und brach zusammen; mehrere Männer und Frauen in der Nähe schrien. Cheveley erinnerte sich später, dass er »verblüfft« und »fassungslos« gewesen sei. Es war das erste Mal, dass er einer Hinrichtung beigewohnt hatte.

Aber sie waren noch nicht fertig. Denn Alick, der immer noch von Cheveley festgehalten wurde und Zeuge von Dablins Tötung gewesen war, wurde nun aufgerufen. »Was hast du nun zu deiner Verteidigung zu sagen?«, fragte Leahy.

»Mister Buckra Massa, ich bin unschuldig, wirklich«, sagte Alick.

Das schien den Oberstleutnant zu erzürnen, er rief: »Du lügst, du Halunke, haben wir doch den klaren Beweis, dass du einer der Rädelsführer warst.« Alick wiederholte, dass er mit der Rebellion nichts zu tun habe. »Du Gauner«, schrie der Oberstleutnant, nun richtig wütend, »willst mir weiter solche Lügen auftischen? Weißt du, dass du in wenigen Minuten in der Hölle landen wirst?« Dann wies er Cheveley an, den Gefangenen an einen nahen Baum zu binden, während Alick weiter seine Unschuld beteuerte.

Da er nicht wusste, was er tun sollte, ermutigte Cheveley Alick schnell, Jesus Christus um Gnade zu bitten, und ging davon. Der Oberst gab das Kommando, wieder an einen der regulären Soldaten, und Alick wurde in den Kopf geschossen. Es war alles sehr schnell gegangen. Cheveley war krank vor Schuldgefühlen, weil er den Gefangenen zu dem Kommandanten zurückgebracht hatte, weil er nichts unternommen hatte, während Alick die denkbar substanzloseste Verhandlung über sich ergehen lassen musste, weil er ihn für seine Hinrichtung gefesselt hatte. Von da an wurde die »Mission des Todes«, wie er sie später nannte, nur noch schlimmer.

Auf der nächsten Plantage, Nabaclis, wo Mary Walrand und ihr Ehemann wenige Tage zuvor gefangen gehalten worden waren, traf die Truppe auf eine große Gruppe von Versklavten, die sich sofort ergab. Zwölf von ihnen galten als Rädelsführer und wurden nach einer kurzen Untersuchung nach draußen gebracht und von den regulären Soldaten erschossen. Die Nacht verbrachten die Milizionäre in einem engen Baumwollschuppen in Coldingen, und am nächsten Morgen brach Leahy mit seinen regulären Soldaten auf, um seine grausamen Unterdrückungsmaßnahmen fortzusetzen. Cheveleys Reservisteneinheit hatte die Aufgabe, die bereits verhafteten Rädelsführer in den einzelnen Plantagen einzusammeln und nach Georgetown zu eskortieren.

Innerhalb kurzer Zeit trieben sie eine lange Reihe aneinandergeketteter Abolitionisten vor sich her, darunter zwei der Schlüsselfiguren, Prince und Telemachus. Am späten Nachmittag, etwa fünf Meilen von Georgetown entfernt, hielt die Gruppe an, um Wasser zu trinken. Prince ergriff die Gelegenheit, schlüpfte aus seinen Ketten und rannte davon. Da er am nächsten dran war, rannte Cheveley ihm hinterher. Ihm folgte ein anderer Milizionär, der rief: »Feuer, Cheveley!« Cheveley hob sein Gewehr, zielte und verfehlte. Ein weiteres Gewehr ging los, und Prince wurde getroffen. Sie ließen seine Leiche im hohen Gras liegen. Als er zu den anderen zurückkehrte, wurde Cheveley wegen dieser weiteren missglückten Aktion verspottet. »Wer hat ihn entkommen lassen?«, rief jemand. »Na, Cheveley, wer sonst«, kam die spöttische Antwort.

Am Samstag, dem 23. August, kamen sie mit den Gefangenen im Schlepptau wieder in Georgetown an. Die Straßen waren voller Menschen, die ihnen beim Vorbeimarschieren zujubelten und als Helden willkommen hießen. Einige riefen: »Tapfere Schützen!« Andere riefen: »Erbarmen!«, als sie den Zustand der Milizionäre sahen. Viele beschimpften die Gefangenen. Fünf Tage waren vergangen, seit Cheveley aufgebrochen war. Er war mehr als fünfzig Meilen marschiert, hatte mehr als ein Dutzend Plantagen geräumt und an zahlreichen Scharmützeln teilgenommen. Er war erschöpft, übermüdet und bereit, alles hinter sich zu lassen. Nachdem er die Abolitionisten im Kolonialgefängnis abgeliefert hatte, ging er nach Hause, um sich zu waschen.

Zwei Tage später wurde er jedoch erneut aufgerufen, diesmal zur Plantage La Bonne Intention 16 Kilometer östlich von Georgetown und zwei Anwesen hinter Success. Als er auf die Hauptgebäude zusteuerte, sah er 15 versklavte Männer, die, entlang einem Graben aufgereiht, auf ihre Hinrichtung warteten. Es hatte keinen Prozess gegeben, keine Beweisaufnahme, keine Zeugenbefragungen. Gegenüber den zum Tode Verurteilten stand eine Reihe von Reservisten. Bisher waren die Hinrichtungen von regulären Soldaten vollzogen worden, von Soldaten, die Erfahrung mit dem Gewehr hatten. Jetzt nicht mehr. Einige der Reservisten, so erinnerte sich Cheveley später, zeigten »die größte Abneigung« gegen die vor ihnen liegende Aufgabe. Andere »erklärten unverblümt, sie seien keine Scharfrichter«. Ihre Kommandanten erinnerten sie unmissverständlich daran, dass in der Kolonie das Kriegsrecht herrsche und Befehlsverweigerung mit dem Tod bestraft werde. Das schien sie umzustimmen.

Der Befehl wurde erteilt, und die Waffen wurden abgefeuert. Da sie Amateure waren, zielten sie schlecht. »Es war ein schrecklicher Anblick«, schrieb Cheveley. »Einige wenige wurden auf der Stelle getötet, aber viele von Kugeln an Stellen getroffen, die nicht unmittelbar lebenswichtig waren, und lagen lange im Sterben.« Bald darauf marschierten Cheveley und die anderen von der Plantage. Er drehte sich um und sah, wie einer der Angeschossenen den Oberkörper anhob und um Hilfe rief.

Nach mehreren Stunden erreichten sie das Gut Beeter Verwagting, das von einem anderen Freund Cheveleys, Baron Grovesting, geführt wurde. Als Baron sah, wie blass und entsetzt sein Freund aussah, brachte er ihm Kaffee und Brot, aber Cheveley konnte nichts herunterbringen. Wenige Minuten später war es an der Zeit, eine weitere Gruppe eilig ergriffener Versklavter hinzurichten, von denen man annahm, dass sie sich an der Rebellion beteiligt hatten. Auch diesmal hatte es, soweit er feststellen konnte, keine Verhandlung gegeben, schon gar nicht eine mit Substanz. Die Hinrichtung verlief wieder einmal schlecht. Einem Mann, der auf der Plantage arbeitete, wurde in die Eingeweide geschossen. »Ich kann nicht tot sein«, schrie er und hielt seine sich windenden Eingeweide. »O Gott, ich kann nicht tot sein.«

Zwei Männer erhielten den Befehl, erneut auf ihn zu schießen. Sie feuerten ihre Musketen ab. Doch der Mann lebte und schrie weiter, bis ihr Kommandant, Leutnant Owen Kerman, auf ihn zuging, ihm sein Gewehr an den Kopf legte und abdrückte. »Horror über Horror, es hatte Ladehemmung«, erinnerte sich Cheveley. Jemand anderes rannte hinzu, und diesmal gelang es, den Mann von seinem Elend zu befreien. Die Übriggebliebenen wurden gezwungen, die Leichen mit ihren Messern zu enthaupten. Dann wurden sie angewiesen, die Enden von Schilfrohrstängeln anzuspitzen, die Köpfe daraufzustecken und am Eingang der Plantage als Warnung für jeden anzubringen, der die Teilnahme an einer Revolte oder einem Aufstand in Erwägung zog.

Cheveley schrieb, diese letzten Tage seien »abscheulich, schmerzhaft und widerwärtig« gewesen.

Sobald er wieder in Georgetown war, machte sich Cheveley auf die Suche nach seinem Chef. Als er ihn im Laden fand, teilte er Pattinson mit, er wolle die Kolonie unbedingt verlassen. Die Geschäftslage sei nach wie vor riskant, und ein Besuch in England werde hoffentlich Abhilfe schaffen. Er werde sich mit Pattinsons Bruder John treffen, und gemeinsam würden sie einen Plan ausarbeiten.

Aber mehr noch, die Niederschlagung des Aufstandes sei entsetzlich gewesen und er brauche Abstand. Der Anblick der Exekutionen der versklavten Menschen hatte ihn zutiefst traumatisiert. Es war schlimmer als seine Albträume in der Kindheit.

Pattinson sah den schrecklichen Zustand seines früheren Angestellten und jetzigen Geschäftspartners und dachte vielleicht, dass es von kommerziellem Vorteil wäre, wenn er einer der Ersten wäre, die England mit der Nachricht vom Aufstand erreichten, und erklärte sich bereit, Cheveley zu helfen, die Kolonie zu verlassen. Zu diesem Zweck müsse er jedoch vom Gouverneur einen Passierschein erhalten. Cheveley war sich nicht sicher, wie er das bewerkstelligen konnte – schließlich hatte der Oberbefehlshaber zu diesem Zeitpunkt ganz andere Dinge im Kopf –, aber einige Stunden später kam der Schein.

Vor seiner Abreise musste er noch eine Sache erledigen. Er eilte in die Kaserne und suchte Leutnant Rainey auf, einen seiner Vorgesetzten. Nachdem er seine Pläne erläutert hatte, bat Cheveley um die Erlaubnis zu fahren. Der Offizier gab nicht nur seinen Segen, sondern fügte hinzu, dass er selbst auch gerne nach Hause segeln würde, und bat Cheveley, seine Freunde in Schottland zu grüßen. Sie schüttelten einander die Hände; Cheveley lief zu den Docks und ging an Bord der *Glenbervie*. 24 Stunden nach seiner Rückkehr nach Georgetown war der Milizionär Cheveley auf dem Weg nach Glasgow.

»Es war eine große Erleichterung«, schrieb er später, »von den geschäftlichen Wirren der letzten zwei Jahre und dem Tumult der letzten zwei Wochen befreit zu sein.«

Während meines Aufenthalts in Guyana besuche ich Bachelor's Adventure. Ras Blackman, ein Sozialarbeiter und Gemeindehistoriker, der in diesem Dorf aufgewachsen ist, führt mich herum. Er zeigt mir das Gebiet zwischen der Public Road und der Küste, das früher ein Baumwollfeld war. Heute ist es ein Streifen bräunlichen Gestrüpps, umgeben von ein paar einstöckigen Häusern aus Betonblöcken. Hier standen die versklavten Abolitionisten, als sie von der Miliz niedergeschossen wurden.

Neben der Public Road steht ein Obelisk, der an diesen entscheidenden Moment des Aufstands erinnert. Er ist drei Meter hoch, weiß gestrichen, und an seiner Spitze prangt die Aufschrift »1823«. Er ist von einem niedrigen schwarzen Metallzaun umgeben.

Jedes Jahr trifft sich Ras hier mit anderen, um an das Massaker von Bachelor's Adventure und die Tapferkeit der Abolitionisten zu erinnern, die an dem Aufstand teilgenommen haben.

Ich bin schockiert über die Brutalität und das Ausmaß der Reaktion der britischen Miliz auf den Aufstand. Mehr als zweihundert Abolitionisten wurden während des Kampfes bei Bachelor's Adventure getötet. Insgesamt wurden während des Aufstands und danach zwischen fünfhundert und 1.000 Menschen getötet. Vielleicht auch mehr. Das ist mehr als die offizielle Zahl der Toten beim Massaker von Amritsar 1919 (als die britisch-indische Armee das Feuer auf eine Menge unbewaffneter Zivilisten eröffnete), aber ich habe noch nie vom »Demerara-Massaker« oder Ähnlichem gehört.

Als ich aufwuchs, erfuhr ich von der Sklaverei in den USA. Ich habe dazu Filme gesehen und Bücher gelesen. Aber nur wenige Menschen – ich spreche hier von meinen Weißen Freunden, Bekannten und von meiner Familie – sprechen über die britische Sklaverei in der Karibik, über ihr Ausmaß, ihre Schrecken. Warum ist das so?

Eine Antwort, zumindest teilweise, geben ein paar Zeilen aus Ras Blackmans Gedicht Sugar Cane *(Zuckerrohr), die er aus dem Gedächtnis vorträgt.*

Hier sind sie:

Könige, die sie aus afrikanischen Ländern holten
Um als Sklaven in ihrem Hinterland zu arbeiten
Um nach ihren Plänen Zucker zu produzieren
Schwarze Königinnen, die sie auf den Plantagen auspeitschten
Um ihre Kolonialherrschaft zu festigen
Während wir zusehen, wie ein Massa ihre Erniedrigung genießt.

Warum also sprechen so wenige Weiße über Sklaverei? Furcht. Verleugnung. Bestürzung. Schuldgefühle. Unwissenheit. Vielleicht von allem etwas.

KAPITEL 16

Jack, August 1823

Es war schon dunkel, als Jack Success erreichte. Anstatt zu seinem Haus zurückzukehren, wo man ihn hätte finden können, versteckte er sich in einem Zuckerrohrfeld. Dort wartete er. Einige Stunden später, gegen 20 Uhr, kam sein Vater mit einem Korb, der zwei Flaschen Porterbier und Brot enthielt. Während er aß, informierte Jack Quamina über das, was sich an diesem Tag bei Bachelor's Adventure ereignet hatte. Die Tausenden von versklavten Männern und Frauen, die tapfer im Baumwollfeld ausgeharrt hatten, das furchterregende Geräusch von Hunderten von Schüssen auf einmal, die Körper, die um ihn herum fielen, und dann seine Flucht. Diese Nachricht muss für Quamina, der noch Tage zuvor zu Zurückhaltung und Vorsicht gemahnt hatte, schockierend gewesen sein. Nachdem Jack seinen Bericht beendet hatte, erzählte Quamina, dass er gerade bei John Smith zu Hause gewesen sei. Der Missionar habe ihm gesagt: »Jetzt, wo du angefangen hast, musst du auch weitermachen.« Eine Kapitulation würde mit ziemlicher Sicherheit zu Verhaftung und Hinrichtung führen. Ihre beste Option war, sich zu verstecken, sich neu zu formieren und neu zu überlegen. Jetzt war der Vater an der Reihe, zum Handeln aufzufordern. Die britische Miliz würde sicher bald in Success eintreffen und nach den Teilnehmern des Aufstandes suchen. Sie müssten sich im Regenwald verstecken.

Nachdem sie einige Habseligkeiten zusammengetragen hatten, machten sich Jack und Quamina auf den Weg. Mit ihnen gingen 18 Frauen und Männer von den umliegenden Plantagen, darunter Cudjo, Quabino, Sammy und Primo, der am Tag vor dem Aufstand bei der Versammlung auf dem Middle Walk dabei gewesen war. Zusätzlich zu Jacks Entersäbel hatten sie zwei Gewehre dabei, außerdem zwei Exemplare der Bibel, ein Gesangbuch und mehrere Hängematten. Die Gruppe machte sich auf den Weg in Richtung Süden, weg von der Küste, vorbei an der Windmühle und dem Siedehaus und entlang des staubigen Weges, der sie in den hinteren Teil des Anwesens führte. Niemand war bei der Arbeit, die Felder waren seit Beginn des Aufstands verlassen. Nach einer Stunde Fußmarsch erreichten sie den Crown-Damm, die erhöhte Uferböschung, die die Rückseite des Anwesens markierte. Nachdem sie über den Damm geklettert waren, gelangten sie auf eine Wiese mit sogenanntem Rasiergras, dessen Kanten scharf genug sind, um die Haut aufzuschneiden. Der Boden war sumpfig und kühlte ihre Füße. Es folgte eine dichte Vegetation aus Schwarzem Salbei, weißem Staudenknöterich und anderen dornigen Pflanzen. Ein paar Hundert Meter weiter erreichten sie eine Böschung mit über vierzig Meter hohen Tallité-Palmen, die dunkle Schatten auf das Unterholz darunter warfen. Das war der Regenwald. Nach einer kurzen Strecke fanden sie eine trockene Stelle, die gut versteckt lag. Hier hielten sie an und schlugen ihr Lager auf.

In vielerlei Hinsicht wäre es für die Flüchtlinge sinnvoll gewesen, weiter nach Süden zu gehen, durch den Regenwald und in die dahinter liegende Wildnis. Doch obwohl die Abgeschiedenheit des Landesinneren zusätzlichen Schutz geboten hätte, war die Fremdheit dieses Gebietes auch ein Problem für die Flüchtigen, die ihr Leben nur auf den Zucker- und Baumwollplantagen entlang der Atlantikküste verbracht hatten. Sie waren auch nicht bereit, den Aufstand aufzugeben. Wenn sie mit ihren Freunden und Familien in Kontakt bleiben wollten, mussten sie in der Nähe der Plantagen bleiben. Zumindest für den Moment würden sie hier im Regenwald bleiben.

Im Laufe der Tage entwickelten Jack und seine Begleiter eine Routine. Tagsüber bewegten sie sich wendig und leicht. In der Nacht benutzten sie große Blätter und Äste, um ihre Verstecke zu verbergen. Sie kochten nur, wenn es dunkel war, da sie nicht wollten, dass der Rauch ihre Position verriet. Glücklicherweise war das Wetter ihr Verbündeter. Die meiste Zeit war es trocken und unter dem dichten Blätterdach nicht zu heiß. Hätten sie den Mai oder Juni im Regenwald verbracht, eine Zeit, in der es oft tagtäglich regnete und das Wasser die wenigen trockenen Stellen überflutete, wäre es weitaus schwieriger gewesen, dort längere Zeit zu überleben.

Durst war angesichts des reichlich vorhandenen Süßwassers kein Problem. Um den Hunger zu stillen, musste man sich ein bisschen anstrengen, aber es gab reichlich zu essen. Wildkaninchen, Hirsche und Leguane ließen sich mit wenig Aufwand fangen, und in den Bächen und Wasserläufen schwammen verschiedene Fischarten, darunter Hassar, Houri und Patwa. Außerdem war der Kern der Ité-Palme essbar, und in ihren Stämmen fanden sich Tacoma-Würmer, deren Köpfe abgebrochen und dann wie Marshmallows über Feuer geröstet werden konnten. Das Leben im Regenwald war jedoch nicht einfach. Nachts wurden die Flüchtlinge von Moskitos und anderen Insekten geplagt. Außerdem hatten sie mit den Folgen des Aufstands zu kämpfen, denn viele hatten enge Familienangehörige und Freunde verloren; manche hatten sich während des Kampfes Verletzungen zugezogen. Je mehr Tage vergingen, desto schwieriger wurde es, die Moral aufrechtzuerhalten.

Etwa am siebten Tag ihres Exils erklärte Primo laut seiner späteren Aussage, er habe genug und sei bereit, auf seine Plantage zurückzukehren. Offenbar reagierte Quamina darauf verärgert. Primo sei töricht, sagte er; die Herren der Plantagen würden ihnen niemals erlauben, einfach auf die Zuckerfelder zurückzukehren. Im besten Fall würden sie Hunderte von Peitschenhieben erhalten, im schlimmsten Fall am Galgen baumeln. Wenn sie jetzt aufgäben, was hätte das alles für einen Sinn?, rief er. Hätten sie nicht ein Recht auf Freiheit? Primo gab zurück, er sei sich nicht mehr sicher; er glaube nicht, dass sie die Freiheit gewinnen könnten. Die Weißen seien zu stark, zu mächtig. Quamina bestand darauf, dass sie siegen könnten. Wenn Primo gehen wolle, könne er das tun, aber er, Quamina, würde im Wald bleiben, und kein Buckra würde ihn lebend bekommen. Nach einigen Minuten Diskussion willigte Primo ein, bei der Gruppe zu bleiben.

Aber die Spannung blieb bestehen. Ein paar Nächte später kam es erneut zu einem heftigen Streit zwischen ihnen. Diesmal ging es darum, wo sie ihr Lager aufschlagen sollten. Quamina sagte, er wolle sich in der Nähe des Mahaica-Fluss auf der anderen Seite der Lancaster-Plantage verstecken. Dort gebe es reichlich Deckung, und es sei nahe genug an den Plantagen, um mit ihren Freunden in Kontakt zu bleiben. Joseph sagte, er kenne einen guten Platz, der weiter entfernt liege, und schlug vor, dorthin zu gehen. Niemand würde ihn finden, sagte er, und sie wären in Sicherheit. Andere hatten andere Vorschläge, aber Jack stimmte seinem Vater zu. Es war das Beste, dort zu bleiben, wo sie mit der Landschaft vertraut waren, und mit Jacks Unterstützung wurde die Entscheidung getroffen. Sie würden in der Nähe der Plantagen bleiben.

Am 30. August 1823 wurde in der *Demerara Royal Gazette* eine öffentliche Bekanntmachung abgedruckt. Unter der Überschrift »Tausend Gulden!« wurde eine Belohnung für denjenigen ausgesetzt, der »Quamina und Jack von der Plantage Success, die beiden Rädelsführer der Rebellion« ergriff. In der Anzeige wurde Jack als »1,80 Meter groß, etwa 25 Jahre alt, gut aussehend, stattlich, mit einer eher europäischen Nase und guten weißen Zähnen« beschrieben. »Die Flüchtigen«, so die Anzeige weiter, »sind in Begleitung von acht anderen Negern und zehn Frauen.«

Am folgenden Tag, dem 31. August, schickte Gouverneur Murray ein Schreiben an Lord Bathurst, den Kriegs- und Kolonialminister in London. Er hatte seit Beginn der Aufstände zwei Wochen zuvor regelmäßig über deren Verlauf berichtet.

> Mylord,
> die friedliche Stimmung, die hier herrschte, als ich das letzte Mal die Ehre hatte, Eurer Lordschaft Bericht zu erstatten (26. August), ist, wie ich Eurer Lordschaft mitzuteilen mich freue, nicht wesentlich gestört worden, obgleich sich ein böser Geist noch immer zeigt: Es werden noch etwa hundert Neger vermisst und in etwa die gleiche Anzahl von Waffen. Die zwei Haupträdelsführer gehören zur Plantage Success, Quamina Gladstone und sein Sohn Jack, die mit einer kleinen Gruppe von Männern sowie acht bis zehn Frauen in die Wälder geflohen sind. Sie werden von einer Gruppe Milizionäre unter Captain M'Turk, 2. Bataillon Demerara-Miliz, und sechzig Indios verfolgt. Major St. Gravesande ist mit einer Gruppe desselben Bataillons und den Mahaiconi-Indios ebenfalls den Mahaica-Fluss hinaufgezogen, um sie abzufangen. Ich habe eine Kommission eingesetzt, die Fakten über den Aufstand sammeln soll, damit Ihre Lordschaft alle unverfälschten Informationen zu diesem Thema erhält. Die Kommissare sollen keine Meinung äußern. Ich habe die Ehre, Eurer Lordschaft gehorsamster Diener zu sein,
> John Murray

In den nächsten Tagen meldeten sich zahlreiche Personen beim Gouverneursamt, die Jack und seine Bande von Flüchtigen gesehen hatten. Jeder Spur wurde nachgegangen, und mutmaßliche Aufständische wurden für Befragungen vorgeladen; aber bisher hatte sich nichts Handfestes ergeben. Am 4. September schrieb Murray erneut an Bathurst in London. »Die in die Wälder abkommandierten Gruppen sind zurückgekehrt, nachdem sie festgestellt haben, dass sich die Rebellen zuvor weiter fortbegeben haben.« Bislang war es ihnen nicht gelungen, die Abtrünnigen aufzuspüren. Nach ein paar Tagen Ruhe würde er Captain M'Turk und seine Männer wieder losschicken.

Am 6. September, nach zwei Wochen im Regenwald, verließ Jack seine Kameraden und besuchte Chateau Margo, das Anwesen unmittelbar östlich von Success. Vielleicht wollte er dort Informationen sammeln. Oder er wollte Vorräte besorgen. Was auch immer der Grund war, er befand sich in einem der Sklavenhäuser, als er kurz nach Mittag draußen Geräusche hörte. Es waren der unverkennbare Klang stampfender Hufe und das Klappern in Stellung gebrachter Musketen, gefolgt von einer lauten Stimme einer Autorität, die ihm ein Ultimatum stellte: Entweder er ergebe sich, oder das Gebäude werde gestürmt. Jemand musste ihn verraten haben.

Es gab nur wenige Alternativen. Er konnte durch die Tür stürmen, um sich aus dem Staub zu machen, aber die Überlebenschancen wären gering. Er konnte sich zur Wehr setzen, aber es war unwahrscheinlich, dass die Kolonialmiliz ihre Belagerung einfach aufgeben würden. Er wartete fünf Minuten, dann zehn, dann zwanzig. Seine Verfolger, von denen er nicht wusste, wie viele es waren, warteten draußen. Die Minuten vergingen und wurden zu Stunden. Schließlich, gegen 15.00 Uhr, wurde der Befehl zum Stürmen gegeben. Als Jack wusste, dass er keine andere Wahl hatte, stieß er die Tür auf und wurde sofort von drei Milizionären gepackt und hinausgezerrt. Nach der Dunkelheit im Haus war das Licht draußen gleißend. Ihm standen viele Männer gegenüber. Ein paar Dutzend Milizionäre, mindestens vierzig Indigene und zwei Männer auf Pferden. Den einen kannte er nicht, den anderen aber, den Anführer, erkannte er auf Anhieb. Es war Michael M'Turk, der Ortsvorsteher von Felicity.

Während Jack draußen stand, schickte M'Turk mehrere Männer ins Haus, um nach weiteren Abolitionisten zu suchen. Wenige

Augenblicke später kamen sie mit einer Frau wieder heraus. Sie hatte sich in den Dachsparren versteckt, sagten sie. Da sie zu dem Schluss kamen, dass sie Jacks Freundin sein müsse und nichts mit dem Aufstand zu tun hatte, ließen sie sie gehen. Nachdem eine halbe Stunde später und nach einer weiteren Erkundung des Gebäudes klar war, dass sich niemand mehr darin befand, sagte M'Turk, es sei an der Zeit, für heute Schluss zu machen. Jacks Arme wurden in Eisen gelegt und ein Seil um seinen Hals gebunden. Er würde nach Georgetown eskortiert werden, wo er ins Kolonialgefängnis geworfen werden sollte.

Das Kolonialgefängnis war ein zweistöckiges Holzgebäude in der Camp Street, drei Häuserblocks vom Demerara-Fluss und ein paar Schritte vom Wachhaus entfernt. Traditionell waren dort zwei Gruppen von Kriminellen untergebracht. Die erste Gruppe bestand aus kleinen Dieben, Prostituierten, Schuldnern und einer Handvoll Mördern und Gewalttätern. Die zweite und weitaus größere Gruppe bestand aus versklavten Menschen, die in irgendeiner Weise für straffällig erklärt worden waren. Dazu gehörten Ausreißer, Menschen, die sich wiederholt geweigert hatten zu arbeiten, und solche, die nach 20 Uhr ohne Passierschein auf der Straße erwischt worden waren.

Jack wurde in eine Zelle gesteckt. Es war ein feuchter, fensterloser Raum von zehn mal zwölf Metern. Es gab weder ein Bett noch eine Decke und auch keinen Nachttopf. Der Stuhlgang wurde in einer schmutzigen Ecke verrichtet. Er war dort nicht allein. Denn jetzt saß noch eine dritte Gruppe im Gefängnis: diejenigen, die am Aufstand teilgenommen hatten.

Es waren über fünfzig Abolitionisten inhaftiert worden, darunter einige der Rädelsführer wie Telemachus, Paris, Sandy, Manuel, Joseph und Seaton. Von seinen Zellengenossen wird Jack erfahren haben, was geschehen war, als er im Regenwald versteckt war.

Zwei Wochen zuvor, am 26. August, hatte der Gouverneur das Kriegsgericht eröffnet. Die Ersten, die vor Gericht gestellt wurden, waren Natt von der Enterprise-Plantage und Louis von Plaisance. Sie hatten keinen Anwalt, der sie hätte beraten können. Die einzige Person, die ihnen zur Verfügung stand, war der Holzhändler Robert Edmonstone, der als Dolmetscher fungierte. Die Verhandlung hatte nur wenige Stunden gedauert, und die beiden Angeklagten waren der Beteiligung an einer Rebellion für schuldig befunden und zum Tode verurteilt worden. Noch am selben Tag um 17 Uhr waren sie durch die Stadt zum Paradeplatz getrieben worden. Zuerst kam die Vorhut, dann acht Versklavter, die zwei Holzsärge trugen. Darauf folgten die Gefangenen, der Garnisonsgeistliche und die Mitglieder des Gerichts. Am Ende des Zuges spielte eine Militärkapelle einen Totenmarsch, begleitet von einer Abteilung des 1. Bataillons der Demerara-Miliz.

Als sie den Paradeplatz erreicht hatten, wurden Natt und Louis zum frisch errichteten Galgen geführt, und ihnen wurde jeweils eine Schlinge um den Hals gelegt, während die Miliz um sie herum ein Karree bildete. Das Urteil wurde verlesen, und dann wurde umstandslos an einer Schnur gezogen, das Fallbrett sprang auf, und ihre Körper fielen hindurch. Am nächsten Tag wurden zwei weitere Abolitionisten auf den Exerzierplatz geführt: Murphy von der Plantage Foulis und Harry von Good Hope, der mit dem Strick um den Hals seine Unschuld beteuerte und um sein Leben flehte. Einem Beobachter zufolge »war er so wenig mit seinem Schicksal einverstanden, dass der Henker den ausdrücklichen Befehl erhielt, seine Pflicht unverzüglich zu erfüllen«. Am nächsten Tag, dem 28. August, wurden vier weitere Personen gehängt. Aufgrund eines Fehlers – das Seil war zu lang – schlugen drei von ihnen auf dem Boden auf. Zwei waren besinnungslos, aber einer setzte sich auf und schien unverletzt zu sein, bis er eine Minute später umfiel. Ein Arzt erklärte ihn kurz darauf für tot.

Elf Tage nach seiner Ankunft im Gefängnis erfuhr Jack Schreckliches: Michael M'Turk war erneut auf die Jagd gegangen, diesmal unterstützt von Leutnant Nurse und einer Gruppe indigener Fährtenleser. Gegen 16 Uhr entdeckten sie einen Abolitionisten, der sich in der Nähe des Crown-Damms hinter Chateau Margo versteckte. M'Turk sagte ihm, dass er sein Leben verschonen würde, wenn er ihn zu den anderen brächte. Der Abolitionist willigte ein und führte sie tiefer in den Regenwald. In diesem Moment nehmen sie eine Bewegung wahr. M'Turk zufolge riefen sie dem Flüchtigen zu, er solle stehen bleiben, doch da dieser das nicht tat, hob einer der Indigenen sein Gewehr und schoss. M'Turk näherte sich dem Körper, um den Puls zu fühlen. Er war nicht zu fühlen. Er drehte den Körper um. Es war Quamina. Mit der Dämmerung im Nacken machte sich die Gruppe auf den Weg zurück nach Felicity.

Am nächsten Tag ritt M'Turk in Richtung Success und zog Quaminas Leiche hinter sich her. Am Eingang der Plantage erwartete ihn eine große Menschenmenge, darunter alle versklavten Männer, Frauen und Kinder der benachbarten Plantagen. Im Zentrum der Versammlung stand ein hölzerner Galgen, der über Nacht errichtet worden war. Zwei Milizionäre wickelten eine Metallkette um Quaminas Körper und hievten ihn auf das Gerüst.

Am nächsten Morgen, dem 18. September, weniger als 24 Stunden nachdem er von der grauenvollen Tötung seines Vaters erfahren hatte, wurde Jack mitgeteilt, er müsse vorm Kriegsgericht erscheinen.

TEIL 3

DER PROZESS

Oh, diese Weißen haben kleine Herzen, die nur für sich selbst empfinden können.

Mary Prince

Britische Historiker schreiben fast so, als hätte Großbritannien die Negersklaverei nur eingeführt, um sie abschaffen zu können.

Eric Williams

KAPITEL 17

Jack, September 1823

Angesichts der Tatsache, dass die erste Polizeibehörde im britischen Empire erst 1829 gegründet und der erste Generalstaatsanwalt erst 1880 ernannt wurde, unterschied sich das englische Strafrechtssystem des frühen neunzehnten Jahrhunderts sehr stark von dem am Ende jenes Jahrhunderts.

Im London der 1820er Jahre wurden Verdächtige beispielsweise von einem Constable, einem Wachmann oder sogar einem Privatdetektiv verhaftet und blieben bis zur Verhandlung inhaftiert. Schwere Verbrechen wie Mord und Hochverrat wurden vor ordentlichen Gerichten wie dem Old Bailey in London verhandelt, die dem Strafrecht unterlagen und sich an Präzedenzfällen orientierten. Sie wurden von Vertretern der Justiz Seiner Majestät – Richtern, Gerichtsschreibern, Magistraten, Gerichtsvollziehern – geleitet, und ihre Urteile wurden in der Regel von Geschworenen gefällt, bei denen es sich um männliche Grundbesitzer handelte. Der Sachverhalt wurde in der Regel vom Opfer der Straftat vorgetragen, unterstützt von Zeugen, die vor dem Richter aussagten. Schuldsprüche in Fällen von Mord, Vergewaltigung und Hochverrat, aber auch weniger schwerwiegenden Delikten wie Wilderei, Einbruch und Sachbeschädigung konnten den Galgen bedeuten.

In den Jahrzehnten vor 1820 war es nicht üblich, dass Anwälte den Angeklagten vor Gericht zur Seite standen, selbst in Mordfällen. Dies änderte sich mit dem Aufkommen von Barristers, wichtigeren Rechtsanwälten, die aggressiv und erfolgreich für die Rechte ihrer Mandanten eintraten. Im Jahr 1740 hatten weniger als 1 Prozent der Angeklagten einen Anwalt; diese Zahl stieg bis 1800 auf 20 Prozent und bis 1820 auf mehr als 30 Prozent. Der Erfolg dieser

Anwälte führte dazu, dass im Parlament Gesetzesentwürfe eingebracht wurden, die besagten, dass alle Schwerverbrecher Zugang zu einem Rechtsbeistand erhalten müssten. Viele der Befürworter einer solchen Gesetzgebung waren auch Abolitionisten.

Für die Prozesse gegen die aufständischen Versklavten, die im Spätsommer und Frühherbst 1823 in Georgetown stattfanden, galten jedoch nur wenige der Annehmlichkeiten eines Londoner Gerichts. Erstens war das vom Gouverneur ausgerufene Kriegsrecht noch in Kraft, sodass die üblichen Strafprotokolle keine Rolle spielten. Die Abolitionisten sollten als feindliche Kämpfer und nicht als Kriminelle behandelt und nach Militärrecht verurteilt werden. Zweitens handelte es sich bei den Angeklagten um versklavte Menschen. Für sie galten die üblichen Regeln nicht. Die Zeugenaussage eines versklavten oder freigelassenen Schwarzen wurde vom Gericht als nicht so zuverlässig angesehen wie die eines Europäers. Drittens, und das macht die Sache noch komplizierter, unterlag Demerara dem holländischen Recht, das bei der Übernahme der Kolonie durch die Briten im Jahr 1814 mit übernommen worden war.

Am frühen Morgen des 18. September 1823, fast genau einen Monat nach Beginn des Aufstands, kam ein Gefängniswärter zu der Zelle, in der Jack Gladstone festgehalten wurde, schloss die Tür auf, legte ihm Handfesseln an und übergab ihn an zwei Wachen. Dann wurde Jack nach draußen begleitet und den Brick Dam, die älteste Straße der Stadt, in Richtung Demerara River hinaufgeführt. Es war noch früh, sodass nur wenige Menschen auf der Straße waren. Diejenigen, die auf den Beinen waren, sahen zu, wie der Gefangene vorbeiging. Wahrscheinlich wussten sie, dass er einer der Anführer des Aufstands war, denn die Nachricht vom Prozess an diesem Tag hatte sich unter den Einwohnern der Stadt rasch verbreitet. Das Septemberwetter in Demerara war typischerweise heiß und trocken, und der heutige Tag bildete keine Ausnahme. Es waren bereits über 30 Grad. Innerhalb weniger Minuten war Jacks Hemd schweißnass.

Als häufiger Besucher der Hauptstadt dürfte Jack die Wahrzeichen, an denen sie vorbeigingen, gekannt haben. Der alte Exerzierplatz, auf dem die Soldaten übten. Das von Steinmauern umgebene Arsenal, in dem die Waffen der Armee aufbewahrt wurden. Sie gingen rechts in die High Street und zum Justizpalast hinauf, einem großen, weißen Gebäude von dreißig Metern Länge und zweieinhalb Stockwerken Höhe. Hier wurden versklavte Männer und Frauen normalerweise vor Gericht gestellt und verurteilt. Doch hier hielten sie nicht an, sondern gingen weiter, vorbei am Feuerwehrhaus und am Marktplatz, wo freie Männer und Frauen ihr Gemüse und andere Waren verkauften, dann an der Metzgerei, wo frisch geschlachtetes Schweine-, Rind- und Hammelfleisch verkauft wurde, bis sie schließlich ihr Ziel erreichten: ein zweistöckiges Holzgebäude an der Ecke High Street und South Street. Es handelte sich um das Colony House.

Jack wurde durch eine Seitentür in das Gebäude geführt und gelangte in einen großen, holzgetäfelten Raum im Erdgeschoss. Er wurde zu einem Holzstuhl mit hoher Lehne an der Stirnseite des Raumes geführt. Neben ihm, hinter einem Tisch, saß Victor Amadius Heyliger. Normalerweise wirkte Heyliger als Fiscal der Kolonie. Heute würde er als *judge advocate* fungieren, was der Rolle des Staatsanwalts vor einem Strafgericht entsprach. Auf der anderen Seite des Tisches saßen sein Assistent und mehrere Beamte, die für den reibungslosen Ablauf des Verfahrens sorgen sollten, sowie ein Dolmetscher, der für kreolischsprachige Zeugen übersetzte.

Hinter Jack füllte sich der Raum mit Menschen, die dem Geschehen beiwohnen wollten. Auf den Holzbänken saßen erwartungsvoll Geschäftsinhaber und Einwohner von Georgetown, darunter Robert Edmonstone und William Pattinson; weiterhin Verwalter und Aufseher von Plantagen der ganzen Kolonie, wie M'Turk, Stewart und Hamilton, sowie eine Handvoll neugieriger Besucher aus Übersee, die sich gerade zufällig in der Stadt aufhielten. Unter den Anwesenden befanden sich auch Journalisten der wichtigsten Zeitungen der Kolonie, der *Demerara Royal Gazette* und des *Guiana Chronicle* sowie der erst kürzlich gegründeten Zeitung *Colonist*. Alle waren bestrebt, die dramatischen Ereignisse für ihre Leser, die nicht anwesend sein konnten, festzuhalten. Jack Gladstone war der einzige Schwarze im Saal. Er war auch der Einzige, der nicht formell gekleidet war. Er trug immer noch dieselbe feuchte Kleidung, in der er gefangen genommen worden war, verschmiert, fleckig und stinkend nach den Tagen im Regenwald.

Um Punkt 10 Uhr rief der Protokollführer den Saal zur Ordnung. Alle Anwesenden standen auf, als Oberstleutnant Stephen Arthur Goodman hereinkam. Als Kommandant der Georgetown-Brigade der Miliz war Goodman zum Vorsitzenden des Kriegsgerichts ernannt worden. Er hatte eine glanzvolle Karriere in der britischen Armee hinter sich: In der Schlacht von Talavera hatte er die leichten Kompanien der Stewart-Brigade der Hill-Division kommandiert und war stellvertretender *judge advocate* in Wellingtons Armee bei Waterloo gewesen. 1819 war er in der Karibik eingetroffen und hatte in den letzten zwei Jahren das Amt des Auktionators der Kolonie innegehabt. Der Mann, der in Jacks Prozess den Vorsitz führte, war also auch für die Bewertung, den Verkauf und die Überführung von Versklavten auf Demerara zuständig.

Goodman forderte nun die Mitglieder des Kriegsgerichts auf, hereinzukommen. Wenige Augenblicke später nahmen zwölf Weiße Männer links von Jack Platz. Sie waren das Äquivalent zu den Geschworenen in einem Strafprozess und nicht weniger voreingenommen als der Präsident. Elf von ihnen hatten als Berufssoldaten oder Reservisten an der Niederschlagung des Sklavenaufstands mitgewirkt, und der zwölfte war Charles Wray, der oberste Richter der Kolonie. Alle Mitglieder des Kriegsgerichts trugen Militäruniformen, die nicht nur ihre Treue zur Krone, sondern auch ihre Unterstützung derer, die den Aufstand niedergeschlagen hatten, zum Ausdruck brachten.

Mit einer Geste forderte der Präsident Victor Amadius Heyliger auf, mit dem Prozess zu beginnen. Der Fiscal erhob sich, wandte sich an die Mitglieder des Kriegsgerichts und verlas die Anklage gegen Jack: »Wegen Verursachung, Aufwiegelung und Förderung von Aufruhr und Rebellion gegen den Frieden unseres souveränen Herrn, des Königs«, verkündete er, »sowie wegen aktiver Beteiligung an einem solchen Aufruhr und einer solchen Rebellion in der Nacht zum Montag, dem 18. August, und darüber hinaus, weil er bei einem solchen Aufruhr und einer solchen Rebellion als Oberhaupt, Antreiber oder Anführer fungierte und andere dabei unterstützte.« Der Präsident forderte den Angeklagten auf, sich zu erheben, und fragte, wie er plädiere. Jack erhob sich wie befohlen und erklärte mit fester Stimme, sodass alle es hören konnten: »Nicht schuldig.«

Der erste Zeuge des Fiscal war Dumfries, ein Zimmermann, der wie Jack auf der Success-Plantage arbeitete. Nach seiner Vereidigung sagte Dumfries, der Angeklagte habe ihn auf die Rome-Plantage geschickt, um Leute für den Aufstand zu rekrutieren. Einige Stunden vor Beginn des Aufstands habe er Jack und seinen Vater in der Küferei gesehen. Dort habe er gehört, wie Quamina »versuchte, ihn [Jack] davon abzuhalten, den Krieg zu beginnen«. Dem Zeugen zufolge hatte Jack gesagt, dass »die Zeit schon vorbei ist«. Die Implikation war klar: Jack Gladstone war der, der entschied, und trotz der Aufforderung seines Vaters, davon abzulassen, hatte er sich entschieden, den Aufstand zu beginnen.

Da er noch nie vor Gericht erschienen war – er hatte immer hart daran gearbeitet, sich aus Schwierigkeiten herauszuhalten –, muss es Jack überwältigt haben, als er das alles hörte. Es gab niemanden, der ihm half, sich in dem Prozess zurechtzufinden. Niemanden, der ihm die Protokolle erklärte, Strategien vorschlug oder die barocke Rechtssprache erklärte. Letztendlich vertrat er sich selbst, da das Gericht ihm keinen Anwalt zugewiesen hatte.

Er hob die Hand. Als der Präsident dies sah, nickte er und erteilte ihm damit das Wort. Der Angeklagte stand auf und fragte mit fester Stimme, ob er den Zeugen befragen dürfe. Das wurde ihm gestattet. Da Jack es für wichtig hielt, gleich zu Beginn des Prozesses zu beweisen, dass er die Weißen Kolonialbürger während des Aufstands beschützt hatte, fragte er Dumfries als Erstes, wie er den Gutsverwalter von Success behandelt hatte: »Hast du nicht gesehen, wie ich Mr. Stewart aus dem Gefängnis befreit habe?«, fragte er. Der Zeuge nickte zustimmend. Jack hielt inne und stellte dann eine weitere Frage. »Und habe ich ihn nicht zum Wohnhaus gebracht und an der Haustür Wache gehalten, als Richard ihn angreifen wollte, und habe ich den Angriff nicht verhindert?« Wiederum bestätigte Dumfries, dass es so gewesen sei. Jack setzte sich hin und gab zu verstehen, dass er keine weiteren Fragen habe. Nach seiner Aussage wurde Dumfries aufgefordert, den Zeugenstand zu verlassen.

Nun wurde Malcom Murchieson, der Aufseher von Success, als Zeuge aufgerufen. Heyliger befragte ihn nach Jacks Rolle bei dem Aufstand. Murchieson sagte, Stewart habe von M'Turk gehört, dass Jack der Anführer der Sklaven sei und sie ihn festnehmen müssten. Er sagte, sie hätten ihn im Küferschuppen ergriffen und dann von der Plantage weggebracht. Jack sei daraufhin von einigen seiner Genossen befreit worden, und er, der Zeuge selbst, sei dabei »angegriffen« worden.

Jack brauchte nicht lange vom Präsidenten aufgefordert zu werden, um auch diesen Zeugen zu befragen. Er hatte jetzt seinen Rhythmus gefunden. »Als Dick, Windsor, Beffany und andere kamen, um mich zu befreien«, sagte er mit wachsender Sicherheit, »hat da nicht Dick gedroht, mit einem Entersäbel auf dich einzuschlagen?« Der Zeuge bejahte dies. »Habe ich ihn nicht daran gehindert, dich zu zerhacken?« Wieder bestätigte Murchieson das. »Als du in den Kanal der Plantage gesprungen bist, als Richard und andere hinter dir her waren, habe ich dir da nicht geholfen und diese Leute daran gehindert, dich anzugreifen?« »Ja, das hast du«, antwortete der Zeuge und fügte hinzu: »Es ist ein tiefer Kanal.« Viele Zuschauer lachten über diese letzte Bemerkung, wodurch sich die Spannung im Saal etwas löste.

Im Laufe des Donnerstags und des Freitags setzte sich dieses Muster fort. Mehr als zwanzig Zeugen wurden aufgerufen, zuerst von der Verteidigung und dann vom Angeklagten. Eine Aussage von Jacks Freund Daniel, dem Regierungsangestellten, wurde verlesen. Captain Croal und Oberstleutnant Leahy erschienen und sagten ebenso aus wie John Stewart. Sie waren sich im Wesentlichen einig; die Geschichte war immer die gleiche: Jack sei der Anstifter des Aufstands gewesen, er habe die Abolitionisten in verschiedenen Scharmützeln angeführt, aber – und das wurde immer wieder betont – er habe sich tapfer bemüht, Gewalt gegen die Weißen Bürger der Kolonie zu verhindern.

Im Laufe des Prozesses wurde ein Rätsel gelöst: nämlich, wie Jacks Pläne von den Plantagenverwaltern entdeckt worden waren. Laut verschiedenen Zeugenaussagen hatte alles mit Joe begonnen, einem *mixed-race*-Hausangestellten, der auf Le Reduit arbeitete, einem Anwesen zwischen Success und Georgetown. Nachdem Joe gehört hatte, dass es an der Ostküste zu Unruhen kommen könnte, und weil er befürchtete, dass sich dies auf seine Position auswirken könnte (die er der Arbeit auf dem Feld vorzog), hatte er seinen Freund Donderdag gebeten, die Rädelsführer zu belauschen. Einige Tage später, am Sonntag, dem 17. August, gelang es Donderdag, an der Diskussion auf dem Middle Walk teilzunehmen, und er gab am nächsten Tag seine Erkenntnisse an Joe weiter, der wiederum den Besitzer von Le Reduit informierte, der sofort die Bedeutung der Information erkannte und in die Stadt ritt, um den Gouverneur zu informieren. Auf dem Weg dorthin machte er bei Michael M'Turk, dem Ortsvorsteher, halt und warnte ihn vor dem bevorstehenden Aufstand. Daraufhin hatte M'Turk Jacks Verhaftung angeordnet.

Freitagabend, am Ende eines langen Gerichtstages, wurde Jack von einer Eskorte auf demselben Weg, den er am Morgen gekommen war, ins Gefängnis zurückgebracht. Seine Zellengenossen müssen neugierig gewesen sein, denn sie hatten ihre eigenen Anhörungen noch vor sich. Wie war es gelaufen? Wer war im Gericht? Was war gesagt worden? Was würde morgen passieren? Nachdem er mehr als acht Stunden lang Leuten beim Reden zugehört hatte, hätte Jack vielleicht lieber etwas Zeit für sich selbst gehabt. Vielleicht genoss er es aber auch, die Ereignisse des Tages zu schildern und zu planen, was am nächsten Morgen geschehen würde. Hier sind die Aufzeichnungen nicht klar.

Was wir wissen, ist, dass er nach dem Abendessen – typischerweise ein fader Haferschleim mit etwas altem Brot – einen Überraschungsbesuch erhielt: Charles Herbert, ein junger, gerade aus London eingetroffener Anwalt, bot seine Hilfe an. Herbert sagte, dass er nach der Anhörung der Beweise des Tages der Meinung sei, dass Jacks Position äußerst schwach sei und er fast sicher mit dem Todesurteil rechnen müsse. Er schlug vor, Jack dabei zu helfen, eine Erklärung zu verfassen, in der er seine Verbrechen zugab und seine Bemühungen betonte, die Verwalter und Aufseher vor den abscheulichsten Angriffen zu schützen. Jack nahm das Angebot an.

Herbert zog seine Jacke aus, setzte sich an einen kleinen Holztisch und legte ein Stück Papier und einen Federkiel darauf. Das spärliche Licht wurde von einer flackernden Kerze erzeugt. In den nächsten Stunden diktierte der Gefangene seine Gedanken dem Anwalt, der sie niederschrieb. Es war eine langsame, mühsame Arbeit. Jack hatte viel zu sagen, und die Aufzeichnung seiner Worte musste genau sein. Das Gericht würde nichts anderes akzeptieren. Als sie die Erklärung fertiggestellt hatten, war sie zehn Seiten lang. Auf dem Weg nach draußen legte Herbert die eidesstattliche Erklärung auf den Schreibtisch des Gefängniswärters.

Am nächsten Tag kam eine weitere Person ins Gefängnis. Diesmal war es Robert Edmonstone. Derselbe Robert Edmonstone, der zwei Jahre zuvor das Einführungsschreiben von John Cheveley so mürrisch entgegengenommen hatte. Derselbe Mann, der eine Geschäftsbeziehung zu John Gladstone unterhielt, Sklavenhalter und außerdem Angestellter des Kriegsgerichts war. Als Edmonstone das Gefängnis betrat, sah er Jacks Schreiben auf dem Tisch des Gefängniswärters. Da niemand in der Nähe war, hob er es auf und las es durch. Dann fügte er dreißig eigene Zeilen hinzu. Nach einer Weile kam Charles Herbert, und Edmonstone erklärte ihm, was er getan hatte. Herbert war empört, aber es war zu spät, um noch etwas zu unternehmen. Es würde zu lange dauern, die Erklärung umzuschreiben; man würde den Eingriff hinnehmen müssen.

Eine halbe Stunde später tagte das Gericht wieder. Nachdem der Fiscal seinen Vortrag abgeschlossen hatte, war Jack an der Reihe. Der Gefangene wurde gefragt, was er zu seiner Verteidigung zu sagen habe, und er beantragte, dass seine Aussage vor dem Gericht verlesen werde. Da sein eigener Vortrag nicht flüssig war, bat er den Gerichtsschreiber, ihn vorzutragen. Vieles war dem Gericht bekannt. Jack erzählte von den Ursprüngen des Aufstands, den Gerüchten, dass der König die Versklavten freilassen würde, dem Treffen in der Nähe der Bethel Chapel, bei dem sie ihre Pläne beschlossen hatten, der Einnahme der verschiedenen Plantagen und der Unterredung in Bachelor's Adventure. Er übernahm auch die Verantwortung für seinen Anteil an den Ereignissen. »Ich kann und will nicht leugnen, dass ich an dieser Rebellion beteiligt war«, sagte er, »aber ich erkläre hiermit feierlich, dass ich nicht so gehandelt hätte, wenn man mir nicht gesagt hätte, dass wir ein Recht auf unsere Freiheit hätten und dass sie uns von unseren Herren vorenthalten würde.«

Nach zwanzig Minuten kam er zu dem Schlusssatz, den er und Herbert in der Nacht zuvor verfasst hatten und der den Höhepunkt seiner Aussage bilden sollte: »Ich hoffe, dass meine Zeugen beweisen werden, dass ich die Wahrheit gesagt habe«, und dann: »Ich überlasse mich demütig der Gnade des Gerichts.«

Aber das war noch nicht das Ende. Denn nun kamen die von Robert Edmonstone hinzugefügten Zeilen. »Ich bin davon überzeugt, dass ich einen fairen Prozess hatte«, ging Jacks Erklärung weiter. »Von der Stunde an, in der ich von Dr. M'Turk gefangen genommen wurde, bis zum jetzigen Zeitpunkt wurde ich von allen Weißen auf die denkbar humanste Art und Weise behandelt, und ich habe weder im Gefängnis noch anderswo auch nur einen einzigen beleidigenden Ausdruck von einem Weißen gehört.« Dieser Satz war nicht nur unlogisch, sondern passte auch stilistisch nicht zu Jacks vorherigen Worten. Es war eindeutig ein Versuch, den Gouverneur und die Kolonialbürger von jeder Schuld reinzuwaschen.

Schließlich wurde auch John Smiths Rolle für den Aufstand erwähnt. Nach den von Edmonstone verfassten Zeilen gab Jack zu, dass der Missionar in den Wochen und Monaten vor dem Aufstand eine Kultur der Uneinigkeit gefördert habe. »Vor diesem Gericht erkläre ich feierlich, dass viele der Lektionen und Reden, die wir anhörten, und die Teile der Schrift, die für uns in der Kirche ausgewählt wurden, dazu beitrugen, dass wir mit unserer Lage als Sklaven unzufrieden waren«, las der Gerichtsschreiber. »Hätte es an der Ostküste keine Methodisten gegeben, hätte es keinen Aufstand gegeben.« Als Reaktion auf diese Aussage gab es viel Gemurmel im Saal, aber obwohl Jacks Eingeständnis John Smith schadete, war es kein K.-o.-Schlag. Es war nicht viel mehr als das, was bereits während des vorangegangenen Verfahrens festgestellt worden war.

Es wurde wieder still, und die Leute beugten sich vor, um zu hören, was der Angeklagte als Nächstes sagen würde, verzweifelt darauf bedacht, kein Wort oder keinen Satz zu verpassen: »Nicht nur jeder Diakon und jedes Mitglied der Kirche wusste von ihr [der Rebellion], bevor sie ausbrach«, hieß es weiter, sondern »Pfarrer Smith kannte den ganzen Plan.« Auch dies waren Zeilen, die von Edmonstone hinzugefügt worden waren, ebenso wie die nächste: »Er wollte, dass wir warten. Wenn er nicht gewusst hätte, was wir vorhatten, hätte er uns dann gesagt, dass wir warten sollen?« Bei dieser Schlussfolgerung war scharfes Luftholen zu hören. Hier war endlich der Beweis für den Verrat des Missionars, ein glasklarer Beweis!

Auf die Frage des Gerichts, ob er seine Aussage schriftlich verfasst habe, antwortet Jack, dass er Mr. Herbert »den Inhalt der Worte diktiert« habe. Er sagte ausdrücklich nicht, dass die von Robert Edmonstone hinzugefügten Formulierungen von ihm stammten. Als Edmonstone zum Beweis der letzten Absätze befragt wurde, sagte er, er habe mit dem Angeklagten gesprochen und zur Untermauerung seiner Behauptung die Fakten mit einem der anderen Rädelsführer überprüft, und fügte hinzu: »Ich hätte es Herrn Herbert nicht gegeben, wenn Bristol nicht gesagt hätte, dass es wahr ist.« Edmonston bemühte sich, nicht zu erwähnen, dass Bristol mit dem Gericht eine Vereinbarung getroffen hatte, wonach seine Strafe im Gegenzug für eine Aussage gegen den Angeklagten verworfen werden sollte.

Da keine weiteren Zeugen mehr aufgerufen werden konnten, wurde der Gefangene gefragt, ob er abschließend noch etwas sagen wolle. »Ich weiß, dass ich mich dieser Rebellion schuldig gemacht habe«, erklärte Jack vor dem wie versteinert wirkenden Gericht, »und dass ich es verdiene, dafür verurteilt zu werden; aber ich hoffe, dass das Gericht mich aufgrund der Milde, die ich habe walten lassen, für Gnade empfehlen und sich beim Gouverneur für mich einsetzen wird.« Die Anwesenden wurden aufgefordert, sich zu erheben, und die Mitglieder des Kriegsgerichts verließen den Raum, um ihre Entscheidung zu treffen. Das Verfahren hatte nur dreieinhalb Tage gedauert.

Am Nachmittag wurde das Gericht wieder einberufen. Jack erhob sich, um die Urteilsverkündung anzuhören. Ihm wurde mitgeteilt, dass das Gericht »nach reiflicher Überlegung und in Abwägung der Beweise« zu dem Schluss gekommen sei, dass er »der gegen ihn erhobenen Anklage schuldig ist, und ihn, den Gefangenen Jack, zum Tode verurteilt, und zwar zu dem Zeitpunkt und an dem Ort, den seine Exzellenz, der Oberbefehlshaber, für angemessen hält«. Es war der 22. September 1823. Jack Gladstone war 28 Jahre alt.

Nach dem System des Kriegsgerichts gab es keine Möglichkeit, Berufung einzulegen. Es gab jedoch eine Hoffnung: Begnadigung. Der Gouverneur selbst hatte nicht die Befugnis, wegen Hochverrats Verurteilte zu begnadigen oder das Urteil umzuwandeln. Diese Befugnis lag beim König und seinen Beamten in London. Also schrieb der Gouverneur erneut an Lord Bathurst in London und legte die Argumente für und gegen eine königliche Begnadigung dar. Einerseits war Jack offensichtlich der Hauptanführer des Aufstandes. »Es besteht kein Zweifel«, schrieb Murray, »dass er in der Nacht zum Montag, dem 18. August, zu den Waffen griff und sich inmitten einiger sehr verzweifelter Gruppen befand.« Andererseits, so fuhr er fort, gebe es politische Gründe, seine Strafe zu reduzieren. Aus den Aussagen von Sklaven und Kolonialbürgern vor Gericht gehe hervor, dass Jack mehreren von ihnen das Leben gerettet hatte, und die Belohnung eines solchen Verhaltens wäre ein nützliches Zeichen gegenüber anderen potenziell Aufständischen. Es sei auch erwähnenswert, dass Mitglieder von Jacks Familie bereits bestraft worden waren. Schließlich hing Quaminas Leiche noch immer am Galgen an der Küste. »Ich halte es für eine gute

Politik, den Sklaven im Falle einer Wiederholung solcher Kämpfe zu zeigen, dass jeder Vorteil, den sie den Weißen gewähren, auch wenn es sich um eine Rebellion handelt, bei der Bestrafung ihrer Verbrechen nicht außer Acht gelassen wird«, so der Gouverneur.

Diese strategische Überlegung war nicht ohne politisches Risiko. Der Court of Policy – zu dem Michael M'Turk, Charles Wray und der Fiscal selbst gehörten – hatte dem Gouverneur zu verstehen gegeben, dass er keine Gnade für die Abolitionisten befürwortete, insbesondere nicht im Fall des Mannes, der den Aufstand angeführt und sich wochenlang der Gefangennahme entzogen hatte. Eine Ansicht, die von den Plantagenbesitzern in der Kolonie geteilt wurde.

Es gab jedoch eine Sklavenhalterfamilie, die den Verurteilten vor der Schlinge des Henkers bewahrt sehen wollte: Durch seinen Agenten in Georgetown ließ Gladstone an Gouverneur Murray schreiben und tat seine Unterstützung für Jack kund. Er sei »bei uns allen wegen seines guten Benehmens, seiner Intelligenz und seiner Nützlichkeit beliebt«, schrieb Cort im Namen Gladstones und verwies auf die zahlreichen Bemühungen Jacks, die Herren der Kolonie während der Rebellion vor Schaden zu bewahren. Ihn zu hängen, würde zu viele Menschen auf den Plantagen verstören, was schlecht für das Geschäft wäre. Besser wäre es, wenn er aus der Kolonie deportiert würde. Und wenn er weggeschickt werde, solle Gladstone von der Regierung für den Verlust seines ›Eigentums‹ entschädigt werden, so als wäre Jack hingerichtet worden. Für den Liverpooler Händler ging es immer nur ums Geld.

Gladstones Argumente setzten sich durch. Murray teilte seinen Vorgesetzten in London mit, er sei davon überzeugt, dass ein Verbleib von Jack in Demerara »eine sehr allgemeine und wohlbegründete Besorgnis bei den Einwohnern hervorrufen« würde und »für das Wohlergehen der Kolonie gefährlich« sei. Stattdessen schlug er »in aller Bescheidenheit« vor, Jack auf eine Insel zu schicken, auf der ein »angenehmes« Klima herrsche. Dort würde er in einem Gefängnis arbeiten, das ihm keine »Gelegenheiten bieten würde«, sich falsch zu benehmen. Der Gouverneur empfahl, Jack auf die Bermudas zu schicken.

Jeden Tag treffe ich in Guyana Menschen, die berichten, dass sie Nachfahren von Afrikanern sind, die von den Briten versklavt wurden. Sie erzählen mir, wie das brutale Erbe über Generationen hinweg weitergegeben wurde und wie es sie bis heute betrifft. Ich fühle mich schrecklich, wenn ich diese Geschichten höre, empfinde eine Mischung aus Traurigkeit, Wut und Scham.

Eine Frau erzählt, wie sich ihre Vorfahren nach der Abschaffung der Sklaverei im Jahr 1833 zusammenschlossen, ihre mageren Ersparnisse zusammenlegten und Land kauften, um ein Dorf zu bauen. Die Weißen Herren der Kolonie waren über dieses aufmüpfige Verhalten nicht erfreut und fluteten das Dorf. Als eine ihrer Vorfahren versuchte, die Flut zu stoppen, wurde sie gejagt und an einem Galgen aufgehängt.

Mehr als einmal, nachdem ich von den entsetzlichen Folgen der Sklaverei gehört habe, ertappe ich mich dabei, wie ich mich für das entschuldige, was die Briten getan haben, dafür, dass sie so ignorant gegenüber diesem Teil ihrer Geschichte waren, dass ich nicht früher etwas gewusst habe. Und ich frage mich, welche Rolle meine Familie bei der Sklaverei genau gespielt hat.

Nachts in meinem Hotelzimmer verbringe ich Stunden damit, in Online-Datenbanken zu recherchieren, wissenschaftliche Zeitschriften zu lesen und alles über den Tabakhandel zu erfahren, was ich kann. Folgendes habe ich herausgefunden.

Meine Familie begann mit dem Tabakgeschäft im Jahr 1843, als mein Urururururgroßvater Samuel Glückstein aus Belgien nach London kam. Mit nichts als den Kleidern am Körper brachte er sich selbst das Drehen von Zigarren bei und verkaufte diese dann auf der Straße. Schließlich gründete er mit seinem Bruder und seinem Schwager die Firma Glückstein & Co. Der Tabak, den sie kauften, kam aus den USA und stammte mit ziemlicher Sicherheit von Plantagen, auf denen versklavte Frauen und Männer arbeiteten.

In den 1850er Jahren und bis 1865, als die Sklaverei in den USA abgeschafft wurde, kaufte Glückstein & Co. weiterhin Tabak von ame-

rikanischen Plantagen, die von versklavten Menschen bewirtschaftet wurden. Das Unternehmen wurde für den Familienwohnsitz zu groß und zog in eine Werkstatt in Soho. Der Gewinn reichte aus, um einen irischen Diener einzustellen und über zwei Jahrzehnte lang mehr als zwanzig Familienmitglieder zu ernähren. Das zeigt: Glückstein & Co. verschaffte der Familie Geld, Macht und Ansehen, und all das basierte auf der Sklaverei.

1870 wurde das Unternehmen nach einem Streit zwischen meinem Urururururgroßvater Samuel Glückstein und seinen Partnern aufgelöst. Das nächste Unternehmen der Familie hieß Salmon & Gluckstein (sie hatten den Umlaut in ihrem Nachnamen durch den entsprechenden Vokal ersetzt). Stellt die Tatsache, dass dieses neue Unternehmen seine Tätigkeit erst nach der Abschaffung der Sklaverei in den USA aufnahm, einen Freibrief dar?

Nein, denn Salmon & Gluckstein verkaufte nicht nur Drehtabak, Pfeifentabak und Schnupftabak aus den USA, sondern auch kubanische Zigarren. Doch in Kuba wurde die Sklaverei erst 1886 abgeschafft. Das bedeutet, dass das Familienunternehmen nicht nur Tabak verkaufte, der von versklavten Menschen in den USA verarbeitet worden war, sondern auch Zigarren, die auf Sklavenplantagen in Kuba hergestellt wurden.

Nach einer weiteren nächtlichen Recherche im Internet finde ich noch eine Verbindung zwischen meiner Familie und der Sklaverei. Im Jahr 1902 wurde Salmon & Gluckstein für 400.000 £ an Imperial Tobacco verkauft, was nach heutigem Wert etwa vierzig Millionen £ entspricht. Damals gehörten 70 Prozent von Imperial Tobacco dem Tabakunternehmen W. D. & H. O. Wills, dessen Name verschiedene Gebäude in Bristol ziert – Gebäude, die die Universität von Bristol derzeit wegen der Verbindung des Unternehmens mit Sklavenplantagen umzubenennen erwägt. Mit anderen Worten: Meine Familie hat ein Vermögen gemacht, indem sie ihr Tabakgeschäft an eine Familie verkauft hat, die zumindest einen Teil ihres Geldes mit der Sklaverei verdient hat.

Am nächsten Tag laufe ich mit verquollenen Augen durch Georgetown. Was meine Familie getan hat, hatte mit den USA und Kuba zu tun, aber nicht mit Guyana. Doch für mich ist der Ort unerheblich. Genau wie John Gladstone oder Robert Edmonstone oder William Pattinson haben meine Vorfahren den finanziellen Vorteil über das Mitgefühl für andere Menschen gestellt. Meine Familie wusste genau, was sie tat. In den 1840er, 1850er und 1860er Jahren war die Sklaverei eines der meistdiskutierten Themen in Großbritannien. Als gute Geschäftsleute wussten sie genau, woher ihr Tabak kam und wie er angebaut wurde. Sie hätten einen anderen Handel oder Beruf ausüben können. Sie taten es nicht. Wie so viele andere in Großbritannien – Versicherungsmakler, Schiffsbauer, Baumwollhändler, Hafenarbeiter, Bankiers – haben sie jahrzehntelang von der Sklaverei profitiert. Sie haben vom Leid anderer Menschen profitiert.

Ich bedaure das sehr.

KAPITEL 18

Gladstone, Oktober 1823

Am Montag, dem 13. Oktober 1823, saß John Gladstone in seinem Haus in Liverpool, frühstückte und las die Zeitung. Er beschäftigte sich eingehend mit einer Geschichte auf Seite 3 der *Times*. Es war ein wirklich außergewöhnlicher Artikel. In der Woche zuvor war eine junge Frau namens Harriet Smith im Westen Londons vom Dach einer Postkutsche gestürzt und hatte sich dabei zahlreiche innere und äußere Verletzungen zugezogen. Sie wurde vorsichtig in ihr Haus in Hammersmith gebracht, wo sie bei einer Cousine lebte. Dort wurde sie gepflegt, aber trotz der Bemühungen ihrer Verwandten wurde sie immer schwächer. Schließlich, spät in der Nacht am Donnerstag, schlugen alle Bemühungen, sie zu wecken, fehl. »Sie war ziemlich kalt«, heißt es in dem Artikel, »ihre Lippen waren farblos und ihre Augen glasig, jeglicher Pulsschlag war erloschen.« Als die Verwandten erkannten, dass ihre Verwandte gestorben war, wuschen sie sie, kleideten sie an und legten den Körper auf ihr Bett.

Zwei Tage später, am Samstagnachmittag, traf der Bestatter ein, doch als er die Leiche in den mitgebrachten Sarg hob, bemerkte er etwas Seltsames: Sie fühlte sich untypisch warm an. »Eine genauere Untersuchung überzeugte sie davon, dass sie im Begriff waren, ein lebendes Wesen in das kalte Grab zu legen«, spottete die Zeitung. Ein Arzt wurde gerufen, der nach einer Reihe von Aderlässen und dem Auflegen von warmen Ziegeln feststellte, dass Harriet noch atmete. Am Abend sah die junge Frau schon viel besser aus. Inzwischen, so die Zeitung weiter, »hat sie sich seit ihrem Besuch in der anderen Welt nicht nur gesundheitlich, sondern auch im Geiste erholt und wird nun wahrscheinlich noch lange in dieser Welt bleiben«.

Als Gladstone einen Blick auf die anderen Artikel auf derselben Seite warf, muss er schockiert gewesen sein, denn er entdeckte einen weitaus besorgniserregenderen Bericht: »Am Samstag zuvor sind mit der Post von den Leeward-Inseln Berichte von sehr alarmierender Natur aus Demerara eingegangen«, las er, nämlich »dass unter den Sklaven in dieser Kolonie ein Aufstand ausgebrochen ist.« Die Zeitung betonte, dass die Berichte »in einem Moment großer Beunruhigung« entstanden seien und »übertrieben« sein könnten. Dennoch berichtet sie, was sie erfahren hatte: Tausende von versklavten Frauen und Männer hatten sich an dem Aufstand beteiligt und anschließend eine Botschaft an den Gouverneur geschickt, in der sie ihre Freilassung forderten. Ein Regiment war entsandt worden, und bei den anschließenden Kämpfen wurden mehr als dreihundert Abolitionisten getötet, zweihundert davon bei Bachelor's Adventure. Der Artikel schloss mit der Feststellung, dass »die Kaufleute, die in Demerara Handel treiben, in höchstem Maße beunruhigt sind und die nächste Nachricht von dort mit großer Sorge erwarten«.

Die Nachricht machte Gladstone in der Tat besorgt. Er besaß sieben Plantagen auf Demerara und mehr als 2.000 Sklaven. Die Einkommensverluste, die ein Aufstand mit sich bringen würde, wären schwer zu verkraften; der Verlust von Kapital durch den Tod eines versklavten Mannes oder einer Frau – oder schlimmer noch, mehrerer – wäre verhängnisvoll.

In den nächsten Tagen trafen weitere Meldungen ein. Gladstone las, dass in der gesamten Kolonie das Kriegsrecht verhängt worden war und dass die Miliz den Aufstand glücklicherweise schnell niedergeschlagen hatte, wobei sie offenbar großen »Wagemut«, »Tapferkeit« und »Eifer« an den Tag gelegt hatte, und dass die »Neger zu ihrer Arbeit zurückgekehrt sind und nun alles ruhig und friedlich verläuft«. Er las die Artikel noch einmal sorgfältig durch. Success und seine anderen Plantagen wurden mit keinem

Wort erwähnt; vielleicht würden seine Investitionen doch verschont bleiben.

Gladstone hatte Demerara niemals besucht und hatte auch nicht vor, das zu tun. Für ihn waren die Ländereien und die versklavten Menschen, die dort lebten, nur Posten in einer Gewinn- und Verlustrechnung. Angesichts der unerträglich langen Zeit, die die Korrespondenz von Liverpool nach Georgetown benötigte, wusste er jedoch, dass er die Situation nicht bis ins kleinste Detail regeln konnte. Er würde es seinem Agenten überlassen müssen, auf die Angelegenheiten vor Ort zu reagieren.

Schließlich traf ein Brief von Frederick Cort ein. Der Aufstand war tatsächlich vorbei, und keine der Gladstone-Plantagen war beschädigt worden. So weit, so gut. Dann kam der Rest der Nachricht. Dem Agenten zufolge hatten die Plantagenbesitzer enormen Druck auf den Gouverneur ausgeübt, damit dieser energisch auf den Aufstand reagierte. Um ein Exempel zu statuieren. Hunderte von Abolitionisten waren gestorben. Eines von Gladstones Anwesen, Success, stand im Zentrum des Geschehens, und mindestens zehn Versklavte, die er als seinen ›Besitz‹ betrachtete, waren von der Miliz des Königs getötet worden. Gladstone beschloss, die Behörden später zu ersuchen, ihn für seine Verluste zu entschädigen. Im Moment würde er sich auf die Politik konzentrieren.

Was ihn wirklich beunruhigte, war, wie die Menschen in Großbritannien auf die Nachrichten reagieren würden. Die Pflanzer hatten eindeutig überreagiert. Ein Rachefeldzug gegen die Abolitionisten auf Demerara und die Verhängung übermäßig harter Maßnahmen würden die Menschen hier wahrscheinlich verärgern, insbesondere die Mitglieder des Parlaments. Die britischen Abolitionisten wie William Wilberforce und Thomas Clarkson hatten bereits die Weltverbesserer und die Klatschsüchtigen angestachelt. Das Letzte, was man brauchte, war ein öffentlicher Aufschrei über eine Vergeltungskampagne, die von einem wütenden

Kolonialmob durchgeführt worden war. Das wäre schlecht für das Geschäft. Gladstone war noch bei der Suche nach dem perfekten Anwesen in Schottland; es war nicht die Zeit, Geld zu verlieren.

Aber er war Realist. Wenn sich die unguten Berichte aus Demerara bestätigten, würde es wahrscheinlich eine Untersuchung und sogar eine Debatte im Parlament geben. Er würde sich bemühen müssen, die öffentliche Meinung im Vorfeld wichtiger Entscheidungen in dieser Causa zu beeinflussen.

In den Tagen und Wochen nach der Meldung in *The Times* erreichten weitere Einzelheiten über den Demerara-Aufstand Großbritannien. Zahlreiche Zeitungen veröffentlichten Kopien der vollständigen Proklamationen von Gouverneur Murray sowie Briefe verschiedener Kolonialisten aus Georgetown und Artikel, die einige Wochen zuvor in der Demerara-Presse erschienen waren. Die Zahl der toten oder vermissten Versklavten stieg weiter an. Man schätzte, dass es sich um mindestens fünfhundert Personen handelte, während weitere hundertfünfzig inhaftiert waren. Zwei oder drei Milizionäre waren verletzt und eine Handvoll »Versprengter« getötet worden.

Am 25. Oktober erschien in der *Times* ein weiterer langer Artikel, in dem Gladstone zu seiner Freude las, dass der Demerara-Aufstand als »Übel« bezeichnet wurde. Darin wurde berichtet, dass die Teilnehmer in »böswilliger Absicht« gehandelt hatten und dass »einige Brandstifter (unter ihnen Weiße)« falsche Nachrichten über die Emanzipation verbreitet hatten. In einem anderen Artikel schrieb die Zeitung, dass es die Missionare gewesen seien, die »Anstrengungen unternommen hätten, um unter den Sklaven Unruhe zu stiften«.

Die Berichterstattung über den Demerara-Aufstand beunruhigte Missionare aller Glaubensrichtungen. So schaltete etwa die Wesleyan Methodist Society eine Anzeige in der *Times*, in der sie verkündete, dass ihre Geistlichen nicht unter den Verhafteten in der Kolonie seien. Sie fügten hinzu, dass ihre Mitglieder darin geschult seien, sich nicht in die lokale Politik einzumischen und sich an die Lehren der Bibel zu halten, insbesondere an Kolosser 3, 22: »Ihr Sklaven, seid gehorsam in allen Dingen euren irdischen Herren; dient nicht allein vor ihren Augen, um den Menschen zu gefallen, sondern in der Einfalt des Herzens und in der Furcht des Herrn.«

Die London Missionary Society folgte diesem Beispiel. Sie bestätigte, dass zwei ihrer Mitglieder – John Smith und Richard Elliot – verhaftet worden waren, sie aber auf weitere Informationen warte. Wie die Wesleyaner betonte sie, dass ihre Missionare klare Anweisungen hatten, sich aus der lokalen Politik herauszuhalten, und bat die Leser, unvoreingenommen zu bleiben, bis weitere Beweise in Großbritannien einträfen.

Die Rolle der Kirche in der Karibik war Gladstone gut bekannt. Er kannte die Missionare und ihre Bemühungen, die versklavten Männer und Frauen, die auf den Plantagen arbeiteten, zu erziehen. Als regelmäßiger Kirchgänger war er sich jedoch auch bewusst, dass nicht alle Christen Abolitionisten waren. Die Church of England zum Beispiel war tief in die Sklaverei verstrickt. Fast einhundert ihrer Geistlichen waren als Sklavenhalter registriert. Außerdem erhielt die Kirche erhebliche Mittel von Philanthropen wie Gladstone selbst, die ihr Geld mit der Sklaverei verdient hatten. Diese Spenden wurden für den Bau von Kirchen und Schulen verwendet, und die Wohltäter erhielten für ihre guten Werke eine breite Berichterstattung in der Presse. Gladstone wusste, dass diese Großzügigkeit von der Bevölkerung sehr geschätzt wurde und dass die britische Bevölkerung wegen der großen Zahl von Arbeitsplätzen, die von der Einfuhr von Zucker, Baumwolle, Kaffee und anderen Rohstoffen abhingen, den Fortbestand der britischen Plantagen in der Karibik befürwortete.

Im Herbst 1823 berichteten britische Zeitungen daher trotz gegenteiliger Aussagen von Missionaren und britischen Abolitionisten fast ausschließlich positiv über und für die Herren der Kolonie Demerara. Die öffentliche Meinung blieb auf der Seite von John Gladstone und den anderen Händlern, von denen viele in Liverpool ansässig waren.

In den 1820er Jahren war Liverpool nach London zum zweitwichtigsten Handelshafen Großbritanniens geworden. Als Tor zum Westen wickelte es mehr als 30 Prozent der Ein- und Ausfuhren des Landes ab. Im Jahrhundert zuvor war der Schiffsverkehr im Liverpooler Hafen von 14.600 Tonnen im Jahr 1709 auf 450.000 Tonnen im Jahr 1800 und bis 1820 auf mehr als eine Million Tonnen gestiegen. Zu jedem beliebigen Zeitpunkt waren mehr als siebenhundert Wasserfahrzeuge (Schiffe, Lastkähne und andere Plattbodenschiffe) im Hafen. Die Güter, die sie hauptsächlich transportierten, waren Baumwolle, Tabak, Holz, Rum, Salz und Kakao. Aus diesem Grund war die Stadt auch Sitz der West Indian Trading Association, deren Präsident kein Geringerer als John Gladstone war.

Gladstone war nicht der einzige Liverpooler, dem die Geschichten aus Demerara auffielen. Ein anderer war James Cropper, ein amerikanischer Kaufmann, der zwischen England und Indien Baumwollhandel betrieb. Cropper war ein erklärter Gegner der Sklaverei und erkannte, dass der Aufstand auf Demerara eine Gelegenheit bot, auf das Problem aufmerksam zu machen, weshalb er einen Brief an den Herausgeber des *Liverpool Mercury* schickte. Dieser Brief wurde am 31. Oktober veröffentlicht, zwei Wochen, nachdem die Nachricht vom Aufstand in der Stadt angekommen war. »Wie kann es nur möglich sein, dass es zwei Meinungen dazu gibt«, fragte Cropper rhetorisch, »dass die Sklaven der Westindischen Inseln auf erniedrigende Weise wie Vieh mit der Peitsche zur Arbeit getrieben werden, dass sie wie Eigentum gehalten und behandelt werden und oft auch wie solches mit einem heißen Eisen gebrandmarkt werden?« Aus wirtschaftlicher Sicht sei es für die Plantagenbesitzer von Vorteil, wenn sie die versklavten Männer und Frauen freiließen, da eine befreite Person eher bereit sei, härter zu arbeiten als eine in Fesseln. Er fuhr fort, dass der Handel mit Zucker ironischerweise ein Verlustgeschäft sei und nur überlebe, weil die Zölle dafür im Vergleich zum selben Produkt, das aus Indien eingeführt wurde, reduziert wurden. Mit anderen Worten: Die Regierung, die von ihren Wählern dazu ermächtigt wurde, subventioniere die unmenschliche Behandlung der versklavten Menschen in der Karibik.

Die Lektüre dieses Artikels war zu viel für Gladstone, der sofort eine Erwiderung schrieb. Unter dem Decknamen »Mercator«, der seine Identität verbarg, bezeichnete er Croppers Brief als »voller falscher Behauptungen und Übertreibungen« und ging dann direkt auf das Thema Sklaverei ein. Erstens sei er grundsätzlich ein Befürworter der schrittweisen Emanzipation, doch dürfe diese nicht zu Lasten der Sklavenhalter gehen, die für ihr ›Eigentum‹ voll entschädigt werden müssten. Zweitens erklärte er im Gegensatz zu Croppers Behauptung, dass freigelassene Sklaven besser arbeiteten, dass sie typischerweise »müßig, träge, faul und allzu oft verschwenderisch« seien. Drittens, wie konnte es, von einer allgemeinen Warte betrachtet, unmoralisch sein, Sklaven zu besitzen, wenn Gott »zu allen Zeiten Herr und Knecht, Sklave und Freien« zugelassen hatte? Viertens hoffe er, dass der Aufstand in Demerara die Regierung auf die »extreme Gefahr« aufmerksam machen würde, die von ihrer Entscheidung ausging, die Bedingungen der Sklaven in den Kolonien zu verbessern, und dass der »wohlmeinende, aber irrende William Wilberforce« und seine »maßlosen« Freunde nun innehalten müssten. Schließlich kam Gladstone darauf, dass Cropper vielleicht genauso schuldig sei wie alle anderen, da er als Baumwollhändler Pflanzen gekauft und verkauft habe, die von versklavten Menschen afrikanischer Abstammung angebaut worden seien.

Daraufhin übermittelte Cropper der Zeitung einen weiteren Brief. Darin räumte er ein, dass er früher Baumwolle aus Sklavenanbau gekauft habe, dies aber seit einiger Zeit nicht mehr tue. »Zweimal falsch ergibt noch kein richtig«, fügte er hinzu. Offensichtlich verärgert durch die persönlichen Angriffe seines Gegners, stellte er eine Vermutung an und erklärte öffentlich, dass Mercator kein anderer als der in Liverpool ansässige John Gladstone sei: Sklavenhalter und Besitzer westindischer Plantagen, was, wie er verkündete, »wahrscheinlich die schlimmste Form ist, in der sie [die Sklaverei] je existiert hat«.

Gladstone ignorierte Croppers Versuch, seine Identität offenzulegen, und entgegnete, dass die versklavten Menschen auf Demerara nie nach Sonnenuntergang arbeiteten, »mit mehr versorgt werden, als sie verbrauchen können« und »gut mit Kleidung ausgestattet« seien. Außerdem seien ihre Wohnungen »geräumig und bequem«. Sie hätten den Sabbat »für die Zwecke der Religion, wenn sie dazu geneigt waren« und »reichlich Freizeit«. Die Familien dürften nicht getrennt werden und müssten gemeinsam verkauft werden, und »kein Fahrer oder Aufseher kann mehr als 6 Peitschenhiebe für Vergehen verhängen«. Er schloss diesen Brief mit den Worten: »Wenn wir ihre Situation mit der der Bauernschaft im Allgemeinen vergleichen, werden wir feststellen, dass sie ihnen gegenüber ernsthafte und wichtige Vorteile haben.« Mehr noch, fügte er hinzu, die Sklaven seien ein »zufriedenes und glückliches Volk«. Falls er sich der Gefühllosigkeit, der Täuschung und der Grausamkeit solcher Äußerungen bewusst war, hat er es sich nicht anmerken lassen.

Der Streit ging hin und her, in gedruckter Form, für jedermann öffentlich zugänglich. Der Austausch war weithin bekannt und wurde kommentiert. Kopien der Briefe zirkulierten in Kaffeehäusern, privaten Clubs und Kneipen im ganzen Land. Ein Sammelband der Korrespondenz wurde veröffentlicht und erwies sich als so populär, dass schnell eine weitere Ausgabe gedruckt werden musste: Gladstone schrieb, er habe die Arbeit des Missionars mit der versklavten Bevölkerung genau verfolgt und gesehen, wie ihr Geist von den Lehren der Emanzipation »korrumpiert und beeinflusst« worden sei. Er gab John Smith und seinen Anhängern die Schuld an der »Vergeudung von Leben, die mit dem Aufstand in Demerara einherging« und erklärte, dass die Regierung, sollte sie die Sklaverei abschaffen und den Sklavenhaltern ihr Eigentum wegnehmen, »zu einer *vollständigen* Entschädigung verpflichtet« sei. Er unterstrich die Bedeutung seiner Aussage durch die Hervorhebung des Wortes »vollständig«.

Nach Wochen der Korrespondenz antwortete Mercator schließlich auf die frühere Anschuldigung, er sei John Gladstone: »Hat Cropper nicht auf diese Weise versucht, einem Privatmann alle Verleumdungen, Unflätigkeiten und Beschimpfungen anzuhängen, die er vorbringen kann?«, fragte er. Aufmerksame Leser werden jedoch bemerken, dass er nicht bestritt, dass es seine Identität war, die da preisgegeben worden war – eine Tatsache, die schließlich anerkannt wurde, als die West India Association den vollständigen Austausch in einer Broschüre veröffentlichte, die von der Öffentlichkeit erworben werden konnte, und Gladstone zuließ, dass sein Pseudonym aufgedeckt wurde.

Viele glaubten, dass Gladstone den Schlagabtausch mit Cropper gewonnen hatte. Seine Argumente waren nicht nur klarer und weniger anfällig für sachliche Fehler, seine Sprache war auch prägnanter und zitierfähiger. Und so verfestigte sich im Laufe des Oktober, November und Dezember die öffentliche Meinung in Großbritannien zugunsten der Bürger der Kolonien. Die Missionare wurden als Verräter und Unruhestifter betrachtet. Die Versklavten galten bestenfalls als anfällig für Manipulationen und eine schlecht vorbereitete Emanzipation, schlimmstenfalls als brutale Undankbare, die sich rächen wollten, wenn sie nur die geringste Chance dazu hatten. Was die britischen Abolitionisten anging, so waren sie Wirtschaftsfeinde, deren Dummheit den Wohlstand des Empire gefährdete. Es war daher vielleicht nicht überraschend, dass die Anti-Slavery Society of Great Britain Ende 1823 im Licht des Demerara-Aufstandes ums Überleben kämpfte. Ihre Mitgliederzahlen gingen zurück, es gab nur ein halbes Dutzend Abgeordnete im Parlament, die bereit waren, sich ihrer Sache anzuschließen, und die Regierung stand kurz davor, ihr Versprechen, die Bedingungen der Sklaverei zu verbessern, aufzugeben.

Doch – und das ist eine der Besonderheiten dieser Geschichte – die aufgewühlte Debatte, die die Wohnzimmer, Tavernen, Kirchensäle und Salons in London, Edinburgh, Manchester und auf den Britischen Inseln in Atem hielt, fand mit zeitlicher Verzögerung statt. Die Presse, die Politiker, die Händler und die Öffentlichkeit reagierten auf Nachrichten, die – je nach Wetterlage und Ankunft der Post aus Demerara – mindestens sechs Wochen alt waren. So brachten die *Times* und andere Zeitungen erst am Weihnachtstag 1823 – mehr als zwei Monate nach dem Ereignis – eine mit Spannung erwartete Nachricht aus der Kolonie: Der Prozess gegen den Missionar John Smith hatte begonnen.

Während meines Aufenthalts in Guyana werde ich von Jocelyn Dow zum Mittagessen eingeladen, das, wie sie mir sagt, ein echtes guyanisches Essen sein wird. Jocelyn ist eine Aktivistin, die auf nationaler und internationaler Ebene tätig ist und mit ihren sechs Hunden in Georgetown lebt.

Das Essen besteht aus einer Reihe von Gerichten: Cook-up (eine Mischung aus Huhn, Reis und Gemüse), Pepperpot (ein Eintopf mit gewürztem Fleisch), Fischcurry, Roti, Blutwurst. Es ist köstlich.

Beim Kaffee frage ich Jocelyn nach dem Erbe des Plantagensystems in Guyana. »Seit der Sklaverei hat sich nur wenig Grundlegendes geändert«, antwortet sie. »Es gibt die gleichen Mittel, um uns unseres Wohlstands und unserer Jugend zu berauben. Wir sind nicht versklavt, aber wir sind ganz klar den alten ökonomischen Mechanismen unterworfen: Der Handel kommt noch immer größtenteils den ehemaligen Kolonialherren zugute.«

Ich frage sie, was wir dagegen tun sollten. »Zuallererst sollte Großbritannien es zur Kenntnis nehmen«, erklärt sie. »Es muss Bedeutung haben. Man müsste eine Form der Reparation erwägen. Es muss Rechenschaft darüber abgelegt werden, wer profitiert und wer verloren hat. Wenn man sich entschuldigt, sagt man: ›Wir haben ein Unrecht begangen, wir müssen das anerkennen und uns entschuldigen.‹ Solange ihr euch die Wahrheit nicht untereinander eingesteht, kann es keine Heilung geben«, sagt sie.

Ich bitte sie, zu erklären, was genau sie damit meint. »Die Opfer können nicht die Bittsteller um eure Güte sein«, antwortet sie. »Das Entgegenkommen, das Eingeständnis, das mea culpa, muss von den Tätern kommen.«

Später am Abend kommt Elsie Harry, die Jugendaktivistin, mit der ich an der Gedenkfeier für den atlantischen Sklavenhandel teilgenommen habe, zu uns in die Herdmanston Lodge.

Wir sitzen auf der Terrasse. Ich trinke ein Banks-Bier, sie ein Glas Wasser. Ich frage sie, was die Menschen in Großbritannien gegen das

Erbe der Sklaverei tun sollten. »Ich fände es gut, wenn die Briten zuerst mal etwas über Guyana lernten.« Sie lacht. »Nicht Ghana in Afrika, sondern Guyana in Südamerika.«

Dann wird sie ernster. »Sie sollten Reparationen zahlen«, sagt sie. »Manche Menschen können ihre Abstammung bis zu den Besitzern der versklavten Menschen zurückverfolgen. Aber selbst diejenigen, die das nicht können, leben faktisch in einer Gesellschaft, die auf dem Rücken der Versklavten aufgebaut wurde, und haben davon profitiert. Also ja, die Briten sollten Reparationen zahlen.«

Ich frage sie, ob sie der Meinung ist, dass eine Entschuldigung Teil des Wiedergutmachungsprozesses sein sollte.

Sie hält einen Moment inne und sagt dann: »Ich denke, eine Entschuldigung ist nur wichtig, wenn sie mit etwas anderem einhergeht. Eine Entschuldigung ist großartig, aber nur, wenn sie mit einer Handlung einhergeht, um den angerichteten Schaden wiedergutzumachen«, sagt sie.

Sie hält erneut inne und denkt nach, dann sagt sie: »Taten sagen mehr als Worte. Großbritannien muss Reparationen zahlen.«

KAPITEL 19

John Smith, Oktober 1823

Seit ihrer Verhaftung Ende August waren John und Jane in einem engen Raum auf dem Dachboden des Colony House festgehalten worden, demselben Gebäude, in dem auch Jack Gladstone vor Gericht gestellt worden war. Aus welchen Gründen auch immer – Taktik, Mitleid, Vorurteil – hatten die Behörden beschlossen, die Smiths von den versklavten Abolitionisten, die während des Aufstands verhaftet worden waren, getrennt zu halten.

Zwei Wachen der Demerara-Miliz waren vor der Tür der Smiths postiert. Ihre Aufgabe war es, die Sicherheit aufrechtzuerhalten und den Besucherstrom in die Zelle und aus ihr heraus zu kontrollieren. Unter dem dichten Schindeldach gab es kaum Belüftung; die Hitze war unerträglich. Es war fast unmöglich, auf dem harten Bett Schlaf zu finden. John, der ohnehin schon geschwächt war, wurde unter diesen schwierigen Bedingungen immer schwächer.

Im Laufe des Frühherbstes wurden die Smiths über die Geschehnisse vor dem Kriegsgericht drei Stockwerke tiefer auf dem Laufenden gehalten. In der ersten Oktoberwoche waren mehr als fünfzig Abolitionisten vor Gericht gestellt worden, darunter auch Jack Gladstone. Zwanzig von ihnen wurden zum Tode verurteilt, acht von ihnen enthauptet und ihre Köpfe vor dem Fort von Georgetown auf Pfählen aufgespießt, zehn erhielten verschärfte Auspeitschungen mit mindestens 300 Peitschenhieben. Fünf wurden zu harter Arbeit im Arbeitshaus verurteilt. Einer wurde verbannt und ein weiterer für zwei Monate in Einzelhaft genommen. Bemerkenswert ist, dass drei der Rädelsführer – Bristol, Paris und Seaton – einer Bestrafung bislang entgangen waren.

Während unten die Gerichtsverhandlungen stattfanden, kam ein Besucher in die Dachkammer von John und Jane. Es war Oberstleutnant John Reed, Adjutant von Gouverneur Murray und Besitzer des Dochfour-Anwesens. Reed sagte, er sei gekommen, um die beiden Briefe abzuholen, die sein Hausdiener Jackey am ersten Tag des Aufstandes an John Smith geschickt hatte. Der Missionar gab zu, beide Briefe erhalten zu haben, behauptete aber, sie nach dem Lesen vernichtet zu haben. Reed sagte, er habe eine Kopie von Johns Antwort an Jackey. Der Missionar bat darum, diese lesen zu dürfen, was ihm auch gestattet wurde. Dann gab er sie Reed zurück, der, weil er seinen Auftrag erledigt hatte, wieder ging. John blieb zurück, um darüber nachzudenken, was gerade geschehen war. Es schien, dass die Staatsanwaltschaft hart daran arbeitete, den Fall gegen ihn aufzubauen, was besorgniserregend war.

Am 13. Oktober 1823, fast zwei Monate nach seiner Verhaftung, wurde John über die Treppe des Colony House ins Erdgeschoss und in den Gerichtssaal eskortiert, wo sein Prozess begann. Ihm folgte Jane, die als Beobachterin zugelassen wurde. Obwohl der Missionar nicht aktiv am Aufstand beteiligt war, wurde das Verfahren als Kriegsgericht abgehalten.

Punkt 10 Uhr eröffnete der Gerichtsschreiber die Verhandlung mit dem üblichen Ordnungsruf. Den Vorsitz der Verhandlung führte erneut Oberstleutnant Goodman. Neben ihm saßen die zwölf Mitglieder des Kriegsgerichts, die alle an der Niederschlagung des Aufstands beteiligt gewesen und von denen viele selbst Sklavenhalter waren. Fünf von ihnen hatten bereits an Jacks Prozess teilgenommen, darunter Charles Wray, der Leiter des Justizwesens der Kolonie. Sieben von ihnen waren neu im Prozess.

War schon der Prozess gegen Jack Gladstone gut besucht gewesen, so war das nichts im Vergleich zu dieser Anhörung. Jeder Platz in dem schwülheißen Saal war besetzt. Die Wände an der Rückseite und an den Seiten waren von Zuschauern gesäumt, die bereit waren, stundenlang zu stehen, um dieses Gerichtsdrama zu beobachten. Die Lokaljournalisten waren in großer Zahl anwesend, ebenso eine Vielzahl von Zeugen, die später am Tag aufgerufen werden sollten (es gab keine Regeln, die sie daran hinderten, den Aussagen anderer Zeugen zu lauschen).

John Smith saß an einem kleinen Holzschreibtisch, auf den er seine Unterlagen legte. Hinter ihm saßen Jane und Elizabeth Elliot, deren Ehemann, der Missionar Richard Elliot, noch immer in Haft war, und ein paar Schritte weiter die Staatsanwaltschaft, ebenfalls an einem Holztisch. Die Gruppe wurde erneut von Victor Amadius Heyliger, dem Fiscal der Kolonie, geleitet, der von zwei weiteren Staatsanwälten unterstützt wurde. Der Präsident bat nun den Fiscal, zu beginnen.

Heyliger stand auf und verlas die vier Anklagepunkte gegen den Angeklagten. Erstens: Der Missionar habe »die Unzufriedenheit und den Unmut der Negersklaven gegenüber ihren rechtmäßigen Besitzern, Verwaltern und Aufsehern« gefördert. Zweitens habe er »einen bestimmten Neger namens Quamina beraten, konsultiert und mit ihm korrespondiert, und zwar in Bezug auf eine bestimmte beabsichtigte Revolte und Rebellion der Negersklaven«. Drittens habe er, obwohl er von dem Aufstand wusste, die zuständigen Behörden nicht informiert. Und viertens habe er es versäumt, Quamina bei seinem Besuch am 20. August festzusetzen oder aufzuhalten, obwohl er wusste, dass der Aufstand begonnen hatte.

Auf die Frage, ob er sich zu den Vorwürfen bekenne, antwortete John: »Nicht schuldig.« Bevor der Präsident den Beginn des Verfahrens ankündigen konnte, bat der Missionar um eine Vertagung der Verhandlung, da er einen Anwalt beiziehen wollte. Wie Jack und den anderen angeklagten Abolitionisten, und obwohl der Prozess bereits begonnen hatte, war auch ihm keine Gelegenheit gegeben worden, mit einem Anwalt zu sprechen. Der Präsident gab dem Antrag statt, wies aber darauf hin, dass der Angeklagte in 24 Stunden wieder vor Gericht erscheinen müsse.

Später an diesem Nachmittag trafen John und Jane in der beengten Dachkammer des Colony House William Arrindell. Der 27-jährige Anwalt war auf den Jungferninseln geboren und hatte seine Ausbildung zum Anwalt am Lincoln's Inn in London absolviert. Außerdem besaß er ein Landgut auf Essequibo, zu dem eine Reihe von versklavten Menschen gehörte. Auf dem Papier hatten der Antisklaverei-Missionar und der Sklavenhalter-Anwalt also wenig gemeinsam. Dennoch hatte Arrindell Mitgefühl für Johns Notlage. Später schrieb er: »Ich glaube, dass Mr. Smith unschuldig ist« und fügte hinzu: »Nein, ich gehe sogar noch weiter und sage, wohl kein Geistlicher, egal welcher Konfession, ist seinen heiligen Pflichten treuer nachgekommen als er.«

In den nächsten Stunden sprachen sie ausführlich über Johns Fall. Arrindell erklärte, wie ein Kriegsgericht funktionierte, wie das Verfahren wahrscheinlich ablaufen und welche Argumente Heyliger vermutlich vorbringen würde. Er erklärte auch, dass er im Gericht neben seinem Mandanten sitzen würde, es aber John sei, der Fragen stellen müsse. Arrindell werde die Rolle eines »beratenden Anwalts« übernehmen. Sie sprachen über die Zeugen, die das Gericht aufrufen würde – das Gericht hatte freundlicherweise eine Liste zur Verfügung gestellt –, und darüber, wen sie ihrerseits als Zeugen befragen sollten. Es war ihnen klar, dass sie dramatisch im Nachteil waren. Die Staatsanwaltschaft hatte Wochen Zeit gehabt, sich vorzubereiten; sie hingegen hatten keine Zeit gehabt, um zu recherchieren, Beweise zu sichten, Argumente zusammenzutragen, geschweige denn, den Angeklagten vorzubereiten. Das Gespräch dauerte bis spät in die Nacht hinein.

Am nächsten Tag, dem 14. Oktober, wachten John und Jane früh auf, denn die Hitze machte es ihnen schwer, unter dem brennendheißen Dach zu schlafen. Um 10 Uhr morgens kam das Kriegsgericht erneut zusammen. Als Erstes stellte der Angeklagte dem Gericht seinen neuen Anwalt vor. Der Präsident begrüßte den Anwalt in der Verhandlung und bat Heyliger zum zweiten Mal, den Fall zu eröffnen. Zu Beginn der Verhandlung führte er das Tagebuch von John Smith in die Verhandlung ein. Mit dem ledergebundenen Tagebuch in der Hand rief er den Gutsverwalter Stewart in den Zeugenstand und fragte ihn, ob er den Gefangenen kenne. Stewart bejahte dies. »Glauben Sie, dass dies seine Handschrift ist?«, fragte Heyliger und reichte das Buch an den Zeugen weiter. Stewart bestätigte, dass dem so sei. »Woher können Sie wissen, dass es seine Handschrift ist?«, fragte der Richter. Darauf antwortete Stewart: »Er hat mir oft Briefe geschrieben, in denen er ankündigte, Dinge mit dem Boot zu bringen.«

An dieser Stelle hätte man erwarten können, dass John auf Drängen seines Anwalts eine solche Aussage anfechten würde. Schließlich war der Zeuge kein Handschriftenexperte. Aber das tat er nicht. Die Staatsanwaltschaft unternahm auch keine Anstrengung, um darauf hinzuweisen, dass das Tagebuch als Beweismittel anzusehen war, warum sein Inhalt für den Prozess relevant war oder wie das Tagebuch beschlagnahmt worden war (schließlich lag für das Haus der Smiths kein Durchsuchungsbefehl vor). Stattdessen blieb Smith nur die Frage: »Haben Sie mich jemals schreiben sehen?«, was Stewart verneinte. Als Smith dann fragte: »Wie können Sie also schwören, dass der Inhalt dieses Buches meine Handschrift trägt?«, wurde ihm vom Gericht mitgeteilt, diese Frage sei bereits beantwortet worden.

Nachdem die Echtheit des Tagebuchs zumindest in den Augen des Gerichts feststand, begann Heyliger, den ersten Eintrag vorzulesen. Es muss für Smith unerträglich gewesen sein, dort zu sitzen und schweigend zuhören zu müssen, wie seine eigenen Worte gegen ihn verwendet wurden. Worte, die er privat geschrieben hatte, ohne die Absicht, sie öffentlich zu machen, und erst recht nicht, sie vor einem Gericht verlesen zu lassen. Der Missionar war jedoch jemand, der im Angesicht des Unglücks äußerlich ruhig bleiben konnte. Das hatte er bewiesen, als Leutnant Nurse seinen Schreibtisch versiegelt hatte, und er hatte es wieder unter Beweis gestellt, als Captain Simpson zurückgekommen war, um ihn zu verhaften.

Heyliger begann damit, eine Reihe von Passagen vorzulesen, die seiner Meinung nach das Motiv und die Geisteshaltung des Angeklagten belegten. Er begann mit einem Eintrag von Herbst 1817: »Die Neger von Success haben sich in letzter Zeit bei mir über übermäßige Arbeit und sehr strenge Behandlung beschwert.« Dann kam einer von März 1819: »Während ich dies schreibe, zittert mir das Herz, wenn ich das fast ununterbrochene Knallen der Peitsche höre … Es scheint mir sehr wahrscheinlich, dass die ihnen angetanen Verletzungen bald zu Feindseligkeit führen werden.« Und dann von November 1821: »Die Menschen haben kaum Zeit, ihr Essen zu essen, sie haben niemanden, der es kocht, und sie essen zum größten Teil rohe gelbe Kochbananen. Das wäre eine Zeit lang erträglich, aber bei diesem Arbeitstempo und den ständigen Auspeitschungen bin ich erstaunt, dass sie sich das gefallen lassen« Und schließlich der von Juli 1823, nur wenige Wochen vor Beginn des Aufstands: »Ich glaube, dass die Härte der Negersklaverei niemals gemildert werden kann. Das System muss abgeschafft werden.«

Es ist erwähnenswert, dass Heyliger diese Beweise im festen Glauben vorlegte, dass sie zur Verfolgung von John Smith beitragen würden. Der Fiscal war davon überzeugt, dass die Schilderungen der brutalen Behandlung versklavter Menschen auf die Mitglieder des Kriegsgerichts, den Präsidenten oder andere Anwesende keinesfalls einen üblen Eindruck machen würden. Er glaubte vielmehr, dass solche Beweise erklärten, warum der Missionar – der die für die Führung einer Zuckerplantage erforderlichen Methoden offensichtlich nicht kannte – die Abolitionisten unterstützte.

Als Nächstes zitierte er aus einem Tagebucheintrag aus dem Jahr 1822, wohl wissend, dass die Mitglieder des Kriegsgerichts Männer des Gouverneurs waren: »O, dass diese Kolonie von einem Mann regiert wird, der sich gegen die moralische und religiöse Verbesserung der Negersklaven stellt!« Gefolgt von einem weiteren Eintrag aus dem darauffolgenden Jahr: »Die Maßnahmen, die der Gouverneur in Bezug auf die Sklaven ergreift, die die Kirche besuchen, werden wahrscheinlich zu schwerwiegenden Missständen führen.«

Die Passagen wurden nacheinander in rascher Abfolge vorgetragen. Die Beiträge waren mit Intelligenz und Raffinesse ausgewählt worden; ihre Wirkung war unmittelbar. Jane Smith war empört über die Verletzung der Privatsphäre ihres Mannes. »Darin steht nichts, was Mr. Smith entehren würde«, schrieb sie, »aber es entspricht zu sehr der Wahrheit, um von den Leuten hier in Westindien goutiert zu werden.« Am Ende des ersten Prozesstages waren die Mitglieder des Kriegsgerichts offenbar davon überzeugt, dass der Angeklagte ein klares Ziel verfolgte: die Abschaffung des Sklavensystems in der Kolonie Demerara. Jetzt musste nur noch bewiesen werden, wie er seine Ziele in die Tat umgesetzt hatte.

Am nächsten Tag, einem Mittwoch, suchte Heyliger Azor auf, der zu Van Cootens Plantage gehörte und Mitglied der Bethel Chapel war. Azor erklärte, dass John Smith oft die biblische Geschichte erzählt habe, in der die Israeliten ihre Freiheit erlangt hatten. Er habe sie mindestens vier- oder fünfmal gehört. »Als Moses mit den Kindern Israels fertig war«, erinnerte er sich, »wurde der Pharao im Wasser ertränkt, und Moses baute einen Tempel und betete zu Gott.« Die Implikation war klar: Der Angeklagte hatte durch seine Bibellesungen den Freiheitsdrang seiner Gemeindemitglieder gefördert und sie zur Rebellion ermutigt.

Darüber war John sehr verärgert. Wieder einmal wurde sein Charakter durch Anspielungen und aus dem Zusammenhang gerissene Zitate in Verruf gebracht. Er sprang auf und wollte unbedingt mit der Befragung beginnen. Hatte der Zeuge jemals gehört, wie er, John Smith, die Lage der Sklaven in Demerara mit der in Ägypten verglichen hatte?

»Nein«, sagte Azor.

»Habe ich den Negern nicht immer von der Kanzel gepredigt und ihnen auch sonst geraten, ihre Arbeit zu tun und ihrem Herrn und allen Vorgesetzten zu gehorchen?«

»Ja«, sagte Azor.

John holte tief Luft und fragte dann Azor, was er über das Arbeiten am Sabbat gesagt habe. Azor erinnerte sich daran, dass der Pfarrer jedes Mitglied der Kirche befragt habe, wo es gewesen sei. Einige sagten, sie hätten in ihren Gemüsegärten gearbeitet, andere sagten, die Verwalter hätten sie zur Arbeit gezwungen. »John Smith sagte, dass wir dumm sind, weil wir am Sonntag arbeiten …« Er hielt inne, unsicher, ob er fortfahren sollte. John ermutigte ihn, fortzufahren. Da fügte Azor mit Blick auf den Angeklagten hinzu: »… nur um ein paar Peitschenhiebe zu vermeiden.« Daraufhin gab es viel Geflüster und Kopfschütteln im Saal.

John hatte es sich selbst schwer gemacht. Das Gericht hatte gerade erfahren, dass er die Versklavten zur Rebellion angestiftet und sie sogar ermutigt hatte, für ihren Ungehorsam ein paar Peitschenhiebe in Kauf zu nehmen. Er versuchte, die Dinge voranzutreiben. Wann wurde das gesagt? Wer hatte es noch gehört? Aber er konnte in den Augen der Mitglieder des Kriegsgerichts sehen, dass er sie verlor. Er verstand, dass er etwas tun musste, um das Ruder herumzureißen, aber was? Die Chancen standen schlecht für ihn. Auf eine Geste des Präsidenten hin, dass seine Aussage beendet sei, verließ Azor den Saal.

Im weiteren Verlauf dieses und des nächsten Tages rief Heyliger drei weitere Zeugen auf – Romeo, Manuel und Joe –, allesamt Mitglieder der Bethel Chapel, die Azors Aussage nur um wenige Details ergänzten. Am Freitag, dem fünften Tag des Prozesses, war das Verfahren ein wenig repetitiv geworden. Obwohl der Saal immer noch voller Zuschauer war, hatte die anfängliche Aufregung nachgelassen. Das sollte sich jedoch bald ändern. Als Nächstes war Bristol an der Reihe, der Hauptzeuge der Anklage. John kannte ihn gut: Er wohnte in Chateau Margo auf der anderen Seite von Success und war einer seiner Diakone. Er hatte auch gehört, dass Bristol einen Deal mit dem Gericht gemacht hatte, wofür er gegen ihn aussagen würde.

»Hat der Gefangene Ihnen oder anderen geraten, was im Falle einer Anzeige zu tun sei?«, fragte Heyliger. Bristol sagte, John habe ihnen geraten, sie sollten sich an den Fiscal wenden. »Sonst noch etwas?«, beharrte Heyliger. »Dass, wenn Leute weggelaufen waren, sie sich nicht wieder einfangen lassen dürften.« Das sorgte erneut für großen Unmut im Gerichtssaal. Es galt als unerhört, dass ein Weißer Bürger der Kolonie, egal welchen Beruf er ausübte oder welche Politik er verfolgte, zum Weglaufen ermutigte.

Da der Zeuge offensichtlich bereit war, zu reden, fragte Heyliger ihn nun nach den Bibellesungen. »Haben die Leute irgendeinen Teil der Geschichte der Israeliten und der Juden auf sich selbst bezogen?« Bristol bejahte dies. Der Fiscal drängte weiter. Wie kamen die Leute darauf, das auf sich selbst zu beziehen? Bristol überlegte einen Moment, dann antwortete er. »Weil sie es gelesen haben und ihr Herz sie dazu brachte, dies zu fühlen.« Der Anwalt erkannte, dass er fast am Ziel war, und versuchte es erneut. »Was war der Grund dafür, dass die Neger es sich in den Kopf gesetzt haben, zu revoltieren?« Bristol antwortete leichthin: »Weil sie keine Zeit mehr hatten, ihre Kleider zu waschen oder sonst etwas zu tun.« Das war nicht das, was der Fiscal hören wollte. Er hatte gehofft, Bristol dazu bringen zu können, die Schuld direkt dem Angeklagten zuzuschieben. Manchmal übertreibt ein Staatsanwalt, indem er zu oft denselben Faden aufgreift. Dies war so ein Fall. John Smith, der ein paar Meter von ihm entfernt saß, konnte nur lächeln.

In der Hoffnung auf ein besseres Ergebnis lenkte Heyliger die Befragung auf den zeitlichen Ablauf. Was wusste der Pfarrer und wann? Dies würde entscheidend sein, um zu beweisen, dass er die Behörden nicht über den Aufstand informiert hatte, ein verräterisches Vergehen. Bristol gab an, dass er und Quamina am Sonntag, dem 17. August, dem Tag vor dem Aufstand, um 17 Uhr John Smith zu Hause aufsuchten. Als sie ihn vorfanden, habe Quamina gefragt, ob »irgendeine Freiheit für sie herausgekommen sei«, worauf der Pfarrer antwortete, dass dies nicht der Fall sei. Daraufhin habe Quamina gesagt, dass Jack und andere sich die Freiheit mit Gewalt nehmen wollten und planten, die Weißen in die Stadt zu treiben.

John war schockiert, als er das hörte, ebenso wie Jane, die direkt hinter ihm den Kopf schüttelte. Das Gespräch war in keinster Weise so verlaufen. Quamina hatte mit keinem Wort von Gewalt gesprochen oder davon, die Weißen irgendwohin treiben zu wollen. Es war schwer mitanzusehen, was Bristol da tat. John hatte ihm das Lesen beigebracht; er hatte ihm vertraut, sich mit der Zeit auf ihn als Kollegen verlassen. Aber er wusste, dass Bristol mit seinen eigenen Problemen zu kämpfen hatte. Er war angeklagt, an der Revolte teilgenommen zu haben, ein Kapitalverbrechen. John verstand also, dass und warum er einen Deal mit Heyliger gemacht haben könnte. Er würde versuchen müssen, die Glaubwürdigkeit seines Diakons zu untergraben. Doch bevor er irgendwelche Fragen stellen konnte, rief der Vorsitzende zur Vertagung auf. Es war Freitagabend; das Gericht war über das Wochenende geschlossen.

Am Montagmorgen saß Bristol immer noch auf dem Zeugenstuhl, und John war mit der Befragung dran. Er versuchte, den Zeugen mit einem Fragenfeuerwerk zu verunsichern.

John: Wo bist du nach deiner Vernehmung am Freitagabend hingegangen?

Bristol: Ich bin wieder ins Gefängnis gegangen.

John: Wurdest du zu irgendeinem Zeitpunkt von jemandem angewiesen, das zu sagen, was du vor Gericht gesagt hast?

Bristol: Nein, es kam aus meinem Herzen und wurde nicht von irgendwem in mein Hirn gepflanzt.

John hatte gehofft, dass Bristol zugeben würde, von Heyliger oder einem seiner Assistenten angestiftet worden zu sein. Er war enttäuscht, dass sein ehemaliger Diakon zu schlau war, um sich aus der Fassung bringen zu lassen. Er nahm einige Papiere von dem kleinen Holztisch und las in ihnen, um zu überlegen, was er als Nächstes tun sollte. Sein Anwalt nickte ihm ermutigend zu. John musste weitermachen. Er würde nun versuchen, zu beweisen, dass er nie zu Uneinigkeit oder Rebellion angestiftet hatte.

John: Habe ich jemals einen Neger ermutigt, wegzulaufen?

Bristol: Davon habe ich noch nie gehört.

John: Hast du jemals gehört, dass ich die Geschichte der Juden auf die Neger angewandt habe?

Bristol: Nein, Sir.

John: Warum haben sich die Leute beschwert, wofür sie ausgepeitscht wurden?

Bristol: Weil sie am Sabbat arbeiten mussten.

Nachdem dies geklärt war, ging John zu dem Gespräch am Sonntagabend vor dem Aufstand über. Er fragte den Zeugen, ob es irgendwelche Kriegsvorbereitungen gegeben habe, bevor sie ihn aufgesucht hätten. Entscheidend war, dass Bristol sagte, er wisse nichts davon. Hat Quamina gesagt, wann die Kolonialisten in die Stadt getrieben werden sollten? Auch dazu sagte Bristol, er wisse das nicht. Schließlich fragte John, warum die Verwalter und Aufseher in die Stadt getrieben werden sollten. Bristol antwortete, sie hätten gehofft, dass sie ihre Freiheit erlangen würden. Da er nichts mehr hinzuzufügen hatte, wurde er entlassen.

John hatte sich so gut geschlagen, wie man es von einem Mann ohne juristische Ausbildung erwarten konnte. Er hatte ausgeführt, dass er, selbst wenn man ihn vor Beginn des Aufstands informiert hätte – was er vehement bestritt –, nicht gewusst hätte, wann, wie, wo und mit welchen Mitteln er stattfinden würde. Er hoffte, dass die Mitglieder des Kriegsgerichts das Offensichtliche erkennen würden: dass Bristol gelogen hatte, als er sagte, Quamina habe ihm von dem Aufstand erzählt, und dass es daher für John keinen Grund gegeben haben konnte, den Behörden von dem Gespräch zu berichten.

In den folgenden Tagen schlug Heyliger einen neuen Weg ein und begann, die Finanzen von Johns Gemeinde unter die Lupe zu nehmen. Er fragte diverse Zeugen, wie viel Geld die Mitglieder an die Kirche zahlen mussten, welche Geschenke der Missionar erhalten hatte und was mit dem gespendeten Geld gemacht wurde. Einmal fragte er einen Zeugen, ob irgendein Mitglied der Kirche für sein Psalmenbuch oder seine Bibel bezahlt habe. Schließlich hatte John genug. Mit rotem Gesicht stand er auf. »Ich stehe nicht vor Gericht, weil ich mir unter Vorspiegelung falscher Tatsachen Geld erschlichen habe«, erklärte er, »und weise daher diese Fragen als völlig irrelevant zurück.« Der Präsident des Kriegsgerichts zeigte sich unbeeindruckt. Er lehnte Johns Einspruch ab und wies den Fiscal an, die Befragung fortzusetzen.

Am Morgen des 21. Oktober, dem achten Tag der Verhandlung, erhielt der Präsident einen Brief von Heyliger, in dem er mitteilte, dass er wegen einer Erkrankung dem Gericht fernbleiben müsse. An seiner Stelle würde die Anklage von seinem Stellvertreter, dem stellvertretenden Staatsanwalt, geführt, der nun Michael M'Turk als Zeugen aufrief.

Nach seiner Vereidigung wurde M'Turk aufgefordert, seine Erinnerungen an die erste Begegnung mit dem Missionar zu schildern. Er sprach über die Schließung der Bethel Chapel während des Pockenausbruchs und seine Erinnerung daran, dass Smith in seiner Reaktion »gewalttätig« gewesen sei. Der stellvertretende Staatsanwalt fragte M'Turk dann, wie er von dem Aufstand erfahren habe. Der Zeuge gab an, er sei am 18. August in seinem Haus in Felicity gewesen, als er »gegen vier Uhr von einem Farbigen informiert wurde, dass die Neger beabsichtigten, an diesem Abend zu revoltieren«. Als Nächstes wurde er gefragt, wann die Unruhen begonnen hatten. Darauf antwortete er: »Gegen fünf Uhr« und beschrieb seine Rolle bei deren Niederschlagung. Dann wurde er zur Verhaftung von John Smith befragt:

Stellvertretender Staatsanwalt: Haben Sie irgendwelche Befehle bezüglich seiner Papiere gegeben?

M'Turk: Das habe ich.

Stellvertretender Staatsanwalt: Wie lauteten sie?

M'Turk: Sie zu versiegeln.

Stellvertretender Staatsanwalt: Was hat Sie zu diesem Schritt veranlasst?

M'Turk: Es war ein nachgeordneter Schritt für den Fall, dass er sich weigern sollte, meine Befehle zu befolgen.

Stellvertretender Staatsanwalt: Kehrte er mit Leutnant Nurse zu Ihnen zurück, um Ihren Befehlen zu gehorchen?

M'Turk: Nein. Leutnant Nurse berichtete, dass er sich geweigert habe, meine Befehle zu befolgen.

Der stellvertretende Staatsanwalt sagte, er habe keine weiteren Fragen an den Zeugen. Während seiner gesamten Aussage wirkte

M'Turk sicher, glaubwürdig und objektiv – ein Mensch, dem man vertrauen konnte.

John musste diesen Eindruck widerlegen. Er begann seine Befragung, indem er versuchte, den Zeugen dazu zu bringen, zuzugeben, dass er die Bethel Chapel aus Boshaftigkeit geschlossen hatte und nicht zum Schutz gegen einen Pockenausbruch, aber M'Turk blieb bei seiner Darstellung, dass es ihm in erster Linie um die Erhaltung der öffentlichen Gesundheit gegangen sei. John versuchte daraufhin darzulegen, dass die Ehre seiner Frau während der Verhaftung ihres Mannes in Gefahr gewesen sei, doch auch hier konterte M'Turk geschickt und erklärte, Frau Smith habe die Wahl zwischen »jeder angemessenen Aufmerksamkeit in meinem Hause« oder »einer angemessenen Eskorte in die Stadt« gehabt. Frustriert von M'Turks ausweichenden Antworten, kehrte John zu dem hitzigen Wortwechsel während des Pockenausbruchs zurück. »Haben Sie sich nicht über den Gedanken lustig gemacht, dass Neger in Religion unterrichtet werden sollten, und darüber gespottet?« Bevor der Zeuge jedoch antworten konnte, erklärte der Präsident die Frage für unzulässig und forderte den Angeklagten auf, fortzufahren.

Da er nicht wusste, was er noch fragen sollte, aber das Gefühl hatte, das Renommee des Zeugen untergraben zu müssen, fragte John nun: »Woher wissen Sie, dass Neger bei Quamina waren, als er erschossen wurde?« Dies war ein solcher Themenwechsel, dass der Zeuge einen Moment brauchte, um zu antworten. Dann sagte M'Turk: »Weil ich sie bei ihm stehen sah, und aus dem Bericht derer, die dabei waren.«

»Waren Sie bei der Expedition, als Quamina erschossen wurde?«, fragte John Smith.

»Ja«, antwortete der Zeuge. Daraufhin teilte der Missionar mit, dass er keine weiteren Fragen habe.

John hatte sich gut geschlagen. In den Augen der Mitglieder des Kriegsgerichts hatte er die Möglichkeit aufgeworfen, dass M'Turk nicht viel anderes als ein Jäger entlaufener Sklaven war, ein Mann nicht der Wissenschaft, sondern der Vorurteile. Außerdem hatte er seinem Erzfeind ein wichtiges Geständnis entlockt. M'Turk hatte zugegeben, dass er bereits vor dem Ausbruch des Aufstandes über diesen informiert war. John würde damit erklären können, warum er selbst nicht sofort zu den Behörden geeilt war, als Quamina ihn über die Unzufriedenheit der versklavten Menschen informiert hatte.

Da er merkte, dass der stellvertretende Staatsanwalt Hilfe brauchte, schaltete sich der Präsident ein. Er bat M'Turk, noch einmal die »gewalttätige« Reaktion des Missionars auf die Kirchenschließung wegen des Pockenausbruchs zu schildern. »Das Gespräch war sehr unzusammenhängend«, berichtete M'Turk. »[Smith] bemerkte unter anderem ziemlich unhöflich, dass es ihm egal sei, ob er zu einem oder hundert Negern predige, ›denn ich werde ja nicht pro Kopf bezahlt wie Sie‹. Er benutzte jede Art von Sprache, um meine Gefühle zu verletzen.« Mit dieser abschließenden Bemerkung – und obwohl dem Angeklagten keine Gelegenheit zur Erwiderung gegeben wurde – wurde M'Turk entlassen. Seine Zeugenaussage hatte zwei Tage gedauert. Sie hatte den klaren Eindruck von zwei Männern hinterlassen, die sich gegenseitig verachteten. Weniger klar war, was dies mit der Anklage oder dem Nachweis der Schuld zu tun hatte.

Am 23. Oktober, einem Donnerstag, war der Fiscal wieder vor Gericht anwesend. Offenbar hatte er sich so weit erholt, dass er seinen Assistenten ablösen konnte, der in den beiden Tagen zuvor keine besonders gute Figur gemacht hatte. Heyliger rief nun Seaton auf, einen weiteren Abolitionisten der Bethel Chapel, der, wie Bristol, dem Galgen bislang entkommen war. Seaton bestätigte, dass Jack und Quamina die Rädelsführer waren, dass alles bei der Versammlung am Middle Walk nach dem Gottesdienst am Sonntag, dem 17. August, abgesprochen worden war und dass der Plan darin bestand, die Kolonialisten in die Stadt zu treiben, wo die Abolitionisten die Freiheit fordern würden.

Im Gerichtssaal war es heiß und schwül, und diejenigen, die das Verfahren verfolgt hatten, hatten alles bereits einmal gehört. Schon an diesem Morgen hatte man gesehen, wie sich die Köpfe des einen oder anderen Gerichtsmitglieds senkten, bevor die Person, die neben ihm saß, ihm einen sanften Schubs gab.

Doch dann sagte der Zeuge etwas, das alle aufhorchen ließ. Der Fiscal hatte gerade die Frage gestellt, ob der Plan, auf den man sich bei dem Treffen in Middle Walk geeinigt hatte, gemacht worden war, bevor oder nachdem Quamina die Gruppe verlassen hatte und zu John Smith in sein Arbeitszimmer gegangen war. Seaton erinnerte sich deutlich. Der Plan war vorher gemacht worden. Das war schlecht für ihn, erkannte John Smith sofort, sehr schlecht. Wenn das Gericht davon ausging, dass der Plan bereits feststand, bevor Quamina ihn in seinem Haus aufgesucht hatte, dann war es schwer, zu argumentieren, dass der Missionar nur vage Einzelheiten über die Absichten der Abolitionisten kennen konnte. Das alles war zu einseitig und bequem für die Seite der Anklage; auch Seaton musste mit den Behörden eine Abmachung getroffen haben. John stand auf und deutete an, dass er den Zeugen befragen wollte. Der Präsident nickte; er würde es zulassen.

»Wurdest du von irgendjemandem angewiesen, zu sagen, was du dem Gericht gerade gesagt hast?«, fragte John. Bristol war bei der Beantwortung dieser Frage wachsam gewesen, aber Seaton könnte vielleicht überrumpelt werden. Der Zeuge verneinte. Doch der Missionar ließ nicht locker. »Hast du jemals zuvor jemandem erzählt, was du gerade dem Gericht gesagt hast?« Der Zeuge räumte ein, dass er mit dem stellvertretenden Staatsanwalt gesprochen habe, der in diesem Moment im Gerichtssaal neben dem Fiscal saß. »Wurde das schriftlich festgehalten?«, fragte John und witterte seine Gelegenheit. Er hatte keine Ahnung, wie die Antwort lauten würde, aber es war es wert, es zu probieren. »Ja«, antwortete Seaton. Das Geräusch, als alle Anwesenden sich gleichzeitig aufrichteten, war wie ein Pistolenschuss. Nun waren alle im Raum hellwach. Der Zeuge hatte soeben gestanden, vom stellvertretenden Staatsanwalt beeinflusst worden zu sein, eine Praxis, die an britischen Gerichten nicht nur illegal war, sondern auch als höchst unmoralisch galt.

Jetzt war der stellvertretende Staatsanwalt an der Reihe, sich aufzuregen; er sprang auf und erhob Einspruch gegen die Art der Befragung durch den Missionar. In einem ungewöhnlichen Schritt wurde der stellvertretende Staatsanwalt nun vom Vorsitzenden des Gerichts vereidigt und befragt, ob er den Zeugen vorbereitet habe. »Ich habe mehrere von ihnen befragt«, gab der Assistent mit Verachtung zu. »Der Zeuge ist einer davon.« Hinter ihrem Mann sitzend lächelte Jane. Das war es, was sie brauchten: einen Weg, um zu beweisen, dass John hier das Opfer war, dass die Anschuldigungen gegen ihn erfunden und Teil einer Verschwörung waren.

Der Präsident nahm sich einen Moment Zeit, um das Gericht zur Ruhe kommen zu lassen, und fragte dann den stellvertretenden Staatsanwalt: »Haben Sie versucht, den Zeugen zu beeinflussen oder zu einer Falschaussage anzuleiten?« Der Assistent richtete sich zu seiner vollen Größe auf und antwortete in der klaren, schneidenden Diktion der Anwaltskammer von Lincoln's Inn: »Als Zeuge bin ich verpflichtet, zu antworten, aber als Mann meiner Profession empfände ich es unter normalen Umständen als entwürdigend, wenn mir eine solche Frage gestellt würde.« Nun, da er seine moralische Überlegenheit unter Beweis gestellt hatte, antwortete er: »Nein.«

Trotz der Beteuerungen des stellvertretenden Staatsanwalts konnte jeder aufmerksame Beobachter erkennen, dass Seatons Aussage im besten Fall manipuliert und im schlimmsten Fall völlig unzuverlässig war. Alles in allem war der Prozess für den Angeklagten bisher gut verlaufen. Das sollte sich allerdings bald ändern.

Bei meinen Recherchen über Michael M'Turk stoße ich auf der Website seiner Alma Mater, der Universität von Glasgow, auf seine Biografie. Darin heißt es, dass er sich »um die Notlage von Hunderten von Sklaven im Land kümmerte und am 7. September 1839 von Königin Victoria für seine Bemühungen um jene zum Ritter geschlagen wurde«.

Wie um alles in der Welt konnte das geschehen?

Es ist derselbe Michael M'Turk, der 130 Versklavte auf seiner Felicity-Plantage ›besaß‹. Derselbe Mann, der nach der Abschaffung der Sklaverei von der britischen Regierung entschädigt wurde. Derselbe Mann, der die Versklavten am Besuch von Gottesdiensten hinderte. Derselbe Mann, der Quamina und andere Abolitionisten jagte, tötete und dann aufhängte.

Aber er war eine trickreiche Person. Einer jener seltenen Menschen, die mit Blick auf die Zukunft versuchen, die Art und Weise, wie sie in Erinnerung bleiben, zu manipulieren.

Anfang der 1830er Jahre, im Vorfeld der Abschaffung der Sklaverei, erkannte M'Turk die Zeichen der Zeit. Also tat er zweierlei: Erstens forderte er einige seiner versklavten Männer auf, Briefe zu schreiben, in denen sie bezeugten, dass er ein großartiger Mensch war. Zweitens sorgte er dafür, dass er derjenige war, der nach der Verabschiedung des Abolitionsgesetzes in London im Court of Policy in Georgetown in Demerara den Antrag auf Abschaffung der Sklaverei in der Kolonie stellte. Er sorgte des Weiteren dafür, dass der Gouverneur seine Vorgesetzten in der Heimat, also in England, über diese großen Taten informierte, um der Königin nahestehende Personen darauf aufmerksam zu machen.

In meinem eigenen Experiment zur Erkundung, ob es möglich ist, zu verändern, wie Geschichte erinnert wird, schicke ich eine E-Mail an die Website der Universität und schlage vor, den Eintrag zu korrigieren.

Ein paar Tage später informiert man mich, dass die Seite überarbeitet worden sei, um das wahre Vermächtnis von Michael M'Turk darzustellen.

Und hier ein weiteres Beispiel dafür, wie das Erbe der Sklaverei verzerrt dargestellt werden kann: Im Jahr 2006 veröffentlichte die All Saints Church in Niagara Falls, Kanada, eine Geschichte ihrer Kirche. Darin wird erzählt, wie sich John Murray, der ehemalige Gouverneur von Demerara, 1833 mit seiner Frau Ellen und ihren Kindern in der Stadt niederließ. Zwanzig Jahre später, im Jahr 1854, nach Murrays Tod, schenkte Ellen All Saints Land für den Bau einer neuen Kirche. In den offiziellen Aufzeichnungen der Kirche wird Murrays Zeit als Gouverneur folgendermaßen beschrieben:

> Im letzten Jahr seiner Amtszeit auf Demerara erhoben sich die Sklaven, die durch die Predigten eines Wesleyaner-Missionars, John Smith, aufgestachelt worden waren, zu einer Rebellion, massakrierten viele Bewohner der Kolonie, brannten deren Behausungen nieder und begingen viele schwere Gräueltaten. Der Aufstand wurde auf Betreiben des Statthalters, Gouverneur John Murray, schnell niedergeschlagen, und zum Dank überreichten ihm die Bürger der Kolonie ein stattliches Tafelgeschenk im Wert von 2.000 Pfund.

Was nicht erwähnt wird, ist, dass John Murray mehr als 540 versklavte Männer, Frauen und Kinder ›besaß‹. Dass er sich weigerte, Londons Anweisungen zur Verbesserung der Bedingungen für die Versklavten umzusetzen (einschließlich der Beendigung des Auspeitschens versklavter Frauen), was zu dem Aufstand führte, und dass die britische Miliz unter seiner direkten Befehlsgewalt als Oberbefehlshaber mehr als 500 versklavte Abolitionisten brutal tötete.

Heute sind zwei Hauptstraßen in Niagara Falls nach John Murray benannt: Murray Street und Murray Hill.

Ich spüre die Person auf, die die Geschichte der All Saints Church geschrieben hat. Ihr Name ist Jock Ainslie, der ehemalige Kirchenvorsteher. Wir unterhalten uns etwa eine halbe Stunde lang. Am nächsten Tag erhalte ich eine E-Mail von ihm. »Mir ist klar, dass John Murray Schlimmes getan hat, als er eine Rebellion niederschlug, aber ich verurteile die Angewohnheit in unseren aufgeklärten Zeiten, Straßen- oder Gebäudenamen ändern zu wollen«, schrieb Jock und fügte hinzu: »Ich weiß nicht, ob John Murray etwas Wertvolles getan hat, aber seine Frau hat uns die Kirche geschenkt … und wir waren dankbar dafür!«

Ich rufe Sherri Darlene an, Organisatorin der #JusticeForBlackLivesgroup in Niagara Falls und Mitglied des Antirassismus-Ausschusses des Stadtrats. Sie sagt, sie gehe häufig den Murray Hill hinauf (»Er ist steil!«) und habe keine Ahnung von der Geschichte John Murrays gehabt. »Es wird Widerstand geben«, sagt sie mir, »aber wir müssen die Straßenamen ändern.«

KAPITEL 20

John Smith, Oktober 1823

Am Morgen des 24. Oktober 1823 begann der elfte Tag von John Smiths Prozess in Demerara. Bis jetzt hatten sowohl der Missionar als auch der Fiscal starke Argumente vorgebracht. Für die Beobachter des Prozesses war das Verfahren bisher ausgeglichen. Um dies zu seinen Gunsten zu ändern, rief Victor Amadius Heyliger nun Jackey Reed, einen Versklavten vom Dochfour-Anwesen, auf.

Der Fiscal bat ihn, dem Gericht von den Briefen zu berichten, die kurz vor Beginn des Aufstandes ausgetauscht worden waren. Am Sonntag, dem 17. August 1823, so erinnerte sich Jackey, habe er eine Nachricht von Jack Gladstone erhalten. Der Brief sei verloren gegangen, aber er lautete in etwa so:

> Mein lieber Bruder Jackey,
> ich hoffe, es geht dir gut, und ich schreibe dir wegen unserer Vereinbarung vom letzten Sonntag. Ich hoffe, du wirst dein Versprechen einhalten. Dieser Brief ist von Jack Gladstone und den anderen Brüdern von Bethel Chapel geschrieben worden, und alle anderen Brüder sind bereit und setzen ihr Vertrauen in dich; wir hoffen, dass du auch bereit sein wirst. Wir werden morgen Abend gegen 7 Uhr auf der Thomas [Plantage] beginnen.

Jackey sagte, dass ihn die Lektüre des Briefes sehr beunruhigt und dass er seinen Namen nicht mit einer Aktion gegen die Kolonialherren habe in Verbindung gebracht sehen wollen, schon gar nicht in schriftlicher Form. Also tat er zunächst nichts, steckte den Brief weg und versuchte, nicht daran zu denken. Am nächsten Morgen,

Montag, dem 18. August, wurde ihm klar, dass er den Brief nicht länger ignorieren konnte. Er gehörte der Bethel Chapel an und fühlte sich daher verpflichtet, Jacks Brief an Pfarrer Smith weiterzugeben. Um seinen Standpunkt zu verdeutlichen, fügte er eine eigene Notiz hinzu. Auch dieser Brief war vernichtet worden. Auf Drängen des Fiscals konnte er sich an den Inhalt dieses Briefes jedoch gut erinnern:

> Sehr geehrter Herr,
> entschuldigen Sie die Freiheit, die ich mir nehme, um Ihnen zu schreiben. Ich hoffe, dieser Brief trifft Sie und Mrs. Smith bei guter Gesundheit an. Jack Gladstone hat mir einen Brief vorgelegt, der den Anschein erweckt, als hätte ich eine Vereinbarung für einige Aktionen getroffen, was ich nie getan habe, noch habe ich ihm irgend etwas versprochen, und ich hoffe, dass Sie sich darum kümmern und sich bei den Gemeindemitgliedern erkundigen werden, was sie planen, wovon ich nichts weiß, und Sie herausfinden werden, was heute Abend um sieben Uhr passieren wird.

Gegen 14.30 Uhr, fuhr Jackey fort, habe er die beiden Briefe an Guildford, ebenfalls aus Dochfour, übergeben, der zu John Smiths Haus ging und sie ihm gegen 18 Uhr übergab. Es war nach dem Abendessen, kurz vor Sonnenuntergang. Wenige Minuten später schickte der Missionar eine Antwort zurück.

Der Fiscal wandte sich an die Mitglieder des Kriegsgerichts. Entscheidend sei, dass der Angeklagte die beiden Briefe erhalten habe mit der Warnung, dass »die Brüder bereit sind« und sich »auf einige Aktionen geeinigt« hätten, bevor – er betonte dieses Wort – der Aufstand begonnen habe.

Heyliger ging nun auf den Zeugen zu, übergab ihm mit dramatischer Geste einen Brief und fragte ihn, ob er ihn erkenne. Jackey nahm das Papier, sah sich den Inhalt an und stellte fest, dass es sich tatsächlich um den Brief handelte, den er von dem Missionar erhalten habe. Dann faltete er ihn. »Es war so«, sagte er und reichte ihn an den Fiscal zurück. Heyliger las den Brief nun vor:

> An Jackey Reed,
> ich weiß nichts von der Angelegenheit, auf die Sie anspielen, und Ihre Nachricht kommt zu spät, als dass ich noch nachfragen könnte. Ich habe gestern erfahren, dass ein Plan geschmiedet wurde; ohne weiter danach zu fragen, habe ich alle gebeten, ruhig zu bleiben. Ich vertraue darauf, dass sie das werden; überstürzte, gewaltsame oder konzertierte Maßnahmen stehen ganz im Gegensatz zu der Religion, zu der wir uns bekennen, und ich hoffe, dass Sie nichts damit zu tun haben.
> Der Ihre, um Christi willen,
> J. S.

Als Jackey seine Aussage beendet hatte, rief der Richter ein zwölfjähriges Mädchen namens Elizabeth in den Zeugenstand. Sie sagte, sie »gehöre« Industry, einer Plantage drei Meilen westlich von Le Resouvenir, und sei seit einiger Zeit bei den Smiths untergebracht gewesen. In der Nacht des Aufstandes habe sie gesehen, wie Guildford zwei Briefe an Mr. Smith übergab und dann auf der Treppe auf eine Antwort wartete. »Was ist mit dem Besuch von Quamina?«, fragte der Fiscal. Elizabeth sagte, dass Quamina am dritten Tag des Aufstandes zu den Smiths gekommen sei. Sie sei damals in der Außenküche gewesen, habe aber durch die Hintertür sehen können, die offen war. Sie habe gesehen, dass John und Jane eng beieinander auf Stühlen saßen, während Quamina neben ihnen stand. Sie unterhielten sich etwa 15 Minuten lang, aber so leise, dass Elizabeth sie nicht verstehen konnte. Als Quamina gegangen war, sei Jane auf sie zugekommen. »Du darfst es niemandem erzählen«, habe die Frau des Missionars gesagt und sich auf das heimliche Treffen bezogen. »Wenn ich es jemandem erzählte«, erinnerte sich Elizabeth an Janes Worte, »würde ich ausgepeitscht.« Nach einigen weiteren Fragen über den Besuch von Quamina wurde die Zeugin entlassen.

Im Laufe des Nachmittags rief der Richter mehrere weitere Zeugen auf. Zuletzt Captain Simpson, der beschrieb, wie er den Angeklagten in seinem Haus verhaftet und dessen Tagebuch in Gewahrsam genommen hatte. Heyliger bat den Soldaten abschließend, die Erklärung des Gouverneurs zum Kriegsrecht zu verlesen, die er wiederum John Smith vorgelesen hatte. Die letzten Worte waren »God Save the King«. Damit stellte die Staatsanwaltschaft ihre Beweisführung ein.

Nachdem sich der Fiscal gesetzt hatte, verkündete der Präsident, dass sich das Gericht für eine Woche zurückziehen werde. Es werde am Freitag, dem 31. Oktober, wieder zusammentreten.

In den nächsten Tagen dachte John über das nach, was im Gerichtssaal geschehen war. Ihm muss klar gewesen sein, dass er in Schwierigkeiten steckte. Sein Brief an Jackey stellte ein besonderes Problem dar. Er deutete darauf hin, dass er von dem Aufstand gewusst hatte, bevor er begonnen hatte. »Ich habe gestern erfahren, dass ein Plan geschmiedet wurde«, hatte er geschrieben, obwohl er sich auf Quamina bezogen hatte, der vorgeschlagen hatte, mit seinem Vorgesetzten über den Brief des Königs zu sprechen und nicht über eine Rebellion. Auch das zweite Treffen mit Quamina war ein Thema. Sie hatten sich nach Beginn des Aufstandes getroffen, was ihn als Mitverschwörer erscheinen ließ, und die Drohung seiner Frau, das junge Mädchen zu schlagen, ließ sie beide als herzlos, wenn nicht gar als Heuchler erscheinen. Er musste die Lage wenden. Schnell.

Als das Kriegsgericht am Freitag, dem 31. Oktober, wieder zusammentrat, fragte der Präsident, ob John bereit sei, mit seiner Verteidigung zu beginnen. Der Missionar sagte, er habe seine Vorbereitungen noch nicht abschließen können, aber werde wohl bis zum nächsten Tag fertig sein. Er wisse, dass es ein großer Berg sei, den es zu überwinden gelte, aber er habe moralische Argumente auf seiner Seite. Und das Gebet. Er hoffe, das reiche aus.

Am folgenden Tag, einem Samstag, stand John Smith um 10 Uhr vor dem Gericht. In seinen Händen hielt er die Rede, an der er und Jane seit Wochen gearbeitet hatten. Sie umfasste mehr als hundert Seiten. Jedem, auch John, war klar, dass die Rede zu lang war und dass seine Argumente umständlich und sogar selbstgerecht waren. Dennoch war dies seine einzige Chance, seinen Fall vollständig zu schildern und zu Protokoll zu geben. Sie waren der Meinung, er solle sich lieber umfassend als knapp äußern.

Was die Anklagepunkte betrifft, so gab er freimütig zu, dass er die Sklaverei verabscheue. »Wenn es ein Verbrechen ist, eine solche Abneigung zu hegen«, sagte er vor Gericht, »dann habe ich den liberalsten und besten Teil der Menschheit als Mitschuldige an meiner Seite.« Besonders ärgerte ihn, dass sein Tagebuch Teil des Verfahrens geworden war. Es war nur und ausschließlich für seinen privaten Gebrauch bestimmt, niemals für die Öffentlichkeit. Der Inhalt war selbst Mrs. Smith unbekannt, wie er versicherte. Dennoch beweise das Tagebuch eher seine Unschuld als das Gegenteil. Als Beispiel führte er den Eintrag vom 8. August 1817 an, in dem er entschieden hatte, das Ende von Genesis, in dem von der Befreiung aus der Sklaverei die Rede war, nicht zu lesen, weil er bei seiner Gemeinde keinen »falschen Eindruck« erwecken wollte.

Was die verschiedenen Zeugen anbelangte, so seien ihre Aussagen oft widersprüchlich und sie schienen von der Staatsanwaltschaft angeleitet worden zu sein, was in englischen Gerichten verboten sei. Er stritt vehement ab, von dem Aufstand vor dessen Ausbruch gewusst zu haben. Als er schließlich durch Jackeys Brief davon erfuhr, sei es zu spät gewesen. Er hatte gerade sein Antwortschreiben an Guildford abgeschickt, als er hörte, dass der Aufstand auf der benachbarten Plantage begonnen hatte. Aber selbst wenn er es rechtzeitig gewusst hätte, was nicht der Fall war, warum wurde er als Einziger beschuldigt, den Aufstand nicht gemeldet zu haben, wo doch viele andere – darunter auch Michael M'Turk – schon Stunden vor ihm davon wussten und nicht sanktioniert wurden? Schließlich ging er auf den Vorwurf ein, dass er Quamina am dritten Tag des Aufstands hätte verhaften müssen. Darauf hatte er eine einfache Antwort: Er habe damals keine Ahnung von Quaminas Rolle in der Rebellion gehabt, und niemand habe das Gegenteil bewiesen.

Er sprach nun von seiner Enttäuschung über den Gouverneur. Bevor er dies jedoch vertiefen konnte, wurde er vom Präsidenten unterbrochen, der die sofortige Räumung des Saals anordnete. Eine Schar von Gerichtsdienern wies John und alle anderen Anwesenden aus dem Saal. Dann wurde die Tür verschlossen. Dreißig Minuten später wurden sie wieder hereingebeten. Der Vorsitzende gab bekannt, dass das Gericht nicht tage, um General Murray zu verurteilen, und dass Johns Äußerungen über diesen aus dem Protokoll gestrichen würden. Es war klar, dass diese Aussagen ihn nicht weiterbringen würden.

Der Angeklagte sprach nun über die Zusammenhänge, vielleicht mit dem Ziel, dass jemand das Protokoll des Prozesses lesen würde, nachdem es nach London geschickt, kopiert und an die Unterstützer der Londoner Missionsgesellschaft verteilt worden war. Und vielleicht, weil er nicht mehr von sich selbst sprach, wurde er eloquenter. Wenn er nicht der Grund für den Aufstand war, was er seiner Meinung nach eindeutig bewiesen hatte, was war es dann? Er nannte vier Möglichkeiten: die harte Behandlung der Sklaven durch die Plantagenbesitzer, die übermäßige Arbeit, die Ablehnung des Religionsunterrichts und die Verweigerung der neuen Gesetze, die die Situation der Sklaven verbessert hätten. Es waren diese Faktoren, so argumentierte er eindringlich, die zu dem Aufstand geführt hatten, nicht seine Bibellesungen, nicht seine Gespräche mit den Diakonen, nicht seine Weigerung, sich an der Miliz zu beteiligen.

In den nächsten zwölf Tagen rief John 18 Zeugen auf, darunter Michael M'Turk, Oberstleutnant Leahy, John Stewart und Bristol. Jeder von ihnen beantwortete geduldig seine Fragen, aber es gab kaum etwas Neues, das dem Gericht nicht bereits bekannt gewesen wäre. Mehrmals unterbrach der Präsident die Befragung, indem er ihm nicht erlaubte, lange Bibelzitate zu rezitieren, oder seine Fragen zurückwies. Am 13. November erklärte sich das Gericht bereit, seinen Missionskollegen Richard Elliot vorzuladen, der aus dem Gefängnis eskortiert wurde, um aussagen zu können. John hoffte, dass dies seine Glaubwürdigkeit als Pfarrer und nicht als Politiker untermauern würde. Doch auch dies war nicht ohne Schwierigkeiten. Denn gerade als Elliot sagte, dass der Gutsbesitzer Ben Hopkinson sich wohlwollend über John Smith und seine Mitstreiter geäußert hatte, unterbrach ihn der Präsident. Der Angeklagte solle sich auf seine Aussagen beschränken, wies er ihn an. Er dürfe seine Zeugen nicht dazu ermutigen, vom Hörensagen zu berichten. Und das, obwohl sich die Anklage tagelang auf zahlreiche Zeugen gestützt hatte, deren Aussagen kaum mehr waren als die Wiederholung der Worte anderer Personen.

An jenem Abend sprachen John und Jane über ihre weitere Strategie. Es war schwer zu wissen, welche anderen Zeugen sie holen und welche Argumente sie vorbringen sollten. John war erschöpft von der täglichen Plackerei und der emotionalen Belastung, sich selbst vertreten zu müssen. Das alles half seinem ohnehin schon schwachen Körper nicht gerade. Sie schlug vor, dass sie selbst ihr Glück noch einmal versuchen könnte.

Am nächsten Tag stand Jane früh auf, um sich vorzubereiten. Mit der kleinen Schale Wasser, die ihr die Wachen zur Verfügung gestellt hatten, wusch sie sich Gesicht und Hände, so gut es ging, und wischte sich den Staub von den Schuhen. Nachdem sie sich von John verabschiedet hatte, klopfte sie an die Tür. Wenige Sekunden später ging sie die Treppe des Colony House hinunter und hinaus ins Freie. Sie hatte nicht weit zu gehen. Auf der anderen Straßenseite befand sich das Regierungsgebäude, das als King's House bekannt war.

Um den Mut nicht zu verlieren, ging sie die Treppe hinauf und in die Eingangshalle. Sie sei hier, um den Gouverneur zu sehen, sagte sie dem Angestellten. Sie brauchte nicht zu erklären, wer sie war, denn das Schicksal ihres Mannes war jedem in der Hauptstadt bekannt. Der Beamte wusste auch, dass Jane seit Wochen in dem kleinen Dachzimmer auf der anderen Straßenseite wohnte. Viele hatten Mitleid mit ihr und waren beeindruckt von ihrer stoischen Entschlossenheit.

Hatte sie einen Termin? Nein, sagte sie, aber sie sei bereit, eine eidesstattliche Erklärung über ihren Mann abzugeben, sofern der Gouverneur ihre Aussage persönlich entgegennehme. Der Beamte erkannte die Bedeutung und eilte ins Haus, um sich bei einem Vorgesetzten zu erkundigen. Wenige Minuten später kehrte er zurück und führte Jane in ein Zimmer im Obergeschoss, wo der Gouverneur sie bald empfangen würde. Vielleicht war John Murray neugierig, Jane von Angesicht zu Angesicht zu sehen. Vielleicht dachte er aber auch, dass er der Frau des Missionars ein Geständnis entlocken könnte, wo andere bisher versagt hatten.

Nach einigen Minuten der Konversation, in denen sie Höflichkeiten austauschten, ging es los: Jane saß auf einem Stuhl und gab ihren Bericht ab, der Gouverneur saß hinter einem großen Schreibtisch, hinter dem ein Porträt des Königs an der Wand hing, und notierte jedes Wort. Die Fakten, die sie vortrug, waren fast exakt die gleichen, die ihr Mann wenige Tage zuvor vor Gericht zu Protokoll gegeben hatte. Der Unterschied bestand darin, dass die Ereignisse aus ihrer Sicht geschildert wurden. Sie beschrieb, wie John die Notiz von Jackey las, die ihn »beunruhigt und unruhig gemacht« habe. Als sie sah, wie die Abolitionisten die Success-Plantage übernahmen, fühlte sie sich »äußerst beunruhigt« und »erschrocken« und rannte nach Hause. Sie sei es gewesen, die am Mittwoch nach Quamina gerufen habe, nicht John, da sie herausfinden wollte, was mit den Sklaven geschah. Die Erklärung war zwei Seiten lang und ein klarer Versuch von Jane, einen Teil der Verantwortung zu übernehmen und damit ihren Mann vor Bestrafung zu schützen. Nachdem sowohl sie als auch der Gouverneur am Ende des Dokuments unterschrieben hatten, bedankte sie sich und ging zurück zum Colony House, zu ihrem Mann.

Am 14. November teilte John dem Gericht mit, dass er seinen Fall abschließen würde. Der Prozess hatte vor einem Monat begonnen; es war an der Zeit, ihn zu Ende zu bringen. »Meine Herren, ich bin fertig«, erklärte er mit heiserer Stimme, die kaum mehr als ein Flüstern war. »Für Sie ist mein Fall nun abgeschlossen, wie auch immer Ihre Entscheidung ausfallen mag. Als Diener des Evangeliums erkläre ich im Angesicht Gottes feierlich meine Unschuld.«

Fünf Tage später legte der Fiscal den zwölf Männern des Kriegsgerichts eine Zusammenfassung seines Falls vor. Wenn John Smiths Bemühungen schon langatmig gewesen waren, so war der Bericht es noch mehr. Man bemühte sich nicht um Kürze, geschweige denn um Klarheit der Argumente. Es war mühsam und quälend langweilig, ihm zuzuhören, was der Vortragende zugab, als er am Ende sagte: »Niemand kann besser als ich die uneffektive Art und Weise verstehen, in der diese Aufgabe ausgeführt wurde.« Schließlich blickte er die Mitglieder des Kriegsgerichts an und schloss mit den Worten: »Ich werde Sie nicht länger aufhalten, sondern den Fall sofort in Ihre Hände legen.« Damit war der Prozess beendet.

Er hatte 28 Tage gedauert. Insgesamt waren 50 Zeugen vernommen worden; davon waren 21 Weiße und 29 afrikanischer Abstammung. John Smith wurde in das Zimmer auf dem Dachboden über dem Gerichtssaal zurückgebracht. Nun blieb ihm nichts übrig, als zu warten.

Am 24. November wurde John Smith wieder in den Gerichtssaal gerufen, um die Urteilsverkündung zu hören. Endlich war der Tag gekommen. Er war extrem nervös. Nach einigen Augenblicken wurde er aufgefordert, aufzustehen. Er richtete sich auf und sah zu, wie das leitende Mitglied des Kriegsgerichts die Entscheidung an den Vorsitzenden des Gerichts, Oberstleutnant Goodman, übermittelte. Jane saß direkt hinter ihrem Mann und wartete gespannt auf das Urteil.

Nachdem der Präsident das Urteil studiert hatte, verlas er es laut. Der Gefangene wurde in allen vier Anklagepunkten schuldig gesprochen. Goodman hielt einen Moment inne, dann fuhr er fort. »John Smith wird am Hals aufgehängt, bis er tot ist, und zwar zu einer Zeit und an einem Ort, den seine Exzellenz, der Vizegouverneur und Oberbefehlshaber, für richtig hält.« John und Jane waren schockiert. Ihre schlimmsten Befürchtungen waren wahr geworden, aber Goodman war noch nicht fertig.

»Das Gericht bittet in Anbetracht aller Umstände des Falles«, fuhr er fort, »demütig darum, den Gefangenen zur Gnade zu empfehlen.«

Vielleicht bestand ja doch noch Grund für Hoffnung. Wenn Jack Gladstone, der Anführer des Aufstands, begnadigt worden war, würde das vielleicht auch für John gelten.

Einige Tage später sandte Gouverneur Murray einen Brief an den König in London, in dem er darum bat, den Fall von John Smith zu überprüfen und sein Urteil von der Hinrichtung auf die Verbannung aus Demerara abzumildern. Den Ausschlag hatte Janes eidesstattliche Erklärung gegeben. Als *The Colonist*, der ebenso wie die anderen Zeitungen in Demerara die Sklaverei befürwortete, von diesem Brief erfuhr, war er empört. Eine Woche nach Abschluss des Prozesses schrieb die Zeitung, dass die Entscheidung des Gouverneurs »allgemeines Misstrauen und Bestürzung« hervorgerufen habe und »uns alle zutiefst betrübt«. Man könne nur hoffen, dass »die öffentliche Besorgnis allmählich nachlässt – im Vertrauen auf die wachsame Vorsehung, die auch die Niedertracht der schlimmsten Verräter den Endzwecken ihrer Gerechtigkeit unterordnet«.

Mit anderen Worten, man hoffte, dass Seine Majestät die richtige Entscheidung treffen und der Pfarrer wie die versklavten Abolitionisten bestraft würde. Um ihren Gefühlen Ausdruck zu verleihen, errichtete eine Gruppe von Kolonialbürgern einen Galgen und hängte unter dem Beifall der Menge ein Bild des Missionars John Smith an den grob behauenen Balken.

Während meines Aufenthalts in Guyana spreche ich mit Mark Phillips, dem Premierminister. Wir nehmen beide an einer Veranstaltung im State House teil, bei der eine Briefmarke zu Ehren der ehemaligen Präsidentin Janet Jagan vorgestellt wird.

»Glauben Sie, dass Großbritannien Guyana für die Geschehnisse während der Versklavung entschädigen sollte?«, frage ich ihn.

»Das ist eine interessante Frage«, antwortet er lachend. Doch dann fügt er ernster hinzu: »Wichtig ist, dass die Diskussion nicht nur auf dieser Seite, sondern auch in England begonnen hat. Ich hoffe, dass dies zu einem Ergebnis führen kann, das beide Seiten zufriedenstellt. Wiedergutmachung ja, aber sie sollte den Briten nicht aufgezwungen werden.«

»Geschichte ist also wichtig?«, frage ich. »Geschichte ist immer wichtig«, antwortet er. »Wir müssen immer verstehen, woher wir kommen, wenn wir unseren Weg in die Zukunft planen. Aber ich bin der Meinung, dass wir nicht in der Vergangenheit stecken bleiben können. Wir müssen uns vorwärtsbewegen. Wenn Reparationen Teil des Prozesses sind, um als Volk voranzukommen, dann ja, dann sollten wir diese Diskussion führen. Und ich hoffe, dass wir zu einem für beide Seiten akzeptablen Ergebnis kommen.«

Später führe ich ein Gespräch mit Hew Locke, einem preisgekrönten bildenden Künstler, der sich in manchen seiner Arbeiten mit dem Empire und der Geschichte auseinandersetzt. In einer Arbeit hat er ein Foto des Sklavenhändlers Edward Colston mit Goldmünzen, Muscheln, Perlen und Ketten geschmückt. Hew wurde im Vereinigten Königreich geboren, verbrachte seine Jugendjahre in Guyana und lebt seither in London. Sein Vater war Afro-Guyaner, seine Mutter Weiße Engländerin.

Er erzählt mir, dass seine Vorfahren väterlicherseits aus Barbados stammten und versklavt wurden. Er sagt, wenn er nach Guyana zurückkehrt, spürt er, dass es ein »blutgetränktes« Land ist. Er ist sich »im Hinterkopf« der brutalen Sklaverei bewusst, die dort stattgefun-

den hat. Er sagt, dass er sie »in den Schatten spürt«. Wenn Weiße über die Sklaverei sprechen, so fügt er hinzu, sollten sie dies sensibel tun; es sollte nicht nur um »mich und meine Weiße Schuld« gehen.

KAPITEL 21

Cheveley, Dezember 1823

Am 6. Dezember 1823 war John Cheveley wieder in Georgetown. Die Reise von Liverpool war hart gewesen; die meiste Zeit hatte er in seiner Kabine verbracht und versucht, nicht seekrank zu werden. Der einzige Trost war die Temperatur, die sich allmählich erwärmte, während er sich Südamerika näherte. Als er nun die Straße entlangging, die vom Demerara-Fluss zum Paradeplatz führte, wurde er an das erinnert, was er im September hinter sich gelassen hatte. Über dem Colony House wehte immer noch die rote Flagge des Kriegsrechts. Ein Trupp der Miliz marschierte vorbei, und den verschlossenen Fenstern nach zu urteilen, schienen die meisten Lagerhäuser und Geschäfte geschlossen zu bleiben. Als er um die Ecke und in die Straße einbog, die zum Exerzierplatz führte, sah er mindestens ein Dutzend enthauptete Köpfe, die auf hohe Holzpfähle aufgespießt waren: Männer, die gerne frei geworden wären.

Während seiner Heimreise war es schwer gewesen, dem Thema des Aufruhrs zu entgehen. Schon als er in Glasgow die *Glenbervie* verlassen und den Nachtdampfer nach Liverpool betreten hatte, hörte er, wie sich die Leute über Nachrichten aus Demerara unterhielten. Als sie herausgefunden hatten, dass er dabei gewesen war, hatten sie ihn mit Fragen bombardiert. Wie war es denn so? Haben Sie Kampfhandlungen gesehen? War der Missionar dafür verantwortlich? Er fand sich im Mittelpunkt der Aufmerksamkeit wieder. Nach einer Weile nahm ihn ein gut gekleideter Mann am Arm und begleitete ihn in die Kabine des Herzogs von Athol, der sich zufällig auch an Bord befand. Erneut wurde er befragt, und er antwortete vorsichtig. Einmal musterte ihn der Herzog von oben bis unten und bemerkte angesichts seines mageren, braungebrannten Körpers, dass Demerara »ein erbärmlicher Ort zum Leben« sein müsse.

Sobald er in Liverpool angekommen war, suchte er William Pattinsons Bruder John auf, der ihn eingehend über den Aufstand befragte. Warum hatte er begonnen? Wer war daran beteiligt? Wie würde er sich auf die Wirtschaft auswirken? Sie sprachen auch über das Geschäft in Demerara, und Cheveley versicherte Pattinson, dass der Aufstand die Dinge zum Besseren wenden würde.

Als Nächstes nahm er eine Kutsche nach Prescot, um seinen alten Freund Thomas Driffield zu besuchen, den Mann, der ihm ursprünglich den Job in Demerara vermittelt hatte und der für ihn wie ein zweiter Vater war. Noch einmal wurde er nach dem Aufstand gefragt, über den die Zeitungen inzwischen ausführlich berichtet hatten. Er erklärte seinem Mentor, dass er wie die meisten anderen glaubte, dass die Missionare »die Urheber des Unheils« in Demerara seien und von den Antisklaverei-Gruppen in Großbritannien inspiriert würden. Angeregt von Reverend Driffield nahm er an einer von einer örtlichen Missionsgesellschaft einberufenen Versammlung teil, die sich mit Afrika befasste, aber unweigerlich wurde er gefragt, was gerade in Demerara geschehen war. Bevor er wieder in See stach, hatte er gerade noch Zeit für einen kurzen Besuch bei seinen Eltern, die noch immer in Essex lebten. Sein Vater war »fröhlich und glücklich«, ihn zu sehen, und seine Mutter »vor Freude außer sich«. Er umarmte die jüngeren Geschwister, die noch im Haus lebten, und schon bald waren sie dabei, sich über die Neuigkeiten zu informieren. Sein Aufenthalt war eine »angenehme, aber auch schmerzhafte Zeit, denn meine Tage waren gezählt«. Sein Vater fragte ihn, ob er wirklich in die Kolonie zurückkehren müsse. Er antwortete, dass er zurückkehren müsse, da es geschäftliche Angelegenheiten zu regeln und finanzielle Verpflichtungen zu erfüllen gebe. Am nächsten Tag versuchte er, beim Abschied eine tapfere Miene aufzusetzen. Es regnete stark. Alle weinten, als er mit dem Regenschirm in der Hand davonging. Alles in allem hatte sein Aufenthalt in Großbritannien nur einen Monat gedauert, aber er hatte viel erreicht. Trotz seines Heimwehs fühlte er sich ausgeruht und gestärkt.

*

Kurz nach Cheveleys Ankunft in der Kolonie erließ der Gouverneur eine neue Proklamation. Diesmal erklärte Murray, dass die versklavte Bevölkerung, die sich während der jüngsten »unglückseligen Unruhen« als »treu gegenüber ihren rechtmäßigen Herren« erwiesen hatte, am Weihnachtstag und am Tag danach nicht zur Arbeit verpflichtet sei. Diejenigen, die auf den Plantagen an der Ostküste lebten, die im Zentrum des Aufstands standen – wie Success, Bachelor's Adventure und Nabaclis –, sollten allerdings nicht in den Genuss dieser Erleichterung kommen. Einige der Versklavten in Nabaclis erklärten, dass sie diese jüngste Ankündigung ignorieren und beabsichtigen würden, den Tag freizunehmen und zu trinken und zu tanzen. Als er dies hörte, schickte der Chef der Miliz eine Kompanie, um die Feiern zu unterdrücken. Nach Angaben des *Guayana Chronicle* sollten die Schwarzen bis zum Ende der Feiertage in Schach gehalten werden. Mindestens 39 Personen wurden in den Stock gelegt. Mit anderen Worten: Der Geist des Aufstands, wenn auch nicht das Ausmaß, war noch sehr lebendig.

In den nächsten Tagen erfuhr Cheveley, dass in seiner Abwesenheit viel passiert war. Der Missionar John Smith war nach seinem Schuldspruch vom Dachboden des Colony House in eine Gefängniszelle gebracht worden, wo er auf seine Hinrichtung wartete. Der Leiter von Le Resouvenir, John Hamilton, wurde verurteilt, weil er die Abolitionisten unterstützt hatte. Er wurde aus der Kolonie verwiesen und aufgefordert, nie wieder zurückzukehren. Die Bethel Chapel wurde angezündet, allerdings nur teilweise beschädigt. Die meisten glaubten, dass einige einheimische Pflanzer hinter der Brandstiftung steckten, und es herrschte allgemeine Einigkeit darüber, dass keine Missionare mehr nach Demerara geschickt werden sollten. Es sollte sogar ein Buch über den Aufstand veröffentlicht werden. Es wurde von dem Einheimischen Joshua Bryant geschrieben und enthielt eine Reihe von Abschnitten, die die wichtigsten Momente des Aufstands festhielten. Sowohl in der *Gazette* als auch im *Chronicle* erschienen Anzeigen, die ankündigten, dass Bryant Subskriptionen annahm und das Buch im folgenden Jahr erhältlich sein werde. Doch damit nicht genug. Während Cheveleys Abwesenheit in England war ein anderes Thema breit diskutiert worden: John Cheveley.

Bei seiner Rückkehr nach Georgetown hatte dies schnell festgestellt, dass Gerüchte im Umlauf waren, er unterstütze die Sache der Abolitionisten. Der Beweis dafür war offenbar, dass er es versäumt hatte, seine Waffe bei Bachelor's Adventure zu entsichern, und dass er einen Gefangenen hatte entkommen lassen, statt seine Pflicht zu erfüllen. Außerdem habe er ohne Erlaubnis seines Befehlshabers die Kolonie verlassen, weil er eine Anklage wegen Verrats und Fahnenflucht befürchtete. Schließlich, und das war vielleicht am verräterischsten, hatte er während seines Aufenthalts in England an Missionarstreffen teilgenommen, bei denen er sich auf die Seite von John Smith gestellt und »die Pflanzer beschimpft« habe. Viele, so erfuhr er, waren der Meinung, dass er nun vor das Kriegsgericht gestellt werden sollte. Es war ein »hübscher Katalog von Verbrechen«, erinnerte sich Cheveley später, »einige Gran Wahrheit vermischt mit einer großen Menge böswilliger Unwahrheiten«. Er war sich bewusst, dass nun sein Ruf, wenn nicht sogar seine Freiheit, auf dem Spiel stand, und machte sich daran, das Urteil zu korrigieren. Einige Tage nach seiner Rückkehr nach Georgetown begab er sich mit einem Gewehr in der Hand zum militärischen Hauptquartier und vereinbarte einen Termin bei seinem Kommandanten Captain Croal. Nachdem er sich Cheveleys Bedenken angehört hatte, sagte Croal, dass er »die Hälfte dieser Berichte nicht glaubte«. Auf die Frage von Cheveley, ob er auch anderen Berichten Glauben schenke, zögerte Croal. Cheveley, der nun befürchtete, dass er sich in echter Gefahr befinden könnte, zeigte Croal das Gewehr, das er bei Bachelor's Adventure benutzt hatte, und demonstrierte ihm die Schwäche des Schlosses, die ihn trotz aller Bemühungen daran gehindert hatte, zu schießen. Er sagte, dass er zwar dankbar sei, dass er niemanden getötet habe, dies an sich aber kein Verbrechen sei. Croal zeigte sich davon wenig beeindruckt, sagte aber, er habe sich bei Leutnant George Rainey erkundigt, der bestätigte, dass er Cheveley die Erlaubnis gegeben habe, die Kolonie zu verlassen.

Da er sah, dass Croal ihm gegenüber noch immer misstrauisch war, schlug Cheveley vor, dass sein Vorgesetzter eine Untersuchung anstellen sollte, um der Sache auf den Grund zu gehen. Der Hauptmann stimmte zu, dass dies ein vernünftiger Weg sei, und erklärte, dass Cheveley bis zum Abschluss der Untersuchung von der Miliz suspendiert sei. Das war ein Schock für den jungen Mann aus Essex. Er ging mit der Erkenntnis davon, dass die führenden Leute in der Kolonie nicht nur einen Schuldigen suchten, sondern auch vorsätzlich blind gegenüber ihnen vorgelegten Beweisen waren.

Diese Erkenntnis veranlasste ihn, seine Überzeugungen über die Geschehnisse während des Aufstands zu überdenken. John Smith war zum Tode verurteilt worden, aber was war der Beweis dafür, dass der Missionar die Abolitionisten unter den Sklaven ermutigt hatte? Alles, was er getan hatte, war, das Evangelium zu verkünden. Es war »zweifellos ein Fehler gewesen«, so Cheveley, die Behörden nicht vor den Plänen einiger Gemeindemitglieder zu warnen, aber das war kaum ein Grund, jemanden aufzuhängen. Und warum hatte der Gouverneur die aus London gesandten Verbesserungsmaßnahmen nicht öffentlich bekannt gegeben? Und, was vielleicht am wichtigsten ist, warum hatte die Miliz so brutale Aufstandsbekämpfungsmaßnahmen gegen die lokale Bevölkerung eingesetzt? Als er diese Fragen im Laden, in den Tavernen und an den Docks stellte, erntete er entweder hartnäckiges Schweigen oder Wut. Die Leute sagten, John Smith habe den Sklaven »Unfug in den Kopf gesetzt« und ihre kriminellen Absichten verheimlicht. Cheveley fand diese Argumente nicht mehr überzeugend und beschloss, die Stadt für ein paar Stunden zu verlassen und eine Fahrt entlang der Ostküste zu unternehmen. Er hatte einen geschäftlichen Vorwand, falls jemand fragte – Pattinson hatte ihn gebeten, einem der Manager ein Paket zu überbringen –, aber der wahre Grund war, der brodelnden Gerüchteküche und den Anschuldigungen in Georgetown zu entkommen. Er brauchte Zeit zum Nachdenken. Es war ein heller und freundlicher Tag, als er die öffentliche Straße entlangfuhr. Er ritt an den Anwesen Thomas, Kitty, Blygezight und Bel Air vorbei. Es war dieselbe Strecke, die er vor einigen Wochen mit der Miliz zurückgelegt hatte, als sie zur Niederschlagung der Rebellion ausgerückt waren. Er versuchte, nicht daran zu denken. Nach etwa einer halben Stunde näherte er sich der Plantage Wittenburg, dem elftgrößten Anwesen. Hier, am Eingang des Anwesens neben der öffentlichen Straße, sah er einen aufgespießten Kopf. Es war ekelhaft. Er fuhr weiter. Ein paar Ländereien weiter, in Scheveley, sah er noch einen. Und dann noch einen. Als er Success erreichte, rechnete er fast damit, dass er das Gleiche vorfinden würde, aber als er näherkam, sah er am Straßenrand direkt gegenüber dem Eingang an einem hölzernen Galgen einen Körper hängen. Es war Quamina, der noch Wochen nach seiner Ermordung dort im Gebüsch hing. Cheveley trat näher heran, um sich das Ganze genauer anzusehen. Er stellte fest, dass die Haut abgefressen war und in der Bauchhöhle eine Wespenkolonie ihr Nest gebaut hatte. Sie flogen in Quaminas Kiefer, der »schrecklich offen« stand, hinein und wieder heraus. Er starrte immer noch darauf, als sich zwei Frauen aus der entgegengesetzten Richtung näherten. Die ältere war in ihren Fünfzigern, die andere in ihren Zwanzigern. Als sie die Leiche erreichten, die sich in der Meeresbrise hin und her bewegte, verhüllten sie ihre Gesichter und begannen zu schreien. »Noch nie hatte ich einen so angsterfüllten Schrei gehört«, erinnerte er sich später. Nach einigen Augenblicken zog das Mädchen die Frau an sich und führte sie die Straße hinunter. Cheveley war entsetzt. Er wendete sein Pferd. Seine Suche nach Abstand vom Geschehen war vergessen, und er galoppierte zurück nach Georgetown.

Einige Tage später erreichte die Kolonie die Nachricht, dass Reverend Wiltshire Stanton Austin sich gegen die Pflanzer gewandt hatte. Austin war für St. George's zuständig, die Kirche, die Cheveley in Georgetown besuchte. Er hatte einen Brief an einen Kollegen in England geschrieben, in dem er seine Sorge über das Versäumnis des Gouverneurs, die Verbesserungsanordnung umzusetzen, und die rücksichtslose Niederschlagung des Aufstands durch die Miliz zum Ausdruck brachte. Diese Gedanken, die eigentlich privat sein sollten, wurden auf einer öffentlichen Versammlung verlesen und dann in den britischen Zeitungen veröffentlicht, von denen Exemplare nach Demerara geschickt wurden. In einem Leitartikel auf der Titelseite verkündete der *Guiana Chronicle*, dass Reverend Austin »seine Mitbürger in der Kolonie im Dunkeln verunglimpft« habe, und nannte ihn einen »Verfechter von Aufruhr und Mord, den bösen Geist von Demerara«. Sie forderten seine sofortige Ausweisung aus der Kolonie. Daraufhin wurde eine öffentliche Versammlung abgehalten, um die Angelegenheit zu diskutieren. Austin und seine Unterstützer wurden spöttisch als »Heilige« und offen als »Feinde« und »Verräter« bezeichnet, die die Lebensweise der Kolonialbürger bedrohten. Viele Reden wurden gehalten, in denen die »Leiden der Weißen« leidenschaftlich angeprangert wurden. Diese grundfalsche Selbstwahrnehmung wurde von der Mehrheit der Anwesenden geteilt. »Die Kolonie glich einem Bienenstock, der gestört wurde und nicht zur Ruhe kommt«, schrieb Cheveley, »bewaffnet und bereit, alle Ankömmlinge zu stechen, die sich ihrer Entschlossenheit, ihren Willen durchzusetzen, widersetzen. Derartige Feindseligkeiten, Verdächtigungen und Streitigkeiten unter Weißen waren höchst abscheulich.«

Da er Austin zeigen wollte, dass er auf seiner Seite stand, aber auch die Wut des Mobs fürchtete, besuchte Cheveley ihn im Schutz der Dunkelheit. Wie Cheveley hatte auch Austin zunächst fest daran geglaubt, dass John Smith die Schwarzen zum Aufstand angestachelt hatte, doch jetzt sei er sich nicht mehr so sicher, sagte er. Während der Unruhen hatte er eine der Plantagen besucht und war dabei auf der Straße dreißig oder vierzig Abolitionisten begegnet, darunter Sandy, den er von früher kannte. Sandy habe gesagt: »Ich bin lange genug Sklave gewesen« und sich über »harte Behandlung« beklagt. Ein Hauptgrund für ihren Aufstand sei, habe er hinzugefügt, dass der Gouverneur sie davon abhielt, die Kirche zu besuchen, aber keine Aufwiegelung durch John Smith. Darüber hinaus hätten die Abolitionisten Austin versichert, dass sie nicht die Absicht hätten, den Managern oder Plantagenbesitzern körperlichen Schaden zuzufügen. Das stand, wie Cheveley sehr wohl wusste, in scharfem Kontrast zu der brutalen Gewalt der britischen Miliz während der Niederschlagung der Unruhen. Cheveley sagte, er sei schockiert über die Art und Weise, wie der Reverend behandelt werde, und würde alles tun, um ihn zu unterstützen.

Am nächsten Tag hörte er, dass einige Pflanzer beabsichtigten, an diesem Sonntag in den Morgengottesdienst zu marschieren und den Reverend zu ergreifen, während er von der Kanzel herab predigte. Glücklicherweise erfuhr auch Austin von diesem Plan, und jemand anderes hielt die Predigt. Bald darauf erschien eine kleine Gruppe vor Cheveleys Tür und forderte ihn auf, eine Petition zu unterzeichnen, in der der Gouverneur aufgefordert wurde, Austin des Landes zu verweisen. Pattinson unterschrieb, doch Cheveley lehnte ab. Als er gefragt wurde, warum, sagte er, dass er sich nicht verpflichtet fühle, einen Grund zu nennen. Da die Petenten mit dieser Antwort nicht zufrieden waren, bedrängten sie ihn weiter. »Nun«, sagte Cheveley, »es ist wegen der privaten Freundschaft.« Einige Tage später verkündete Gouverneur Murray, dass Austin und seine Frau die Kolonie unverzüglich zu verlassen hätten. Bei ihrer Abreise nahmen sie ein Empfehlungsschreiben von Cheveley an seinen Freund Thomas Driffield mit, in dem er ihm die Ungerechtigkeit der Geschehnisse erklärte und ihn bat, den Austins zu helfen.

Cheveley begann die Wahrheit zu erkennen. Als er im September nach Großbritannien zurückgereist war, war er noch »von der Schuld von Smith und anderen nach dem, was ich aus erster Hand gehört hatte, überzeugt« gewesen, und obwohl er »das Abschlachten der Neger« bei Bachelor's Adventure »verabscheute«, hatte er es »für notwendig gehalten«. Nun begann er, anders zu denken und »zu sehen, wie furchtbar sich die Befürworter der Sklaverei mit grausamer Unvernunft gegen alle wandten, die es wagten, anders zu denken«. Mehr noch, er verstand nun, dass John Smith wegen »einiger Weißer und der lächerlichsten Beweise« zum Tode durch den Strang verurteilt worden war. Dies sei eine »Verhöhnung der Gerechtigkeit« gewesen, so sein Fazit. Es war »militärische Tyrannei«.

Um den Standpunkt der Regierung Ihrer Majestät zu erfahren, besuche ich Greg Quinn, den britischen Hochkommissar in Guyana. Er empfängt mich an der Eingangstür seiner Residenz in Bel Air Gardens, einem großen, zweistöckigen Haus im Kolonialstil, das von einem Stacheldrahtzaun umgeben ist. Er trägt schwarze Socken und bittet mich, die Schuhe auszuziehen. Wenige Augenblicke später sitzen wir auf den cremefarbenen Sofas, die in seinem Wohnzimmer U-förmig angeordnet sind. Er bietet mir ein Tonic Water an, was ich in diesem kolonialen Ambiente für passend halte.

Greg ist in Nordirland aufgewachsen, seit mehr als zehn Jahren im Auswärtigen Dienst und seit fünf Jahren in Guyana. Seine Entsendung endet in ein paar Wochen. Ich beginne mit der Frage nach der Rolle Großbritanniens in der Sklaverei in Guyana. »Es gibt in Großbritannien noch einiges zu tun, um die schlechten Seiten unserer Geschichte zu verstehen«, sagt er. »Der durchschnittliche Mann und die durchschnittliche Frau im Vereinigten Königreich verstehen grundsätzlich nicht, was passiert ist.«

Sollte sich Großbritannien also für die Sklaverei entschuldigen? »Das ist eine große politische Frage«, stellt er fest. »Ich glaube, es gibt zum Teil die Sorge, dass, wenn man sich für eine Sache entschuldigt, man damit einen rechtlichen Präzedenzfall schafft.«

Dann fügt der britische Hochkommissar zu meiner Überraschung hinzu: »Ich sage nicht, dass wir nicht an diesen Punkt kommen werden. Und Tony Blair ist sicherlich an einem solchen Punkt angekommen, als er über die potato fame *in Irland sprach.« Er bezieht sich damit auf die Aussage des ehemaligen britischen Premierministers aus dem Jahr 2011 über die sogenannte Große Hungersnot in Irland wegen der Kartoffelfäule. Blair sagte: »Diejenigen, die damals in London regierten, haben ihr Volk im Stich gelassen.«*

Ich gehe zu der Frage über, die sich logisch daran anschließt: Sollte Großbritannien Guyana Reparationen zahlen? »Das ist ein sehr emotionales Thema«, sagt er und seufzt. »Auch wenn ich Historiker bin und mich gerne mit Geschichte beschäftige, denke ich, dass man manchmal nach vorne und nicht zu weit zurückblicken sollte und dass die Probleme in Nordirland dadurch verursacht worden sind, dass zu viele Leute zu weit zurückgeblickt haben.« Er fährt fort: »Das bedeutet nicht, dass wir versuchen zu sagen, dass die Sklaverei nicht verabscheuungswürdig war, dass kein Unrecht begangen wurde. Natürlich wurde Unrecht begangen.«

Ich erzähle ihm, dass viele Menschen in Guyana zu mir gesagt haben, wenn doch die Juden nach dem Holocaust Wiedergutmachung erhalten haben, warum dann nicht auch die Nachkommen der Sklaverei? Er nickt. »Das ist ein triftiges Argument, dem ich voll und ganz zustimme«, sagt er. »Ich denke, es ist eine äußerst schwierige Frage, auf die es keine einfache Antwort gibt.« Ich sage ihm, dass ich ganz auf der Seite derjenigen stehe, die diese Frage stellen. Wieder nickt er. »Es ist kaum einzusehen, warum das nicht geschehen sollte.«

KAPITEL 22

John Smith, Dezember 1823

John Smith wurde nun in einer kleinen Zelle im Kolonialgefängnis festgehalten. Es handelte sich um dieselbe Einrichtung, in der auch Jack Gladstone und die anderen Abolitionisten festgehalten wurden. Ihm war ein dunkler, enger Raum mit niedriger Decke über einer großen Pfütze mit stehendem Wasser zugewiesen worden, in dem aus den breiten Spalten zwischen den Bodenbrettern stinkende, feuchte Luft aufstieg. Schlimmere Bedingungen für seine angeschlagene Lunge waren kaum vorstellbar.

Jane, die ihren Mann nicht begleiten durfte, war nach Hause zurückgekehrt. Sie hatte die letzten drei Monate mit John in der Dachkammer des Colony House verbracht und war nun erschöpft und desorientiert. Unbedingt wollte sie sich frische Kleidung anziehen. Doch sobald sie wieder in ihrem Haus auf Le Resouvenir war, schrieb sie als Erstes an den Sekretär der Londoner Missionsgesellschaft. »Sie haben zweifellos von den Schwierigkeiten gehört, die Mr. Smith und mir widerfahren sind«, begann sie, »und von dem vorläufigen Ruin der Mission in dieser Kolonie infolge des Aufstands der Neger an der Ostküste.« Sie erklärte, dass sie am 21. August in ihrem Haus »gewaltsam und brutal« verhaftet worden seien und nicht früher hätten schreiben können, weil sie beide im Gefängnis saßen.

Sie nannte zwei Gründe für den Aufstand: die »zahllosen Missstände«, unter denen die versklavten Menschen litten, und die Tatsache, dass ihnen die Teilnahme an den Gottesdiensten verwehrt wurde. »Viele Pflanzer, ich glaube, ich darf sagen, die Kolonialbürger im Allgemeinen, befürchteten, dass die religiöse Unterweisung der Sklaven mit ihrer Lebenssituation unvereinbar sei und dass sie sich auflehnen würden, sobald sie ein wenig aufgeklärt seien.« Sie fuhr fort: »Es wird behauptet, dass die meisten Leute, die unsere Kirche besuchten, daran [am Aufstand] beteiligt waren. Dass viele von ihnen darin verwickelt waren, ist leider zu wahr.« Ihr Mann habe mit dem Aufstand nichts zu tun gehabt und sich sogar »bemüht, sie von ihrem Vorhaben abzubringen«. Der Aufstand sei von Jack Gladstone angezettelt worden, einem »ausschweifenden, fröhlichen jungen Mann, der sehr unregelmäßig in die Kirche kam. Religion, so ist zu befürchten, hatte er keine.« Was seinen Vater, Quamina, betreffe, so sei der nicht mehr gewesen als »ein Ausreißer, obwohl er erschossen und gehängt wurde«.

Jetzt war, schrieb sie, ihr Mann zum Tode verurteilt worden. »Wie das Kriegsgericht eine Verurteilung auf der Grundlage solcher Beweise rechtfertigen konnte, muss, so denke ich, jedem Unvoreingenommenen ein Rätsel sein.« Sie glaube, dass das Tagebuch ihres Mannes die schlimmste Feindschaft gegen ihn ausgelöst habe. Es habe »viele Betrachtungen über die Übel und die Ungerechtigkeit der Sklaverei« enthalten und einige Bemerkungen über den Widerstand des Gouverneurs gegen die Unterweisung der versklavten Bevölkerung. In ihrer Verzweiflung und Isolation endete Jane mit den Worten: »Ich schließe daher diesen Brief mit der aufrichtigen Bitte, dass sich die Direktoren mit allen Kräften für Mr. Smith einsetzen, dessen größtes Verbrechen seine Hingabe an das Ziel seiner Mission war.«

Eine Woche später, am 12. Dezember, schrieb John einen eigenen Brief an die Direktoren der Londoner Missionsgesellschaft:

> Sehr geehrte Herren,
> Sie werden, bevor Sie diesen Brief in Händen halten, von den Schwierigkeiten gehört haben, in die ich geraten bin, und von dem desolaten Zustand der Demerara-Mission. Beides ist durch den Aufstand der Neger an der Ostküste verursacht

> worden. Über mein persönliches Leiden will ich nichts weiter sagen, als dass die Enge und Einsamkeit meiner Gefangenschaft und die Krankheit, unter der ich seit mehr als zwölf Monaten leide, sehr schwer auf mir lasten. Ich ziehe jedoch viel Trost aus dem Wissen, dass ich an den Verbrechen, derer ich beschuldigt und für die ich nun verurteilt wurde, unschuldig bin.

Wie seine Frau beteuerte auch John, dass er nichts getan habe, um die versklavten Männer und Frauen in ihrem Aufstand zu ermutigen oder zu unterstützen. »Ungeachtet dessen, was die Neger sagen«, schrieb er, »wenn sie sich an das gehalten hätten, was ich ihnen beigebracht habe, hätten sie niemals so gehandelt, wie sie es getan haben; doch weil zwei oder drei von ihnen, die tief in den Aufstand verwickelt waren, es vorgezogen haben, das, was ich ihnen über die Sonntagsarbeit gesagt hatte, zu verdrehen und falsch darzustellen, steht nach dem Urteil der Leute hier fest, dass der Aufstand mir zuzuschreiben ist.« Ebenso wie Jane bittet er am Ende seines Briefes um Hilfe: »Ich vertraue darauf, dass die Direktoren die Härte meines Falles ernsthaft in Betracht ziehen und alles für mich tun werden.«

In der ersten Januarwoche 1824 hatte sich Johns Gesundheitszustand verschlechtert. Er wurde von Dr. Chapman behandelt, der über die schrecklichen Zustände in der Zelle entsetzt war und sagte, dass sich das Leiden des Gefangenen verschlimmern werde, wenn der Boden und die Fenster nicht abgedichtet würden. Doch an seiner Situation wurde nichts geändert. In einem Brief an die Londoner Missionsgesellschaft, der am 12. desselben Monats abgeschickt wurde, sprach John von seiner »Müdigkeit« und seinem »ausgezehrten Körper«. Er fügte hinzu, dass seine »beengte Gefangenschaft mit ihren unzähligen Entbehrungen … mich an den Rand des Grabes gebracht hat«. Er endete:

> Es betrübt mich, meine sehr verehrten Damen und Herren, dass ich der Gesellschaft nun eine unnütze Last bin. Ich habe mich von Anfang an bemüht, meine Aufgaben gewissenhaft zu erfüllen. Dabei bin ich unablässig auf Widerstand und Vorwürfe gestoßen, bis der Gegner schließlich Gelegenheit fand, über mich zu triumphieren. Aber diese Dinge haben mein Vertrauen in das Gute der Sache, für die ich mich eingesetzt habe, nicht erschüttert, sodass ich, wenn ich frei und meine Gesundheit wiederhergestellt wäre, wieder (alle meine Tage) die frohe Botschaft des Heils inmitten ähnlicher Widerstände verkünden würde; aber es besteht wohl keine Aussicht darauf.

Müde von der Anstrengung, leserlich und zusammenhängend zu schreiben, übergab John den Brief an seine Frau. Sie würde einen Weg finden, ihn mit dem nächstmöglichen Postpaket nach England zu schicken.

*

Der Missionar hatte in seiner Gefängniszelle noch immer mit den Folgen des Aufstands zu kämpfen, ebenso wie viele der versklavten Abolitionisten, die im Sommer vor Gericht gestanden hatten. Während mehr als zwanzig von ihnen die sofortige Hinrichtung drohte, warteten weitere dreißig im Kolonialgefängnis auf die Vollstreckung ihrer Strafe.

Darunter waren Cudjo, Quabino und Sammy, die mit Jack und Quamina in den Tagen nach dem Massaker von Bachelor's Adventure in die Wälder geflohen waren. Am 18. Januar 1824 wurden sie aus ihren Zellen geholt und zur Kaserne am Stadtrand eskortiert. Um sie herum stand eine Brigade der Miliz, um die Bestrafung zu bezeugen und den Frieden zu sichern. Quamino war der Erste, der verprügelt wurde. Er wurde zu Boden geworfen, seine Arme wurden an Pfähle gebunden und dann mit einer Tamarindenpeitsche geschlagen, die aus drei geflochtenen und geölten Tamarindenruten bestand. Er war zu 1.000 Peitschenhieben verurteilt worden, die von einigen euphemistisch als »Striemen« bezeichnet wurden, und irgendwie schaffte er es, die Strafe zu überleben. Als Nächster war Sammy an der Reihe, der 900 Peitschenhiebe erhielt, bevor er das Bewusstsein verlor. Schließlich war Cudjo dran. Er wurde an die Pfähle gebunden, und die Auspeitschung begann. 100, 200, immer weiter und weiter. Nach 800 Peitschenhieben hörte er auf zu schreien, und der Kommandant brach die Folter ab.

Die drei leblosen Körper wurden in der prallen Sonne liegen gelassen. Falls die Männer überlebten, was zweifelhaft war, würden sie ins Arbeitshaus gebracht werden, wo sie den Rest ihres Lebens in Ketten verbringen würden.

Als sich der Januar dem Ende zuneigte, verschlechterte sich Johns Gesundheitszustand weiter. Er wachte mit Fieber auf und litt unter Durchfall. Das Sprechen fiel ihm zunehmend schwer, und er hatte Probleme beim Schlucken. Er hatte erheblich an Gewicht verloren; sein Körper wirkte abgemagert, skelettähnlich. Draußen schien der Regen kein Ende zu nehmen; er überflutete den Boden und füllte seine Zelle mit übel riechender Luft. Erst nach wiederholten Appellen seines Arztes wurde John in ein höher gelegenes Zimmer des Gefängnisses verlegt, weg vom feuchten Boden. Da sich der Gesundheitszustand ihres Mannes rapide verschlechterte, erhielt Jane freien Zugang zu ihm und verbrachte den größten Teil des Tages und der Nacht an seiner Seite. »Ein paar Tage lang hegte ich die innige Hoffnung, dass es ihm besser gehen würde«, schrieb sie an Freunde in der Heimat, »aber die Hoffnung war trügerisch.«

Am 6. Februar 1824 um 1:20 Uhr nachts tat John Smith schließlich seinen letzten schmerzhaften Atemzug. Er war 34 Jahre alt. Jane war bei ihm, als er starb. Ebenfalls in der Gefängniszelle waren Elizabeth Elliott (die Frau des Missionars Richard Elliot), deren Gereiztheit und Feindseligkeit vergessen waren, und Mary Chisholm, Janes Freundin aus Success. Mr. Padmore, der Gefängniswärter, wurde sofort über den Tod des Pfarrers informiert und machte sich auf, um dem Gouverneur davon zu berichten. Wenige Stunden später trafen ein Bestattungsunternehmer und seine Mitarbeiter ein und legten die Leiche in einen Sarg, wobei sie den Deckel offen ließen. Die ganze Zeit über warteten Jane und ihre Freunde, sprachen Gebete und fragten sich, was als Nächstes passieren würde.

Am Nachmittag trat Victor Amadius Heyliger in die Zelle. Ohne ein Wort des Beileids oder irgendein Zeichen des Mitgefühls verlangte er, dass Jane mit ihm sprach. Er wies sie an, an Ort und Stelle über die Todesursache ihres Mannes auszusagen. Als Elizabeth protestierte, dafür sei es noch zu früh, erwiderte der Fiscal: »Es muss heute geschehen.« Jane erklärte sich bereit zu sprechen, bat aber darum, in dem Raum zu bleiben, in dem der Leichnam lag. »Wenn Sie Ihre Gefühle beherrschen können, gnädige Frau, dann dürfen Sie«, sagte Heyliger. Seine Gefühllosigkeit ignorierend, sagte Jane, sie werde ihr Bestes tun.

Wenige Minuten später drängten sich ein Dutzend weitere Personen in der kleinen Zelle, darunter zwei Mitglieder des Court of Policy, zwei Kolonialsekretäre und zwei Ärzte, Dr. Chapman und Dr. Webster. Der Fiscal bat die Ärzte, den Leichnam von John Smith zu untersuchen. Während sie dies taten, schrieb ein Protokollant die Befunde auf. Dr. Chapman bestätigte, dass die Todesursache eine Lungenerkrankung war, und erklärte, die schlechten Bedingungen im Gefängnis hätten die Krankheit des Toten beschleunigt. Die Enge des Raums, in dem er eingesperrt war, die Feuchtigkeit, die durch die heftigen Regenfälle noch verstärkt wurde, sowie das Wasser, das unter dem Zimmer stand und durch die offenen Bodenbretter nach oben schwappte, hätten zum schnellen

Fortschreiten der Krankheit beigetragen. Dr. Webster schloss sich dieser Meinung an. Als man Dr. Chapman jedoch seine eidesstattliche Erklärung vorlas, wich sie so sehr von seiner Aussage ab, dass er sich wiederholt weigerte, sie zu unterschreiben. Verärgert verkündete der Fiscal, dass die Aussagen des Arztes ignoriert werden sollten.

Heyliger fragte daraufhin Jane, was ihrer Meinung nach zum Tod ihres Mannes geführt habe. Sie sagte, John sei schon seit einiger Zeit krank gewesen, aber die falschen Anschuldigungen, die gegen ihn erhoben worden waren, die grausamen Verfolgungen, die er erduldet hatte, und seine lange Gefangenschaft hätten seinen Tod zweifellos beschleunigt. Der Fiscal und andere Beamte reagierten verärgert auf ihre Worte. Sie wollten, sagten sie, nicht die Meinung von Mrs. Smith, sondern die Ursache seines Todes erfahren.

Nun wandte sich Heyliger an Elizabeth, die sagte, sie habe nichts zu sagen. »Madam«, beharrte der Fiscal, »Sie müssen aussagen«, worauf sie ruhig antwortete: »Ich betrachte dies nicht als Gerichtsverhandlung und fühle mich nicht verpflichtet, irgendwelche Fragen zu beantworten.« Wütend entgegnete Heyliger: »Wissen Sie nicht, dass ich die Macht habe, Sie zum Reden zu zwingen?« Elizabeth Elliot ließ sich nicht einschüchtern: »Es täte mir leid, Sie zu zwingen, etwas zu tun, das Ihren Gefühlen zuwiderläuft, Sir«, sagte sie und fügte mutig hinzu: »Aber wenn Sie es täten, würde ich mich trotzdem wehren.« Als Heyliger erkannte, dass er seinen Willen nicht durchsetzen konnte, beendete er die Begegnung und stürmte samt seinem Gefolge hinaus. Ein Jahr zuvor hatte Jane sich über Elizabeths eigenwilliges Temperament geärgert. Nun war sie dankbar für ihre Unterstützung.

Wenig später betrat Michael M'Turk die Zelle. Den Widersacher ihres Mannes zu diesem Zeitpunkt zu sehen, muss Jane wütend gemacht haben. Schließlich war es M'Turk gewesen, der Johns Verhaftung veranlasste, die zu seiner niederträchtigen Verhaftung und schließlich zu seinem Tod geführt hatte. M'Turk erklärte, dass auch er gebeten worden sei, die Leiche zu untersuchen, was er auch kurz tat, wobei er zustimmte, dass das Lungenleiden die Ursache für Smiths Tod war.

Nach M'Turks Abgang hatte Jane ein paar Stunden Zeit, in Ruhe zu trauern, bevor sie erneut gestört wurde. Diesmal war es der zweite Oberwachtmeister. Er teilte ihr mit, dass er die Leiche am nächsten Morgen um 4 Uhr abholen und zur Beerdigung wegbringen würde. Elizabeth fragte, ob sie der Beerdigung beiwohnen dürften. Der Beamte sagte, das sei nicht möglich, der Befehl komme direkt von oben, und fügte hinzu: »Es ist wahrscheinlich, dass Soldaten dort sein werden und dass etwas Unangenehmes passieren könnte; deshalb rate ich Ihnen, nicht zu gehen.« Daraufhin rief Jane, die immer noch neben dem Leichnam ihres Mannes saß, laut aus: »General Murray wird mich nicht daran hindern, meinem Mann zum Grab zu folgen, und ich werde trotz allem, was er tun mag, gehen.«

Kurz vor Sonnenaufgang wurde der Sarg mit John Smith aus dem Gefängnis getragen und auf einen kleinen Wagen geladen. Trotz der Drohung des Constables folgten Jane und die anderen dem trostlosen Wagen durch die ruhigen Straßen, die nur von einer Laterne erhellt wurden, die ein freier Schwarzer Mann hielt, bis zu einem Friedhof am Rande der Stadt. Dort wurde der Sarg nach ein paar kurzen Worten in den Boden gesenkt.

Meine Reise nach Guyana neigt sich dem Ende zu, und ich sitze im Garten der Herdmanston Lodge unter einem Baum mit Eric Phillips zusammen, einem kleinen, energischen, charismatischen Mann mit Glatze, dem Vorsitzenden der Guyana Reparations Commission. Über uns zirpen und zwitschern Sittiche. In der Ferne benutzt jemand einen Hochdruckreiniger.

»Die Geschichte ist bekannt, die Beweise sind da«, sagt er, »doch bisher hat sich noch kein britischer Premierminister offen für die Rolle des Landes in der Sklaverei entschuldigt. Tony Blair kam dem am nächsten, als er von ›Bedauern‹ sprach.« Das Problem, so Eric weiter, bestehe darin, dass die Leugnung eines Verbrechens durch den Täter das Opfer traumatisiert. Und für die Menschen afrikanischer Abstammung in Guyana habe dies zu »psychologischer Benachteiligung, Minderwertigkeitsgefühlen und Wut« geführt.

Ich erzähle ihm, dass ich während meiner Recherchen immer wieder Folgendes gehört habe: Selbst wenn wir uns einig sind, dass Wiedergutmachung notwendig ist, wie würde sie aussehen? Wer würde zahlen? Wer würde das Geld erhalten?

Eric betrachtet mich geduldig, denn diese Frage ist ihm offensichtlich schon oft gestellt worden. Er kennt sich aus, denn er leitet nicht nur die Wiedergutmachungsbemühungen seines Landes, sondern ist auch Vizepräsident des Reparationskomitees der Karibischen Gemeinschaft (CARICOM), das 15 Staaten und abhängige Gebiete in der Region vertritt. Diese Gruppe fordert Reparationen für die Versklavung von Afrikanern und den Völkermord an indigenen Gemeinschaften.

2014, so Eric, veröffentlichte CARICOM einen sogenannten »Zehn-Punkte-Plan für Wiedergutmachungsgerechtigkeit«. Zu den Aktionspunkten gehörten eine förmliche Entschuldigung Großbritanniens, Frankreichs, der Niederlande und anderer Länder, der Erlass der ihnen von den karibischen Ländern geschuldeten Gelder und die Zahlung der Kosten für die Rückführung von Menschen, die nach Afrika zurückkehren möchten.

Kürzlich schlug der CARICOM-Ausschuss für Wiedergutmachung vor, dass die europäischen Länder, die Eigentümer und Händler versklavter Afrikaner waren, fünfzig Milliarden Dollar in einen Entwicklungsfonds einzahlen. Dieser Fonds würde keine Zahlungen an Einzelpersonen leisten, sondern im Einvernehmen mit einem regionalen und internationalen Verwaltungsausschuss Gesundheits-, Bildungs- und Infrastrukturprojekte in der gesamten Karibik finanzieren.

Ein solches Konzept ist nicht neu, erinnert mich Eric. Ein ähnlicher Ansatz wurde nach dem Zweiten Weltkrieg für den Wiederaufbau Westeuropas angewandt, der sogenannte Marshall-Plan. »Es ist eine Frage der Prioritäten«, sagt er, »das Geld ist da, wenn man es will.«

Am Ende unseres Gesprächs frage ich Eric, warum sich jemand in Großbritannien heute für Gräueltaten interessieren sollte, die vor zweihundert Jahren in Guyana und anderen karibischen Ländern stattfanden.

»Ich kann diese Frage verstehen«, antwortet er, »weil sie das Gefühl haben, ›ich habe meine eigenen Probleme, meine eigenen Kämpfe, und dies geschah doch vor so langer Zeit‹. Aber die Gesellschaft, in der sie leben, die Gesellschaft, von der sie profitieren – materiell, spirituell, wirtschaftlich –, diese Gesellschaft hat eine historische Grundlage. Und diese historische Grundlage hat sich negativ auf andere ausgewirkt. Sie hat eine globale Rassenhierarchie geschaffen, die sich auf alles auswirkt, was wir tun, von der Pandemie bis zum Schuldenerlass.«

Schließlich frage ich ihn, ob er glaubt, dass Großbritannien noch zu seinen Lebzeiten Reparationen leisten wird. Er bejaht meine Frage. Vielleicht nicht in den nächsten fünf, aber vielleicht in den nächsten zehn Jahren. Er fügt hinzu: »Da bin ich zuversichtlich.«

KAPITEL 23

Gladstone, Februar 1824

In der ersten Februarwoche 1824 las John Gladstone in den Zeitungen, dass John Smith vom Kriegsgericht in Demerara für schuldig befunden worden war. Der Politiker war erleichtert.

Wenige Tage später, am 10. Februar nach dem Mittagessen, versammelten sich Gladstone und vierzig andere Plantagenbesitzer, Kaufleute und weitere im Westindienhandel tätige Personen in der City of London Tavern. Es ging ihnen darum, auf die zunehmenden Angriffe in der Presse zu reagieren. Darin, so war man sich schnell einig, war *the condition of the Negroes*, also die Lage der Schwarzen, falsch dargestellt und der Charakter ihrer Herren verunglimpft worden, »um die öffentliche Meinung aufzupeitschen«. Man war sich auch einig, dass das oberste Ziel der Gruppe der Schutz ihres »heiligen Besitzes« sein musste und dass sie, falls dieser in Gefahr geriete, eine Entschädigung für ihren Verlust erhalten sollten. Am Ende der Sitzung unterzeichneten die Anwesenden unter großem Beifall und »Hört, hört«-Rufen eine Petition, die der Regierung vorgelegt werden sollte. Ein Auszug daraus lautete wie folgt:

> Wir erlauben uns, Majestät in aller Bescheidenheit darauf hinzuweisen, dass wir unsere Plantagen in den Kolonien Ihrer Majestät durch Schenkungen oder Kauf von der Krone erworben haben. Dass diese Schenkungen und Käufe in einigen Fällen unter der Bedingung und in allen Fällen unter der Voraussetzung erfolgten, dass die so erworbenen Ländereien von Negersklaven bewirtschaftet werden sollten. Diese wurden von britischen Untertanen Eurer Majestät aus Afrika in die westindischen Kolo-

> nien Ihrer Majestät gebracht und von ihnen an Pflanzer verkauft, und zwar unter den Bedingungen von Gesetzen des britischen Parlaments, die den britischen Untertanen das ausschließliche Privileg zur Ausübung dieses Handels einräumten, ihn auf britische Schiffe beschränkten und den Pflanzern den Handel mit den Kaufleuten anderer Länder untersagten.

Diese Petition war die Versicherung, dass die Sklavengesellschaften der Karibik und das Sklavengeschäft untrennbar mit Großbritannien verbunden waren.

In den nächsten Wochen arbeitete Gladstone hart daran, seine Kollegen in der Tory-Partei mit den »Fakten« zu versorgen. Insbesondere korrespondierte er mit dem Außenminister George Canning. Canning, einer der führenden Politiker seiner Zeit, war eine schillernde Persönlichkeit, ein Mann, dem ein Jahrzehnt zuvor bei einem Duell in den Oberschenkel geschossen worden war. Obwohl er sechs Jahre jünger als Gladstone war, spielte er die Rolle seines Mentors. In Liverpool hatte Gladstone Cannings Wahlkampf für das Parlament organisiert. In London unterstützten er und seine Mitarbeiter Cannings Bemühungen zur Förderung des internationalen Handels. Er betrachtete den Außenminister als einen persönlichen Freund. Gladstones Sohn William schrieb später: »Ich bin unter dem Schatten des großen Namens Canning aufgewachsen. Jeder Einfluss dieses Namens beherrschte die Politik meiner Kindheit und meiner Jugend.«

Gladstone schickte Canning nun mehrere Berichte, die er vor dem Aufstand erhalten hatte. »Sie werden sehen«, schrieb er, »dass diese Briefe, als sie geschrieben wurden, nur für die Augen meines Partners und für mich bestimmt waren.« Darunter befand sich auch der Brief seines Agenten Frederick Cort, in dem es hieß, dass die Sklaven so gut versorgt waren, dass die Männer beim Kirchgang Nankinghosen und die Frauen Musselinröcke trugen, die mit blauen Seidentüchern verziert waren. Gladstone hoffte, dass solche Beweise den Außenminister dazu bewegen würden, eine klare Haltung gegenüber den britischen Abolitionisten einzunehmen.

Das Frühjahr 1824 war in Großbritannien besonders nass und windig. Ein Sturm am 3. März verursachte in Südengland Chaos. Im Süden Londons wurden die Dächer von Hunderten Häusern weggeweht. In den Häfen von Portsmouth und Southampton kenterten Boote. Mehrere Menschen wurden von herabfallenden Ästen erschlagen.

Während das Wetter die Infrastruktur Englands verwüstete, geschahen drei Dinge, die den Verlauf der Sklavereidebatte dramatisch veränderten. Erstens hatte der König, oder besser gesagt hatten seine Berater, endlich eine Entscheidung über das Schicksal von John Smith getroffen. Das war für den Gefangenen in Georgetown eine gute Nachricht. »Seine Majestät war so gnädig, das Todesurteil gegen John Smith aufzuheben«, hieß es in der Erklärung. Stattdessen wurde der Missionar unter Androhung einer hohen Geldstrafe von 2.000 £ für den Fall, dass er jemals zurückkehren sollte, aus der Kolonie verbannt. Die Tragödie war natürlich, dass John Smith starb, bevor das Urteil in Georgetown eintraf. Er erfuhr nie, dass seine Strafe umgewandelt worden war. Auch hatte er nicht mehr die Möglichkeit, Demerara zu verlassen und sich an einem weniger verhassten Ort und in einem für seine Gesundheit günstigeren Klima von seiner Krankheit zu erholen. Vielleicht war diese offensichtliche Ungerechtigkeit der Grund, warum jemand die Nachricht von der Entscheidung des Königs an die Presse durchsickern ließ.

Dann geschah die zweite Sache: Ein dickes Bündel von Dokumenten traf bei der Londoner Missionsgesellschaft ein. Es war von Jane geschickt worden und enthielt die vollständige Niederschrift des Prozesses, die von John Smith vor seinem Tod mit Anmerkungen versehen worden war, sowie eine Kopie des Tagebuchs des Missionars, verschiedene Briefe der Smiths und Kopien der Proklamationen des Gouverneurs. In den nächsten zwei Wochen veröffentlichten Zeitschriften im ganzen Land, vom *Star* in London bis zum *Courier* in Inverness, wörtliche Auszüge aus den Protokollen, die oft mehr als eine halbe Seite einnahmen.

Zunächst hatte Gladstone das Gefühl, dass der Wind weiter zu seinen Gunsten wehte. In einem frühen Gefecht am 16. März stand Canning im Unterhaus auf, prangerte das Verhalten der »Eiferer« an – womit er die Mitglieder der Antisklaverei-Gesellschaft meinte – und erklärte seine Unterstützung für die Rechte und Eigentumsinteressen der Plantagenbesitzer und Zuckerhändler. Zwar müsse Sklaverei »theoretisch« als ein »Übel« und »abschreckend« betrachtet werden, tönte er, doch eine Emanzipation der Sklaven, wenn es schon dazu kommen sollte, könne nur schrittweise vollzogen werden. Warum?, fragte er. Weil die Sklaven für ihre Emanzipation nicht bereit seien. »Wenn wir uns mit dem Neger befassen«, so der britische Außenminister, »müssen wir bedenken, dass wir es mit einem Wesen zu tun haben, das die Gestalt und die Kraft eines Mannes, aber nur den Verstand eines Kindes besitzt.« Als Gladstone die Äußerungen Cannings hörte, war er beruhigt, denn es war klar, dass die Regierung nicht die Absicht hatte, in nächster Zeit drastische Maßnahmen zu ergreifen.

Vier Tage nach Cannings entsetzlich rassistischer Rede im Unterhaus geschah die dritte Sache. Gladstone erfuhr davon, als er ein Exemplar des *Barbados Mercury* las, das gerade mit der *Lancaster* in Liverpool eingetroffen war. Die Zeitung berichtete, dass John Smith sechs Wochen zuvor im Gefängnis gestorben war. »Wir freuen uns, nach persönlicher Erkundigung und Inspektion feststellen zu können«, versicherte der Schreiber seinen Lesern, dass »seine Unterkunft luftig und geräumig war und er immer über jeden Komfort verfügte, den er sich wünschte«. Gladstone war insgeheim erfreut. »Ich war nicht traurig, als ich von Smiths Tod erfuhr«, schrieb er später, »denn seine Entlassung hätte hier viel Aufruhr und Diskussionen ausgelöst.«

Trotz Gladstones Freude wurde die Geschichte des Demerara-Aufstands plötzlich neu erzählt, als die drei Ereignisse – die Umwandlung des Urteils durch den König, Janes Dokumentenbündel und der Tod des Missionars – zusammengeführt wurden. Unter Berufung auf das Edikt des Herrschers erklärten Flugblattschreiber, Straßenredner und Kolumnisten nun, John Smith sei großes Unrecht widerfahren. Die Zeitungsredakteure begannen, aus den Bündeln von Gerichtsprotokollen seitenweise bunte Details abzudrucken, während die britischen Abolitionisten einen königlich zertifizierten Märtyrer erhalten hatten. Mit Zitaten aus John Smiths Tagebüchern, die den friedliebenden Charakter des Missionars bewiesen, mobilisierten sie nun ihre Anhänger zur Unterzeichnung von Petitionen und nutzten diese, um Mitglieder des Parlaments auf ihre Seite zu ziehen.

Mitte April wendete sich die öffentliche Meinung gegen die Westindienhändler und zugunsten von John Smith und den versklavten Abolitionisten. Einer der ersten Hinweise auf diesen Wandel war ein Artikel, der am 15. des Monats in der *Times* erschien. Im Gegensatz zu der rassistischen Berichterstattung des vorangegangenen Herbstes setzte sich die Zeitung nun mit dem Verfahren vor dem Kriegsgericht auseinander. Insbesondere ging es um die Verwendung des privaten Tagebuchs von John Smith durch den Fiscal. »Allein die Tatsache, dass nur so wenige Passagen aus dem so umfangreichen Tagebuch eines arbeitsreichen Lebens ausgewählt wurden, spricht stark für Mr. Smith«, heißt es dort. »In Wirklichkeit beweisen die vorgelegten Passagen nichts gegen ihn, es sei denn, es wäre ein Verbrechen, eifrig und menschlich zu sein und ein gewisses Maß an Entsetzen über die Unterdrückung seiner Mitmenschen zu empfinden.« Die Tagebuchaufzeichnungen, hieß es in der Zeitung weiter, seien von einigem Wert, weil sie »Licht auf das Sklavensystem der Kolonien werfen«. Die *Times* zitierte dann ausführlich verschiedene Einträge, in denen John Smith die brutale Behandlung von Versklavten beschrieb. Dann lobte sie seine Entscheidung, die biblische Geschichte über die Flucht der Israeliten vor dem Pharao nicht vorzulesen, was seine Gemeinde hätte in Aufruhr versetzen können. »Dies zeigt nur«, so die Schlussfolgerung der Zeitung, »den Wunsch von Mr. Smith, die Gemüter der Neger nicht zu erhitzen«. Ironischerweise wurden dieselben Beweise, mit denen die Leute in der Kolonie die Schuld des Missionars hatten beweisen wollen, nun in London verwendet, um die Schuld der Sklavenhalter zu beweisen.

Am selben Tag, als der Artikel in der *Times* veröffentlicht wurde, reichte der Abgeordnete Sir James Mackintosh im Namen der Londoner Missionsgesellschaft im Unterhaus eine Petition ein. Er wies darauf hin, dass im Gegensatz zu anderen Sklavenaufständen während des Demerara-Aufstands »nur wenig oder gar kein Eigentum beschädigt« und »keinem Weißen absichtlich das Leben genommen wurde«. Mackintosh und seine Mitstreiter baten nun das Unterhaus, die Beweise zu prüfen und die Verurteilung John Smiths »nicht nur zu erlassen, sondern zu widerrufen« und ihn »von jeglicher Schuld freizusprechen«. Der Missionar sei nicht nur »ein unschuldiges und schutzloses Opfer« gewesen, sondern auch ein »Märtyrer«.

Im Namen der Regierung antwortete Robert Wilmot-Horton (Unterstaatssekretär von George Canning), dass er es »bedauere«, dass die Petition eingereicht worden sei, bevor das Parlament das offizielle Protokoll des Prozesses erhalten habe. Er führte aus, dass er sich zu diesem Zeitpunkt zwar nicht weiter zu der Petition äußern werde, dies werde ihn aber nicht daran hindern, bei künftigen Gelegenheiten »die extremen Ungenauigkeiten in der Petition« darzulegen. Boshaft fügte er hinzu, er bezweifle, dass die Verfasser der Petition »den von ihnen eingeschlagenen Weg mit sorgfältiger Abwägung verfolgt« hätten. Danach wurde die Petition in vollem Umfang verlesen und auf dem Tisch im Parlament abgelegt, wo sie für eine ausführliche Debatte liegen blieb. Damit hatte Gladstone noch einige Tage Zeit, um die Abgeordneten in seinem Sinne zu beeinflussen. Bei diskreten Mittag- und Abendessen wurden Gefälligkeiten ausgetauscht und Druck ausgeübt. Alles in allem war der Zuckerhändler zufrieden. Die Reaktion der Regierung war einhellig und deutlich geblieben.

Die öffentliche Meinung war für die Beeinflussung durch John Gladstone jedoch weniger empfänglich. Was als Diskussion über Sklaverei und ihre Abschaffung begonnen hatte, wurde nun zu einer Debatte über das britische Empire, das Christentum und die Rolle seiner Missionare. »Wir für unseren Teil halten die Verbreitung von Zivilisation und Religion in unseren überseeischen Besitzungen für unsere nationale Pflicht«, schrieb die *New Times* in einem weitverbreiteten Meinungsartikel. »Die wilden Eingeborenen durch sanftes und gerechtes Verhalten dazu zu erziehen, eine zivilisierte Gesellschaft und die christliche Religion zu lieben«, so der Autor weiter, sei »eigentlich die Bedingung unserer Herrschaft über diese Gebiete.« Missionare, Geistliche und andere Mitglieder der Kirche hätten »mehr als andere Anspruch auf Ermutigung durch das Parlament und die Öffentlichkeit, und vor allem sollten sie gegen alle Ungerechtigkeiten seitens der Bürger in den Kolonien geschützt werden«.

Es war fast ein Jahr her, dass die ersten Beben in der weit entfernten Kolonie Demerara eingesetzt hatten, aber wie ein sich langsam bewegender Tsunami hatten die Schockwellen nun schmerzhaft spürbar London erreicht. Auf der einen Seite standen Gott, Moral und Pflicht, auf der anderen Geld, Macht und die Überzeugung, dass Briten etwas Besonderes sind. Anders ausgedrückt: Sollte das Vermächtnis eines guten Mannes, John Smith, und die Freiheit

Hunderttausender versklavter Menschen auf dem Altar der Geschäftsinteressen des Empire geopfert werden?

So kam es, dass das Unterhaus am 1. Juni 1824 im vollen Bewusstsein der wachsenden Unruhe in der Öffentlichkeit und im Bestreben, eine nationale Versöhnung herbeizuführen, zusammentrat, um über den John-Smith-Prozess und den Demerara-Aufstand zu beraten. Angesichts des öffentlichen Interesses an diesem Thema war der Saal voll besetzt. Auf den vorderen Bänken saß George Canning, der Außenminister und Freund von John Gladstone, neben ihm der Generalstaatsanwalt Sir Robert Gifford. Der Sohn eines Lebensmittelhändlers, der die Tochter eines Pfarrers geheiratet hatte, war nach seiner jüngsten Verfolgung von Demonstranten, Radikalen und Parlamentsreformern als Hardliner bekannt. Auf der anderen Seite sollten William Wilberforce und Fowell Buxton, die langjährigen Befürworter der Abschaffung der Sklaverei, die Debatte führen. John Gladstone saß ebenfalls auf einer der grünen Hinterbänke, hielt sich bedeckt, behielt aber alles wachsam im Auge.

Der Speaker des Unterhauses, Charles Manners-Sutton, rief nun Henry Brougham auf, Whig und Abgeordneter für Winchelsea in Sussex. Brougham erhob sich von seinem Platz in der Mitte der hinteren Bänke und verlas mit lauter, klarer Stimme den Antrag, dass die Mitglieder des Parlaments den Prozess gegen John Smith in Demerara »mit ernster Besorgnis und tiefem Bedauern« und dieses »beispiellose Verfahren« als »Verletzung von Recht und Gerechtigkeit« betrachteten. Darüber hinaus wurde in dem Antrag der König aufgefordert, für eine »gerechte und humane Rechtsprechung« in Demerara zu sorgen und sowohl die versklavte Bevölkerung als auch ihre geistlichen Lehrer vor »Unterdrückung« zu schützen. Es war ein sorgfältig formulierter Antrag. Er war milde genug, um die Plantagenbesitzer nicht zu verärgern, aber klar genug, um Seine Majestät zu ermutigen, John Smith zu entlasten.

Brougham eröffnete nun die Debatte, indem er seinen Unterstützern mit diesen Worten einheizte: »Es wird meine Pflicht sein, die gegen den verstorbenen Mr. Smith erhobene Anklage und das gesamte auf dieser Anklage basierende Verfahren infrage zu stellen.« Er fuhr fort: »Und dabei werde ich keine Bedenken haben zu sagen, dass vom Beginn dieses Verfahrens bis zu seinem verhängnisvollen Ende mehr Unrechtmäßigkeit, mehr Rechtsbeugung – Rechtsbeugung sowohl im Inhalt als auch in der Form – stattgefunden hat als in der gesamten Geschichte der Neuzeit.«

Der Abgeordnete ging nun dazu über, die Voreingenommenheit des Gerichtsverfahrens gegen Smith aufzuzeigen. Der Angeklagte hatte vor der Verhandlung keinen Zugang zu seinem eigenen Anwalt, Beweise nach dem Hörensagen waren für die Anklage zulässig, nicht aber für die Verteidigung, »Beweise« wurden nur durch die Aussage eines einzigen Zeugen erbracht (Zivilgerichte verlangten zwei), und es gab kein Recht auf Berufung. Am erstaunlichsten war vielleicht, dass Stephen Arthur Goodman, der Vorsitzende des Kriegsgerichts, auch das Amt des Chefauktionators in der Kolonie innehatte. Mit dem Exemplar einer *Gazette* aus Demerara in der Hand wies Brougham darauf hin, dass nur wenige Tage vor dem Aufstand eine Sklavenauktion angekündigt worden und jeder ›Posten‹ mit der Unterschrift eines S. A. Goodman versehen war. »Es standen sechsundfünfzig dieser unglücklichen Wesen zum Verkauf«, verkündete er, »die aus ihrem Geburts- und Wohnort gerissen und vielleicht für immer von ihren engsten und liebsten Angehörigen getrennt werden sollten.« In einer Ankündigung war von mehreren »erstklassigen ledigen Männern« die Rede. Ein weiterer ›Posten‹ bestand aus einer Frau und ihren drei Kindern, ein drittes aus einer jungen, schwangeren Frau. Ganz offensichtlich, schloss der Abgeordnete, waren weder der Präsident noch sein Kriegsgericht unparteiisch.

Henry Brougham war wütend: »Niemals wurde ein größerer Bruch, ein dreisterer Verstoß gegen die Gerechtigkeit oder eine gröbere Missachtung all jener Formen gezeigt, mit denen Recht und Gerechtigkeit ausgeübt zu werden pflegen«, donnerte er seinen Kollegen entgegen, »und unter dem die Täter vulgärer gerichtlicher Unterdrückung die Schamlosigkeit ihres Unrechts zu verbergen pflegen.« Seine Ausführungen wurden mit Beifallsstürmen und »Hört! Hört«-Rufen begrüßt.

Nachdem Brougham seine Erklärung beendet hatte, begann die Debatte. Angesichts der langen Liste von Abgeordneten, die das Wort ergreifen wollten, sollte sie zwei Tage dauern. Die Abgeordneten begannen mit dem Vortrag der Fakten des Falls und wiederholten viele Argumente, die während des Kriegsgerichts vorgetragen worden waren. Der Zeitpunkt, zu dem John Smith auf den Aufstand aufmerksam gemacht worden war, wurde sorgfältig geprüft, ebenso Passagen aus seinem Tagebuch und die angebliche Beeinflussung der Versklavten. Es wurde viel darüber geredet, dass die Bürger der Kolonien das Recht hätten, ihr Eigentum zu schützen, und dass es längst an der Zeit sei, die Sklaverei auf Demerara und im Rest des Empire abzuschaffen.

Vielleicht war es angesichts der Tatsache, dass viele Anwesende zuvor als Anwälte oder Richter gewirkt hatten, vorhersehbar, dass neue juristische Argumente und Meinungen vorgebracht wurden. Mitten am Nachmittag kam es zu einer heftigen Diskussion über die Zuständigkeit des Gerichts. Ein Abgeordneter wies darauf hin, dass Hochverrat nach britischem Recht nicht mit der Todesstrafe geahndet werden könne. Ein anderer wies darauf hin, dass Demerara noch dem niederländischen Recht unterliege, das den Tod durch den Strang zulasse. Darauf antwortete ein drittes Mitglied, dass die holländischen Gesetze ein solches Verfahren vor einem Kriegsgericht nicht zuließen. Dieses scheinbar entscheidende

Paradoxon blieb ungelöst und verwirrte viele der Zuschauer, die vom Balkon aus zusahen.

Irgendwann wurde die Sitzung durch einen Tumult vor dem Plenarsaal unterbrochen. Henry Brougham, der den Antrag so deutlich unterstützt hatte, durchquerte gerade die Lobby, als ein junger Mann namens Robert Gourlay auf ihn zuging und ihn nach seinem Namen fragte. Als der Abgeordnete ihn nannte, stach Gourlay ihm mehrmals mit einem Federmesser in die Schulter und in den Kopf. Ein Mann, der zufällig in der Nähe stand, schritt ein und verhinderte schwerere Verletzungen. Noch immer unter Schock stehend, fragte Brougham: »Wer ist dieser Mann, ich kenne ihn nicht, was will er?« Gourlay antwortete: »Lass die Toten die Toten begraben, aber tu deine Pflicht mir gegenüber.« Bevor er noch etwas sagen konnte, wurde er von einem Wachtmeister in Gewahrsam genommen. Er wurde gefragt, was er mit seiner Bemerkung gemeint habe. Er sagte, dass sie sich auf den Missionar John Smith bezogen habe, dessen Fall gerade diskutiert wurde. Er fügte hinzu, dass die Toten keine Aufmerksamkeit bräuchten, wohl aber die Lebenden.

Im Plenarsaal ging die Debatte derweil weiter. Dr. Stephen Lushington, ein Whig aus Ilchester, meldete sich zu Wort. Er erklärte, wenn der Antrag an diesem Abend abgelehnt würde, »werden die Verfolger von Mr. Smith jubeln« und die »Strenge, die gegenüber den Negern ausgeübt wird, wird sich verhundertfachen, die Sache der Religion am Boden liegen, die Regierung ihre Autorität verlieren, und alle hasserfüllten und entwürdigenden Leidenschaften des Menschen werden in vollem Umfang und ungehemmt zum Tragen kommen«. Daraufhin sprangen mehr als fünfzig Abgeordnete auf, schwenkten ihre Papiere und riefen: »Hört! Hört!« Lushington fügte hinzu: »Ich fordere also jeden, der mir zuhört, auf, nicht abzustimmen, bevor er die Beweise gelesen und die Gründe für den Antrag vollständig geprüft hat. Ich hoffe, dass die Entscheidung, zu der wir kommen werden, im Einklang mit der Stimmung im Land steht und wir mit unserer Abstimmung heute Abend einen Akt als abstoßend brandmarken werden, der sowohl dem britischen Recht als auch dem britischen Gefühl zuwiderläuft.« Dies wurde mit noch mehr Beifall aufgenommen.

Nun war es an der Zeit, dass William Wilberforce das Wort ergriff. Der große Abolitionist, der durch die Verabschiedung des Gesetzes zum Verbot des atlantischen Sklavenhandels in Großbritannien im Jahr 1807 Weltruhm erlangt hatte, war inzwischen 64 Jahre alt und bei schwindender Gesundheit, aber eine treibende Kraft im Parlament geblieben. »Mr. Smith hat sein ganzes Leben lang den Charakter eines wahrhaft liebenswürdigen und guten Menschen bewahrt«, erklärte Wilberforce. »Der Groll der Kolonialbürger richtete sich nicht nur gegen Mr. Smith und die besondere Gruppe gläubiger Menschen, mit denen er in Verbindung stand, sondern gegen alle, die sich bemühten, durch religiöse Unterweisung den Zustand dieser erniedrigten Klasse, die wir unter unseren Schutz genommen haben, zu verbessern.« Nach dem Hinweis auf verschiedene juristische Argumente, die andere vorgebracht hatten, schloss er mit einem Aufruf zur Vereinigung. Sie stünden vor einem Dilemma, sagte er. Entweder sie beließen es lediglich dabei, das John Smith das Stigma trüge, – wenn auch zu Unrecht – verurteilt worden zu sein, oder sie verurteilten das Verfahren und das Verhalten des Kriegsgerichts. »Ich würde es in der Tat bedauern«, fuhr er fort, »wenn wir ein solches Verfahren wie das, über das wir jetzt unser Urteil zu fällen haben, stehen ließen, ohne unsere starke und entschiedene Verurteilung zum Ausdruck zu bringen.«

Am zweiten Tag der Debatte, dem 11. Juni, war es schon weit nach Mitternacht, und noch immer wollten weitere Abgeordnete das Wort ergreifen. Ein Parlamentarier erhob sich und verurteilte das System der Sklaverei und seine Unmoral; ein anderer stand auf und verurteilte die Antisklaverei-Politiker und ihre mangelnde Sorge um die Wirtschaft. Und so ging es weiter und weiter. Schließlich war der Generalstaatsanwalt, Sir Robert Gifford, an der Reihe, der im Namen der Regierung sprach. Er räumte ein, dass er vielleicht nicht zu demselben Schluss gekommen wäre wie das Kriegsgericht, aber es sei wichtig, die Angelegenheit aus der Sicht derjenigen zu betrachten, die in der Kolonie Demerara lebten, und sich zu vergegenwärtigen, welcher »Terror die Einwohner umgab. Die Weißen mussten schützen, was ihnen am teuersten war – ihre Frauen und Familien, ihr eigenes Leben und ihren Besitz«, fuhr er fort. »Und konnte man erwarten, dass sie den Barbaren, die bewaffnet waren, um ihnen ein Ende zu bereiten, nackt entgegentraten, statt zu den energischsten Mitteln zu greifen, die sich ihnen boten, um das Übel abzuwenden, von dem sie bedroht waren?« Er fuhr fort, indem er die größte Angst der Sklavenhalter artikulierte, die Angst, die sie immer im Hinterkopf hatten: dass die Versklavten sich, wenn sie die Freiheit erlangten, an ihren früheren Herren rächen würden … Hatten seine Kollegen »die Schrecken vergessen, die mit dem Negeraufstand auf der benachbarten Insel St. Domingo einhergingen«?

Es war fast 3:30 Uhr morgens, als die Debatte schließlich beendet wurde. Nach mehr als zwanzig Stunden, in denen der Fall John Smith wieder aufgerollt wurde, in denen über die Notwendigkeit und das Tempo der Abschaffung der Sklaverei gestritten wurde, in denen hin und her diskutiert wurde, ob die Regierung der Kolonie oder das Parlament das letzte Wort haben sollte, forderte der Speaker den Antragsteller zu seinen abschließenden Worten auf. Ein erschöpfter Henry Brougham erhob sich und fasste kurz die wichtigsten Argumente zusammen. Dann äußerte er sich zu denen, die John Smith als Märtyrer bezeichneten: »Ich für meinen Teil habe daran nichts auszusetzen, denn ich bin der Meinung, dass dieser Mann diesen Namen verdient, so wie er in früheren Zeiten die Ehren eines Märtyrers geerntet hätte, der bereitwillig für sein Gewissen leidet« und fügte hinzu: »Wenn es eine heilige Pflicht gibt, dann ist es unsere, sie, indem wir das jetzt verabschieden, vor jener Ungerechtigkeit zu schützen, die die Lebenden verfolgt und das Andenken der Toten beschmutzt hat.«

Brougham war jedoch kein Revolutionär. Er war zwar gegen die Sklaverei, glaubte aber an einen langsamen Reformprozess, in dem die finanziellen Bedürfnisse der Sklavenhalter Vorrang hatten. In diesem Sinne äußerte er sich wie folgt. »Um der Schwarzen selbst willen, und zwar zur Verbesserung ihrer eigenen Lage, muss der gegenwärtige Zustand der Dinge für eine gewisse Zeit beibehalten werden. Denn für sie, den Großteil unserer Mitbürger in den Kolonien, wäre die Freiheit, wenn sie plötzlich gewährt würde, und mehr noch, wenn sie gewaltsam von Menschen erlangt würde, die noch nicht reif dafür sind, ein Fluch und kein Segen; die Emanzipation muss ein Werk der Zeit sein und darf ihren Herren vor allem nicht mit Gewalt abgerungen werden.« Auf beiden Seiten des Parlaments spendeten die Kollegen begeistert Beifall.

Damit war die Debatte beendet. Der Speaker rief: »Teilt euch auf, schließt die Türen!« Jetzt wurde abgestimmt. Die Unterstützer des Antrags von Brougham, den König zu bitten, John Smith für unschuldig zu erklären, gingen zur »Ja«-Tür, die, die dagegen waren, zur »Nein«-Tür. Dann war es an den »Tellers«, zu zählen und dem Speaker das Ergebnis mitzuteilen, der dann dem erwartungsvollen Unterhaus das Ergebnis mitteilen würde.

Am Samstag, dem 12. Juni 1824, wachten die Londoner auf und lasen die Morgenzeitungen. Auf der Titelseite des *Star* wurden Bauunternehmer aufgefordert, Angebote für den Bau einer Lagerhalle der Marine in der Nähe von Plymouth abzugeben. In einer Anzeige wurde darauf hingewiesen, dass das Theatre Royal in Covent Garden am folgenden Dienstag Shakespeares *Komödie der Irrungen* mit den Schauspielerinnen Miss Paton und Miss Tree aufführen würde. In Surrey wurde das Anwesen Norwood House mit fünfzig Hektar Land zum Verkauf angeboten. Und in der unteren rechten Ecke warb die Barrow Cliff's Manufactory in der Regent Street, Piccadilly, für mit weißen Gänsefedern gefüllte Matratzen und verschiedene neue und gebrauchte Betten mit vier Pfosten. Diese und ähnliche Ankündigungen füllten die Titelseite der Zeitung. Der gesamte Rest des Blattes, insgesamt drei Seiten oder 75 Prozent des Platzes befassten sich mit der Demerara-Debatte im Unterhaus.

Die mehrseitige Berichterstattung des *Star* fand sich auch in anderen Zeitungen, darunter die *Sun*, die *British Press*, die *Evening Mail* und die *Times*. Dies zeigte, welche Bedeutung die Verleger dem Thema beimaßen und dass sie den Eindruck hatten, die britische Öffentlichkeit halte es für äußerst interessant. Am Ende eines jeden Artikels stand das Ergebnis der Auszählung der Stimmen: 146 dafür, 193 dagegen. Der Antrag von Henry Brougham war abgelehnt worden. Irgendwie waren John Gladstone und seine Verbündeten einer Niederlage noch einmal entgangen. Trotz des öffentlichen Aufschreis über die Behandlung der versklavten Demerara-Bevölkerung und des Schocks über den Tod von John Smith war der Status quo aufrechterhalten worden. Aber wenn diejenigen, die die Debatte gewonnen hatten, dies als Sieg ansahen, dann hatten sie sich getäuscht. Der Eindruck, den die zweitägige Parlamentsdebatte auf die Abolitionisten gemacht hatte, war tief: Durch die ausführliche Berichterstattung in regionalen und überregionalen Zeitungen waren die Schrecken des Sklavensystems ebenso wie die Korruption des Kolonialregimes aufgedeckt worden. Dieses öffentliche Erwachen wurde von Missionsgesellschaften und anderen Antisklaverei-Organisationen aufgegriffen, die die vollständigen Reden der wichtigsten Abolitionisten im Parlament verbreiteten. John Smiths Name wurde zum Schlachtruf.

Obwohl die Ungerechtigkeiten der Sklaverei schon seit Langem Gegenstand von Kommentaren gewesen seien, meinte ein Kommentator, hat »dieser Einzelfall eines verfolgten Individuums, das diesen groben Entstellungen von Gesetz und Gerechtigkeit, die dem Volk in den Kolonien vertraut sind, zum Opfer gefallen ist, einen weitaus allgemeineren und tieferen Eindruck hinterlassen als alles, was jemals gegen das System der westindischen Sklaverei geschrieben oder verkündet worden ist«. Oder, wie der Biograf von John Gladstone schrieb: »Der Tod des Demerara-Missionars war für die Sklaverei in Westindien ein ebenso fatales Ereignis wie die Hinrichtung von John Brown für die Sklaverei in den Vereinigten Staaten.«

Es war nur noch eine Frage der Zeit, bis dieser entscheidende Wandel der öffentlichen Meinung sich in Gesetzen niederschlug.

EPILOG

Fast auf den Tag genau zehn Jahre nach Beginn des Demerara-Aufstands verabschiedete das Unterhaus den Abolition of Slavery Act, der ein Jahr später, am 1. August 1834, in Kraft trat. Die Zeitungen verkündeten, dass 665.000 versklavte Männer und Frauen in der britischen Karibik und mehr als 100.000 in den anderen britischen Kolonien nun frei waren. In Georgetown und anderswo im britischen Empire gingen die Menschen auf die Straße und feierten.

Die Emanzipation erfolgte jedoch nicht sofort. Kinder unter sechs Jahren wurden gleich freigelassen, ebenso wie versklavte Menschen auf den Bahamas und Antigua. Alle anderen waren jedoch an ihre ehemaligen Sklavenhalter gebunden. Landarbeiter wurden für weitere sechs Jahre als »Apprentices«, also als sogenannte »Lehrlinge«, zur Arbeit verpflichtet. Sie mussten 40,5 Stunden pro Woche ohne Bezahlung arbeiten und wurden mit Verpflegung und Unterkunft entlohnt. Hausangestellte, die mehr Wochenstunden ableisten mussten, waren für weitere vier Jahre an ihre ehemaligen Sklavenhalter gebunden. Viele waren vom falschen Versprechen der Emanzipation zutiefst enttäuscht. Auf einer Zuckerplantage in Essequibo streikten mehr als siebenhundert ehemalige Versklavte. Der Aufstand wurde umgehend niedergeschlagen, die Anführer gefangen genommen, vor Gericht gestellt und hingerichtet.

Das »Apprentice«-System hielt jedoch nicht die vollen sechs Jahre an. Nach zahlreichen Untersuchungen, die die neuen Regelungen als sklavereiähnlich bezeichneten, wuchs der politische Druck in Großbritannien, und nach hartnäckigen Kampagnen von Antisklaverei-Gruppen wurde das System als undurchführbar angesehen. So wurde am 1. August 1838 die sogenannte Lehrlingsregelung aufgehoben und die vollständige Emanzipation im gesamten britischen Empire verkündet. Zehntausende ehemals versklavte Menschen auf Demerara standen nun ohne Arbeit und Wohnung da. Viele schlossen sich zusammen und erwarben mit ihren sorgfältig gehorteten Ersparnissen verlassene Zuckerfarmen wie Ithaca, Victoria und Friendship. Innerhalb kurzer Zeit besaßen mehr als 14.000 ehemalige Versklavte über 2.900 Grundstücke. Diese Orte wurden zum Rückgrat der Kolonie.

Seit mehr als einem Jahrhundert streiten sich die Historiker darüber, was zur Abschaffung der Sklaverei in Großbritannien führte. Einige, wie zum Beispiel Eric Williams in seinem Buch *Capitalism and Slavery* (Kapitalismus und Sklaverei), betonen die wirtschaftlichen Gründe, wie den finanziellen Zusammenbruch der Zucker-, Baumwoll- und Kaffeeplantagen. Andere haben behauptet, dass die Antisklaverei-Philantropen in Großbritannien – William Wilberforce, Fowell Buxton, Elizabeth Pease und Anne Knight – es geschafft hätten, ihre Kollegen von der Unmoral des Systems zu überzeugen. Wieder andere, darunter C. L. R. James in seinem Buch *The Black Jacobins* (*Die schwarzen Jakobiner. Toussaint L'Ouverture und die Unabhängigkeitsrevolution in Haiti*), haben die Sklavenaufstände als Auslöser der Emanzipation angesehen. Zu den am häufigsten genannten Aufständen gehören die Revolution auf Haiti (1791–1804), der Bussa-Aufstand auf Barbados (1816) und der Sharpe-Aufstand auf Jamaika (1831-1832), der auch als Weihnachtsaufstand oder Baptistenkrieg bekannt ist. Diese Aufstände, so wird argumentiert, rüttelten das britische Establishment wach und brachten es zu der Einsicht, dass die Versklavung der Afrikaner nicht zu halten war, da sie weiterhin durch organisierten Widerstand für ihre Freiheit kämpfen würden und sehr wachsame und bewusste Akteure waren, Agenten des Wandels. Sie waren Menschen mit natürlichen Rechten und der Entschlossenheit, diese Rechte einzufordern.

Zu dieser Liste der wichtigsten Rebellionen füge ich den Demerara-Aufstand von 1823 hinzu. Dieser Aufstand hat etwas Besonderes an sich. Nachdem Großbritannien 1807 den transatlantischen Sklavenhandel verboten hatte, brach die öffentliche Unterstützung für die Antisklaverei-Bewegung massiv ein. Der Erfolg des Gesetzes von 1807 nahm den britischen Abolitionisten den Wind aus den Segeln. Das Argument wurde ein wirtschaftliches: Wie könnte das Empire überleben, wenn die Emanzipation durchgesetzt würde? Wer würde die Sklavenhalter entschädigen, und in welcher Höhe? Deshalb war der Demerara-Aufstand so bedeutsam. Das Jahr 1823 markiert den Aufschwung der Antisklaverei-Bewegung in Großbritannien.

Warum war das so? Erstens beschäftigte der Tod von John Smith die Fantasie der britischen Öffentlichkeit. Die Tatsache, dass ein Weißer Missionar für die Abschaffung der Sklaverei gestorben war, war an sich schon eine Sensation. Mehr noch: Durch seine Tagebucheinträge und seine Aussagen vor Gericht schlug er eine Brücke zu denjenigen, die mit der Sklaverei nicht vertraut waren, und ermöglichte es so der Öffentlichkeit, zu verstehen, was in den Kolonien vor sich ging. Dann kamen die Untersuchungen über den Zustand der versklavten Menschen, die die Menschen in London, Manchester, Edinburgh, Cardiff und darüber hinaus wirklich erschütterten. Die Nachrichten über die schändlich hohe Sterblichkeitsrate auf den Plantagen und die abscheulichen Bedingungen, unter denen die versklavten Menschen lebten, schockierten viele Menschen, die sich nun der Sache der Sklavereigegner anschlossen. Hinzu kam, dass viele von der sorgfältigen Planung der Abolitionisten und ihren Bemühungen, die Gewalt während des Aufstands zu begrenzen, beeindruckt waren. Die Weigerung von Gouverneur Murray, die aus London gesandten Anweisungen zur Verbesserung der Lage umzusetzen, und die entsetzliche Brutalität der Miliz brachten viele gegen die Sklavenhalter auf.

Um es einfach auszudrücken: Die versklavten Abolitionisten in der Karibik – mit dem Demerara-Aufstand, der Sharpe-Rebellion auf Jamaika und anderen Aufständen – spielten eine ebenso wichtige Rolle bei der Abschaffung der Sklaverei wie die Philantropen in Großbritannien.

Was geschah mit den Protagonisten dieser Geschichte?

Am 16. Februar 1824 gab Jane Smith im *Guiana Chronicle* bekannt, dass sie beabsichtige, die Kolonie zusammen mit ihrer Freundin Elizabeth Elliot innerhalb von zwei Wochen zu verlassen. »Alle Personen, die irgendeinen Anspruch gegen eine von uns haben«, hieß es in der Anzeige, »sollen diese vorbringen.« Sechs Wochen später erreichte sie Portsmouth, verzweifelt darum bemüht, Abstand zu den Ereignissen in Demerara zu gewinnen.

Einige Tage nach ihrer Ankunft wurde von mehreren britischen Kirchen ein Fonds eingerichtet, um sie mit Geld für ihren Lebensunterhalt zu versorgen. Die nächsten Monate und Jahre verbrachte sie damit, die Bemühungen der Londoner Missionsgesellschaft und den Namen ihres Mannes reinzuwaschen, zu unterstützen, bevor sie in das Dorf Rye in Sussex zog. Hier erkrankte sie und blieb bettlägerig, bis sie am 10. Februar 1828 um 8:30 Uhr im Alter von 32 Jahren starb. Einem der Anwesenden zufolge starb sie mit »Gelassenheit« im Geiste, einem »lieblichen Ausdruck in den Augen« und »ohne einen Seufzer oder das geringste Anzeichen eines Krampfes«. Fünf Tage später wurde sie auf dem protestantischen Friedhof der Dissenters beigesetzt, im selben Grab wie eine Mary Smith, die vielleicht ihre Schwiegermutter war. Neben ihrer Sterbeurkunde befand sich ein handschriftlicher Vermerk, der sie als »Witwe von John Smith, Missionar der London Society, gestorben 1824 im Gefängnis von Demerara« auswies.

Während der gesamten 1820er und frühen 1830er Jahre baute John Gladstone seine Zuckerplantagen auf Demerara weiter aus. Gleichzeitig führte er in Großbritannien eine Kampagne an, die eine Verbesserung der Bedingungen für die Versklavten zu verhindern trachtete. Als er erkannte, dass dies wahrscheinlich scheitern würde, schloss er sich mit anderen Sklavenhaltern zusammen, um die britische Regierung davon zu überzeugen, sie für den Verlust ihres »Eigentums« zu entschädigen. So kam es, dass – nach der Verabschiedung des Abolitionsgesetzes von 1833 – nicht etwa die Versklavten, sondern die britischen Sklavenhalter entschädigt wurden. 60.000 Sklavenhalter erhielten Zahlungen von der Sklavenentschädigungskommission. Insgesamt zahlte Großbritannien 20 Millionen £ an sie aus, was 40 Prozent der damaligen Staatsausgaben entsprach. In heutigem Geld wären die Entschädigungen rund 17 Milliarden £ wert, wenn man sie nach dem Wert der Löhne berechnet. Einem Tweet des britischen Finanzministeriums zufolge wurden die Schulden, die die britische Regierung dafür aufgenommen hatte, erst 2015 getilgt.

Zum Zeitpunkt der Abschaffung der Sklaverei war John Gladstone als Eigentümer von 1.778 versklavten Menschen auf seinen Plantagen sowie dem gemeinsamen »Besitz« von 1.134 weiteren registriert. Für diese versklavten Menschen wurde er mit mehr als 100.000 £ entschädigt – heute entspricht das mehr als 80 Millionen £. Es handelte sich um eine der höchsten Entschädigungszahlungen überhaupt. Für Gladstone hätte der Zeitpunkt nicht besser sein können: Vier Jahre zuvor hatte er endlich seinen schottischen Traumbesitz in Fasque in Aberdeenshire erworben. Mit dem Entschädigungsgeld wollte er das elegante Herrenhaus und die mehr als 6.000 Acres (gut 2.400 Hektar) Ackerland verbessern.

Die Abolition stellte Gladstone jedoch vor ein Problem. Er hatte für seine Plantagen in Demerara keine Arbeitskräfte mehr. Deshalb schrieb er am 4. Januar 1836 an Gillanders, Arbuthnot & Co.

in Kalkutta und bat sie um die Entsendung von Vertragsarbeitern, die die befreiten Menschen afrikanischer Abstammung auf seinen Plantagen ersetzen sollten. Als Gegenleistung für ihre Arbeit sollten sie Kleidung, Nahrung und Unterkunft erhalten, und nach fünf Jahren sollten sie in Demerara bleiben oder nach Indien zurückkehren können. Um seine Kollegen in Kalkutta zu beruhigen, zeichnete Gladstone ein rosiges Bild vom Leben auf einer Demerara-Plantage: »Die Arbeit ist sehr leicht … Sie bekommen behagliche Wohnungen und reichlich zu essen … Eine Schule für die Kinder … Sie bekommen ebenfalls eine jährliche Zuwendung an Kleidung, die ausreichend und für das Klima geeignet ist … Man kann mit Fug und Recht sagen, dass sie ihre Zeit angenehm und glücklich verbringen werden … Wenn sie unpässlich sind, werden sie auf Kosten ihrer Arbeitgeber regelmäßig ärztlich versorgt.« Im Gegenzug erklärten die Händler aus Kalkutta, sie sähen kein Problem darin, der Bitte Gladstones nachzukommen, zumal »die Eingeborenen keine Ahnung von dem Ort haben, für den sie sich verpflichtet haben, oder von der Länge der Reise, die sie unternehmen«. Am 15. Mai 1838 trafen die Schiffe *Whitby* und *Hesperus* mit 407 Männern, Frauen und Kindern aus Indien in Georgetown ein. Ein Viertel von ihnen wurde auf Plantagen im Besitz von Gladstone transportiert, der Rest auf andere Ländereien verteilt.

1840 schickte die Antisklaverei-Gesellschaft ein Untersuchungsteam, weil sie befürchtete, dass die Leibeigenschaft eine neue Form der Sklaverei sei. Sie fanden schreckliche Lebensbedingungen vor: lange Arbeitszeiten, häufige Auspeitschungen sowie weitverbreitete Krankheiten. Mehr als hundert der angeworbenen Inder waren bereits im ersten Jahr gestorben. Der Bericht enthielt Gesprächsaufzeichnungen mit einer Reihe von Zeugen, darunter Elizabeth Caesar, die sagte, dass die angeworbenen Leute »ins Krankenzimmer gesperrt wurden und am nächsten Morgen mit der neunschwänzigen Peitsche ausgepeitscht wurden. Der Verwalter war im Haus, und sie haben die Leute unter seinem Haus ausgepeitscht. Sie waren an den Pfosten unter dem Haus des Verwalters angebunden. Ich kann nicht sagen, wie viele Peitschenhiebe sie bekamen; es waren genug. Ich habe Blut gesehen. Nachdem sie unter dem Haus des Verwalters ausgepeitscht worden waren, wurden ihnen Salz auf die Rücken gerieben.« Zwischen 1838 und 1918 wurden mehr als 340.000 indische Arbeitsverpflichtete nach Britisch-Guayana »exportiert«, weit mehr als in jede andere Kolonie. Zum Zeitpunkt der Abfassung dieses Buches machten die Menschen indischer Abstammung mehr als 40 Prozent der Bevölkerung Guyanas aus.

Am 18. Juli 1846 wurde John Gladstone vom scheidenden Premierminister Robert Peel zum »1st Baronet« ernannt. In den folgenden fünf Jahren setzte er seine Arbeit fort, kümmerte sich um seine Eisenbahninvestitionen und wickelte die Ländereien in Demerara ab. Gegen Ende des Jahres 1851 wurde er immer schwächer. Anfang Dezember war er so schwach, dass seine Kinder an sein Bett gerufen wurden. Er starb am siebten Tag des Monats kurz vor 9 Uhr morgens im Alter von 86 Jahren. Wenige Tage später wurde er in der Krypta unter der kleinen St. Andrew's Episcopal Church auf dem Familienanwesen in Fasque beigesetzt.

In den Nachrufen wurde Gladstones freundlich gedacht. Die *Illustrated London News* nannte ihn einen »Handelsprinzen« und beschrieb sein kommerzielles Geschick als »beispiellos«. Dem *Morning Advertiser* zufolge war Gladstone »ein Musterbeispiel für die Verbindung von schottischer Sparsamkeit und Umsicht mit englischer Weitsicht, kaufmännischer Korrektheit und makelloser Redlichkeit in allen Handelsgeschäften«. Ebenso überschwänglich war der *Edinburgh Evening Courant*: »Er hat es mit den größten und erfolgreichsten Kaufleuten aufgenommen« und »durch seinen Unternehmergeist, seinen Fleiß und sein Geschick große Reichtümer angehäuft«. Als Zeichen des Respekts blieb die Flagge auf dem Rathaus von Liverpool vom Zeitpunkt seines Todes bis zum Tag nach seiner Beisetzung auf halbmast.

Im Laufe der nächsten fünfzig Jahre wurde die Erinnerung an Gladstone und seine Familie im ganzen Land wachgehalten. In der St. Andrew's Episcopal Church wurde ein Denkmal aus weißem Marmor errichtet, das John Gladstone als erfolgreichen Kaufmann ausweist. Der *Liberal Club* in Leith, seiner Heimatstadt, brachte an der Ecke Great Junction Street und King Street eine Gedenktafel an, die ihn als Vater von William, dem vierfachen Premierminister, würdigt. Die Universität von Liverpool nannte eines ihrer Studentenwohnheime Gladstone Hall. Nirgendwo wurde erwähnt, dass John Gladstone sein Geld auf den Sklavenplantagen in der Karibik gemacht oder dass sein Sohn William ein beträchtliches Vermögen von seinem Vater geerbt hatte – das heißt, bis zum Mord an George Floyd im Mai 2020 und den darauffolgenden Protesten. Die Studierenden der Universität von Liverpool hatten sich jahrelang vergeblich für eine Umbenennung der Gladstone Hall eingesetzt, doch der Widerstand gegen die Umbenennung brach nun in sich zusammen. Die Universität gab bekannt, dass sie das Gebäude wegen John Gladstones Verbindung zur Sklaverei neu benennen wird. Eine Sprecherin sagte: »Wir teilen die Scham, die unsere Stadt empfindet, weil ihr Wohlstand maßgeblich auf der Sklavenwirtschaft beruhte.« Sie fügte hinzu: »Wir haben jetzt die wichtige Möglichkeit, dafür zu sorgen, dass der Name dieser neuen Halle unsere Werte der Gleichberechtigung und des Respekts widerspiegelt und gleichzeitig eine klare Botschaft hinsichtlich der Verpflichtungen aussendet, die wir gegenüber unseren Schwarzen, asiatischen und ethnischen Minderheiten angehörenden Mitarbeiter:innen und Studierenden eingegangen sind.«

Gegen Ende meiner Recherchen nahm ich Kontakt zu Charlie Gladstone auf, dem Urururenkel von John Gladstone. Zusammen mit seiner Frau Caroline lebt Charlie in Hawarden Castle in

Flintshire, Wales. Neben der Verwaltung des Anwesens führen sie im Namen der Good Life Society eine Reihe großer kultureller Veranstaltungen durch, betreiben zwei Hofläden, ein Gasthaus, einen Veranstaltungsort für Hochzeiten, ein Geschäft für Ferienhäuser und -hütten in Schottland sowie einen Laden für Haushaltswaren und Einrichtungsgegenstände namens Pedlars.

»John Gladstone war ein schrecklicher Mann«, sagte Charlie zu mir, »ich schäme mich zutiefst, mit ihm verwandt zu sein.« Dann fügte er hinzu: »Es gab viele Momente, in denen ich mir gewünscht habe, nicht diesen Nachnamen zu tragen.« Das einzige Gebäude, das er von John Gladstone geerbt habe, sei Fasque in Schottland, fuhr Charlie fort, das sich für ihn lange Zeit wie ein »Mühlstein« angefühlt habe. Als er es 2008 mit Verlust verkaufte, hielt er das für »Karma«. Mit der Erforschung der Familiengeschichte habe er erst begonnen, als weltweit die Black-Lives-Matter-Proteste begannen. Zu diesem Zeitpunkt habe er zum ersten Mal vom Demerara-Aufstand gehört und dass dieser auf der Success Plantage begonnen habe. Das war auch der Moment, in dem er erfuhr, dass der Aufstand von einem versklavten Mann namens Jack Gladstone angeführt worden war, der seinen Nachnamen erhalten hatte, weil er im ›Besitz‹ von Charlies Urururgroßvater John Gladstone war.

1825, ein Jahr nach dem Tod von John Smith, verließ John Cheveley Demerara. Vom Bankrott bedroht, schloss er das Pattinson-Geschäft, packte seine Koffer und floh. Nach dem Gesetz hätte er zwei Wochen vor seiner Abreise eine Bekanntmachung in der Lokalzeitung veröffentlichen müssen, um etwaige Gläubiger von seinem Weggang zu unterrichten. Glücklicherweise war sein Bruder George mit seinem Schiff, der *Anna*, in der Stadt, und die beiden stachen in See, ohne dass jemand etwas mitbekam. In seinen Memoiren schrieb Cheveley:

»Ich hatte fast fünf Jahre vergeudet und befand mich in einer schlimmeren Lage als zu Beginn, denn ich hatte Verbindlichkeiten, aus denen ich keinen Ausweg sah.«

In England angekommen, orientierte er sich neu. Innerhalb kurzer Zeit heiratete er Frances Barry, die Schwägerin seines früheren Geschäftspartners aus Demerara, und nahm eine Stelle als Buchhalter in Liverpool an. Das Paar zog in ein kleines Häuschen mit Blick auf eine Wiese sowie eine Reihe von Ulmen und bekam bald drei Kinder. Cheveley beschrieb sich selbst als »angekommen« und sein neues Leben als »paradiesisch«.

Nach der Abschaffung der Sklaverei im Jahr 1834 reichte Cheveley bei der Sklavenentschädigungskommission einen Antrag auf Entschädigung für 14 versklavte Personen ein: einen Händler, vier »Hausangestellte«, zwei »minderwertige Hausangestellte«, drei »minderwertige Personen der gleichen Art« und vier Kinder unter sechs Jahren. John Cheveley war nicht selbst Sklavenhalter gewesen; vielmehr scheint der »Besitz« durch seine Heirat mit Frances Barry auf ihn übergegangen zu sein. Die Cheveleys erhielten 479 £, was in heutigem Geld 415.000 £ entspricht. Die versklavten Menschen erhielten wieder einmal nichts.

Nach dem idyllischen Start waren die nächsten vierzig Jahre in England für Cheveley tragisch. Seine Frau Frances starb bei einer komplizierten Geburt. Sieben Jahre später heiratete er eine Schottin namens Emily. Ihr erstes Kind, Stephen, starb im Alter von drei Monaten. Zwei weitere Kinder starben in den nächsten Jahren, dann ertrank Johns Bruder Henry in einem brasilianischen Fluss, und zwei weitere Kinder, George und Richard, starben kurz darauf. 1864, im Alter von 69 Jahren, begann John mit der Niederschrift seiner Memoiren. Fünf Jahre später schrieb er noch immer daran, als die Aufzeichnung mitten im Satz abbrach. Er widmete sich gerade dem Thema Patentierung von Kupferhütten. Vermutlich war er zu krank, um fortzufahren. Er starb am 9. April 1870 in Hastings an der Südküste Englands an einer chronischen Herzerkrankung. Fünf Tage später wurde er auf dem West-Norwood-Friedhof in London neben seinen Kindern beigesetzt.

Was wurde aus Jack Gladstone? In seinem Schreiben an Lord Bathurst vom 14. Februar 1824 empfahl Gouverneur Murray, Jack in die britische Kolonie Bermuda zu entsenden. Ab 1823 wurden über 9.000 Verurteilte von Großbritannien auf diese Insel transportiert, damit sie dort ihre Strafe absaßen. Die meisten landeten in Arbeitsgruppen, die in der Werft Steine brechen und abtransportieren mussten. Sie waren auf der *Antilope*, einem vor der Küste verankerten Gefängnisschiff, untergebracht. Es muss ein anstrengendes, zermürbendes Leben gewesen sein.

Laut Keith Forbes, der eine historische Website auf den Bermudas betreibt, ist es jedoch zweifelhaft, dass Jack jemals dort ankam. Die Insel war mehr als 2.000 Meilen von Demerara entfernt, und zu jener Zeit gab es keine direkte Schiffsverbindung zwischen den beiden Kolonien. Keith glaubt, dass die Bitte von Gouverneur Murray nie in die Tat umgesetzt wurde: »Vielleicht war es für die Vorgesetzten des Gouverneurs in London nicht praktikabel«, sagte er zu mir. Was wurde also aus Jack?

Ich fand einen Hinweis in den Archiven der Universität von Florida, die digitalisierte Ausgaben verschiedener karibischer Zeitungen aufbewahrt. Dort entdeckte ich einen Brief vom 3. Mai 1824, der in dem Prosklaverei-Blatt *The Colonist* veröffentlicht wurde. Darin berichtet ein ungenannter Verfasser, dass Jack eine Freundin hatte, die er später in einem Traugottesdienst von John Smith heiratete und »mit der er vier Kinder« hatte. Die nächste Erwähnung, die ich gefunden habe, findet sich in Joshua Bryants Buch über den Aufstand; Bryant berichtet, dass Jack am 9. September 1824 immer noch im Kolonialgefängnis in Georgetown inhaftiert war, ein Jahr nachdem er verurteilt worden war.

Das letzte Stück des Puzzles ist ein Brief von Robert Wilmot-Horton (Unterstaatssekretär für Krieg und Kolonien) an John Gladstone vom 16. März 1825: »Falls Sie noch keine Informationen von Ihrem Agenten in Demerara über das Schicksal des Sklaven Jack erhalten haben sollten, halte ich es für richtig, Ihnen mitzuteilen, dass er von Demerara weggebracht und als ›Military Labourer‹ in St. Lucia eingeschrieben wurde.« St. Lucia ist eine kleine Insel, die fünfhundert Meilen nördlich von Demerara liegt. Als »Military Labourer« verrichtete Jack vermutlich manuelle Arbeit für die auf der Insel stationierte britische Garnison, vielleicht in der Küche oder beim Bau von Befestigungen. In welchem Alter starb er? Ich denke, dass er lange genug lebte, um seine Freiheit zu erlangen. Dass er die Früchte seiner Abolitionisten-Kampagne genießen konnte. Aber als ich in den Nationalarchiven von St. Lucia nachfragte, ob sie irgendwelche Aufzeichnungen über ihn hätten, sagten sie, ihnen liege nichts vor.

Dennoch sind Spuren von Jack und seiner Familie erhalten. 1984, zum 150. Jahrestag der Sklavenbefreiung in den britischen Kolonien, benannte die Regierung von Guyana eine der Hauptstraßen von Georgetown um. Bis dahin hatte sie, nach dem Gouverneur, der den Aufstand brutal niedergeschlagen hatte, Murray Street geheißen. Nun sollte sie Quamina Street heißen. Fast dreißig Jahre später, am 5. August 2013, enthüllte der ehemalige Präsident Donald Ramotar eine Statue zum Gedenken an den Aufstand von 1823, gleich neben der Kaimauer von Georgetown und gegenüber dem Hauptquartier der Guyana Defence Force. Es zeigt einen Mann afrikanischer Abstammung mit einem Säbel, an dessen Ende eine Kette befestigt ist. Er steht aufrecht, mit gespreizten Beinen, was Stärke und Entschlossenheit ausdrückt. Jedes Jahr am Jahrestag des Aufstands versammeln sich die Guyaner um das Denkmal und erzählen die Geschichte, wie Quamina und Jack Gladstone den Kampf für die Freiheit anführten.

Als ich in Guyana war, besuchte ich die Bethel Congregational Church im Dorf Beeter Verwagting (Bessere Aussichten). Nach dem Gottesdienst sprach ich mit der Pfarrerin, die mir mit einem Lächeln erzählte, dass die Wände, die Balken, das Dach und die Fußbodenbretter der Kirche aus John Smiths Kirche in Le Resouvenir stammen. Sie zeigte auf das Bild von Quamina an der Wand und eine Gedenktafel für John Smith auf der anderen Seite des Ganges. Jedes Jahr, so fuhr sie fort, gedenkt die Kirche des Aufstands von 1823 mit einem Gottesdienst und einer Prozession. In der Kirche traf ich auch Genevieve Allan, die sagte, sie stamme von Quamina ab. »Wann immer wir über die Emanzipation sprechen«, erzählte sie mir, »sage ich stolz, dass das Blut von Quamina durch meine Adern fließt. Ich bin es ihm schuldig, sein Erbe noch viele Jahre später zu feiern.«

Der Geist von Quamina und Jack lebt weiter.

POSTSKRIPTUM

An meinem letzten Tag in Guyana treffe ich mich mit Kibwe Copeland, dem 28-jährigen Präsidenten von IKEMBA, der ersten Jugendorganisation in der Karibik.

Es ist früh, kurz nach Sonnenaufgang, und wir stehen mitten auf dem Exerzierplatz in Georgetown. Buschiges Grasland in der Größe von vier Fußballfeldern. Dies ist der Ort, an dem im Herbst 1823 mehr als fünfzig Abolitionisten hingerichtet wurden. Am äußersten Rand spielt eine Gruppe von Männern Basketball. Ansonsten ist der Ort leer. Wir sind hier, um derer zu gedenken, die an dem Aufstand teilgenommen haben.

Wir ziehen unsere Schuhe aus und stellen uns barfuß auf die feuchte Erde. Ein paar Minuten lang sprechen wir über den Aufstand, die Prozesse und darüber, wie die Schuldigen durch die Straßen zu diesem Platz getrieben wurden.

Dann liest Kibwe die Namen derjenigen vor, die hier hingerichtet wurden: »Allick, Attila, Bethney, Billy, Damas, Daniel, Evan, France, Hamilton, Harry of Good Hope …« Nach der Nennung eines jeden Namens gibt er ein paar Tropfen aus einer Wasserflasche auf den Boden, um den Getöteten Respekt zu erweisen, und sagt dann »Asè« oder »Und so ist es«. Er fährt fort: »… Harry von Triumph, Louis, Murphy, Natty, Nelson, Philip, Pickle, Quamina von Noot en Zuyl, Quintus, Scipio, Tom.«

Nachdem er geendet hat, schweigen wir einige Minuten lang.

Dann sagt Kibwe: »Wenn sie nicht gewesen wären, hätte ich nicht die Redefreiheit, die ich habe. Ich wäre nicht in der Lage, als freier Mann zu leben. Dank ihrer Opfer kann ich das.«

Später, als wir uns auf den Heimweg machen, frage ich ihn, was die Briten angesichts dieser Geschichte tun sollten. »Die Sklaverei ist so lange her«, sagt er, »aber wir leben noch heute mit den Folgen. So viele Probleme, mit denen wir heute konfrontiert sind, gibt es, weil wir uns nie richtig mit diesem Thema auseinandergesetzt haben.«

»Also Reparationen?«, frage ich ihn.

»Wenn man gegen Verbrechen gegen die Menschlichkeit ist«, antwortet er leise, »dann muss man Reparationen unterstützen. Wenn das Ihrer Familie zugestoßen wäre, würden Sie eine Entschädigung fordern. Warum dann nicht die Nachkommen der versklavten Afrikaner?«

Ich denke daran, dass ich Brite und in einem Land aufgewachsen bin, dessen Reichtum zu Teilen auf der Sklaverei beruht. Ich denke darüber nach, wie ich die besondere Verbindung meiner Familie zur Sklaverei herausgefunden habe. Und ich denke darüber nach, was ich in Guyana gelernt habe. Ja, das Gesetz zur Abschaffung der Sklaverei wurde vor zwei Jahrhunderten verabschiedet, aber aus all meinen Gesprächen geht hervor, dass das Erbe der Sklaverei auch heute noch zu spüren ist. Menschen beeinflussen Geschichte, aber Geschichte beeinflusst auch die Menschen. Geschichte ist persönlich.

In den Monaten und Jahren seit der Ermordung von George Floyd und den darauffolgenden Black-Lives-Matter-Protesten hat das Interesse an der britischen Kolonialgeschichte zugenommen. Es gab Diskussionen über die Art und Weise, wie die Themen in den Schulen gelehrt werden, einschließlich einer stärkeren Konzentration auf Schwarze und asiatische Schriftsteller und Ereignisse, die aus einer nicht-europäischen Perspektive erzählt werden, was einige als »Entkolonialisierung der Lehrpläne« bezeichnet haben. Unternehmen, Medien, Sportverbände und andere Gruppen haben sich öffentlich dazu verpflichtet, die Diversität bei ihren Einstellungs- und Repräsentationsbemühungen zu erhöhen. Verschiedene Polizeibehörden und andere staatliche Stellen haben neue Programme angekündigt, um die historisch bedingte Ungleichbehandlung der Schwarzen Bevölkerung zu beseitigen. Obwohl diese Bemühungen lobenswert sind, gehen sie nach Ansicht vieler nicht weit genug und nicht schnell genug.

Und obwohl es schwer ist, eine direkte Verbindung zwischen der Rolle Großbritanniens in der Sklaverei und den heutigen sozialen Verhältnissen zu beweisen – angesichts des weiteren Verlaufs der Geschichte und der großen Zahl von Ereignissen und Kräften, die zwischen beiden liegen –, besteht die Verbindung dennoch. Dass das Bild komplex ist, ist eine Binsenweisheit. Das gilt auch für das Argument, dass es Menschen gab, die während der Sklaverei in gutem Glauben gehandelt, und viele, darunter auch einige Weiße, die sich für das Gemeinwohl eingesetzt haben. Dennoch muss jeder objektive Leser dieser Geschichte zu dem Schluss kommen, dass die Wurzeln der heutigen systemischen Rassenungleichheit in der kolonialen Vergangenheit Großbritanniens zu finden sind.

Deshalb stimme ich Kibwe zu. Die Nachkommen der von den Briten versklavten Menschen sollten entschädigt werden. Wenn wir uns jetzt nicht mit unserer Geschichte auseinandersetzen, wälzen wir die Last auf die kommenden Generationen ab. Es geht nicht darum, sich für das schuldig zu fühlen, was unsere Vorfahren vor unserer Geburt getan haben, sondern darum, sich mit dem Erbe der Sklaverei auseinanderzusetzen, das die Menschen noch heute belastet. Es ist Schaden angerichtet worden, er muss repariert werden. Es ist zwar richtig, dass die Schuld nie vollständig wiedergutgemacht werden kann – die Gräueltaten der Sklaverei können nicht aus der Geschichte getilgt werden –, aber das sollte keine Entschuldigung für Untätigkeit sein.

Daher sollten wir alle, die wir von der Sklaverei profitiert haben, uns engagieren – Einzelpersonen, Familien, Unternehmen, Institutionen und Regierungen, diejenigen, die direkt mit der Sklaverei zu tun hatten, ebenso wie die, die von dem Reichtum profitiert haben, der während der Zeit der Sklaverei erwirtschaftet wurde. Wir sitzen in einem Boot. Wir müssen die Weiße Schuld anerkennen und die Verantwortung dafür übernehmen.

ANHANG

LISTE DER NACH DEM DEMERARA-AUFSTAND VON 1823 BESTRAFTEN ABOLITIONISTEN

Diese Liste der Namen und Strafen stammt aus Joshua Bryants Buch *Account of an Insurrection of the Negro Slaves in the Colony of Demerara* (Bericht über einen Aufstand der Negersklaven in der Kolonie Demerara), dessen Anhang den Titel trägt: *List of the Insurgent Negroes Who were Tried by Court-Martial, held at the Colony House, Georgetown, with their sentences etc.* (Liste der aufständischen Neger, die im Colony House, Georgetown, vor ein Kriegsgericht gestellt wurden, mit ihren Urteilen usw.)

Zusätzliche Informationen zu den Deportierten, wie Jack Gladstone, aus dem Brief von Gouverneur John Murray an Lord Bathurst vom 14. Februar 1824.

\+ Diese Abolitionisten wurden laut Bryant »enthauptet, nachdem sie vom Galgen abgenommen worden waren. Ihre Köpfe wurden innerhalb des Forts auf Pfähle gesteckt.«

Hingerichtet

1. Allick von Coldingen +
2. Attilla von Plaisance
3. Bethney von Success +
4. Billy von Ann's Grove +
5. Damas von Plaisance
6. Daniel von Foulis
7. Evan von Good Hope
8. France von Porter's Hope +

9. Hamilton von Success
10. Harry von Triumph +
11. Harry von Good Hope
12. Louis von Plaisance
13. Murphy von Foulis
14. Natty von Enterprise
15. Nelson von Golden Grove
16. Philip von Foulis
17. Pickle von Le Bonne Intention +
18. Quamina von Noot en Zuyl +
19. Quintus von Beeter Verwagting +
20. Scipio von Bachelor's Adventure +
21. Tom von Chateau Margo +

Andere Bestrafungen

22. Achilles von Beeter Verwagting (Tod in Ketten)
23. Adonis von Plaisance (Todesurteil umgewandelt, deportiert, arbeitete als Sträfling)
24. April von Le Bonne Intention (Gefängnis)
25. Alexander von Lusignan (an der Küste ausgepeitscht)
26. Austin von Cove (ausgepeitscht und zwei Jahre im Arbeitshaus)
27. Britain von Success (Tod, aufgeschoben)
28. Cato (freier Mann) von Success (Verbannung)
29. Cobus von Beeter Verwagting (Gefängnis)
30. Cudjoe von Lusignan (verbannt und lebenslänglich im Arbeitshaus)
31. Cudjoe von Porter's Hope (Todesurteil umgewandelt, deportiert, arbeitete als Sträfling)
32. David von Le Bonne Intention (im Gefängnis)
33. David von Beeter Verwagting (Tod, aufgeschoben)
34. Duke von Clonbrook (Todesurteil umgewandelt, deportiert, arbeitete als Sträfling)

35. Edward von Good Hope (gestorben auf dem Landgut)
36. Field von Clonbrook (entlassen und für zwei Jahre ins Arbeitshaus gesteckt)
37. Fingal von Triumph (auf der Plantage ausgepeitscht)
38. Frank von Success (auf dem Landgut entlassen)
39. George Morrison von Enmore (500 Peitschenhiebe / zu krank, um bestraft zu werden)
40. Gilbert von Paradise (Todesurteil umgewandelt, deportiert, arbeitete als Sträfling)
41. Hugh von Noot en Zuyl (freigelassen und auf eine Plantage geschickt)
42. Ingliss von Foulis (Todesurteil umgewandelt, deportiert, arbeitete als Sträfling)
43. Jack von Success (Todesurteil umgewandelt, deportiert, arbeitete als Sträfling)
44. Jemmy von Bachelor's Adventure (Tod in Ketten)
45. Jessamine von Success (zum Tode verurteilt und lebenslang im Arbeitshaus)
46. John Smith von Le Resouvenir (zum Tode verurteilt, vor der Hinrichtung gestorben, Urteil später umgewandelt)
47. Kate von Chateau Margo (zwei Monate Einzelhaft)
48. Kinsale von Bachelor's Adventure (Todesurteil umgewandelt, deportiert, arbeitete als Sträfling)
49. Lindor von Le Bonne Intention (Tod in Ketten)
50. Louis von Porter's Hope (zum Tode verurteilt und für ein Jahr ins Arbeitshaus gesteckt)
51. Merkur von Enmore (700 Peitschenhiebe)
52. Maximilian von Success (700 Peitschenhiebe)
53. Nelson von New Orange Nassau (Todesurteil umgewandelt, deportiert, arbeitete als Sträfling)
54. Paris von Good Hope (in Ketten)
55. Paul von Friendship (in Ketten)

56. Primo von Chateau Margo (Todesurteil umgewandelt, deportiert, arbeitete als Sträfling)
57. Profit von Le Bonne Intention (im Gefängnis)
58. Philip von Le Bonne Intention (im Gefängnis)
59. Quabino von Chateau Margo (1000 Peitschenhiebe, arbeitete in Ketten)
60. Quacco von Success (Todesurteil umgewandelt, deportiert, arbeitete als Sträfling)
61. Quacco von Chateau Margo (Todesurteil umgewandelt, deportiert, arbeitete als Sträfling)
62. Quamine von Haslinton (Todesurteil umgewandelt, deportiert, arbeitete als Sträfling)
63. Ralph von Success (Todesurteil umgewandelt, deportiert, arbeitete als Sträfling)
64. Sam William von Coldigen (im Gefängnis)
65. Sammy von Lusignan (entlassen und sieben Jahre lang im Arbeitshaus)
66. Sandy von Non Pareil (in Ketten)
67. Smith von Friendship (Todesurteil umgewandelt, deportiert, arbeitete als Sträfling)
68. Telemachus von Bachelor's Adventure (Tod in Ketten)
69. Windsor von Success (auf der Plantage ausgepeitscht)
70. Zoutman von Beeter Verwagting (Todesurteil umgewandelt, deportiert, arbeitete als Sträfling)

Andere

1. Dick von Success (freigesprochen)
2. Jack von La Bonne Intention (freigelassen)
3. Trim von Chateau Margo (zu 300 Peitschenhieben verurteilt, dann begnadigt, weil er sich bemüht hatte, den Rebellen Richard ausfindig zu machen) Anmerkungen

ANMERKUNGEN

EINLEITUNG

S. 6 *Jahrhundertelang hatten sie Tabak von Plantagen verkauft …* Laut dem Bericht des parlamentarischen Auswahlausschusses von 1844 über den Tabakhandel im Vereinigten Königreich stammten mehr als 95 Prozent des gesamten nach Großbritannien eingeführten Tabaks aus den USA. In diesem Bericht wurde auch festgestellt, dass dieser Tabak auf Plantagen angebaut wurde, die von versklavten Menschen bewirtschaftet wurden.

S. 8 *Ich hatte noch nie von Demerara gehört …* Am 30. Juni 1913 wurde ein Lebensmittelhändler in der King's Cross Road in London beschuldigt, »Demerara-Zucker« zu verkaufen, der gar nicht aus Demerara (damals Britisch-Guayana) stammte, sondern weißer Rohrzucker aus Mauritius war, dem ein brauner Farbstoff hinzugefügt worden war. Der Richter wies die Klage ab (Anderson gegen Britcher) und stellte fest, dass Demerara-Zucker eine »allgemeine Bezeichnung für jeden Zucker der Substanz, Art und Farbe des fraglichen Zuckers ist, unabhängig davon, wo er hergestellt wird, und dass der besagte Zucker daher die Beschaffenheit, Substanz und Qualität des von der Klägerin, der Käuferin, verlangten Artikels aufweist«. Als der Fall vor dem King's Bench Court verhandelt wurde, stellten die Richter fest, dass Demerara-Zucker »nicht nur auf Demerara angebauten Zucker bedeutet«, sondern sich auf Zucker »einer bestimmten Farbe« bezieht. Heute wird Demerara-Zucker hauptsächlich in Mauritius hergestellt. Außerdem wird er auch in Barbados, Indien, Malawi und Guyana hergestellt.

PROLOG

S. 14 *Auf der einen Seite der Plattform stand der Auktionator …* Die Quelle für diese Passage ist John Cheveleys Autobiographie *No Messing: The Story of an Essex Man*.

S. 14 *Kapitaler Sklave, meine Herren, …* Das Originalzitat enthält das N-Wort anstelle von »Sklave«.

KAPITEL 1

S. 17 *Die Fläche Demeraras war ungefähr so groß wie Großbritannien …* Heute ist die Fläche der Kooperativen Republik Guyana 83.000 Quadratmeilen groß, während Großbritannien 80.823 Quadratmeilen groß ist; Guyana ist also etwas größer. Die Bevölkerungszahl von 7.000 Ureinwohnern stammt von Schomburgk (1840) und wurde bei der Volkszählung von 1878 verwendet; die tatsächliche Zahl könnte höher gewesen sein.

S. 18 *Die holländischen Kolonisatoren hatten dieses Feuchtgebiet … urbar gemacht …* Nach Angaben der Venn-Kommission der britischen Regierung (1948) waren es die versklavten Afrikaner in Guyana, die 15.000 Quadratmeilen Wald und Sümpfe rodeten, entwässerten und urbar machten. Das entspricht einer Fläche von 9.000.000 Hektar Land. Kurz gesagt, alle Felder, auf denen die Zuckerplantagen heute liegen, wurden von afrikanischen Arbeitskräften urbar gemacht.

S. 18 *Laut dem akribisch geführten Sklavenregister der Kolonie von 1817 …* In seinem bahnbrechenden Buch *Slave Population of the British Caribbean* schrieb Barry Higman, dass »die Sklavenregistrierung dazu diente, die Sklaven zu identifizieren, die im Rahmen des illegalen atlantischen Sklavenhandels auf die Westindischen Inseln gebracht wurden, der nach der britischen Abschaffung des Handels von 1807 weiterging«. Trinidad war die erste britische Kolonie, die 1813 die Registrierung von Sklaven einführte, Demerara begann 1817 damit. Diese Register werden in den National Archives in Kew, London, aufbewahrt (Archivnummer T71/ 395, S. 2139 bis 2146). Der Eintrag für die Plantage Success im Sklavenregister vom 26. August 1817 besagt, dass die Informationen von »Fred R. Cort, Agent von John Gladstone« bereitgestellt wurden. Auf der linken Seite stehen die Namen der versklavten Männer, Frauen und Kinder, jeweils sauber mit brauner Tinte geschrieben. Rechts von den Namen befinden sich fünf Spalten, die durch dünne, rote, vertikale Linien voneinander getrennt sind und in denen die folgenden Daten festgehalten werden: »Farbe«, »Alter«, »Land«, »Beschäftigung« und »Zustand« (zum Beispiel »gesund«, »arbeitsfähig«, »kränklich« und »invalide«).

S. 19 *Mehr als 80 Prozent der über 16-Jährigen waren in Afrika geboren …* Demerara hatte die höchste Zahl von in Afrika geborenen Versklavten in der britischen Karibik. Laut Barry Higmans *Slave Population of the British Caribbean* betrug 1817 der Anteil der in Afrika Geborenen an der versklavten Bevölkerung (einschließlich der Kinder): Demerara-Essequibo (55 %), Jamaika (37 %), Bahamas (21 %), St. Lucia (21 %), St. Kitts (16 %) und Barbados (7 %).

S. 19 *Seine Mutter war kurz nach seiner Geburt gestorben …* Laut John Smiths Tagebuch war Peggy eine freie Frau, die »fast 20 Jahre« mit Quamina zusammen gewesen war, als sie am 22. Oktober 1819 starb; sie waren also frühestens 1799 Partner geworden. Laut Sklavenregister war Jack 1817 22 Jahre alt, also muss er 1797 oder 1798 geboren worden sein, bevor sein Vater mit

Peggy zusammenkam. John Smith berichtet auch, dass Peggy Quaminas »Ehefrau« und Quamina Jacks »Vater« war, aber er sagt nicht, dass Peggy Jacks Mutter war. Dies alles deutet darauf hin, dass sie nicht seine Mutter war, sonst wäre er frei gewesen. Die wahrscheinlichste Erklärung für das Verschwinden seiner Mutter um die Zeit seiner Geburt ist, dass sie bei der Geburt oder kurz danach starb. Eine andere Möglichkeit wäre, dass sie an einen anderen Sklavenhalter verkauft wurde oder weggelaufen ist, ohne dass Jack bei ihr blieb, was beides eher unwahrscheinlich ist.

S. 19 *Da sie versklavt gewesen war, als Jack geboren wurde, war nach dem Kolonialrecht auch er versklavt …* Die Rechtsdoktrin, dass die Kinder einer versklavten Frau in die Sklaverei hineingeboren wurden und die Kinder freier Frauen frei geboren wurden, wurde *partus sequitur ventrem* genannt. Sie wurde in der Regel sowohl in den niederländischen als auch in den britischen Kolonien angewandt. Jack wurde um 1798 geboren, als Demerara von den Briten kontrolliert wurde, aber niederländischem Recht unterlag.

S. 19 *Er war charismatisch und galt allgemein als gut aussehend …* In den Gerichtsaussagen und den nachfolgenden Geschichten findet Jacks Sexualität mehrfach Erwähnung. Angesichts der problematischen Darstellung des aggressiv sexuellen Schwarzen Mannes habe ich solche Verweise vermieden.

S. 19 *Schon in jungen Jahren hatte Jack von Tonisen erfahren …* Die Beschreibung von Quaminas Zeit als Hausboy stammt aus John Smiths Tagebuch vom 9. Mai 1817. Nach den Sklavenregistern in den National Archives in Kew (T71/395, ab Folio 2139) war Quamina im Jahr 1817 46 Jahre alt. Das bedeutet, dass Tonisen bei ihrem Tod mindestens 60 Jahre alt gewesen sein dürfte. Im Register wird sein Geburtsort als »Demerary«, sein Beruf als »Zimmermann« und sein Gesundheitszustand als »schwach« angegeben. Auf derselben Seite des Registers wird Jack als 22 Jahre alt, »fähig« und »Fassbinder« bezeichnet.

S. 19 *Als junge Frau war Tonisen aus ihrem Dorf in Westafrika entführt worden …* Laut Barry Higman stammte die Mehrheit der versklavten Menschen in der Karibik aus der Bucht von Biafra und Zentralafrika. Für Demerara gibt es nur wenige Angaben zur Zusammensetzung der Sklavenbevölkerung, aber die Zahlen für die benachbarte britische Kolonie Berbice im Jahr 1819 lauten wie folgt: Zentralafrika (22,5 %), Bucht von Benin (22,2 %), Bucht von Biafra (16,5 %), Goldküste (14,8 %), Senegambia (10,1 %), Sierra Leone (8,1 %), Windward Coast (5,7 %) [Higman, *Slave Populations of the British Caribbean*].

S. 23 *Jack wurde Zeuge, wie sein Vater eine Art Wandlung durchmachte …* Am 14. Dezember 1817 schrieb Quamina einen Brief an Reverend Burder, den Leiter der London Missionary Society (»Letter from the Negroes of Demerary«, Council for World Mission). Er wurde auch von Seaton, Bristol und Aasar (der vermutlich wie die anderen Diakone in der Bethel Chapel war) unterzeichnet. Aufgeschrieben wurde er von Moses Chisholm. Sehr geehrter Herr«, schrieben sie, »wir danken Gott für seine Güte, dass er uns einen Geistlichen gesandt hat«. Sie bezogen sich auf John Smith. Sie fügten hinzu: »Unsere Herren und Verwalter sagen, dass sie nichts dagegen haben, dass wir den Katechismusunterricht besuchen, aber wir finden, dass sie mit allen Mitteln versuchen, uns daran zu hindern, indem sie uns bis spät in die Nacht hinein arbeiten lassen, sodass wir in all unserer Not versuchen, ihnen so weit wie möglich entgegenzukommen. Sie sind jetzt strenger als je zuvor, denn sie beobachten uns wie eine Katze die Maus.« Dies ist die einzige Quelle, die ich gefunden habe, in der wir Quaminas Stimme zumindest teilweise hören können.

S. 24 *Sie brachten ihm einige der lokalen Wörter bei …* Eine Liste der auf den Plantagen verwendeten Begriffe findet sich in Bryants Buch.

S. 24 *Nach den Berichten von Wray, die nach England zurückgeschickt wurden …* Mehr über John Wray und Hermanus Post finden Sie in der Biographie von Thomas Rain. Post starb im Jahr 1809. Seine Frau heiratete bald darauf erneut, einen Johannes van der Haas. Hendrik Van Cooten war ein guter Freund der Posts und ihr Anwalt für Angelegenheiten, die die Plantage Le Resouvenir betrafen. Johannes van der Haas starb im Jahr 1813. Sein Bruder Adrianus van der Haas verwaltete Le Resouvenir, bis er entlassen und durch Hamilton ersetzt wurde.

S. 25 *und die Türen von Bethel Chapel wurden verschlossen …* 1814 übernahm Richard Elliot für kurze Zeit die Leitung der Bethel Chapel, bevor er an die Westküste versetzt wurde (*The History of the London Missionary Society, 1795–1895*).

S. 26 *Kurze Zeit später tat Tonisen ihren letzten Atemzug …* Laut John Smiths Tagebucheintrag vom 30. Juni 1817 »hob Tonisen ihre Hände und Augen zum Himmel«, als er in den Minuten vor ihrem Tod mit ihr sprach, »brach in Tränen aus und rief: ›Oh, mein gesegneter Jesus! Was bin ich denn anderes als eine arme, alte, sterbende Sklavin, die nichts wusste‹, & sie scheint von der Liebe Jesu so überwältigt zu sein, dass sie kaum sprechen kann, bis sie durch einen Tränenstrom erlöst wird.«

S. 27 *Britische Unternehmen betrieben Sklavenplantagen in der Karibik …* Es herrscht Verwirrung darüber, zu welcher Region Guyana gehört. Geografisch liegt Guyana in Südamerika. Kulturell betrachtet sich Guyana als Teil der Karibik, und politisch gehört es zur Karibischen Gemeinschaft (CARICOM).

S. 27 *sehe ich mir einige Statistiken an …* Informationen zu Verhaftung, Arbeitslosigkeit, Wohlstand und Geburt aus dem Bericht der Commission on Race and Ethnic Disparities vom 31. März 2021; Zahlen zur Inhaftierung aus dem *Times*-Artikel *Is the Criminal Justice System Racist against Black People?* vom 14. Juni 2020; Informationen zur Armut aus dem *Guardian*-Artikel *Nearly half of BAME UK households are living in poverty* vom 1. Juli 2020.

KAPITEL 2

S. 29 *Sie gehörten der Independant Church an …* Das ist heute die United Reformed Church.

S. 35 *John Murray … einem seiner Nachfahren zufolge …* Die Informationen in diesem Absatz stammen aus der *All Saints Church History, Niagara Falls* (2006). Der Nachfahre war Kanonikus John Crowe, der 2005 die Niagarafälle besuchte, der Ururenkel von John Murray. Laut ihrer Heiratsurkunde heirateten Ellen und John Murray erst am 27. November 1827 in London (zu diesem Zeitpunkt hatten sie bereits mehrere gemeinsame Kinder). Nach Angaben von John Crowes Cousine Margaret Crothers, die ihre gemeinsame Familie ausgiebig erforscht hat, hatte John Murray 22 Kinder, von denen 16 von Ellen abstammten; es herrscht Unklarheit über die Anzahl der Ehefrauen von John Murray und darüber, wie viele Kinder er von wem hatte. In einem Brief vom 2. Februar 1992 schrieb Margaret, dass »die Familie schockiert« war, als Murray mit Ellen durchbrannte. Was die ersten sechs Kinder betrifft, so scheinen mindestens zwei von ihnen mit Elizabeth Hume gezeugt worden zu sein, die um die Geburt von Augusta Hume Murray 1807 in St. John's, Neufundland, gestorben zu sein scheint, vielleicht während oder kurz nach der Geburt.

S. 35 *Er war Eigentümer von drei Zuckerplantagen …* Nach Angaben des Centre for the Study of the Legacies of British Slavery am UCL besaß John Murray drei Plantagen, nämlich: Buses Lust (152 Versklavte) und De Resolutie (133 Versklavte), beide in Berbice, sowie Huis T'Dieren (226 Versklavte) in Demerara-Essequibo. Einer der ersten »Ankäufe« eines Versklavten durch John Murray fand am 10. September 1815 in Pointe-à-Pitre, Guadaloupe, statt. In der Quittung des Verkäufers, eines örtlichen Anwalts, hieß es: Ich habe General Murray meinen Negerkoch namens Bernendet, kreolischer Nationalität, im Alter von etwa 30 Jahren für die Summe von 600 Gourds verkauft, die mir der General vollständig bezahlt hat. [Quittung vom 14. September 1815, mit freundlicher Genehmigung von Caroline Jones]

S. 37 *Dann kam Blygezight, gefolgt von Bel Air, Sophia …* Für eine vollständige Liste der Plantagen an der Ostküste im Jahr 1823 und für ihre Schreibweisen siehe Joshua Bryants Buch *Account of an Insurrection of the Negro Slaves in the Colony of Demerara*. Für das Jahr 1798 siehe die Karte *A Chart of the Coast of Guyana* von Thomas Walker mit detaillierten Legenden, die auch die Namen der Plantagen und ihrer Besitzer enthalten.

S. 38 *Die zwanzigste Plantage, Le Resouvenir …* Der frühere Besitzer des Anwesens und Stifter der Bethel Chapel, Hermanus Post, war im April 1809 gestorben. Die Plantage erbte seine Witwe, die in Leiden in den Niederlanden lebte. Hermanus Post wurde am 30. April in der Nähe der Kirche unter einem Mangobaum beigesetzt. Die Stätte wird noch immer gepflegt und ist relativ leicht zu besichtigen.

S. 39 *»Wir sind sehr froh, euch zu sehen, Master«, sagte Gringo …* Der Originaleintrag in John Smiths Tagebuch lautet: »You no so glad we massa« und »Massa glad, we glad much.«

KAPITEL 3

S. 46 *Kingston Stelling …* Der Name dieser Gebäude am Wasser ist niederländischen Ursprungs und wird in zahlreichen zeitgenössischen Karten und Briefen erwähnt. Später wurde eine Stelling als Werft bezeichnet. Solche Namensänderungen sind in Guyana üblich. In Joshua Bryants Buch heißt es beispielsweise, dass 1823 drei der Plantagen in der Nähe von Georgetown Chateau Margo, Beeter Verwagting und Leliendaal hießen. Heute haben diese Namen etwas andere Schreibweisen: Chateau Margot, Beterverwagting und Liliendaal. Ich habe mich für die Schreibweise von 1823 entschieden. Aus Gründen der Konsistenz habe ich diese für die zeitgenössische Erzählung beibehalten.

S. 46 *Er ging die Water Street entlang …* Eine Karte von Georgetown aus dieser Zeit findet sich in Bryants Buch.

S. 48 *Cheveley erinnerte sich später in seiner Autobiografie …* Sie wurde in zwei Bänden unter dem Titel *No Messing: The Story of an Essex Man* neu veröffentlicht.

S. 54 *Robert Edmonstone …* Laut der Familiengedenkstätte in Holy Rude Kirkyard, Stirling, Schottland, starb Robert am 8. März 1834 im Alter von 43 Jahren in Edinburgh. Sein Bruder Charles starb am 1. September 1822 im Alter von 29 Jahren in Demerara. Sein anderer Bruder, Archibald, starb im Alter von 69 Jahren am 28. Januar 1856 in Glasgow. Laut der Datenbank des Centre for the Study of the Legacies of British Slavery am UCL forderten Robert Edmonstone und Archibald Lapslie als Gesellschafter der Firma Archibald Edmonstone & Co. eine Entschädigung von 6.734 £ für die 122 versklavten Männer und Frauen, die auf ihrer Plantage am Waratilla Creek registriert waren.

KAPITEL 4

S. 60 *William Ewart Gladstone* … Als jungem Mann wurden William Gladstone sein großzügiges Stipendium, seine Ausbildung und die Hälfte der Kosten für seinen Parlamentssitz in Newark aus dem Einkommen seines Vaters bezahlt, berichtet Peter Francis in seinem Buch *The Widening Circle of Us* und fügt hinzu: »Wir wissen, dass ein beträchtlicher Teil dieses Einkommens aus den Plantagen und der Sklavenarbeit stammte.« Laut *Hansard* verteidigte William während der Debatte über die Abschaffung der Sklaverei im Jahr 1833 die Interessen der westindischen Sklavenhalter (wie die seines Vaters) und vertrat die Ansicht, dass diese im Falle einer Abschaffung der Sklaverei entschädigt werden sollten. Einige Jahre später vertrat er die Ansicht, dass das sogenannte *apprenticeship system*, also Lehrlingssystem, das viele als eine andere Form der Sklaverei bezeichneten, nicht abgeschafft werden sollte. Nach dem Tod von John Gladstone erbte William etwa 120.000 £ (nach Angaben des Familienbiographen S. G. Checkland), was heute zwischen 12 und 90 Millionen £ wert wäre. Später im Leben war William ein entschiedener Gegner der Sklaverei. So erklärte er am 19. März 1850 im Parlament: »Ich kann keine Worte finden, die stark genug sind, um die enorme Ungerechtigkeit zu beschreiben. Ich halte den Sklavenhandel für das bei Weitem abscheulichste Verbrechen, das die Geschichte der Menschheit in irgendeinem christlichen oder heidnischen Land befleckt hat.« Er wurde als Menschenfreund und liberaler Verfechter unterdrückter Völker wie der Armenier bekannt. Williams Rassismus blieb jedoch bis ins hohe Alter bestehen. Wie Roland Quinault in einem Aufsatz zu diesem Thema feststellte, erklärte William in einer anderen Parlamentsdebatte am 13. Juni 1873, dass die »Weißen« die »überlegene Rasse« und die »Neger« die »weniger entwickelte und weniger zivilisierte Rasse« seien. Im Jahr 1877 verglich er in einer Broschüre mit dem Titel *Die slawischen Provinzen des Osmanischen Reiches* die Behandlung der Bulgaren mit der Behandlung der von Großbritannien versklavten Afrikaner, die »in dieser Hinsicht schlimmer war, da es sich im Fall der Negersklaverei jedenfalls um eine Rasse mit höheren Fähigkeiten handelte, die über eine Rasse mit niedrigeren Fähigkeiten herrschte«. Infolge dieses Vermächtnisses überdenken einige Institutionen ihr Gedenken an William Gladstone. An der Universität von Liverpool wurde ein Studentenwohnheim, Gladstone Hall und in London die William-Gladstone-Grundschule in The King's Church of England Primary Academy umbenannt. Andererseits wird Gladstone weiterhin von vielen geschätzt. Im April 2021 wählten die Abonnenten des *Economist* William Gladstone z. B. zum größten liberalen Premierminister Großbritanniens, während das BBC-Magazin *History Extra* ihn im Juni 2021 in die Liste der acht erfolgreichsten Premierminister Großbritanniens aufnahm.

S. 60 *Später, im Jahr 1812, erwarb er eine halbe Beteiligung an der Success-Plantage* … Dieser Satz stammt aus S. G. Checklands Buch *The Gladstones*. Laut Checkland stellte John Gladstone das Anwesen auf Zucker um. »Es besteht kein Zweifel daran, dass die Gewinne von [Success] Gladstones Einstellung stark beeinflussten«, schrieb Checkland, »und ihn dazu veranlassten, noch weiter zu gehen.« Zuvor, im Jahr 1798, war Success im Besitz von Charles Hamilton und Duncan Campbell.

S. 61 *Daher wurde Quaminas Sohn* … Der Historiker Davis Alston sagte mir, dass Quamina den Nachnamen »Gladstone« wahrscheinlich nicht verwendet habe, da er im Gegensatz zu seinem Sohn Jack nicht auf einem Anwesen von John Gladstone aufgewachsen sei.

S. 61 *Frederick Cort* … Laut Davis Alstons Website *Spanglish* kehrte Frederick Cort um 1831 nach Liverpool zurück, wo er mit seinem Schwager John Wilson ein Handelsunternehmen gründete. Laut seinem Testament hatte er zwei eheliche Kinder, William und Frederick, sowie eine Tochter, Eliza Ann, deren Mutter Ann zwischen 1832 und 1833 in Everton seine Dienerin gewesen war. Cort erhielt eine Entschädigung für die Freilassung von zwölf versklavten Personen.

KAPITEL 5

S. 65 *konnte sich eine versklavte Person beim sogenannten Fiscal über Misshandlungen beschweren* … Die Steuerberichte für Demerara und Berbice sind in 24 Bänden enthalten, die in den National Archives in Kew, London, aufbewahrt werden. Insgesamt enthalten sie mehr als 10.000 Seiten mit Informationen. Wie der Historiker Trevor Burnard in seinem Buch *Hearing Slaves Speak* (Sklaven sprechen hören) darlegt, sind die bei dem Fiscal eingereichten Beschwerden ein »seltenes Beispiel dafür, dass Sklaven für sich selbst sprechen«. Sie berichten von brutalen Schlägen, sexuellen Übergriffen, Messerstechereien, Unterernährung und allgemeiner Vernachlässigung.

S. 70 *Als er ins Teenageralter kam, hörte Jack von anderen Aufständen …* In seinem Buch *Tacky's Revolt* bezeichnet Vincent Brown die früheren Aufstände, die sich im 17. und 18. Jahrhundert in der gesamten Region ausgebreitet hatten – in Cartagena de Indias, Surinam, St. John, New York, Antigua und Jamaika –, als »Archipel von Aufständen«.

S. 71 *Die einzigen Bilder, die ich gesehen habe, sind entweder romantische Darstellungen der Zuckerplantagen …* Joshua Bryant beispielsweise schuf eine Reihe von Ölgemälden vom Demerara jener Zeit. Es handelt sich dabei um stark stilisierte und euphemistische Darstellungen des Lebens in der Kolonie.

KAPITEL 6

S. 92 *Die andere Zeitung war der* Guiana Chronicle *… Guiana Chronicle and Demerara Gazette*, so der vollständige Titel, hatte mit 700 Abonnenten bei einer Gesamtbevölkerung von 6.000 freien Kolonialbürgern einen der größten Abonnentenstämme in der Karibik. Die Zeitung wurde von Alexander Stephenson und seinem Bruder John herausgegeben, bis Alexander am 25. August 1823 im Orinoco-Fluss ertrank.

S. 92 *Dieser Ansatz wurde von Gouverneur Murray unterstützt …* Nach Ansicht von Gouverneur Benjamin D'Urban, der Murray ablöste, waren die provokanten Artikel des *Guiana Chronicle* mitverantwortlich für den Aufstand von 1823. »Ich kann keinen Zweifel daran haben«, sagte er, »dass dies eine große, verbindende Ursache war und dass diese Zeitung eine Hauptrolle bei der Revolte von 1823 spielte.« (National Archive, London. C.0.111/116, D'Urban an Goderich, 15. August 1831)

S. 96 *eine unschöne Seite von John Smith …* Die Frau, auf die sich dieser Eintrag bezieht, ist Susannah, die versklavte Haushälterin von John Hamilton.

KAPITEL 7

S. 97 *Wie Cheveley sich erinnerte …* Dieses Zitat und ein Großteil des Kapitels stammen aus Cheveleys Memoiren.

S. 98 *der 36-jährige Ben Hopkinson …* Cheveley sagt, er habe Hopkinson zum ersten Mal auf dem Schiff aus England getroffen.

S. 104 *Das jüngste Werk …* Dem Index des Buches zufolge wird Jack 23-mal, Quamina 25-mal und John Smith 75-mal aufgeführt.

S. 105 *insbesondere Olaudah Equiano …* Als er 1796 starb, vermachte Equiano die Hälfte seines Vermögens der »Society instituted at the Spa Fields Chapel on the twenty second day of September one thousand seven hundred and ninety-five for sending Missionaries to preach the Gospel in Foreign Parts«, der späteren Londoner Missionsgesellschaft, die John Smith nach Demerara schickte. Der erste Name, der in der Liste der Abonnenten von Equianos Buch auftaucht, ist der Prince of Wales, der spätere George IV., der zur Zeit des Demerara-Aufstands auf dem Thron saß. Equiano war auch unter dem Namen Gustavus Vassa bekannt. Er war ein wichtiges Mitglied der »Sons of Africa«, einer Gruppe von zwölf Schwarzen Männern in London, die sich für die Abschaffung der Sklaverei einsetzten.

KAPITEL 8

S. 106 *Heute besaß Buxton die Kühnheit, eine Resolution an diesen ehrwürdigen Ort zu bringen …* Aus den Parlamentsdokumenten und Hansard.

S. 107 *mehr als 390.000 Unterschriften …* Eine Untersuchung der Antisklaverei-Petitionskampagnen findet sich in der Doktorarbeit von Mark Jones, *The Mobilisation of Public Opinion Against the Slave Trade and Slavery.*

S. 109 *Einige Tage später berief er den Court of Policy, den lokalen Regierungsrat, ein …* Die Originale der Protokolle befinden sich in den National Archives in Georgetown.

KAPITEL 9

S. 114 *Am Sonntag, dem 27. Juli, fuhr Jack in die Stadt, um mit seinem Freund Daniel zu sprechen …* Es ist nicht klar, was mit Daniel geschah. Abgesehen von seiner kurzen Zeugenaussage am 6. September 1823, in der er Jacks Geschichte bestätigte, erscheint er nicht unter den Angeklagten oder Verurteilten. Es ist jedoch schwer vorstellbar, dass er seine Arbeit beim Gouverneur wieder aufnehmen durfte.

S. 114 *Manumission war in Demerara ein seltenes Ereignis …* Im Jahr 1820 betrug die Zahl der versklavten Männer und Frauen, die manumittiert wurden, pro Tausend wie folgt: Trinidad (6,6), Bahamas (4,5), St. Lucia (1,6), Antigua (1,5), Jamaika (1,0) und Demerara-Essequibo (0,2). Die Zahlen stammen aus dem Buch *Slave Populations in the Caribbean* von B. W. Higman. In seinem Buch erklärt Higman, dass die Gründe für die Manumission komplex waren und »nur zum Teil durch Unterschiede in der wirtschaftlichen und politischen Struktur verstanden werden können.«

S. 114 *was den Preis der Versklavten in die Höhe trieb …* Nach der Rangliste der Kolonien zur durchschnittlichen »Entschädigungszahlung pro Sklave 1834«, lag Demerara mit 58,50 £ an zweithöchster Stelle und damit doppelt so hoch wie Barbados (24,90 £) und Jamaika (22,90 £) und mehr als dreimal so hoch wie die Bahamas (15,90 £) nach Higman, *Slave Populations of the British Caribbean.*

S. 115 *im Camp House, der Residenz des Gouverneurs …* 1855 wurde Camp House weggeschwemmt, als der Seedamm nach der Kingston-Flut brach. Dies war der Anlass für den Neubau des Seedamms im Jahr 1858.

S. 116 *Er hatte bereits gehört, dass ein Aufseher der Plantage New Orange Nassau …* Dies wurde Jack von York, der in der Feldtruppe von Success arbeitete, berichtet.

S. 122 *Gouverneur John Murray und die anderen Kolonisalisten benutzten typischerweise das Wort »Rebellen« …* So schrieb Gouverneur Murray in seinem Brief an Lord Bathurst vom 24. August 1823 (fünf Tage nach Beginn des Aufstands): »Wo immer diese Trupps auf Aufständische stießen, bemühten sie sich, sie davon zu überzeugen, ihre Waffen niederzulegen und zu ihrer Pflicht zurückzukehren; es wurde auch nicht zu gewaltsamen Maßnahmen gegriffen, bis das Zureden fehlgeschlagen war oder die Rebellen mit Feuer geantwortet hatten.«

S. 123 *Ich ziehe mein* Oxford English Dictionary *aus dem Regal …* Diese Definition stammt aus der *Concise Edition*, 1973. Der erste Band des ersten *Oxford English Dictionary*, genannt *A New English Dictionary on Historical Principles*, wurde im Februar 1888 für die Buchstaben A bis B veröffentlicht. Er enthielt eine ähnliche Definition des Begriffs »Abolitionist«.

KAPITEL 10

S. 126 *Am nächsten Morgen, einem Montag, erhielt der Missionar Besuch …* Diese Darstellung sowie ein Großteil der Texte in diesem Kapitel stammen aus dem Tagebuch von John Smith.

S. 128 *Sie fanden die Gruppe in einer hitzigen Diskussion vor …* Die Darstellungen in dieser Szenen stützen sich auf die Aussagen verschiedener versklavter Männer und Frauen während der Prozesse nach dem Aufstand (Bericht der Londoner Missionsgesellschaft, 1824).

KAPITEL 11

S. 133 *Am Montag, dem 18. August, kurz nach 16 Uhr, waren Jack und sein Vater in der Küferei …* Aus der Aussage von Murchieson und anderen Personen beim Prozess (Bericht der Londoner Missionsgesellschaft, 1824).

S. 134 *Die Suche wurde von Richard, Bethney und Jessamine geleitet …* In seiner Aussage vor Gericht gab Stewart an, dass »Richard zum Äußersten entschlossen und am skrupellosesten war; Bethney und Jessamine waren sehr rührig«. In seiner Aussage sagte Jack, Richard »ist seit mehreren Monaten auf der Flucht, äußerst gewalttätig und wird noch Schaden anrichten, wenn er auf freiem Fuß bleibt«. Murchieson sagte, »der Neger Bethney schien sehr bemüht, an uns heranzukommen«. (Bericht der Londoner Missionsgesellschaft, 1824)

S. 136 *Sie erklärte dem Verwalter, dass sie Amba heiße …* Diese Beschreibung von Amba stammt aus den *Demerara Further Papers* (1824), S. 58. Die einzige Frau, die der Teilnahme am Aufstand für schuldig befunden wurde, war Kate (versklavt in Chateau Margo), die zu zwei Monaten Einzelhaft verurteilt wurde, siehe *Demerara Further Papers* (1824), S. 58.

KAPITEL 12

S. 144 *Während sie sprachen, drängte eine Gruppe von Männern und Frauen mit den kürzlich beschlagnahmten Gewehren auf sie zu …* Aussage von Hamilton während des Prozesses gegen John Smith (Bericht der Londoner Missionsgesellschaft, 1824).

S. 145 *»Hier«, so erinnerte sich Jane später …* Aus Jane Smiths Briefen an die Londoner Missionsgesellschaft.

S. 146 *Außerdem wohnte Elizabeth, ein Mädchen im Teenageralter, bei ihnen …* Während des Prozesses gegen John Smith wurde Elizabeth vom Fiscal gefragt: »Wozu gehörst du?« und sie antwortete: »Industry.« Dies deutet darauf hin, dass sie eine Versklavte des Besitzers der Plantage Industry, zehn Ländereien östlich von Le Resouvenir, war. Es ist wahrscheinlich, dass John und Jane Smith oder zumindest die Mission diesem Besitzer ein Entgelt für Elizabeths häusliche Arbeit zahlten. In ihrer Aussage sagte sie auch, dass sie zur Zeit des Aufstands bei den Smiths lebte.

S. 147 *Proklamation des Gouverneurs …* Seit der Petition of Right von 1628 gab es in Großbritannien keine Möglichkeit mehr, das Kriegsrecht anzuwenden. Die Ausrufung des Kriegsrechts und der Einsatz von Kriegsgerichten wurden jedoch in den britischen Kolonien nach den Aufständen in Barbados 1805 und 1816 sowie in Ceylon 1817 angewandt. Nach Ansicht von G. G. Phillimore, der die Anwendung des Kriegsrechts in den britischen Kolonien untersucht hat (*Journal of the Society of Comparative Legislation*, 1900), sind Kriegsgerichte »keine Gerichte im eigentlichen Sinne, sondern lediglich Ausschüsse, die zu dem Zweck gebildet werden, die von der Regierung erteilte Ermessensbefugnis zu nutzen. Einerseits sind sie nicht verpflichtet, so zu verfahren, wie es das Meutereigesetz und die Kriegsartikel vorsehen, andererseits sind sie, wenn sie danach verfahren, nicht durch diese geschützt, wie es die Mitglieder eines echten Kriegsgerichts sein könnten..«

S. 152 *Captain Alexander Simpson ...* Nach Angaben des Centre for the Study of the Legacies of British Slavery an der UCL-Datenbank besaß Simpson zusammen mit William Shandof aus Liverpool die Plantagen Ogle und Montrose, auf denen 249 bzw. 260 versklavte Menschen registriert waren, für die er mit 13.075 bzw. 14.154 £ entschädigt wurde. Außerdem besaß er Anteile an Le Reduit und anderen Ländereien in der Kolonie. Sein Geburtsdatum ist unbekannt; er starb 1837.

KAPITEL 13

S. 157 *John Cheveley lag im Bett ... als er das Signalhorn hörte ...* Ein Großteil der Beschreibungen in diesem Kapitel stammt aus Cheveleys Memoiren.

S. 157 *Hauptmann John Croal ...* Laut der Datenbank des Centre for the Study of the Legacies of British Slave-ownership am UCL diente Croal 1835 in Britisch-Guayana als Commissioner of Compensation (Slavery Bill). Ein Jahr später war er der erste Bürgermeister von Georgetown; später wurde eine wichtige Straße nach ihm benannt.

S. 162 *bis es vielleicht an die 4.000 Männer und Frauen waren ...* Bryant berichtete, dass mindestens 2.000 Weiße an der Schlacht teilnahmen. In seinem Schreiben vom 22. August 1823 gab Gouverneur Murray die Zahl mit »deutlich über 1.500« an. Cheveley gab in seinen Memoiren eine Zahl zwischen 3.000 und 4.000 an.

KAPITEL 14

S. 166 *Mindestens 12.000 Menschen nahmen an dem Aufstand teil ...* Die Größe des Aufstands ist umstritten. Einem frühen Bericht der *Times* vom 13. Oktober 1823 zufolge hatten sich »Tausende von versklavten Frauen und Männern an dem Aufstand beteiligt«. In seinem Buch berichtet Joshua Bryant, dass »etwa vierzig Plantagen« beteiligt waren. Janet Mills kommt in ihrer Dissertation *Quamina, Do You Hear This?* zu dem Schluss, dass zwischen 3.472 und 4.166 Versklavte an dem Aufstand teilnahmen. Michael Craton geht in seinem Buch *Testing the Chains* davon aus, dass die Zahl eher bei 12.000 lag. In ihrem Buch *Crowns of Glory, Tears of Blood* schätzt Da Costa die Zahl auf 9.000 bis 12.000. In den offiziellen Zahlen, die Gouverneur Murray Lord Bathurst am 24. November 1823 als »Schedule A« vorlegte, wird die Gesamtzahl der Abolitionisten mit 9.015 angegeben. Allerdings wurde ein Vermerk hinzugefügt, der besagt, dass es »unmöglich ist, all diejenigen zu identifizieren, die sich an der Revolte beteiligt haben«.

S. 170 *Er musste seinen Vater, Quamina, finden …* Jacks Zeugenaussage vor Gericht und andere Informationen zu Jacks Prozess stammen aus dem Parliamentary Paper: Demerara: Further Papers viz Return to an Address by the House of Commons dated 13 April 1824 for copies or extracts of Correspondence with the Governors of the Colonies in the West Indies respecting Insurrection of Slaves from 1st January 1822 to the present time, with Minutes of Trials« (Gedruckt am 21. Mai 1824).

KAPITEL 15

S. 173 *»Gut gemacht, Schützen!«, lobte Oberstleutnant Leahy, als es vorbei war …* Als Quelle für dieses Zitat und für Beschreibungen in einem Großteil des Kapitels dienen Cheveleys Memoiren. Das Buch von Joshua Bryant enthält eine Abbildung der Schlacht sowie eine Karte mit den Standorten der Beteiligten.

S. 173 *Mister Buckra Massa, I'm innocent, truly …* Diese Worte werden von Cheveley in der Landessprache wiedergegeben.

KAPITEL 16

S. 185 *eine Wiese mit sogenanntem Rasiergras …* Um die Flora und Fauna dieser Zeit zu ermitteln, nahm ich Kontakt mit Kaslyn Holder von der Universität von Glasgow auf und las die zeitgenössischen Bücher *A Voyage to the Demerary* von Henry Bolingbroke und *A Description of British Guiana, Geographical and Statistical* von Robert Schomburgk.

S. 185 *Der Boden war sumpfig …* Um die Vegetation zu verstehen, besuchte ich mit John Piggott, dem ehemaligen Agronomen von GuySuCo, die Gebiete hinter Chateau Margo. Er nahm mich auch mit in das Naturschutzgebiet hinter dem Landgut Uitvlugt an der Westküste.

S. 186 *in ihren Stämmen fanden sich Tacoma-Würmer …* Diese Beschreibung, wie man im Regenwald überleben kann, stammt von Generalmajor Joseph Singh, einem Experten für Überlebenstechniken bei der Guyana Defence Force.

S. 191 *Die einzige Person, die ihnen zur Verfügung stand, war der Holzhändler Robert Edmonstone …* Laut Joshua Bryant fungierte Edmonstone als Adjutant des Gerichtspräsidenten Goodman und war »als Dolmetscher vereidigt, um dem Gefangenen im Negerdialekt die Art der Anklage und der Beweise zu erklären, Fragen zu stellen und den Gefangenen bei seiner Verteidigung zu unterstützen«. Er war jedoch kein Rechtsanwalt.

KAPITEL 17

S. 196 *Der Erfolg dieser Anwälte* … Der Prisoner's Counsel Act wurde 1836 endgültig verabschiedet. Mehr dazu in: *Scales of Justice* von J. M. Beattie, in: *Law and History Review*, Vol. 9, No. 2 (Herbst 1991).

S. 196 *Viele der Befürworter einer solchen Gesetzgebung waren auch Abolitionisten* …, darunter Stephen Lushington und Sir James Mackintosh.

S. 198 *der erst kürzlich gegründeten Zeitung* Colonist … Die erste Ausgabe dieser Zeitung wurde am 13. Oktober 1823 veröffentlicht. Sie war vier Seiten lang und wurde laut der Notiz am Ende der letzten Seite jeden Montag- und Donnerstagabend von William Towart herausgegeben und gedruckt.

S. 207 *solle Gladstone von der Regierung für den Verlust seines ›Eigentums‹ entschädigt werden* … In seinem Brief vom 18. August 1824 enthüllt Wilmot-Horton, dass Gladstone zuvor darum gebeten hatte, dass Jack nicht an das Anwesen zurückgegeben werden sollte. »Ich zweifle nicht daran, dass Lord Bathurst Sir Benjamin D'Urban [den neuen Gouverneur von Demerara] über Ihren Wunsch informieren wird, dass Ihre Sklaven zurückgegeben werden sollen, mit Ausnahme von Jack; aber die Frage wird sein, was mit *diesem* Sklaven geschehen soll; & das wird natürlich vom Gouverneur zu entscheiden sein.« In einem weiteren Brief vom 30. März 1825 schrieb Wilmot-Horton, dass Gladstones Intervention entscheidend dazu beigetragen habe, Jacks Leben zu retten, und dass er eine Entschädigung verlange: »Ich habe Lord Bathurst Ihren Brief vom 19. d.M. über Ihren Sklaven Jack vorgelegt und bin von seiner Lordschaft angewiesen, festzustellen, dass Jacks Leben für den Staat verwirkt war, aber auf Ihre Fürsprache hin wurde die Strafe umgewandelt. Lord Bathurst ist der Meinung, dass Sie Anspruch auf die Entschädigung haben, die Sie erhalten hätten, wenn das ursprüngliche Urteil vollstreckt worden wäre.« Diese Briefe befinden sich in der Bibliothek von Gladstone (Flintshire Record Office, Hawarden, Glynne-Gladstone MSS, G-G MSS 272). Wegen der Covid-Pandemie konnte ich die Bibliothek nicht selbst besuchen; ich danke Michael Taylor für die Transkription.

S. 210 *Salmon & Gluckstein verkaufte auch … kubanische Zigarren* … Dazu gehörten Zigarren mit Namen wie »Queen Habanas«, »Caliope«, »Havannah Reinas«, »El Cielo« und »El Cervantes«.

KAPITEL 18

S. 214 *Gladstone hatte Demerara niemals besucht und hatte auch nicht vor, das zu tun* … Im Jahr 1838 schickte er seinen Sohn Robertson auf Erkundungstour.

Während dieser Reise berichtete Robertson, dass der Agent Cort inkompetent sei (Gladstone hat ihn später gefeuert), aber dass die Misshandlung der Sklaven übertrieben sei. Mehr dazu in Morleys *Life of Gladstone*

S. 215 *Zwei oder drei Milizionäre waren verletzt und eine Handvoll »Versprengter« getötet worden …* In seinen Memoiren sagte John Cheveley, dass während des Aufstands drei Kolonialbürger getötet wurden: zwei während der Scharmützel bei Nabaclis und einer in der Schlacht bei Bachelor's Adventure. Laut der »Liste B«, die Gouverneur Murray am 24. November 1823 an Lord Bathurst schickte und die den Titel »The number of white persons put in the stocks during the revolt« trug, wurden mindestens 63 Plantagenbesitzer, Gutsverwalter, und Aufseher in den Stock gelegt.

S. 216 *Die Church of England zum Beispiel war tief in die Sklaverei verstrickt …* Im Juni 2020 veröffentlichte die Church of England eine Erklärung, in der es hieß: »Während wir die führende Rolle anerkennen, die Geistliche und aktive Mitglieder der Church of England bei der Abschaffung der Sklaverei gespielt haben, ist es eine Quelle der Schande, dass andere innerhalb der Kirche die Sklaverei aktiv betrieben und davon profitiert haben.« Zuvor hatte das Centre for the Study of the Legacies of British Slavery (Zentrum für die Erforschung der Hinterlassenschaften der britischen Sklaverei) am UCL festgestellt, dass 96 Geistliche der Kirche vom transatlantischen Sklavenhandel profitiert haben. Siehe auch *Britain's Black Debt* von Hilary Beckles über die Kirche und die Sklaverei.

S. 217 *In den 1820er Jahren war Liverpool …* In ihrem Buch *The Economic and Social Development of Merseyside* berichtet Sheila Marriner: »Bis 1857 war Liverpool für 45 Prozent des britischen Exporthandels und für ein Drittel der Importe verantwortlich.« Weitere Zahlen, die in diesem Absatz genannt werden, stammen aus diesem Buch.

KAPITEL 19

S. 224 *Colony House …* Dieses Gebäude wurde 1887 ersetzt, um den High Court unterzubringen. 1894 wurde vor dem Gebäude eine Statue von Königin Victoria aufgestellt. Während des Unabhängigkeitskampfes in den 1950er Jahren wurde die Statue mit Dynamit beworfen, wobei der Kopf und die linke Hand abgesprengt wurden. Später wurde sie aus dem Blickfeld der Öffentlichkeit entfernt. In den 1990er Jahren wurde sie anlässlich eines königlichen Besuchs wieder hervorgeholt. Im Jahr 2018 wurde sie mit roter Farbe beschmiert (der Täter wurde nie gefasst). Der Statue fehlt noch immer die linke Hand.

S. 226 *ihm war keine Gelegenheit gegeben worden, mit einem Anwalt zu sprechen …* Das Recht der Angeklagten in Strafsachen auf einen Anwalt wurde erst 1836 in Großbritannien eingeführt.

S. 227 *Später … trafen John und Jane William Arrindell …* Arrindell wurde später zum Richter in Demerara ernannt und wurde dann Oberster Richter in der Kolonie.

S. 228 *»Glauben Sie, dass dies seine Handschrift ist?« …* Ein weiterer nicht fachkundiger Zeuge, der zur Bestätigung der Handschrift herangezogen wurde, war der Kaufmann Robert Edmonstone. Am 12. November 1823 untersuchte er elf Briefe, darunter die von Cort und Stewart. Im Prozessprotokoll heißt es: »Bei allen diesen Dokumenten handelte es sich um Papiere oder Lizenzen der genannten Personen, die es erlaubten, die Neger zu taufen.«

S. 236 *dem stellvertretenden Staatsanwalt …* Verwirrenderweise lautete sein Name auch John Smith.

S. 242 *Im Jahr 2006 veröffentlichte die All Saints Church in Niagara Falls, Kanada …* 1833 kamen John Murray und seine Familie in Drummondville, Ontario, Kanada (später Niagara Falls genannt), an. Zwei Jahre später wurde Murray zum Generalleutnant ernannt (*Gentleman's Magazine*, Vol. 172, 1842). In der *All Saints Church History* (2006) heißt es euphemistisch, dass Murray »sein Geld in der alten Sklavenhalterzeit mit seinen westindischen Zuckerplantagen verdiente«. Weiter heißt es, dass John Murray »nach der Abschaffung der Sklaverei« von der britischen Regierung eine »Entschädigung« in Höhe von 100.000 £ erhielt. Es ist nicht klar, woher diese Zahl stammt. Nach Angaben des Centre for the Study of the Legacies of British Slavery am University College London erhielt John Murray zwischen 1835 und 1836 von der britischen Regierung eine Entschädigung von mehr als 20.000 £ für die mehr als 540 Versklavten, die er ›besaß‹. Heute wird diese Summe auf 20 Millionen £ geschätzt (nach Angaben von measuringworth.com). Murray investierte einen »großen Teil« dieser Entschädigungssumme in Drummondville, einschließlich des gescheiterten »City of the Falls«-Projekts zur Landerschließung, und außerdem für den Bau eines »feinen Hauses« in der Main Street gegenüber der Robinson Street (*Niagara Falls Evening Review*, 22. April 1967). Er investierte auch in das Pavilion Hotel, das größte Hotel der Gegend. Im Jahr 1837 kehrte Murray mit seiner Familie nach Europa zurück, um seinen Kindern eine europäische Erziehung angedeihen zu lassen. John Murray starb am 16. September 1841 in Paris, Frankreich, im Alter von 64 Jahren nach einer »langwierigen Krankheit« (*Dublin Evening Packet*, 23. September 1841). Später zogen seine Frau

Ellen Murray und die Kinder zurück nach Drummondville. Im Jahr 1854 schenkte sie der Gemeinde Land, auf dem die All Saints Church gebaut wurde, und 1872 stiftete sie weiteres Land für ein Pfarrhaus (*All Saints Church History*, 2006). Ellen und andere Familienmitglieder feierten in dieser Kirche Gottesdienste und wurden später dort begraben (*Niagara Falls Evening Review*, 22. April 1967). Die Kirche wurde 2004 entweiht und wird derzeit von der Solid-Rock-Assembly-Gemeinde genutzt. Heute sind zwei der Hauptverkehrsstraßen von Niagara Falls nach John Murray benannt: Murray Street und Murray Hill.

KAPITEL 20

S. 254 *Als* The Colonist … *von diesem Brief erfuhr* … Unter anderem wegen seiner provokativen Berichterstattung über den Aufstand von 1823 wurde der *Colonist* im September 1824 von Sir Benjamin D'Urban, dem neuen Gouverneur von Demerara, eingestellt. Ihr Herausgeber, Towart, zog nach Barbados. Dort gründete er eine neue Zeitung, den *Barbados Colonist and Sentinel*, in der er in vielen Artikeln die Behörden von Demerara angriff. Er starb im Juni 1826. Zur Rolle der Presse beim Aufstand von 1823 siehe Andrew Peter Lewis' *The British West Indian Press in the Age of Abolition*.

S. 254 *Eine Gruppe von Kolonialbürgern errichtete einen Galgen* … David Chamberlin erwähnt dies in seinem Buch *Smith of Demerara* und verweist auf S. 130 von Captain Studholme Hodgsons Buch *Truths from the West Indies*. Wallbridge wiederholt dies in *Der Märtyrer von Demerara*, und auch da Costa bezieht sich in *Crowns of Glory* darauf. Der einzige Hinweis, den ich auf S. 130 des Buches von Hodgson finden konnte, war der folgende Satz: »Bevor das Kriegsgericht, vor dem er angeklagt wurde, zu einer Entscheidung kam, wurde für den Gefangenen ein Galgen vorbereitet.«

KAPITEL 21

S. 255 *Wenn Reparationen Teil des Prozesses sind* … Am 1. August 2021, dem Tag der Emanzipation, ging Guyanas Präsident Mohamed Irfaan Ali noch weiter und sagte: »Es ist daher wichtig, dass wir als Guyaner an diesem Tag das Ziel einer internationalen Wiedergutmachung für das Verbrechen der afrikanischen Versklavung erneut bekräftigen. Wiedergutmachende Gerechtigkeit muss eine vollständige und bedingungslose Entschuldigung derjenigen beinhalten, die für den transatlantischen Handel mit gefangenen Afrikanern und deren Versklavung verantwortlich waren und/oder davon profitiert haben. Wiedergutmachende Gerechtigkeit kann sich jedoch nicht auf eine solche Entschuldigung beschränken. Sie muss weiter gehen. Guyana wird auch weiterhin die Bemühungen innerhalb der Karibischen Gemeinschaft unterstützen, auf die Einberufung eines internationalen Gipfeltreffens zu drängen, auf dem Wiedergutmachungsgerechtigkeit für die Opfer des transatlantischen Sklavenhandels, der Versklavung der Afrikaner und ihrer anhaltenden Folgen gefordert wird.«

KAPITEL 22

S. 268 *John Smith wurde nun in einer kleinen Zelle im Kolonialgefängnis festgehalten …* Ein gemeinsames Projekt der Universität von Guyana und der Universität von Leicester soll die Geschichte der Gefängnisse in Guyana erforschen. Unter dem Titel *History and Security Sector Reform: Crime and Punishment in British Colonial Guyana, 1814–1966* (Geschichte und Reform des Sicherheitssektors: Verbrechen und Bestrafung in der britischen Kolonie Guyana, 1814–1966) umfasst es frühe Dokumente über das Gefängnis, die im Nationalarchiv in Kew (CO111/150/367) verfügbar sind.

S. 269 *John schrieb einen eigenen Brief …* (aus dem Bericht der Londoner Missionsgesellschaft, 1824).

S. 271 *Darunter waren Cudjo, Quabino und Sammy* (siehe Joshua Bryants Buch). Man beachte, dass Primo, der mit ihnen in den Regenwald geflohen war, aber während des Prozesses ausgesagt hatte, laut Bryants Liste der Urteile, die hinten in seinem Buch abgedruckt ist, »begnadigt« wurde.

S. 275 *Dort wurde der Sarg nach ein paar kurzen Worten in den Boden gesenkt …* In *The Demerara Martyr* schreibt Wallbrid, dass nach der Beerdigung von John Smith »two negro workmen, a carpenter and a bricklayer, who had been members of his congregation« (zwei Negerarbeiter, ein Zimmermann und ein Maurer, die Mitglieder seiner Gemeinde gewesen waren) Ziegelsteine und Schienen zur Markierung der Ränder seines Grabes anbrachten. Als der König davon erfuhr, »befahl er, die Ziegelsteine zu entfernen, das Geländer abzureißen und das ganze zerbrechliche Denkmal der Dankbarkeit und Frömmigkeit zu zerstören«. Der Ort, an dem John Smith seine letzte Ruhestätte fand, ist bis heute unbekannt.

KAPITEL 23

S. 279 *Ich bin unter dem Schatten des großen Namens Canning aufgewachsen …* Zitiert in Morleys *Life of Gladstone.*

S. 282 *Ich war nicht traurig, als ich von Smiths Tod erfuhr …* Brief von Gladstone an Wilton-Horton, zitiert in Checklands *The Gladstones.* Checkland gibt das Datum dieses Briefes mit 9. Dezember 1823 an, aber John Smith starb erst zwei Monate später.

EPILOG

S. 295 *Zehntausende ehemals versklavte Menschen auf Demerara …* 1831 fusionierten Demerara, Essequibo und Berbice zur neuen Kolonie Britisch-Guayana. Demerara blieb der Name der Region, die die Ländereien an der Ostküste und die Hauptstadt Georgetown umfasste.

S. 297 *Jane starb am 10. Februar 1828 um 8:30 Uhr im Alter von 32 Jahren …* In seinem Tagebucheintrag vom 22. September 1819 schrieb John: »An diesem Tag vollendet Mrs. Smith ihr 24. Lebensjahr. Möge der Herr ihr noch 24 weitere Jahre schenken.« Dies deutet darauf hin, dass sie am 22. September 1795 geboren wurde.

S. 298 *In heutigem Geld wären die Entschädigungen rund 17 Milliarden £ wert …*, so der *Guardian* am 12. Februar 2018. Diese Zahl wird häufig von Akademikern und Medien zitiert. Sie basiert auf dem relativen Arbeitswert (oder dem Arbeitsverdienst), ist aber nur eine von mehreren Möglichkeiten, den sich ändernden Wert von Geld, Waren und Dienstleistungen zu messen. Ein alternativer Ansatz, der sich auf den Einzelhandelspreisindex als Maßstab stützt, ergibt eine Zahl von 2 Milliarden £. Ein dritter Ansatz stützt sich auf den »Wirtschaftsanteil« (ein Maß für den Anteil am BIP) und ergibt 96 Milliarden £. Diese Zahlen stammen von der Website measuringworth.com.

S. 298 *Heute entspricht das mehr als 80 Millionen £ …* Nach Angaben des Centre for the Study of the Legacies of British Slavery am UCL erhielt John Gladstone sowohl allein als auch als Teil einer Gruppe eine Entschädigung. Als alleiniger Empfänger erhielt er 78.402,75 £. Als Mitempfänger erhielt er einen Anteil von 34.319,08 £. Man kann also sagen, dass er mindestens 80.000 £ erhalten hat. Die heutige Zahl basiert auf dem »Arbeitswert« und liegt in der Mitte der möglichen Spanne. Das untere Ende, basierend auf dem Einzelhandelspreis, läge bei etwa 10 Millionen £, das obere Ende, basierend auf dem wirtschaftlichen Anteil, bei mehr als 500 Millionen £ (measuringworth.com).

S. 303 *Die Cheveleys erhielten 479 £, was in heutigem Geld 415.000 £ entspricht …* Nach Angaben des Centre for the Study of the Legacies of British Slavery am UCL erhielt Cheveleys Bruder Charles eine Entschädigung für eine Gruppe von Versklavten in Britisch-Guayana als Treuhänder der Heiratsvereinbarung von John Castelfranc Cheveley und Frances Barry. Die Quelle für die Umrechnung ist die Website measuringworth.com.

S. 303 *Seine Frau Frances starb bei einer komplizierten Geburt …* John heiratete Frances Barry am 8. September 1826. Laut Johns Memoiren starb sie am 21. Oktober 1831 im Alter von 33 Jahren (laut Register von Walton On The Hill wurde sie am 19. Oktober beerdigt). John heiratete Emily Pellatt am 20. April 1838. Sie starb 1878.

S. 304 *Jack … hatte vier Kinder …* Ein weiteres Bild liefert ein Pamphlet mit dem Titel »No. VII. Negroslavery: Insurrection of slaves in the West Indies particularly in Demerara«, in dem berichtet wird, dass Jack »in der Tat von einem der Missionare mit einer jungen Frau auf einem benachbarten Anwesen verheiratet worden war, von der er zwei Kinder hatte« (Ellerton and Henderson printers, 1824).

S. 305 *Nun sollte sie Quamina Street heißen …* In der Carmichael Street in Georgetown befindet sich ein Denkmal für Quamina. Er ist auch auf einem Wandgemälde in der Kuppel des Gebäudes der Guyana Bank for Trade and Industry in der Water Street zu sehen. Für Jack Gladstone gibt es in Georgetown hingegen keine Denkmäler. Als ich die Leute fragte, warum man sich in Guyana mehr an Quamina erinnert als an Jack Gladstone, erhielt ich unterschiedliche Antworten. Eine Person sagte, das sei so, weil Quamina eher ein »afrikanisch klingender« Name sei, anders als Jack Gladstone, und daher attraktiver für diejenigen, die die afrikanische Kultur ehren wollten. Ein anderer meinte, Quamina sei wichtig, weil er sich gegen die Gewaltanwendung im Aufstand aussprach. Eine dritte Person meinte, es liege daran, dass die Machthaber ihre Geschichte einfach nicht kennen.

POSTSKRIPTUM

S. 308 *Dann muss man Reparationen unterstützen …* Elsie Harry, eine Jugendaktivistin in Guyana, sagte mir, es sei »wichtig«, dass die Menschen auf Regierungs- und Familienebene aktiv werden. Es sei etwas Persönlicheres als auf staatlicher Ebene, wenn Gespräche von Mensch zu Mensch stattfinden, und es werde dazu beitragen, das Bewusstsein der jungen Generationen zu stärken, was entscheidend sei. Aber sie fügte hinzu, dass sie es auch begrüßen würde, wenn Familien wie die meine ihre Regierungen dazu bewegen würden, sich für Wiedergutmachung einzusetzen, da staatliche Maßnahmen eine weitreichende Wirkung haben könnten. »Wenn Menschen auf beiden Seiten Lobbyarbeit leisten«, sagte sie, »wird es eine vereinte Kraft geben, die uns weiterbringen kann.«

LITERATURVERZEICHNIS

Ich habe die folgende Literaturliste als einführenden Leitfaden zusammengestellt. Sie soll nicht umfassend sein. Ich habe Bücher aufgenommen, die ich für mein Verständnis des Themas und für das Schreiben dieses Buches hilfreich fand.

Großbritannien, Sklaverei und Wiedergutmachung

Akala, *Natives: Race & Class in the Ruins of Empire* (Two Roads, 2018)

Araujo, Ann Lucia, *Reparations for Slavery and the Slave Trade* (Bloomsbury, 2017)

Andrews, Kehinde, *Back to Black* (Zed, 2018)

Beckles, Hilary, *Britain's Black Debt* (University of the West Indies Press, 2013)

BLM, *Reparations Now Toolkit* (2019)

Browne, Randy, *Surviving Slavery in the British Caribbean* (University of Pennsylvania Press, 2017)

Burnard, Trevor, *Hearing Slaves Speak* (The Caribbean Press, 2010)

CARICOM, *Ten Point Plan for Reparatory Justice* (2014)

Coates, Ta-Nehisi, ›*The Case for Reparations*‹ (Atlantic magazine, 2014)

Coupland, Reginald, *The British Anti-Slavery Movement* (Cass, 1964)

Cugoano, Ottobah, *Thoughts and sentiments on the evil and wicked traffic of the slavery and commerce of the human species* (1787)

Draper, Nick, *The Price of Emancipation: Slave-Ownership, Compensation and British Society at the End of Slavery* (Cambridge University Press, 2010)

Eddo-Lodge, Reni, *Why I'm No Longer Talking to White People About*
Race (Bloomsbury, 2017)

Equiano, Olaudah, *The Interesting Narrative of the Life of Olaudah*
Equiano (1789)

Francis, Peter, *The Widening Circle of Us* (University of Chester, 2021)

Fryer, Peter, *Staying Power: The History of Black People in Britain* (Pluto Press, 1984)

Higman, B. W., *Slave Populations of the British Caribbean 180–1834* (University of West Indies, 1997)

Hirsch, Afua, *Brit(ish): On Race, Identity and Belonging* (Jonathan Cape, 2018)

James, C. L. R., *The Black Jacobins* (Penguin, 1938)

Livesay, David, *Children of Uncertain Fortune: Mixed-Race Jamaicans in Britain and the Atlantic Family, 1733–1833* (University of North Carolina Press, 2018)

Marriner, Sheila, *The Economic and Social Development of Merseyside* (Croom Helm, 1982)

Olusoga, David, *Black and British: A Forgotten History* (Macmillan, 2016)

Prince, Mary, *The History of Mary Prince* (Penguin Random House, 1831)

Sanghera, Sathnam, *Empireland: How Imperialism Has Shaped Modern Britain* (Viking, 2021)
Stephen, James, The Slavery of the British West India Colonies (Joseph Butterworth, 1824)
UN Basic Principles and Guidelines on the Right to a Remedy and Reparation (2005)
Walvin, James, *Black Ivory: Slavery in the British Empire* (Blackwell, 1992)
Williams, Eric, *Capitalism and Slavery* (University North Carolina, 1994)

Demerara, Guyana und die Karibik

Bahadur, Gaiutra, *Coolie Woman, The Odyssey of Indenture* (C. Hurst, 2013)
Bolingbroke, Henry, *A Voyage to the Demerary*
Brown, Vincent, *Tacky's Revolt: The Story of an Atlantic Slave War* (Harvard University Press, 2020)
Bryant, Joshua, *Account of an Insurrection of the Negro Slaves in the Colony of Demerara* (self-published, 1824)
Burnard, Trevor, *Hearing Slaves Speak* (The Caribbean Press, 2010)
Burnard, Trevor, *Mastery, Tyranny, and Desire: T omas Thistlewood and His Slaves in the Anglo-Jamaican World* (University of North Carolina, 2004)
Buxton, Charles, *Memoirs of Sir Thomas Fowell Buxton* (John Murray, 1849)
Chamberlin, David, *Smith of Demerara: Martyr-Teacher of the Slaves* (Colonial Missionary Society, 1923)
Checkland, S. G., *The Gladstones: A Family Biography* (Cambridge, 1971)
Cheveley, John, *No Messing: The Story of an Essex Man. Volume One, ed.C. C. Thornburn* (Spennymoor, Co. Durham, The Memoir Club, 2001)
Cheveley, John, *No Messing: The Story of an Essex Man. Volume Two, ed. C. C. Thornburn* (Chichester: Crosswave Publishing, 2012)
Craton, Michael, *Testing the Chains: Resistance to Slavery in the British West Indies* (Cornell University, 2009)
Dalton, Henry, *The History of British Guiana* (Longman, Brown, Green and Longmans, 1855)
Dabydeen, David, *Johnson's Dictionary* (Peepal Tree Press, 2013)
da Costa, Emilia Viotti, *Crowns of Glory, Tears of Blood* (Oxford University Press, 1994)
Gibbons, Arnold, *The Legacy of Walter Rodney in Guyana and the Caribbean* (University Press of America, 2011)
Granger, David, *The Emancipation Movement: The pursuit of dignity and liberty* (Free Press, 2020)
Hodgson, Studholme, *Truths from the West Indies* (William Ball, 1838)
Horne, Charles, *The Story of the L.M.S. 1795–1895* (1894)
Jagan, Cheddi, *The West on Trial* (Hansib, 1994)

James, C. L. R., *A History of Pan-African Revolt* (Independent Labour Party, 1938)

Jones, Mark, *The mobilisation of public opinion against the slave trade and slavery* (University of York, 1998)

Kars, Marjoleine, *Blood on the River: A Chronicle of Mutiny and Freedom on the Wild Coast* (New Press, 2020)

Kirke, Henry, *25 Years in British Guiana* (Sampson Low, Marston, 1898)

Lean, J. H., *The Secret Life of Berbice Slaves* (University of Canterbury, 2002)

Lewis, Andrew Peter, *The British West Indian Press in the Age of Abolition* (University of London, 1993)

London Missionary Society, *Report of the Proceedings against the late Rev. J. Smith of Demerara* (Westley, Ave-Maria Lane, 1824)

Lovett, Richard, *The History of the London Missionary Society* (Henry Frowde, 1899)

McDonnell, Alex, *Considerations on Negro Slavery With Authentic Reports Illustrative of the Actual Condition of the Negro in Demerara* (Longman, Hurst, 1825)

McGowan, Winston, *A Survey of Guyanese History* (Guyenterprise Advertising Agency, 2018)

Mills, Janet, *»Quamina, do you hear this?« Revisiting the Demerara Slave Rebellion, 1823* (Dalhousie University Halifax, 2018)

Morrison, John, *Fathers and Founders of London Missionary Society* (Fisher, 1844)

Morley, John, *Life of Gladstone* (Macmillan, 1903)

Northcott, Cecil, *Slavery's Martyr* (Epworth Press, 1976)

Rain, Thomas, *The Life and Labours of John Wray: Pioneer Missionary in British Guiana* (John Snow, 1892)

Raleigh, Sir Walter, *The Discovery of Guiana* (1848)

Rodney, Walter, *Guyanese Sugar Plantations in the Late Nineteenth Century* (Release, 1979)

Rodney, Walter, *How Europe Underdeveloped Africa* (Bogle-L'Ouverture Publications, 1972)

Rodway, James, *The History of British Guiana* (Thomson, 1891)

Schomburgk, Robert Hermann, *A Description of British Guiana, Geographical and Statistical: Exhibiting Its Resources and Capabilities* (1840)

Smith, Matthew, *Liberty, Fraternity, Exile: Haiti and Jamaica After Emancipation* (University of North Carolina Press, 2014)

Streather, George, *Memorials of the Independent Chapel at Rothwell* (Rothwell United Reform Church, 1994)

Taylor, Michael, *The Interest: How the British Establishment Resisted the Abolition of Slavery* (Bodley Head, 2020)

Thompson, Alvin, *A Documentary History of Slavery in Berbice* (Free Press, 2002)

Titus, Noel, ›*Reassessing John Smith's Influence on the Demerara Slave Revolt of 1823*‹, *in: Alvin Thompson, In the Shadow of the Plantation* (Ian Randle, 2002)

Wallbridge, Edwin Angel, *The Demerara Martyr, Memoirs of Rev. John Smith, Missionary to Demerara* (Charles Gilpin, 1848)

Waterton, Charles, *Wanderings in South America* (Cassell and Company, 1891)

Webb, Jack, and Westmaas, Rod, *Memory, Migration and Decolonisation in the Caribbean and Beyond* (University Press London, 2020)

Sklaverei, Ethnie und Amerika

Baldwin, James, *The Fire Next Time* (Dial Press, 1963)

Baptist, Edward, *The Half Has Never Been Told: Slavery and the Making of American Capitalism* (Basic Books, 2014)

Berry, Mary Frances, *My Face Is Black Is True* (Vintage, 2005)

Degruy, Joy, *Post Traumatic Slave Syndrome* (Uptone Press, 2005)

DiAngelo, Robin, *White Fragility* (Allen Lane, 2018)

Fields, Karen, *Racecraft: The Soul of Inequality in American Life* (Verso, 2012)

Hooks, Bell, *Ain't I a Woman: Black Women and Feminism* (South End Press, 1981)

Jacobs, Harriet, *Incidents in the Life of a Slave Girl* (Dover Publications, 2001)

Kendi, Ibram, *How to be an Antiracist* (Penguin Random House, 2019)

Kendi, Ibram, *Stamped From the Beginning* (Nation Books, 2016)

Morrison, Toni, *Playing in the Dark: Whiteness and the Literary Imagination* (Vintage, 1993)

Procter, Alice, *The Whole Picture* (Cassell, 2020)

Row, Jess, *White Flights: Race, Fiction and the American Imagination* (Graywolf Press, 2019)

Saad, Layla, *Me and White Supremacy* (Quercus, 2020)

Styron, William, *The Confessions of Nat Turner* (Jonathan Cape, 1988)

X, Malcolm, and Haley, Alex, *Autobiography of Malcolm X* (Grove Press, 1965)

Tabak

Alford, B., *W. O. & H. O. Wills and the Development of the UK Tobacco Industry* (Methuen, 1973)

Tanner, Arthur, *Tobacco: From the Grower to the Smoker* (Pitman, 2012)

Tille, Nannie, *The Bright Tobacco Industry* (1948)

ABBILDUNGSVERZEICHNIS

Jack Gladstone, dargestellt von Errol Ross Brewster, 2021 (Errol Ross Brewster)

Quamina, ca. 1950 (Bethel Congregational Church)

Amba, dargestellt von Errol Ross Brewster, 2021 (Errol Ross Brewster)

Sklavenregister der Success-Plantage, August 1817 (David Alston/National Archive, London)

John Smith, um 1820 (Archiv des Rates für Weltmission/SOAS-Bibliothek)

Jane Smith, dargestellt von Barrington Braithwaite, 2021 (Barrington Braithwaite)

John Wray, von R. Sears, um 1832 (Princeton Theological Seminary Library)

Plantage Le Resouvenir, Künstler unbekannt, um 1810 (Council for World Mission Archive/SOAS Bibliothek)

John Murray, ca. 1830 (Familie Crowe)

Ellen Murray, ca. 1860 (Familie Crowe)

John Cheveley, ca. 1840 (Christopher Thornburn)

John Gladstone, um 1840 (Alamy)

Verkaufsanzeige für »Field Negroes« in der *Demerara & Essequibo Royal Gazette*, Dezember 1820 (Nationales Archiv von Guyana)

Bekanntmachung über Entlaufene in der *Demerara & Essequibo Royal Gazette*, 6. Januar 1820 (Nationales Archiv von Guyana)

Musterung der Miliz in Georgetown, von Joshua Bryant, 1824 (John Carter Brown Library an der Brown University)

Massaker bei Bachelor's Adventure, von Joshua Bryant, 1824 (John Carter Brown Library an der Brown University)

Suchanzeige, *Berbice Royal Gazette*, 3. September 1823 (Nationalarchiv von Guyana)

Quamina hängt am Galgen, von Joshua Bryant, 1824 (John Carter Brown Library an der Brown University)

Exekution versklavter Abolitionisten am Paradeplatz, von Joshua Bryant, 1824 (John Carter Brown Library der Brown University)

Denkmal für den Aufstand von 1823 in Georgetown, Guyana, von Ivor Thom, 2012 (Alamy)

DANKSAGUNG

Ich hätte dieses Buch nicht schreiben können, ohne Guyana zu besuchen. Deshalb geht mein Dank an die Zivilluftfahrtbehörde von Guyana, die meinen Flug nach Georgetown während des Corona-Lockdowns organisiert hat, und an die Eastern Airlines, die mich geflogen haben. Dank auch an alle Mitarbeiter:innen des Herdmanston Lodge Hotel, die sich während meines Aufenthalts so wunderbar um mich gekümmert haben. Ein ganz großes Dankeschön geht an den wirklich großartigen Journalisten Vishani Ragobeer, der mir geholfen hat, mich in Guyana zurechtzufinden, und an Alissa Trotz, die mir während des gesamten Projekts eine gute Freundin und Verbündete war, sowie an Juanita Cox und Rod Westmaas, die mir ihr bemerkenswertes Netzwerk an Kontakten zur Verfügung gestellt haben.

Vielen Dank an alle, die mir bei meinen Recherchen geholfen haben: Jock Ainslie, Vibert Alexander, David Alston, Clare Anderson, Drew Armstrong, Richard Atkinson, Anthony Balniel, Tikwis Begbie, Patrick Bernard, Ras Blackman, Ulele Burnham, Hamley Case, Denis Chabrol, Gabriella Chapman, Rodney van Cooten, Kibwe Copeland, Juanita Cox, Sarah Cox, Christina Crowe, Canon John Crowe, Josephine Crowe, Peter Cruchley, David Dabydeen, Euton Daley, Jenny Daley, Jocelyn Dow, Lotte Lieb Dula, Amantha Edmead, Orealla Felix Smith, Stephen Foster, Peter Francis, Gao Gao, Dee George, Charlie Gladstone, Drew D. Gray, Stanley Greaves, Nicola Green, Ruth Hecht, Justin Holder, Kaslyn Holder, Bram Hoonhout, Vikki Jackson, Caroline Jones, Hanan Lachmansingh, David Lammy MP, Hew Locke, Chris Lowe, Cecilia McAlmont, Winston MacGowan, Elton MaCrae, Keith McClelland, Suzanne Moase, Craig Morrissey, Stephen Mullon, Gert Oostindie, Sir Geoff rey Palmer, Diana Paton, Deo

Persaud, Rani Persaud, Eric Phillips, John Piggott, Denita Prowell, Greg Quinn, Nazima Raghubir, Gavin Ramnarain, Cathy Roy, Olive Samson, John Schultz, Clem Seecharan, Richard Stone, Michael Taylor, Bruce Tomkins, Suzanne Urwin, James Walvin, Nigel Westmaas, Rod Westmaas, Keith Williams, Simba Williams, Thomas de Wolf und Hazel Woolford. Auch anderen möchte ich danken, deren Namen ich aus Gründen der Anonymität entweder geändert oder weggelassen habe. Und ein besonderer Dank geht an Rodney Van Cooten für seine zahlreichen Recherchearbeiten.

Mein Dank gilt auch den Mitarbeiter:innen in den verschiedenen Archiven, die mir geholfen haben, insbesondere angesichts der Schwierigkeiten, die die Pandemie mit sich brachte: British Library, Centre for the Study of the Legacies of British Slavery (UCL), Library of Congress, National Archives in Kew, National Archives in Georgetown, Museum of African Heritage in Georgetown, Gladstone's Library, SOAS, University of Florida und all jenen, die die Archive von *The Times* und der *New York Times* sowie das British Newspaper Archive betreuen.

Dank an meine Familienmitglieder, die sich bereit erklärt haben, mit mir über unser gemeinsames Erbe der Sklaverei zu sprechen und darüber zu diskutieren, wie wir diesen historischen Schaden beheben könnten. Vielen Dank an Darren Bennett für die hervorragenden Karten, an Barrington Braithwaite und Errol Brewster für die künstlerische Gestaltung und Tim Oliver für die Illustrationen im Text. Ein Dankeschön an meine Leser:innen: Lucy Baring, Zam Baring, Niall Barton, James Dawkins, Amanda Harding, James Harding, Kate Harding, Elsie Harry, Rupert Levy, Gayle Lucka, Keith McClelland, Lulu McConville, Lynn Medford, Sebastian Meyer, Matthew Smith, Alissa Trotz und Amelia Wooldridge. Und an Sonny Marr für das Vertrauen.

Vielen Dank an meine Agenten, Sarah Chalfant und James Pullen von der Wylie Agentur, und an meinen Lektor Alan Samson und meine Lektorin Jenny Lord. Die Veröffentlichung eines Buches ist eine Teamleistung. Deshalb auch ein großes Dankeschön an Steve Marking, der den Originalumschlag entworfen hat, an Natalie Dawkins für die hervorragende Bildrecherche und Clarissa Sutherland, die Projektredakteurin, die die Produktion mit Bravour gemeistert hat. Auch an Tom Noble für das Marketing und Elizabeth Allen für die Öffentlichkeitsarbeit für ihre ausgezeichnete Arbeit. Und Dank an alle Mitarbeiter:innen von Weidenfeld & Nicolson, die an dem Buch mitgewirkt haben. Und schließlich an meine Tochter Sam und meine Frau Debora – dank euch beiden, für euren Glauben an mich, eure Toleranz und dafür, dass ihr mich zum Lachen gebracht habt.

REGISTER

Kursiv gesetzte Seitenzahlen stehen für Karten